RHEIN-MAINISCHE-FORSCHUNGEN

Für die "Rhein-Mainische Forschung"
des Instituts für Kulturgeographie, Stadt- und Regionalforschung
und des Instituts für Physische Geographie
der Johann Wolfgang Goethe-Universität zu Frankfurt am Main
herausgegeben von B. Freund, A. Krenzlin, A. Semmel und K. Wolf

Schriftleitung F. Schymik

Heft 107

Frankfurt und das Rhein-Main-Gebiet

Geographische Beiträge aus Anlaß des 75-jährigen
Bestehens der J.W. Goethe-Universität Frankfurt am Main
(1914 – 1989)

Herausgegeben von
Klaus Wolf und Franz Schymik

SELBSTVERLAG · FRANKFURT AM MAIN

1990

VORWORT

Das vorliegende Heft der RHEIN-MAINISCHEN FORSCHUNGEN wurde aus Anlaß des 75-jährigen Bestehens der J.W. Goethe-Universität Frankfurt am Main (1914-1989) zusammengestellt. Es enthält Beiträge, die teils aus Forschungsarbeiten von Mitarbeitern, teils aus abgeschlossenen Diplomarbeiten im Studiengang Geographie am Institut für Kulturgeographie, Stadt- und Regionalforschung und am Institut für Physische Geographie der J.W. Goethe-Universität Frankfurt am Main entstanden sind.

Die Zeitspanne zwischen dem Jubiläum und der Veröffentlichung ist u.a. damit zu erklären, daß - vor allem - dokumentarisches Material aus dem Jubiläumsjahr eingearbeitet werden sollte.

Die Zusammenstellung stellt keine systematisch-regionale Aufarbeitung des Rhein-Main-Gebietes dar, sondern gibt eher ein - durch verschiedene Bedingungen gesetztes - Spektrum heutiger geographischer Arbeit wider. Diese Arbeiten verstehen sich gleichsam als Beitrag zur Analyse und zur Landeskunde Frankfurts und des Rhein-Main-Gebietes.

Den Verfasserinnen und den Verfassern sei an dieser Stelle gedankt, ihre Arbeiten in der hier vorgelegten Fassung eingebracht zu haben.

Unser besonderer Dank gilt der "Georg und Franziska Speyer'schen Hochschulstiftung" für die großzügige finanzielle Unterstützung, die die Erstellung dieses Heftes erlaubt hat.

Frankfurt am Main, im Dezember 1990

Klaus Wolf
Franz Schymik

INHALTSVERZEICHNIS

Seite

Arno SEMMEL

Geoökologische Auswirkungen der Bodenerosion im
Frankfurter Umland   7

Klaus WOLF

Entwicklungstendenzen der Wirtschaft in der Rhein-Main-Region   25

Franz SCHYMIK

Die zukünftige Bevölkerungsentwicklung in ihren möglichen
Auswirkungen auf den Wohnungsbestand bzw. die Wohnbau-
flächennachfrage am Beispiel Hessens südlich des Mains
(einschließlich der Stadt Frankfurt am Main)   59

Bodo FREUND

Räumliche Herkunft und Wohnstandorte der Studenten
der J. W. Goethe-Universität Frankfurt am Main   89

Klaus WOLF

Dokumentation der Wohnstandorte der Professoren, wissenschaftlichen Mitarbeiter und sonstigen Mitarbeiter der
J. W. Goethe-Universität Frankfurt am Main im Jahre 1989   125

Matthias GATHER

Städtehygiene und großstädtische Entsorgung in Deutschland
vor 1914 - Das Beispiel der frühen kommunalen Umweltplanung
in Frankfurt am Main -   131

Renate HOFRICHTER

"Die Freßgass" (Große Bockenheimer Straße/Kalbächer Gasse).
Entwicklungen, Struktur und Funktionswandel einer innerstädtischen Geschäftsstraße in Frankfurt am Main   175

Seite

Michael BROSS

Innenstadtnebenstraßen im Hauptgeschäftszentrum von
Frankfurt am Main   209

Klaus WOLF

Dokumentation der Kommunalwahlen in Frankfurt am Main
1985 und 1989   245

Stephan KRITZINGER

Kommunalpolitische Entscheidungsprozesse bei der Planung
des öffentlichen Personennahverkehrs in Frankfurt am Main
von 1872-1914   253

Bodo FREUND

Steinbach am Taunus. Zeitgeschichtliche und siedlungsgeographische Aspekte der Entwicklung einer hessen-darmstädtischen Exklave im Vorfeld der Stadt Frankfurt am Main   283

Gudrun OTTO

Auswirkungen der hessischen Territorial- und Funktionalreform. Dargestellt am Beispiel der Stadt Usingen   321

Annerose MORELL

Aussagewert der Reichsbodenschätzung zur Bodenerosion im
Lößgebiet von Walsdorf (Idsteiner Senke)   349

Peter MÜLLER-HAUDE

Interpretation der Bodenschätzungsergebnisse hinsichtlich der Bodenerosion am Beispiel eines Schiefergebietes
bei Idstein (Taunus)   375

Manfred RENTH

Bodenkundliche Kartierung 1: 25 000 unter besonderer Berücksichtigung geomorphologischer Hilfen im südlichen Rheinischen
Schiefergebirge   399

ARNO SEMMEL

GEOÖKOLOGISCHE AUSWIRKUNGEN DER BODENEROSION IM FRANKFURTER UMLAND

AUS: FRANKFURT UND DAS RHEIN-MAIN-GEBIET. GEOGRAPHISCHE BEITRÄGE AUS ANLASS DES 75-JÄHRIGEN BESTEHENS DER J.W. GOETHE-UNIVERSITÄT FRANKFURT AM MAIN (1914-1989) HERAUSGEGEBEN VON KLAUS WOLF UND FRANZ SCHYMIK = RHEIN-MAINISCHE FORSCHUNGEN HEFT 107
FRANKFURT AM MAIN 1990

Professor Dr. Arno Semmel
Institut für Physische Geographie
der J. W. Goethe-Universität Frankfurt am Main
Senckenberganlage 36
6000 Frankfurt am Main 1

1. ZUM BEGRIFF "GEOÖKOLOGIE"

Von den beiden Fachtermini "Geoökologie" und "Bodenerosion" ist zweifellos der letzte der bekanntere und wissenschaftlich am befriedigendsten definiert. Unter "Bodenerosion" wird überwiegend eine Abtragung des Bodens durch Wasser oder Wind verstanden, die, ausgelöst oder begünstigt durch Bodenbewirtschaftung, über den Umfang natürlicher Abtragung hinausgeht; so etwa lautet die Definition im "DIERCKE-Wörterbuch der Allgemeinen Geographie" (1985). Die gleiche Quelle definiert Geoökologie als "eine Nachbarwissenschaft der Biöokologie, die sich aus geographisch-geowissenschaftlicher Sicht mit dem Landschaftshaushalt in seiner räumlichen Ausprägung beschäftigt." Landschaftshaushalt - wiederum nach dem DIERCKE-Wörterbuch - ist die allgemeine Umschreibung des naturgesetzlichen Zusammenhangs zwischen verschiedenen Geoökofaktoren im Geoökosystem. Versuchen wir, auch diese beiden Begriffe mit Hilfe des angeführten Wörterbuchs zu erfassen, so werden wir feststellen, daß die Definitionen immer unschärfer werden, und wir kommen auf diese Weise zu dem Ergebnis, daß der Begriff "Geoökologie" recht beliebig definierbar und anwendbar ist.

Die meisten Autoren sind sich wohl darin einig, daß es bei der Geoökologie vor allem darauf ankommt, den Landschaftshaushalt messend zu erfassen. Als Beispiel sei auf NEUMEISTER (1988, 101) verwiesen, der meint, daß es durch ständige Analyse und Synthese des Prozeßgeschehens gelingt, die objektiven Zusammenhänge im Landschaftshaushalt zunehmend treffsicher in notwendiger Vereinfachung und "handhabbar" abzubilden. "Die Erarbeitung eines geophysikalisch begründeten Konzepts zur Untersuchung des Landschaftshaushalts, nach dem die komplexen Zusammenhänge in der Landschaft in naturwissenschaftlich und praktisch zulässiger Vereinfachung untersucht werden können, ist eine wesentliche Aufgabe" (ib.). Soweit mir bekannt, steht diese Forderung noch unerfüllt im Raum, und es bleibt die Frage, ob sie je voll befriedigend erfüllt werden kann. Die Feststellung von LESER (1976, 49), daß zunehmend meßtechnische Schwierigkeiten deutlich werden, sobald man sich verstärkt dem kleinen, umgrenzten Raum zur Datengewinnung zuwendet, gilt nach wie vor. Es sei in diesem Zusammenhang aber auch auf die Kritik von MORGAN (1988, 17) hingewiesen, der darüber hinaus entschieden bezweifelt, ob in kleinen Meßparzellen gewonnene Meßergebnisse (hier bei der Bodenerosion) eine solide Grundlage für repräsentative Ableitungen darstellen, die für größere Flächen gültig sein sollen. Gerade deswegen erscheint es mir notwendig, geoökologische Forschung nicht nur prozeßmeßend zu betreiben, sondern im Gelände beobachtbare Befunde "geoökologisch" zu deuten und damit auch umweltrelevante Forschung zu leisten. "Geoökologisch" entspricht dabei durchaus dem Sinn der oben angeführten Definition im DIERCKE-Wörterbuch, nämlich die Beschäftigung mit dem Landschaftshaushalt in seiner räumlichen Ausprägung aus geographisch-geowissenschaftlicher Sicht. Nur wird nicht die Forderung der Prozeß-Messung zur Ermittlung des Landschaftshaushalts erhoben.

Bei einer so verstandenen geoökologischen Betrachtung der Auswirkung der Bodenerosion im Frankfurter Umland soll bei den nachstehenden Ausführungen das Gewicht weniger - was sonst in der Regel geschieht (z. B. WELTNER 1988) - auf die Folgen für die landwirtschaftliche Produktion gelegt werden, als vielmehr auf die durch die Bodenerosion veränderten Bedingungen für den Wald, den Oberflächenabfluß, die Grundwassererneuerung, den Grundwasserschutz, die Hangstabilität und ähnliches mehr. Da die Auswirkungen in den verschiedenen Naturlandschaften der Frankfurter Umgebung durchaus nicht immer gleich sind, wird im folgenden eine regionale Gliederung vorgenommen. Die mitgeteilten Befunde basieren meist auf eigenen Untersuchungen. Vereinzelt werden auch Ergebnisse aus von mir betreuten Diplomarbeiten zitiert.

2. TAUNUS

Auswirkungen der Bodenerosion im Taunus sind auch für den Laien oft leicht zu erkennen. Auf den Schiefern und Phylliten ist unter nicht gestörten natürlichen Bedingungen in der Regel eine Catena entwickelt, wie sie auf Abbildung 1 wiedergegeben wird: In den exponierten Lagen liegt unter 40 - 50 cm mächtigem lößlehmhaltigem Solifluktionsschutt ("Deckschutt") durch periglaziale Frosteinwirkung gelockerter Schiefer, der ebenfalls verlagert sein kann ("Basisschutt"). Hangabwärts schaltet sich zwischen beide Schuttdecken ein stark lößlehmhaltiger Solifluktionsschutt mit variabler Mächtigkeit ("Mittelschutt") ein, der vor allem im unteren Hangteil staunaß ist. Bodentypologisch gliedert sich diese Abfolge von oben nach unten in Braunerde, Parabraunerde und Parabraunerde-Pseudogley. Im allgemeinen gilt für die gesamte Catena der Hainsimsen-Buchenwald als standortgemäß. Von Nachteil ist die Flachgründigkeit der Braunerde, weshalb mit Trocken- und Windwurfschäden zu rechnen ist. Die Pseudovergleyung in den tieferen Lagen wird meist erst dann ökonomisch nachteilig, wenn sie durch den Einfluß von Resten tertiärer toniger Verwitterungsdecken verstärkt wird. Solche Reste sind

Abb. 1: Schuttdecken-Böden im Taunus

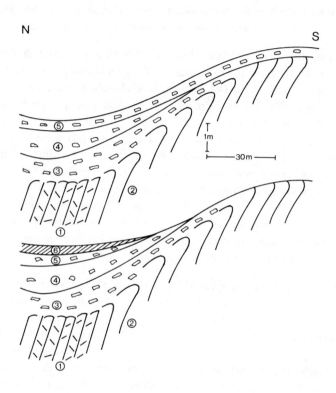

Das obere Profil zeigt die nicht erodierte Bodenabfolge unter Wald, das untere den durch Bodenerosion veränderten Standort

1 = steilstehender Tonschiefer, im Bereich einer Verwerfung stark zerrüttet und durchlässig

2 = steilstehender Tonschiefer, die oberflächen nahen Partien sind durch Solifluktion hangabwärts verzogen ("Hakenschlagen")

3 = lößfreier Basisschutt

4 = stark lößlehmhaltiger Mittelschutt

5 = Deckschutt

6 = Kolluviallehm

meistens von höheren Lagen in die Dellen- oder Unterhang-Position solifluidal verlagert worden. Stellenweise liegen solche Reste auf ebenen Teilen von Hochflächen noch in situ. Hier dominiert dann ebenfalls kräftige Pseudovergleyung.

Unter Ackernutzung hat sich in der Regel folgende Veränderung der Bodenabfolge eingestellt (wenn nicht Parzellenränder, Wege etc. künstliche Grenzen für die Bodenerosion darstellen): Die Braunerden sind nicht selten total erodiert (Abb. 1, unteres Profil). Geackert wird im durch pleistozäne periglaziale Frostverwitterung gelockerten Schiefer. Geringe Mengen von Feinmaterial der Schieferverwitterung und Reste von Lößlehm aus dem Deckschutt bilden das Feinmaterial des vom Pflug erfaßten Ap-Horizontes. Wegen der dadurch entstandenen extremen Flachgründigkeit und Steinigkeit müssen solche Böden zu den landwirtschaftlich minderwertigsten gezählt werden. Es überrascht deshalb nicht, wenn entsprechende Parzellen meist zum Bereich von Flächen gehören, die der "Sozialbrache" zugerechnet werden. Auch für die Wiederaufforstung ist dieser Boden wegen seines geringen durchwurzelbaren Volumens ein Problemstandort und kommt nur als Grenzwirtschaftswald oder Schutzwald in Betracht.

Da Schiefer und Phyllit wenig durchlässige Gesteine sind, nimmt im Vergleich zum nicht erodierten Zustand der Anteil des Oberflächenabflusses am Niederschlagsdargebot zu, der Anteil des oberflächennahen Abflusses (Interflow) und der Grundwasserspende verringert sich. Als Folge davon erhalten die Vorfluter kurzfristig erheblich größere Abflußmengen als vorher, die Hochwassergefährdung in den Talauen nimmt zu. Der Bodenabtrag selbst verringert sich, da die mit Steinen übersäte Oberfläche einen größeren Schutz gegen die Abspülung des Feinmaterials bietet. Die Bodenerosion auf den Hängen unterhalb wird stärker wegen der Vergrößerung der in der Zeiteinheit ablaufenden Wassermengen. Die geringen Grundwasser- und Interflow-Anteile sind mehr mit Schadstoffen belastet, denn die Grenzertragsböden erfahren meist besonders intensive Düngung. Die belasteten Wässer gelangen häufig über den durchlässigen Basisschutt oder den aufgelockerten Schiefer hangabwärts in das Grundwasser der Talauen oder der tektonisch zerklüfteten Schieferzonen.

Den am mittleren Hang einsetzenden pseudovergleyten Parabraunerden aus stark lößlehmhaltigem Solifluktionsschutt werden durch die Bodenerosion vor allem die Oberböden gekappt, so daß der Pflug den tonigen Untergrund erfaßt. Der höhere Tongehalt erschwert die Beackerung dieser Böden und ist zugleich die Ursache für deren schlechtere Durchlüftung, so daß das Solum im Frühjahr sich später erwärmt und die Vegetationsperiode verkürzt wird. Die Abspülung von Bodenmaterial verringert sich, da der tonige Unterboden weniger erosionsanfällig ist als der schluffreichere Oberboden. Aus dem gleichen Grund läßt auch die auf nicht erodierten Äckern oft zu beobachtende Verspülung der Krume nach. Dadurch werden stellenweise Ertragseinbußen vermieden oder zumindest verringert. Der forstlichen Nutzung erwachsen überwiegend Nachteile. Der hohe Tongehalt solcher erodierten Parabraunerden wirkt sich durch schlechtere Durchlüftung, schlechtere Erwärmung und schlechtere Durchwurzelbarkeit negativ bei Neuanpflanzungen aus. Sind die Baumbestände erst kräftiger entwickelt, wird im Vergleich zum nicht erodierten Standort die Windwurfgefahr geringer. Während bei den kompletten Parabraunerden vor allem Flachwurzler (Fichte) den tonärmeren flachen Oberboden als Hauptwurzelhorizont nutzen, dehnt sich der Wurzelteller auf den stark erodierten Böden tiefer aus. Bei Durchfeuchtung vermindert sich außerdem die Bodenbindung im schluffreicheren Oberboden deutlicher als im tonreicheren Unterboden.

Im Vergleich zu den nicht erodierten Standorten nimmt der Oberflächenabfluß auf den tonigeren Horizonten erheblich zu. Auch hier vermindert sich wie bei den erodierten Braunerde-Arealen der Interflow und die Grundwasserspende. Eine erhöhte Kontamination des Grundwassers ist dagegen nicht zu befürchten, da der stark lößlehmhaltige Schutt selbst noch dann, wenn der Oberboden fehlt, keine wesentlich geringere Filterwirkung als der nicht erodierte Boden besitzt. Die Durchlässigkeit solcher Böden nimmt - wie schon betont - vor allem dann ab, wenn toniges tertiäres Verwitterungsmaterial in den Solifluktionsschutt eingearbeitet wurde.

Die Pseudogley-Böden auf den alten Hochflächen-Resten sind trotz ihrer relativ ebenen Lage wegen des undurchlässigen Untergrundes erosionsgefährdet. Neben der Abspülung durch Wasser muß hier auch die Pflugerosion berücksichtigt werden, die die Böden in Feldmitte reduziert und das am Pflug haftende Substrat bei der Wende an der Feldgrenze ablagert. Die so entstehenden Ackerberge werden zwar bei Flurumlegungen allmählich eingeebnet, inzwischen können sich aber ökologische Veränderungen ergeben haben, die auch (wie so oft) mit ökonomischen Nachteilen verbunden sind. Die staunassen Böden müssen für ackerbauliche Nutzung dräniert werden. Das stauende tertiäre Verwitterungssubstrat ist hierfür aber denkbar schlecht geeignet. Liegt der Dränstrang in diesem Substrat, erreicht er wegen des dichten Materials wenig flächenhafte Wirkung. Ein leidlicher Drän-Effekt stellt sich meist nur dann ein, wenn über dem stauenden Material noch lößhaltiges, durchlässigeres Substrat liegt und der Dränstrang direkt unterhalb davon gelegt wird. Da solches durchlässigeres Substrat weitgehend nur 50 - 60 cm mächtig ist, verhindert schon geringer Bodenabtrag eine effektive Dränung, da der flachliegende Dränstrang in den Pflugbereich gerät. Der größte Teil entsprechender Böden wird im Taunus allerdings forstlich genutzt. Außerdem gibt es seltener so schlecht dränierte Areale, wenn die Hochflächen intensiver zertalt sind. Das gilt z. B. für das Usinger Becken (BAUER 1987). In der Idsteiner Senke dagegen werden die Pseudogleye auf der ausgedehnten Hochfläche beiderseits der "Hohen Straße" ackerbaulich genutzt.

Die pseudovergleyten Böden in den Mulden der auf Abbildung 1 gezeigten Catena sind unter dem Einfluß der Bodenerosion überwiegend mit Kolluvien überdeckt worden. Da dieses, weil es aus Ap-Material besteht, sehr stickstoffreich ist, bildet sich hier oft Lagergetreide. Eine direkte vertikale Kontamination des Grundwassers erfolgt wohl wegen des wenig durchlässigen Untergrundes nicht oder selten, jedoch gelangt nitrathaltiges Kolluvium von hier in die Vorfluter und von dort aus das Nitrat über Uferfiltrat in das Grundwasser.

Geoökologische Auswirkungen hat auch historische Bodenerosion, deren Spuren heute unter Wald zu finden sind. Alte Ackerraine und andere Partien, auf denen Kolluvium abgelagert wurde, findet man an vielen Stellen im Taunus. Obwohl diese älteren Kolluvien im Gegensatz zu den jüngeren nährstoffarm sind, weisen die Bäume wegen des tiefgründigeren Standorts meistens doch eine bessere Bonität als in der Umgebung auf. Das fällt vor allem dann ins Auge, wenn die benachbarten Areale stark erodiert sind. In besonders eindrucksvoller Weise konnte das SWOBODA (1987) in Buchenbeständen am Bahnhof Saalburg nördlich Bad Homburg nachweisen. Dort sind für den Bau des Limes die Oberböden der Nachbarschaft abgeräumt worden. Die dadurch eingetretene geoökologische Verschlechterung des Standorts äußert sich in einer unterdurchschnittlichen jährlichen Zuwachsrate der Buchen und in einer stärkeren Verbreitung der Waldschäden.

Standort-Differenzierungen durch historische Bodenerosion machen sich auch noch in anderer Weise bemerkbar. Als ein besonders markantes Beispiel sei hier der Westhang des Schwarzbachtales nordwestlich Hofheim a. Ts. angeführt. Dort sind im Gefolge der Ackernutzung tiefe Hangrunsen eingeschnitten worden. An einer Stelle hat sich unterhalb davon ein drei Meter mächtiger Schwemmfächer an der Schwarzbach-Aue entwickelt, den ich wegen der Grobheit der Sedimente für pleistozän-periglazial gehalten habe (SEMMEL 1970). Tatsächlich handelt es sich aber um Sedimente, die erst durch die historische Bodenerosion hierher gelangten und den ursprünglichen holozänen Oberflächenboden überschütteten (mündliche Mitteilung durch Herrn A. Bauer am 2.8.1989). Während früher hier auf dem Lößboden Buchenwald standortgemäß gewesen wäre, dominieren heute auf den anthropogenen lockeren kiesigen Schwemmfächer-Sedimenten Kiefern.

3. LÖSSGEBIETE UM FRANFURT AM MAIN

Vorgänge der Bodenerosion im Lößgebiet um Frankfurt am Main sind wiederholt untersucht worden (u.a. von SCHMITT 1952; GIESSÜBEL 1977). Hierbei wurden durchaus auch geoökologische Aspekte beachtet (vgl. auch SEMMEL 1974; 1986). Deshalb sollen hier in den Mittelpunkt der Betrachtung zwei Fragenkreise gestellt werden, die im allgemeinen weniger Beachtung finden. Das ist einmal der Einfluß der Bodenerosion auf Grundwasserschutz und Grundwasserregenerierung und zum anderen die Auswirkungen der Bodenerosion auf die Hangstabilität.

Die wichtigsten Grundwasserspeicher in der unmittelbaren Frankfurter Umgebung sind pleistozäne Terrassenkiese. Abgesehen von den Niederterrassen in den heutigen Talböden tragen die älteren Terrassen weitverbreitet eine Lößdecke. Die darauf entwickelten Parabraunerden werden seit dem Neolithikum ackerbaulich genutzt und sind seitdem der Bodenerosion ausgesetzt. An vielen Stellen ist die ursprünglich vorhanden gewesene Parabraunerde teilweise oder total abgetragen. Fehlt der schluffreichere und tonärmere Oberboden, fördert der dann bis an die Oberfläche reichende tonreichere Unterboden den Oberflächenabfluß. Die Hochwassergefährdung nimmt zu, die Grundwassererneuerung ab. Ist der tonige Unterboden gleichfalls total abgetragen und der durchlässigere Löß kommt an die Oberfläche, steigt die Rate der Grundwassererneuerung, der Oberflächenabfluß wird kleiner. Dabei muß jedoch beachtet werden, daß hierauf erstens die Lößmächtigkeit und zweitens der Aufbau der Lößdecke großen Einfluß haben. Im Vergleich zum liegenden Kies ist der Löß weniger durchlässig. Eine Lößdecke bedeutet also generell verminderte Grundwassererneuerung, jedoch wegen der guten Filterwirkung des Lösses sehr guten Schutz gegen Grundwasser-Verunreinigung, allerdings auch Aufhärtung des Grundwassers durch den Kalkgehalt des Lösses. Großen Einfluß auf die Sickerwasserbewegung im Löß hat dessen Untergliederung durch unterschiedliche fossile Böden. Auf Tabelle 1 ist dargestellt, wie sich typisch interstadiale Lößböden hinsichtlich der Durchlässigkeit unterscheiden. Da solche Böden je nach Reliefentwicklung in unterschiedlicher Zahl und Ausbildung vorkommen, differiert die Versickerungsmenge, die das Grundwasser erreicht, lokal außerordentlich. Schließlich sei noch betont, daß selbstverständlich die Nutzung und das Relief der Oberfläche sowie der Witterungsgang entscheidenden Einfluß auf die Rate der Grundwassererneuerung haben. Den letztgenannten Einfluß diskutiert ZECH (1987, 141 ff) anhand von Meßergebnissen, die auch aus erodierten Lößprofilen bei Hattersheim westlich Frankfurt am Main gewonnen wurden.

Tab. 1: Bodenphysikalische Kennwerte interstadialer Lößböden

Horizont	KF-Wert in cm/Tag	Wertung der Durchlässigkeit (nach Kartieranleitung 1982)
E 4 - Naßboden	41.11 + 0.38	hoch
Löß	107.64 + 0.39	sehr hoch
E 3 - Naßboden	71.12 + 0.03	hoch
Löß	187.49 + 0.16	sehr hoch
E 2 - Naßboden	55.97 + 0.17	hoch
Hainerberger Boden	23.65 + 0.30	mittel

Analytiker: Dr. A. Wourtsakis, Geol. Landesamt Mainz

Den stärksten Einfluß auf das Grundwasser hat die Bodenerosion dort, wo durch sie die gesamte Lößdecke abgetragen wurde und der Kies an die Oberfläche kommt. Hier versickert fast der gesamte Niederschlag, der den Erdboden erreicht. Zugleich besteht natürlich hier die größte Kontaminationsgefahr. Sie wird erhöht durch das Bestreben der Landwirte, solche trockenen und nährstoffarmen Standorte durch bevorzugte Düngung (auch mit Gülle) zu verbessern.

Die Bodenerosion wirkt sich in ähnlicher Weise auch dort aus, wo der Kies primär schon keine Lößdecke getragen hat. Das ist bekanntlich hauptsächlich an westexponierten Geländekanten der Fall. Hier war unter Wald normalerweise eine Parabraunerde entwickelt, deren Solum aus kiesigem tonigem Lehm bestand. Die Verlehmung ist nicht nur auf holozäne Verlehmung zurückzuführen, sondern in ihr sind Reste interglazialer Böden durch Solifluktion aufgearbeitet. Solche tonigen Solifluktionsdecken haben meist nur Mächtigkeiten von ein bis zwei Metern. Sie sind sehr oft von der Bodenerosion abgetragen, so daß nunmehr der sandige durchlässige Kies vom Pflug erfaßt wird (vgl. Abb. 2). Solche besonders kontaminationsgefährdeten Bereiche müßten unbedingt der üblichen düngungsintensiven landwirtschaftlichen Nutzung entzogen werden. Besonders fatal ist es jedoch, wenn auf solchen Geländekanten Müllkippen angelegt werden (SEMMEL 1986, 23 f).

Eine beträchtliche Kontaminationsgefahr ist aber zweifellos auch in den Lößgebieten durch das mit Schadstoffen belastete Kolluvium gegeben. Wenn auch aus manchen Dellen offensichtlich wenig Material in die Vorfluter getragen wird, so bleibt wohl unbestritten, daß der Oberflächenabfluß und der Interflow, die die Kolluvien durchziehen, aus diesen Nitrate, Reste von Insektiziden etc. aufnehmen und über den Vorfluter in das Grundwasser bringen. Andererseits gelangen solche verunreinigten Wässer auch an vielen Stellen in den Kies, der in Dellen und Muldentälchen angeschnitten ist. Wie schon des öfteren dargestellt, durchziehen Gerinne heute entsprechende Hohlformen, die früher unzerschnitten waren. Erst durch die Verstärkung des Oberflächenabflusses infolge anthropogenen Eingriffs sind diese Gerinne entstanden, die durch Kolluvien und Löß bis in den Kies reichen. Die Haupterosionskraft in solchen Gerinnen wird aber wohl nicht durch die Bodenerosion, sondern durch das mit Gebäuden und Straßen versiegelte Gelände verursacht (SEMMEL 1986, 13 f.). Hier sammeln sich innerhalb sehr kurzer Zeit beträchtliche Wassermassen, die stoßweisen und damit besonders erosionswirksamen Abfluß bedingen.

Verstärkter Oberflächenabfluß kann jedoch noch andere geoökologische Konsequenzen haben: In der Umgebung von Frankfurt am Main bildet vielfach tertiärer Mergel den Untergrund. Dieses Gestein zeichnet sich bei hinreichender Hangneigung und kräftiger Durchfeuchtung durch große Rutschungsanfälligkeit aus. Solche Rutschhänge sind hauptsächlich dort zu finden, wo im Mergel ein steilerer Hang ausgebildet ist, der vom Terrassenkies gekrönt wird. Im Terrassenkies

Abb. 2: Kiesböden in asymmetrischen Dellen des Taunusvorlandes

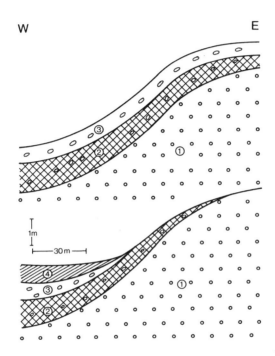

Das obere Profil zeigt die nicht erodierte Bodenabfolge unter Wald, das untere den durch Bodenerosion veränderten Standort

1 = mittelpleistozäner Kies

2 = lehmiger Solifluktionsschutt

3 = Deckschutt

4 = Kolluviallehm

sammelt sich Wasser, das den undurchlässigen Mergel vernäßt und fließfähig macht. Ohne es im einzelnen exakt nachweisen zu können, ist wohl anzunehmen, daß die Freilegung der Terrassenkiese durch die Bodenerosion mehr Sickerwasser in den Kies gelangen läßt, wodurch die Rutschungen begünstigt werden. Es fällt jedenfalls auf, daß unterhalb solcher stark erodierten Kiesareale die Rutschungsaktivität besonders intensiv ist. Ein ausgedehntes Beispiel stellt der Westhang des Reichers-Berges östlich Hofheim-Diedenbergen dar.

Nicht eindeutig ist manchmal zu entscheiden, ob die Bodenerosion auf reinen Mergelhängen die Rutschungsgefährdung ebenfalls erhöht. Nach bisher vorliegenden Beobachtungen (z. B. ANDRES 1977) werden Rutschungen vor allem aktiviert, wenn nach längeren Trockenperioden kräftigere Niederschläge einsetzen. Da durch die Austrocknung mächtige Schrumpfrisse in den Mergeln entstehen, gelangen größere Mengen von Niederschlagswasser schnell in den Untergrund, ehe an der Oberfläche sich die Schwundrisse schließen können. Die Durchfeuchtung im Untergrund führt dann zu Schollengleitungen. Von daher ist die Annahme berechtigt, daß erodierte Mergel-Böden Rutschungen begünstigen, denn auf diesen Standorten fehlt die lößlehmhaltige Deckschicht, die bei ungestörten Bedingungen über dem Mergel ausgebildet ist. Ein solcher Boden ist als Braunerde-Pelosol zu bezeichnen. In diesen Böden wird die Austrocknung und Riß-Bildung ganz erheblich durch die schluffige Deckschicht gemindert. Erst wenn sie durch Bodenerosion abgetragen wurde, kommt der tonige Mergel an die Oberfläche und ist der Austrocknung ausgesetzt.

An anderen Stellen kann der durch Bodenerosion bedingte kräftigere Oberflächenabfluß auf unterhalb gelegenen Hangpartien Rutschungen auslösen. Dafür findet man Beispiele am Ostrand des Vilbeler Waldes nördlich Frankfurt. Hier wird der im Mergel ausgebildete höhere Hang gegenwärtig als Grünland genutzt. Die vorhergegangene Ackernutzung hat zur totalen Abtragung der Braunerde-Pelosole geführt. Entsprechend stark ist der Oberflächenabfluß bei andauernden Niederschlägen geworden. Am bewaldeten Unterhang vernäßte sehr wahrscheinlich deswegen der Mergel und geriet in Bewegung. An entsprechend flach geneigten Hängen im gleichen Gebiet ist sonst nämlich keine Bodenbewegung nachzuweisen. Hier fehlt der Oberflächenabfluß und damit die Vernässung des Unterhanges, der deshalb stabil bleibt.

4. SANDGEBIETE DER FRANKFURTER UMGEBUNG

Hauptsächlich südlich des Mains sind im Frankfurter Umland Sandgebiete weit verbreitet. Sobald diese ackerbaulich genutzt werden, muß mit Winderosion gerechnet werden. Sie ist gegenwärtig aber wohl meistens nicht in einem Umfang zu erwarten, der größere Schäden anrichten könnte. In verhältnismäßig geringem Umfang stellen sich bei frischen Einsaaten auf Äckern Verwehungen und Überdeckungen ein. Wesentliche Ursache für die geringe Gefährdung durch Winderosion ist die im allgemeinen geringe Luftbewegung im nördlichen Teil der Oberrheinischen Tiefebene. Starke Stürme sind selten, und mit einigem Geschick kann ihrem zeitlich ungefähr eingrenzbaren Auftreten mit entsprechend angepaßter Feldbestellung begegnet werden. Gleichwohl gibt es in den Dünengebieten der Frankfurter Umgebung viele Hinweise darauf, daß in der jüngeren Vergangenheit kräftige Sandverwehungen stattfanden. Solche Verlagerungen haben deutliche geoökologische Veränderungen der Standorte bewirkt. Das mag im folgenden an Beispielen aus der Umgebung von Raunheim erläutert werden (vgl. Abb. 3).

Die überwiegende Zahl der dort liegenden Dünen besitzt pleistozänes Alter. Nur vereinzelt fanden Verwehungen im Holozän statt (BECKER 1967, 35 f.). Die pleistozänen Dünen tragen eine kräftig entwickelte Braunerde aus lößlehmhaltigem Flugsand, in dem immer eine wechselnd starke Komponente des allerödzeitlichen Laacher Bimstuffes zu finden ist (SEMMEL 1969, 95). Unter dieser Deckschicht setzt in ca. ein Meter Tiefe eine braune Tonbänderung ein. Das braune Solum enthält im Gegensatz zum Dünensand durchschnittlich 5 % mehr Ton und etwas mehr Grobschluff. Die dadurch bedingte Verbesserung der Feldkapazität ist wohl die Ursache für die Konzentration der Baumwurzeln in diesem Bv-Horizont. Kiefernwurzeln reichen vereinzelt jedoch noch mehrere Meter tief in den Flugsand hinein und holen Feuchtigkeit aus den braunen Tonbändern.

Durch jüngere Verwehung wurden stellenweise die Braunerden zerstört und auf dem Flugsand sind Regosole oder Rohböden entstanden. An manchen Stellen ist aber auch Podsolierung eingetreten. Ein solches Areal liegt in den "Birken" südlich Raunheim, im westlichen Abschnitt der Lappen-Schneise. Auf der Karte von HAASS, die 1801 erschienen ist, wird die Fläche als Ackerland dargestellt. Offensichtlich hat die Beseitigung des Waldes zu den Verwehungen geführt. Auf den jüngeren Dünen fehlt nicht nur die Braunerde, sondern auch die Tonbänderung im Untergrund. An der Oberfläche ist stattdessen ein ca. fünf Zentimeter mächtiger bleicher Ae-Horizont entwickelt, der als Beleg für eine deutliche Podsolierung gel-

Abb. 3: Anthropogene Dünenbildung im Flugsandgebiet bei Raunheim

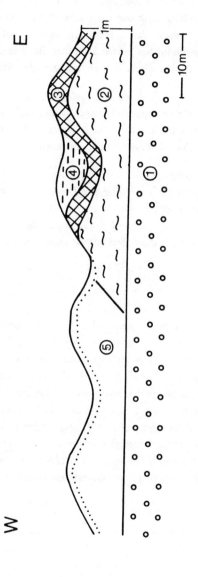

1 = mittelpleistozäner Kies
2 = jungpleistozäner Flugsand mit Tonbändern
3 = Decksediment (Jüngere Tundrenzeit) und Braunerde
4 = kolluvialer Sand
5 = junger (holozäner) Flugsand mit Podsolierung

ten kann. Das pH beträgt im Unterschied zu den Werten um 4.5 bei den Braunerden hier nur 3 bis 3.5. Neben dieser Versauerung muß aber auch mit einer Verschlechterung der Feldkapazität in dem ton- und schlufffreien Sand gerechnet werden. Bonitätsunterschiede lassen sich wegen der unterschiedlichen Forstnutzung nicht nachweisen. Zweifellos hat jedoch auch hier die Bodenerosion - in diesem Fall die äolische - geoökologische Veränderungen des Standortes zur Folge gehabt.

Im östlichen Wald liegt in Mulden zwischen älteren Dünen ein schwach humoser grauer Sand, der äolisches Kolluvium darstellt. Ähnliche Abfolgen sind in den Flugsandgebieten südlich von Frankfurt am Main oft anzutreffen.

Nordwestlich der Lappen-Schneise war auf ehemaligem Ackergelände, das heute als Kleingartenkolonie genutzt wird, eine alte Düne in Bewegung geraten. Von ihr ging eine Sandüberdeckung des östlich anschließenden Areals aus. Hier prägten vorher sehr fruchtbare Parabraunerden aus kalkhaltigem Hochflutlehm die Standortqualität. Durch die Sandüberdeckung ist daraus ein trockener und nährstoffarmer Standort geworden.

5. KURZFASSUNG

Die Bezeichnung "Geoökologisch" wird hier als Kennzeichnung einer geowissenschaftlichen Verfahrensweise verwendet, die sich mit der räumlichen Ausprägung des Landschaftshaushalts beschäftigt, ohne diesen im einzelnen jeweils durch exakte Messungen erfassen zu wollen. Unter diesem Aspekt werden die Auswirkungen der Bodenerosion in drei wichtigen Naturräumen des Frankfurter Umlandes, nämlich des Taunus, der Lößgebiete und der Sandgebiete erörtert. Der Schwerpunkt liegt dabei weniger auf der Frage, inwieweit die landwirtschaftliche Ertragsfähigkeit in Mitleidenschaft gezogen wird, als vielmehr darauf, welche Auswirkungen die Bodenerosion auf den Waldbestand, den Oberflächenabfluß, die Grundwassererneuerung, den Grundwasserschutz und die Hangstabilität hat.

6. LITERATUR

ANDRES, W. 1977: Hangrutschungen im Zellertal (Südrheinhessen) und die Ursachen ihrer Zunahme im 20. Jahrhundert. - Mainzer geogr. Stdn., 11, S. 267-276, Mainz.

BAUER, A. 1987: Geoökologische Kartierung des zentralen Usinger Beckens (Hochtaunuskreis) und ihre Verwertbarkeit für Zwecke der Raumplanung und des Umweltschutzes. - Unveröff. Dipl.-Arbeit FB Geographie Univ. Frankfurt am Main.

BECKER, E. 1967: Zur stratigraphischen Gliederung der jungpleistozänen Sedimente im nördlichen Oberrheintalgraben. - Eiszeitalter und Gegenwart, 18, S. 5-50, Öhringen.

GIESSÜBEL, J. 1977: Nutzungsbedingte Änderungen im Naturraum. - Rhein-Main. Forsch., 85, 203 S., Frankfurt am Main.

LESER, H. 1976: Landschaftsökologie. - UTB, 521, 433 S., Stuttgart.

MORGAN, R.P.C. 1988: A critique of methods for measuring Soil Erosion in the Field. - Mitt. deutsch. bodenkdl. Ges., 56, S. 13-18, Göttingen.

NEUMEISTER, H. 1988: Landschaftshaushalt und Geoökologie. - Pet. geogr. Mitt., 132, S. 101-108, Gotha.

SCHMITT, O. 1952: Grundlagen und Verbreitung der Bodenzerstörung im Rhein-Main-Gebiet mit einer Untersuchung über Bodenzerstörung durch Starkregen im Vorspessart. - Rhein-Main. Forsch., 33, 130 S., Frankfurt am Main.

SEMMEL, A. 1969: Quartär. Erl. geol. Kte. 1:25.000 von Hessen, Bl. 5916 Hochheim a. M., 3. Aufl., S. 51-99, Wiesbaden.

SEMMEL, A. 1970: Bodenkarte von Hessen 1:25.000, Bl. 5916 Hochheim a. M., Wiesbaden.

SEMMEL, A. 1974: Geomorphologische Untersuchungen zur Umweltforschung im Rhein-Main-Gebiet. - Verhdl. deutsch. Geogr. Tg. Kassel 1973, S. 538-549, Wiesbaden.

SEMMEL, A. 1986: Angewandte konventionelle Geomorphologie. Frankf. geowiss. Arb., D6, 114 S., Frankfurt am Main.

SWOBODA, J. 1987: Geoökologische Untersuchungen zum Waldschadenproblem in Buchenbeständen des Hochtaunus bei Köppern. - Unveröff. Dipl.-Arbeit FB Geographie Univ. Frankfurt am Main.

WELTNER, K. 1988: Untersuchungen zur Bodenerosion unter Berücksichtigung der Daten der Bodenschätzung am Beispiel eines Lößgebietes nordöstlich Frankfurt a. M. - Unveröff. Dipl.-Arbeit FB Geographie Univ. Frankfurt am Main.

ZECH, H. 1987: Wasserhaushalt und Verlagerung wasserlöslicher Stoffe in Lößdecken des Main-Taunus-Vorlandes. - Arb. rhein. Landeskde., 56, 167 S., Bonn.

KLAUS WOLF

ENTWICKLUNGSTENDENZEN DER WIRTSCHAFT IN DER RHEIN-MAIN-REGION

AUS: FRANKFURT UND DAS RHEIN-MAIN-GEBIET. GEOGRAPHISCHE BEITRÄGE AUS ANLASS DES 75-JÄHRIGEN BESTEHENS DER J.W. GOETHE-UNIVERSITÄT FRANKFURT AM MAIN (1914-1989) HERAUSGEGEBEN VON KLAUS WOLF UND FRANZ SCHYMIK = RHEIN-MAINISCHE FORSCHUNGEN HEFT 107 FRANKFURT AM MAIN 1990

Der Beitrag basiert auf einem Vortrag, der am 6. Oktober 1988 vor dem Industrie-Ausschuß der Industrie- und Handelskammer Frankfurt am Main gehalten wurde.

Professor Dr. Klaus Wolf
Institut für Kulturgeographie, Stadt- und Regionalforschung
der J.W. Goethe-Universität Frankfurt am Main
Senckenberganlage 36
6000 Frankfurt am Main 1

Die Kultur- oder Anthropogeographie befaßt sich schon lange nicht mehr (nur) mit dem Beschreiben näherer und fernerer Länder, ihrer Menschen, landschaftlichen, ökonomischen und kulturellen Strukturen, sondern sie ist zu einer Sozialwissenschaft geworden, die die Analyse der Raumstrukturen nach Ursachen und Wirkungen für das Zusammenleben der Menschen in den Kanon der verwandten Disziplinen einordnet. Dabei geht es ihr vor allem um die Bewertung des *gegenseitigen Standortverhaltens* von *Arbeiten - Wohnen und Freizeit* in seinen wechselseitigen sozio-ökonomischen sowie sozio-demographischen und allgemeinkulturellen Bezügen. Daß damit in der Standortregion Rhein-Main primär die Analyse des Siedlungssystems unter ökonomischen Gesichtspunkten einschließlich der Einschätzung zukünftiger Entwicklungen im Sinne aktiver Politik- oder allgemeiner "Handlungs-/Handelnder-Beratung" gemeint ist, ergibt sich daraus eher zwangsläufig.

Was ist überhaupt die Standortregion Rhein-Main, wo hat sie ihre Grenzen, wodurch werden sie bestimmt?
Regionsgrenzen sind struktur-, funktions- oder programm- (ziel-) orientiert, d.h.
- Strukturgrenzen fassen Gebiete gleicher, etwa sozio-ökonomischer Merkmale zusammen,
- Funktionsgrenzen umfassen Regionen, in denen Standorte in Beziehungen zueinander treten,
- Programm- oder Zielregionen werden bestimmt durch auf bestimmte Ziele hin ausgerichtete Programme und Pläne, etwa im Sinne einer gemeinsamen Raumordnung, gemeinsamer wirtschaftlicher Entwicklung oder zur Erreichung eines bestimmten gemeinsamen Lebensstandards.

Bewußt nicht genannt habe ich die politischen und Verwaltungsgrenzen als Abgrenzungskriterien im raumwissenschaftlichen Sinn für eine Region, da sie sich nicht oder kaum nach den oben genannten Kriterien richten, sondern ihre Festlegungen in anderen, hier nicht näher zu erörternden, z.B. historischen Bestimmungsgründen haben. Dies erschwert, wie wir alle wissen, die Abgrenzung von Struktur- und Funktionalregionen als Voraussetzung für Programmregionen außerordentlich. Abbildung 1 zeigt dies für das Rhein-Main-Gebiet eindrucksvoll: Die dargestellten Verwaltungs- und Planungsgrenzen zerschneiden den Raum eher, als daß sie ihn als gemeinsamen Struktur- oder Funktionalraum auffassen. Daher sehe ich auch in dieser Darstellung Aufforderungscharakter an die verantwortlichen Politiker, die Region strukturell und vor allem funktional koordinierter abzugrenzen für zukünftiges regionsbezogenes gemeinsames Handeln.

Aus der Abbildung 1 sind noch einmal die Industrie- und Handelskammergrenzen der Region herausgezeichnet worden (vgl. Abb. 2), die ebenfalls belegen, daß eher historisch-politische als strukturell-funktionale Gründe für die Abgrenzung maßgebend sind.

Daraus resultiert für die anwendungs-, d.h. raumordnungsbezogene Wissenschaft u.a. das große Dilemma, daß notwendige Strukturdaten, wenn sie überhaupt erhoben werden, in ihrer regionalen Zuordnung häufig nicht für räumlich Zusammenhängendes zur Verfügung stehen, oder/und nicht genügend regional disaggregiert sind. Der weitere Verlauf des Referats wird das - leider - noch zur Genüge belegen.

Trotz der Aversion gegen statistische Erhebungen und z.T. politisch motivierten Kampagnen unter der Bezeichnung "Datenschutz" ist es dringend erforderlich, für die regionale wirtschafts- und kulturräumliche Analyse die Datengewinnung, Datenaufbereitung und Datenverfügbarmachung entscheidend zu reformieren:
- die regionalen Bezugseinheiten müssen, auch länderübergreifend, den ökonomischen Strukturen angepaßt werden,
- die erfaßten Sachgebiete, etwa bei den statistischen Landesämtern, "entrümpelt" werden und den heutigen sozio-ökonomischen Strukturen entsprechen
und
- die Daten müssen, - den Schutz des einzelnen (ob natürliche oder juristische Personen) wahrend - regional und sachgebietsbezogen so aufbereitet und verfügbar gehalten werden, daß sie allen Interessierten (von der Wissenschaft bis zum Unternehmen) nutzen können. Die zentrale Stelle müßte das Statistische Landesamt sein, damit nicht eine wuchernde Zahl von "Nebenstatistiken" Verwirrung und Mißtrauen Vorschub leistet. Diese Forderung scheint im Zeitalter zunehmender Datenbanken besonders wichtig.

Vielleicht ist es Anregung für die größte hessische Industrie- und Handelskammer, zu regionalen und sachgebietsbezogenen Überprüfungen der Statistik anzuregen. Betrachtet man die wirtschaftliche Entwicklung einer Region, kann dieses geschilderte Grunddilemma nicht verschwiegen werden.

Auch die Betrachtung der wirtschaftlichen Entwicklung einer Region unter raumwissenschaftlichem Aspekt ist nur möglich unter Einbeziehung folgender ge-

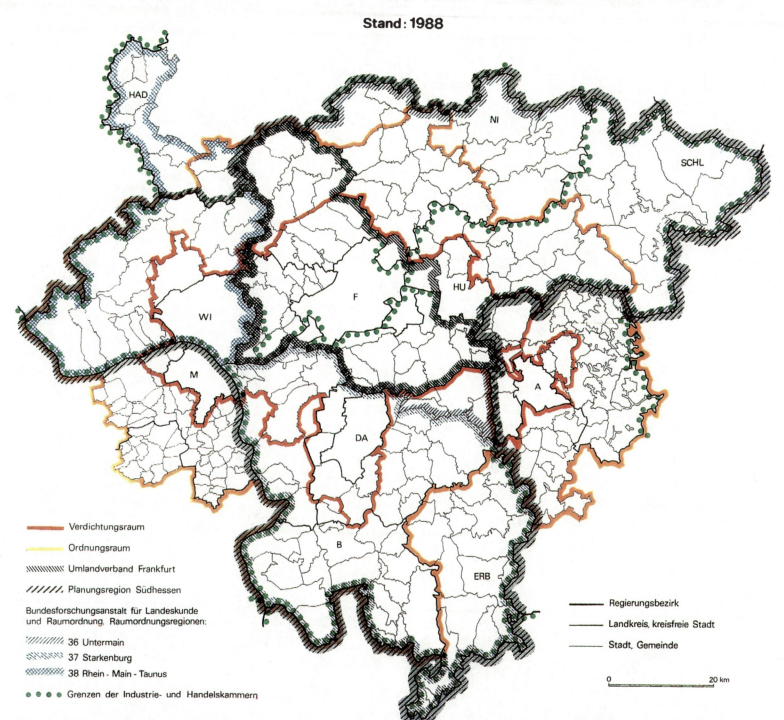
Abb. 1: VERWALTUNGS- UND PLANUNGSGRENZEN IM RHEIN-MAIN-GEBIET
Stand: 1988

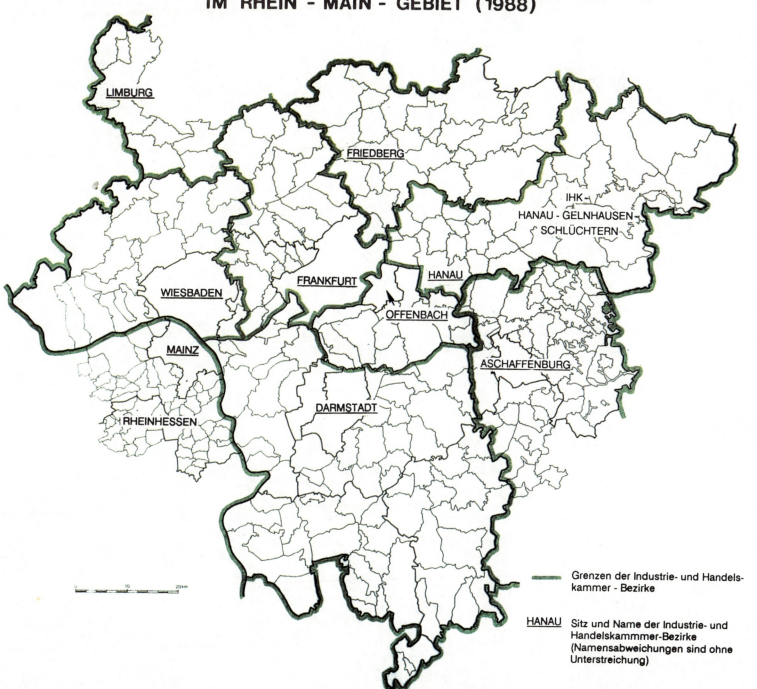

Abb. 2: **GRENZEN DER INDUSTRIE- UND HANDELSKAMMER-BEZIRKE IM RHEIN-MAIN-GEBIET (1988)**

samtgesellschaftlicher Faktoren:
- der sozio-demographischen Entwicklung und ihres Strukturwandels,
- des strukturellen Wandels der Wirtschaft unter Einbeziehung neuer Kommunikationstechniken
und
- der Umweltverträglichkeit aller menschlicher Handlungen.

Auf die beiden ersten Faktoren möchte ich am Beispiel der Region etwas näher eingehen. Zuerst zu den sozio-demographischen Entwicklungen und ihrem Strukturwandel.

Wie in der gesamten Bundesrepublik Deutschland (s. Abb. 3) eine zunehmende Überalterung zu beobachten ist, muß dies auch für Hessen insgesamt (Abb. 4) festgestellt werden. Das gleiche gilt auch für den südhessischen Raum. Bei Bevölkerungsstagnation bzw. -abnahme wird sich besonders im suburbanen Raum die Zahl der über 65-jährigen Personen erhöhen (vgl. auch den Beitrag SCHYMIK in diesem Heft).

Dies hat Auswirkungen auf das Erwerbspersonenpotential, das ich allerdings nur für Gesamthessen bzw. die Regierungsbezirke vorstellen kann. Als Indikator für die Nachfrage nach Arbeitsplätzen hängt es von der Bevölkerung im erwerbsfähigen Alter und der alters- und geschlechtsspezifischen Erwerbsbeteiligung ab.

Abbildung 5 zeigt, daß die Entwicklung des Erwerbspersonenpotentials in Hessen bis zum Jahr 2000, bezogen auf die deutsche Bevölkerung, im wesentlichen von *der Erwerbsbeteiligung der Frauen in den mittleren Jahren* abhängen wird. Daher können im Jahr 2000 sowohl Variante I im unteren Teil der Abbildung 5 gelten: relativ geringer Anstieg der Frauenerwerbsbeteiligung und so gut wie keine Ausländerzuwanderung, aber auch Variante II: starker Anstieg der Erwerbsbeteiligung von Frauen und Zuwanderung ausländischer Erwerbspersonen.

In der regionalen Differenzierung, soweit es die relativ groben Einteilungen nach Regierungsbezirken zulassen, zeigt sich (s. Tab. 1), daß *das Erwerbspersonenpotential* wohl in den Randzonen der Verdichtungsregionen, die z.T. heute noch als ländlicher Raum bezeichnet werden, stärker wächst als in den Verdichtungsräumen und hier besonders in den Kernstädten. Weitere Komponenten wer-

Abb. 3

Die Bevölkerungsentwicklung der Bundesrepublik Deutschland in ausgewählten Altersgruppen 1975–2030*

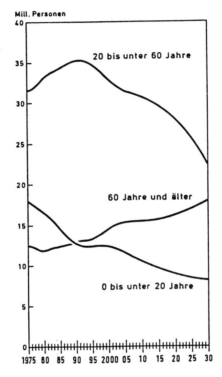

* Quelle: *Längerfristige Perspektiven der Bevölkerungsentwicklung in der Bundesrepublik Deutschland.* Ergebnisse aktualisierter Vorausberechnungen, in: DIW-Wochenbericht, H. 24 (1984), S. 285.

Abb. 4

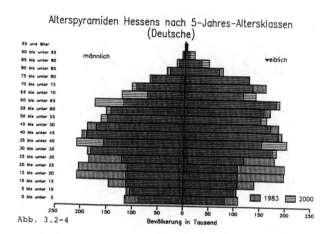

Abb. 3.2-4

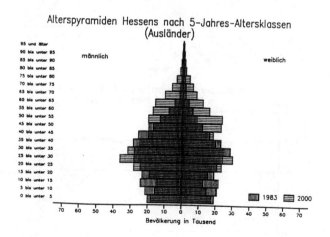

Quelle: HLT, Wiesbaden: Perspektiven für Wirtschaft,.... (Nr. 202), S. 14, 1987

Abb. 5

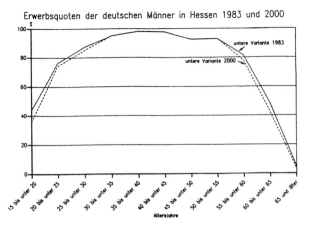

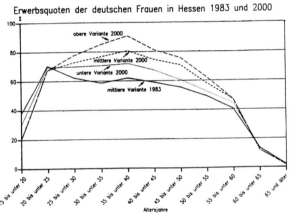

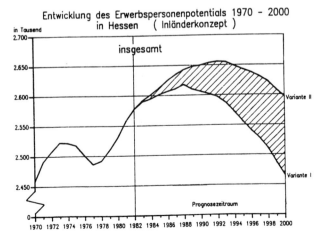

Quelle: HLT, Wiesbaden: Perspektiven für Wirtschaft,.... (Nr. 202), S. 17 ff., 1987

Tab. 1: Entwicklung des gesamten Erwerbspersonenpotentials am Wohnort in hessischen Regierungsbezirken 1970-2000 (in 1.000)

Jahr	Variante I	Variante II
Regierungsbezirk Darmstadt		
1970 [1]	1.511	1.511
1983	1.633	1.635
1985	1.640	1.647
1990	1.643	1.673
1995	1.611	1.669
2000	1.550 (2,6 %)[2]	1.635 (8,2 %)[2]
Regierungsbezirk Gießen		
1970 [1]	401	401
1983	435	436
1985	438	440
1990	439	446
1995	433	447
2000	422 (5,2 %)[2]	443 (10,5 %)[2]
Regierungsbezirk Kassel		
1970 [1]	501	501
1983	521	521
1985	524	526
1990	523	530
1995	509	525
2000	490 (-2,2 %)[2]	514 (2,6 %)[2]

[1] Ergebnisse der Volkszählung 1970. Die Daten für 1970 sind mit denen der Folgejahre aus methodischen Gründen nur bedingt vergleichbar.

[2] Veränderung 1970 - 2000 in %

Quelle: HLT, Wiesbaden: Perspektiven für Wirtschaft, .. (Nr. 202), S. 20, 1987

den die Wirtschaft beeinflussen: z.b. die Zunahme *der Erwerbstätigkeit* im tertiären Wirtschaftssektor (Tab. 2). Allerdings soll an dieser Stelle nicht verschwiegen werden, daß in diesen Zahlen ein systematischer Fehler steckt, da nicht die einzelne Beschäftigung (Beruf) erfaßt wird, sondern das Unternehmen von der Statistik mit allen Beschäftigten einem Bereich zugeschlagen wird, ein Problem, das bei der Beurteilung der wirtschaftlichen Entwicklung eine eminente Rolle spielt und das dringend in der amtlichen Statistik berücksichtigt werden müßte. Das Problem der Arbeitslosigkeit, besonders in seiner mesoregionalen Differenzierung ist zu vielschichtig und die Datengrundlage, besonders auch hinsichtlich der beruflichen Qualifikation nicht genügend aufbereitet, um es hier nur kurz streifen zu können.

Tab. 2: Erwerbstätige nach Wirtschaftssektoren in Hessen in %

	1983	2000
I	6,1 %	5,1 %
II	38,0 %	29,6 %
III	55,9 %	69,3 %

Quelle: Hess. Stat. Landesamt, Wiesbaden u. eigene Berechnungen

Im Vergleich der Regierungsbezirke (Tab. 3) zeigt sich, daß nach Wirtschaftsabteilungen neben dem produzierenden Gewerbe ganz allgemein, die Land- und Forstwirtschaft ohnehin, der Handel an Bedeutung bei den Erwerbstätigen verlieren wird, während sonstige Dienstleistungen, in denen besonders auch die I+K-unterstützten distributiven und vor allem produktionsbezogenen Dienstleistungen stecken, einer Erwerbstätigenausweitung unterliegen. Besonders auffällig sind die hohen Steigerungsraten in staatlichen Stellen und Organisationen ohne Erwerbscharakter. Da andererseits bekannt ist, daß in diesen Bereichen schon mit die kürzesten Arbeitszeiten herrschen (vgl. Abb. 6), werden Wirkungen dieser Erwerbstätigenbereiche auf die Zeit-, Raum- und Siedlungsstruktur, z.B. vermehrte freizeitorientierte Aktivitätsnachfrage, besonders zu beobachten sein. Insgesamt wird die Zahl der Erwerbstätigen in dem Beobachtungszeitraum in allen hessischen Regierungsbezirken abnehmen, in Mittel- und Nordhessen vermutlich stärker als in Südhessen.

Tab. 3: Erwerbstätige nach Wirtschaftsabteilungen in den hessischen Regierungsbezirken (in Tausend)

Regierungsbezirk Darmstadt

Wirtschaftsabteilung	1980	1983	1990	2000	Veränderungen 1980 - 2000 in %
Land- und Forstwirtschaft Energie, Bergbau u.	35,1	33,4	28,7	24,1	- 31,3
Verarbeitendes Gewerbe	528,9	482,8	459,9	422,4	- 20,1
Baugewerbe	107,7	100,8	96,6	85,7	- 20,0
Handel	239,2	225,2	222,9	210,3	- 12,1
Verkehr und Nachrichtenübermittlung	114,2	115,3	116,2	115,7	+ 1,3
Kreditinstitute, Versicherungsunternehmen	73,1	74,2	78,6	81,7	+ 11,8
Sonstige Dienstleistungen	212,2	218,3	238,6	253,1	+ 19,3
Staat	213,8	213,1	225,5	247,9	+ 15,9
Organisationen ohne Erwerbszweck	42,8	44,5	52,4	59,2	+ 38,3
Erwerbstätige insgesamt	1.567,0	1.507,6	1.519,3	1.500,0	- 4,3

Regierungsbezirk Gießen

Wirtschaftsabteilung	1980	1983	1990	2000	Veränderungen 1980- 2000 in %
Land- und Forstwirtschaft Energie, Bergbau u.	30,7	29,3	25,0	20,7	- 32,6
Verarbeitendes Gewerbe	135,0	123,0	116,7	107,0	- 20,7
Baugewerbe	32,0	29,0	27,7	24,5	- 23,4
Handel	44,8	43,3	40,4	36,4	- 18,7
Verkehr und Nachrichtenübermittlung	18,0	17,7	16,5	15,6	- 13,3
Kreditinstitute, Versicherungsunternehmen	6,9	7,4	7,8	7,8	+ 13,0
Sonstige Dienstleistungen	32,5	34,4	37,0	38,8	+ 19,4
Staat	60,8	62,6	66,3	72,8	+ 19,7
Organisationen ohne Erwerbszweck	9,5	10,4	12,1	13,4	+ 41,1
Erwerbstätige insgesamt	370,3	356,9	349,5	337,0	- 9,0

Regierungsbezirk Kassel

Wirtschaftsabteilung	1980	1983	1990	2000	Veränderungen 1980- 2000 in %
Land- und Forstwirtschaft Energie, Bergbau u.	49,2	47,3	41,3	35,3	- 28,3
Verarbeitendes Gewerbe	160,1	145,2	139,4	128,6	- 19,7
Baugewerbe	39,3	35,2	33,7	29,8	- 24,2
Handel	56,9	54,5	49,7	44,3	- 22,4
Verkehr und Nachrichtenübermittlung	26,8	27,0	25,2	23,7	- 11,6
Kreditinstitute, Versicherungsunternehmen	10,9	11,4	11,6	11,5	+ 5,5
Sonstige Dienstleistungen	48,3	50,3	54,4	57,1	+ 18,2
Staat	72,3	75,4	80,3	88,3	+ 22,1
Organisationen ohne Erwerbszweck	13,8	15,1	18,5	21,4	+ 55,1
Erwerbstätige insgesamt	477,6	461,4	454,1	440,0	- 7,9

Quelle: Hess.Stat. Landesamt und eigene Berechnungen

Abb. 6

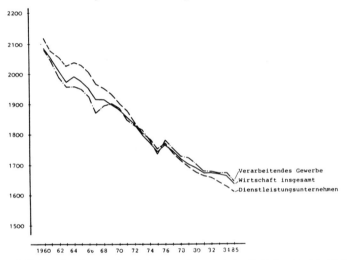

*Tatsächliche jährliche Arbeitszeit in ausgewählten Wirtschaftsbereichen (in Stunden)**

* Quelle: Eigene Darstellung nach einer Arbeitsvolumenrechnung des Instituts für Arbeitsmarkt und Berufsforschung, Nürnberg.

Aus: D. HENCKEL (Hrsg.): Arbeitszeit, Betriebszeit, Freizeit. Auswirkungen auf die Raumentwicklung.
= Schriften des DifU, Bd. 80, S. 68, Stuttgart u.a. 1988

Da gleichzeitig bekannt ist, daß bei Beschäftigung in Dienstleistungsunternehmen höhere Einkommen erzielt werden als im primären oder sekundären Wirtschaftssektor, stehen auch mehr finanzielle Mittel für die private, dem nichttäglichen Verbrauch zuzuordnende Nachfrage zur Verfügung.

Die Wirtschaft in Verdichtungsregionen mit hohem Dienstleistungserwerbstätigenanteil und relativ alter Bevölkerung wird daher in den kommenden 30 Jahren zumindest in der Inlandsnachfrage von diesen genannten Komponenten geprägt. Wie sie sich auswirken bzw. auswirken können, möchte ich noch kurz abschließend zu diesem Punkt "sozio-demographischer Wandel" mit einem Szenario (Abb. 7) andeuten - wobei ich bewußt polarisiere! -: entweder entwickeln wir uns zu einer *hedonistischen Lebensauffassung* mit expansiven Ansprüchen (z.B. Flächen), oder zu einer *ganzheitlichen Lebensauffassung* mit einer räumlich-sozialen Einschränkung der Bedürfnisse. Sowohl die Wirtschaft als anbietende Unternehmen als auch in Form der in ihr Beschäftigten werden von diesem gesellschaftlichen Wandel tangiert. Z.Z. sieht es eher danach aus, daß sich die sogenannte *hedonistische* Gesellschaftsform durchsetzt, die eindeutig in den großstädtischen Agglomerationen erhöhte Flächennachfrage erzeugt und zu einer Blüte der Freizeitindustrie führt (Abb. 8) Damit wird auch der Flächenverbrauch weiter angekurbelt. Abbildung 9 zeigt diesen Prozeß schon für die Dekade 1970-1980 am Beispiel des Main-Kinzig-Kreises. Besonders im Randbereich der Kernstädte wird im suburbanen Raum immer mehr offene Fläche in Siedlungsraum transformiert.

Aufgrund von jüngeren Untersuchungen meines Lehrstuhls möchte ich nun noch einige Bemerkungen zur 2. Rahmenbedingung *"Zum strukturellen Wandel der Wirtschaft des Rhein-Main-Gebietes besonders in regionaler Hinsicht"* unter Einbeziehung der neuen I+K-Techniken machen und den Raum, soweit die Datenbasis dies zuläßt, auf verschiedenen Maßstabs- und Verflechtungsebenen betrachten.

Im internationalen Rahmen gehört Frankfurt am Main und die Rhein-Main-Region weltweit sicher zu den wichtigsten Standorten im Bereich des tertiären Wirtschaftssektors, speziell des Geldhandels und der Messen (vgl. etwa STIGLBAUER 1987, 32 ff). Grundlage dafür ist nicht zuletzt die zentrale Lage im Weltverkehrsnetz, die sich deutlich in der Bedeutung des Flughafens Frankfurt am

Abb. 7

SZENARIEN KUENFTIGER ENTWICKLUNGEN VON ARBEIT, WOHNEN UND FREIZEIT

	TREND ZUR FREIZEITGESELLSCHAFT	WENDE ZUR LEBENSGESELLSCHAFT
GRUNDLOGIK:	FESTHALTEN AN DEN STRUKTUREN DER ARBEITSGESELLSCHAFT / HEDONISTISCHE LEBENSAUFFASSUNG	GRUNDLEGENDE UMORIENTIERUNG IN DEN GESELLSCHAFTLICHEN WERTHALTUNGEN/ GANZHEITLICHE LEBENSAUFFASSUNG
WIRTSCHAFT/ARBEIT:	- JOBLOSES WACHSTUM DER FORMELLEN WIRTSCHAFT - UNBEDEUTENDE ARBEITSZEITREDUKTION - STARRE ARBEITSZEITREGELUNG - STEIGENDE ARBEITSLOSIGKEIT - SCHWACHE EINKOMMENSZUNAHME - HOHE ARBEITSTEILIGKEIT UND SPEZIALISIERUNG / SCHWINDENDE ARBEITS- UND LEBENSZUFRIEDENHEIT	- AUSDEHNUNG DES EIGENWIRTSCHAFTLICHEN BEREICHS - STARKE ARBEITSZEITREDUKTION - WEITGEHENDE ZEITSOUVERAENITAET - GERINGE ARBEITSLOSIGKEIT - STAGNIERENDE BIS SINKENDE EINKOMMEN - GANZHEITLICHERE ARBEITSFORMEN / STEIGENDE ARBEITS- UND LEBENSZUFRIEDENHEIT
FREIZEIT:	- FREIZEIT IST IN ERSTER LINIE KONSUMZEIT - FREIZEIT GILT ALS PRIVATISTISCHER FREIRAUM - EXPANSIVE FREIZEITINDUSTRIE	- FREIZEIT ALS CHANCE ZU MEHR EIGENBESTIMMTER ZEIT UND TAETIGKEIT - FREIZEIT ALS SOZIALES HANDLUNGSFELD - AUSBAU DES NICHTKOMMERZIELLEN FREIZEITANGEBOTES
WOHNWELT:	- FUNKTIONALISMUS ALS STAEDTEBAULICHE KONZEPTION - FORTSCHREITENDE EINSCHRAENKUNG VON FREI- UND LEBENSRAEUMEN - SCHWINDENDE BEZIEHUNG ZUM WOHNUMFELD / RUECKZUG IN DEN PRIVATISMUS - HOHE FREIZEIT UND ERHOLUNGSMOBILITAET	- DIE STADT ALS GANZHEITLICHER LEBENSRAUM - SCHRITTWEISE RUECKGEWINNUNG VON LEBENSRAEUMEN - WACHSENDES ENGAGEMENT DER BEWOHNER IM NACHBARSCHAFTS- UND QUARTIERBEREICH - WOHNUMFELDBEZOGENES FREIZEITVERHALTEN
GESELLSCHAFTSBILD:	BESCHAEFTIGUNG UND WOHLSTAND EINERSEITS / ARBEITSLOSIGKEIT UND ARMUT ANDERERSEITS	VIELE ARBEITEN WENIG / WENIGE ARBEITEN VIEL

Aus: KRIPPENDORF u.a.: Freizeit und Tourismus = Berner Studien zum Fremdenverkehr, H. 22, S. 149, Bern 1987[2]

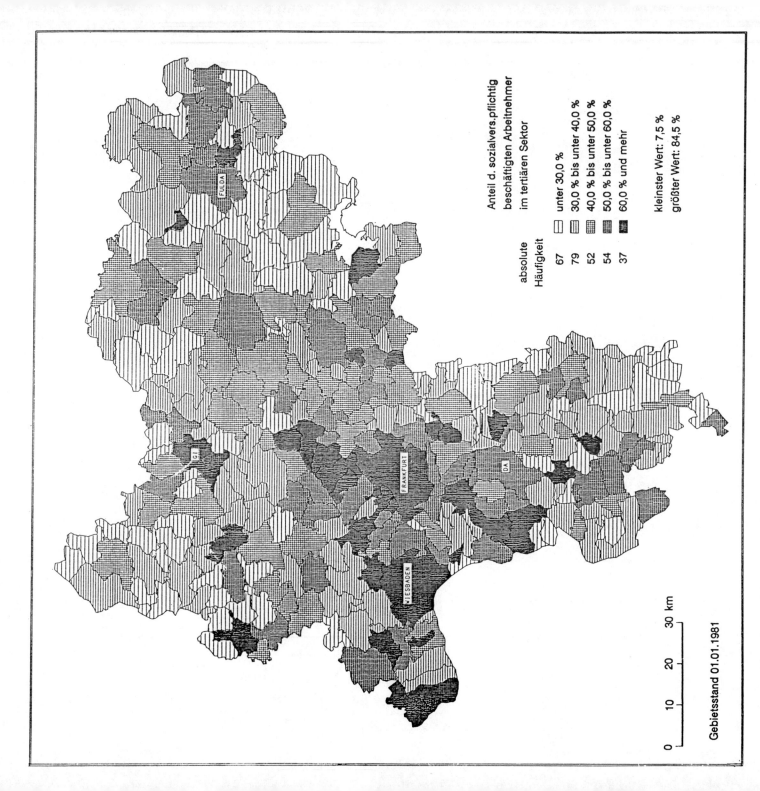

Abb. 13 RHEIN-MAIN-GEBIET (HESSEN) Beschäftigtenstruktur nach Gemeinden – Tertiärer Sektor 1984

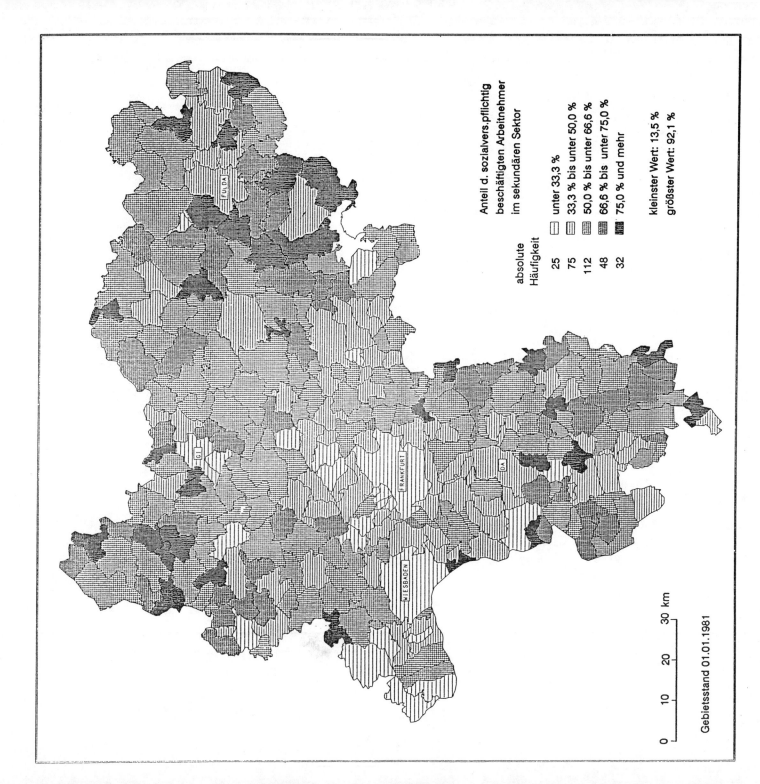

Abb. 11

Relative Konzentration der Betriebe der Branche Elektronische Datenverarbeitungsanlagen in der Bundesrepublik Deutschland 1985

Verteilung der Mitgliedsfirmen des Bundesverbandes Vertriebsunternehmen Büroinformations- u. Kommunikationstechnik in der Bundesrepublik Deutschland 1985

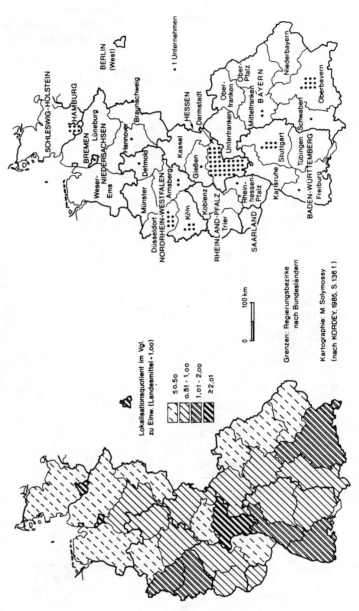

Quelle: Das Deutsche Branchen-Fernsprechbuch 1985

Lokalisationsquotient im Vgl. zu Einw. (Landesmittel = 1,00)
- ≤ 0,50
- 0,51 – 1,00
- 1,01 – 2,00
- ≥ 2,01

Grenzen: Regierungsbezirke nach Bundesländern

Kartographie: M. Solymossy (nach KORDEY, 1985, S. 136 f.)

Quelle: BVB-Mitgliederliste vom 01.06.1985

Abb. 10

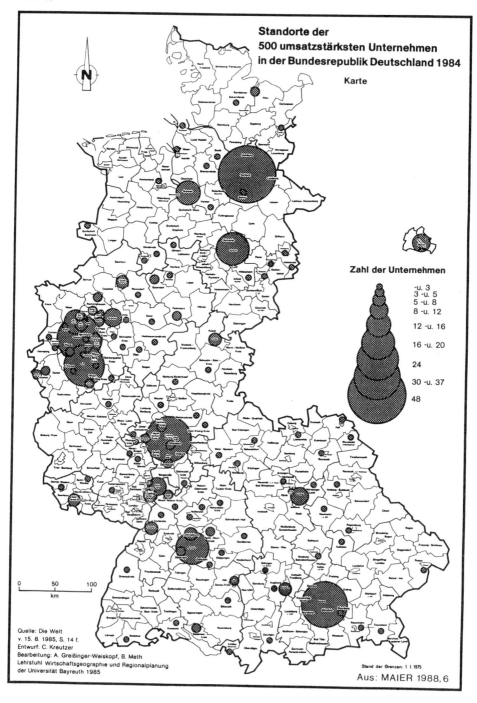

Abb. 9   SIEDLUNGSFLÄCHENANTEIL PRO GEMEINDE (IN %), IM MAIN-KINZIG-KREIS

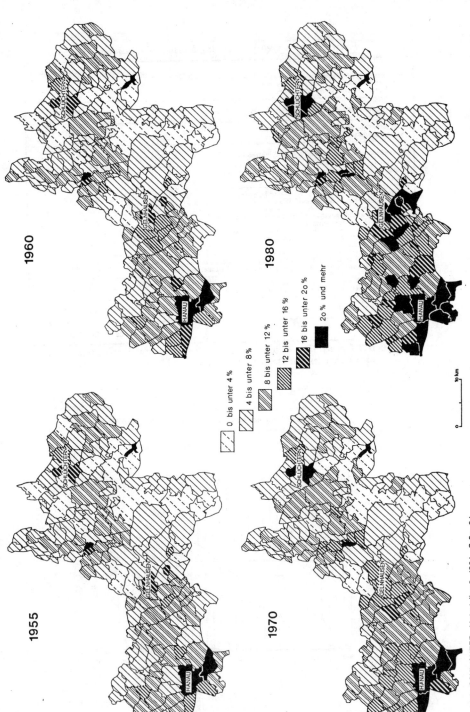

nach SCHWANZER, Materialien 9 1984, S. 90-94

Abb. 8 *Freizeit als Arbeitgeber in der Bundesrepublik Deutschland**

	Anzahl der Berufstätigen
Spielwarenindustrie, Spielautomatenbetriebe, Spielbanken, -clubs, Wett-, Lotteriewesen	≈ 45 000
Heimwerkerbedarf, Hobby, Do-it-yourself, Handarbeiten	≈ 60 000
Sportartikelindustrie, Camping, Caravaning, Boots-, Yachtbau, Sportorganisationen	≈ 65 000
Herstellung und Handel von Foto- und Filmgeräten	≈ 70 000
Kino, Theater, Orchester, Bühnen, Schaustellergewerbe, Kulturelle Einrichtungen	≈ 75 000
Gartenpflege, -bau, Haustiere, Forst- und Jagdwirtschaft, Handel mit zoologischem Bedarf, Pflanzen, Blumen	≈ 180 000
Herstellung und Handel von Radio, Fernsehen und Video, Rundfunk- und Fernsehanstalten	≈ 245 000
Herstellung und Handel von Büchern, Zeitschriften, Zeitungen, Büchereien, Lesezirkel	≈ 460 000
Herstellung u. Handel von Autos, Krafträdern, Fahrrädern, einschl. Straßenverkehrsgewerbe u. Dienstleistungen (ca. 30 % der laufenden Ausgaben für Freizeitzwecke)	≈ 1 200 000
Tourismusindustrie, Reiseveranstaltungen und -vermittlung (Reisebüros), Fremdenverkehr, Gaststätten-, Beherbergungsgewerbe, Kur-, Bäderwesen	≈ 1 500 000
Sonstiger Freizeitbedarf	≈ 100 000
insgesamt	ca. 4 000 000

* Quelle: *B.A.T.-Freizeit-Forschungsinstitut* (Hrsg.), Zukunftsfaktor Freizeit, Hamburg 1986, nach Daten des Statistischen Bundesamtes.

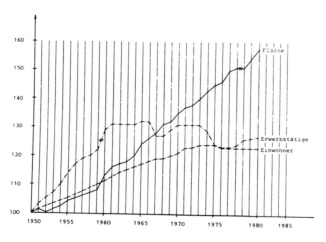

*Entwicklung der besiedelten Fläche, der Einwohnerzahl und der Erwerbstätigen seit 1950**

* Quelle: *Dietrich Henckel* und *Erwin Nopper,* Brache und Regionalstruktur. Gewerbebrache – Wiedernutzung – Umnutzung, Berlin 1985, S. 18.

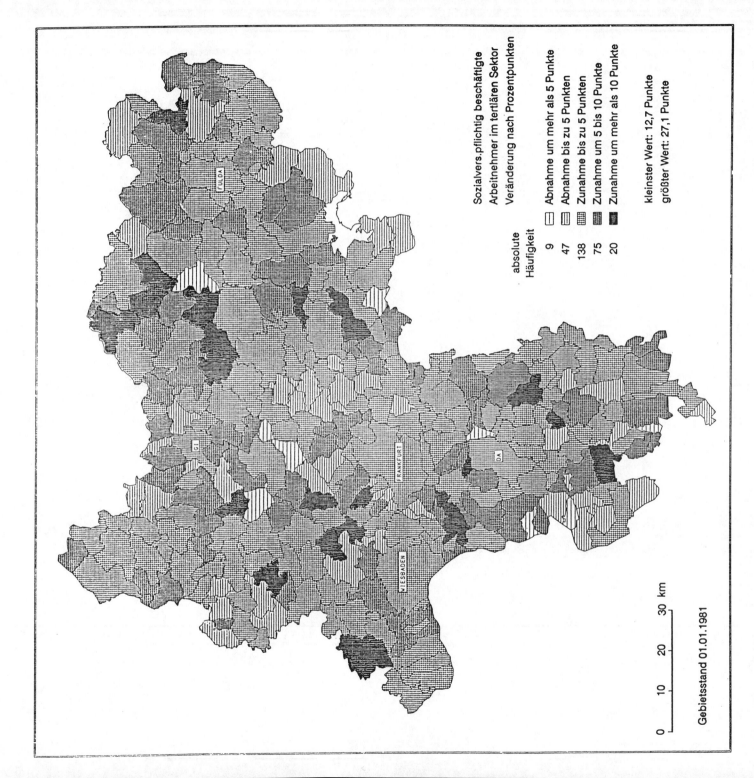

Abb. 14

RHEIN-MAIN-GEBIET (HESSEN)

Veränderung der Beschäftigenstruktur

Tertiärer Sektor 1980 - 84

Main manifestiert. Je nach dem, welche Indikatoren herangezogen werden, ist Frankfurt immer auf den vorderen, ja vordersten Plätzen zu finden.

Im nationalen Maßstab ist der Rhein-Main-Raum ein bedeutender Standort umsatzstarker Unternehmen (Abb. 10) und besonders auch von F-und E-Einrichtungen, meistens gekoppelt an Industriehauptverwaltungen (vgl. WOLF 1986, 126/127). Im übrigen zeigt sich, daß das sog. Nord-Südgefälle sehr genau differenziert werden muß und der Westen und Norden der Bundesrepublik Deutschland bei weitem nicht in allen Bereichen nachhinkt; andererseits ist der Rhein-Main-Raum nur teilweise, besonders in der Distribution dominant, bei F- und E-Einrichtungen ragt er über andere Regionen z.B. "noch nicht hinaus".

Greifen wir das Standortverhalten der Branche elektronische Datenverarbeitungsanlagen heraus, sehen wir im Vergleich der Bundesrepublik Deutschland eine hohe Konzentration in unserem Raum, setzen wir sie mit den Mitgliedsfirmen des Bundesverbandes Vertriebsunternehmen Büro-Informations- und Kommunikationstechnik in der Bundesrepublik Deutschland in Vergleich (Abb. 11), stellen wir fest, daß im Rhein-Main-Raum in hohem Maße *Vertriebsfunktionen* konzentriert sind, Vertriebsfunktionen also der elektrotechnischen Industrie, der ohnehin z.Z. neben der Chemie- und Kunststoff-Industrie, die ebenfalls im Rhein-Main-Gebiet sehr stark vertreten ist, gute Prognosen gestellt werden. Allerdings sei nicht verschwiegen, daß es auch Prognosen gibt, die davon ausgehen, daß die *produktions- und distributionsbezogenen Dienstleistungsbeschäftigten* bis zum Jahr 2000 abnehmen werden und es nur mehr Arbeitskräftebedarf bei *administrativen* und *verbraucherbezogenen Dienstleistungstätigkeiten* geben wird. (z.B. Ausbildung, Gesundheitswesen, Freizeit).

Wie sieht nun die Struktur und Entwicklung der Wirtschaftsstandorte und Beschäftigtensituation innerhalb des Verdichtungsraumes im Vergleich suburbaner Raum-Kernstadt aus? Mit Hilfe der Beschäftigtenstrukturen (es stehen nur Daten der sozialversicherungspflichtig Beschäftigten zur Verfügung) und der Schlüsselbranche der I+K-Hard- und Software anbietenden Unternehmen versuche ich einige Belege zur räumlichen Differenzierung zu finden, aus denen Schlüsse für die zukünftige Entwicklung gezogen werden können.

Die Abbildungen 12-14 der Beschäftigtenstrukturen im sekundären und tertiären Wirtschaftssektor nach Gemeinden Mitte der 80er Jahre und die Veränderung innerhalb der beiden Sektoren in der 1. Hälfte der 80er Jahre zeigen die zunehmende Tertiärisierung der Beschäftigten auf Kosten der Sekundärbeschäftigten von innen nach außen in unserem Raum. Leider gibt es keine Daten darüber, in welchen Anteilen die Beschäftigten produktionsbezogene, distributionsbezogene oder verbraucherbezogene Dienstleistungsbeschäftigte sind, was für die qualitative Bewertung der jeweiligen Betriebe sehr entscheidend wäre, wird doch angenommen, daß immer mehr produktionsbezogene Dienstleistungen aus den Unternehmen ausgelagert werden und sich in einer bestimmten räumlichen Peripherie um die nachfragenden produzierenden Unternehmen ansiedeln.

Die entsprechende Interpretation der regionalen Veränderung der Tertiärbeschäftigten (Abb. 14) könnte dies durchaus vermuten lassen. Die Verbreitung von Datenverarbeitungsbetrieben und ihre Veränderung in der Region stützt diese Vermutung (vgl. WOLF/BÖRDLEIN 1987, 471 ff.).

Neben dem zentralen Standort Frankfurt am Main haben sich kernstadtnahe Satelliten gebildet; in der Kernstadt gibt es innenstadtnahe Präferenzzonen vor allem in den verdichteten Wohngebieten, des Nordends oder Bornheims. Gerade die hier angesiedelten Kleinunternehmen der I- u. K-Technologie tragen zu einem nicht unerheblichen Teil zu städtischen Lebensformen bei, da Wohnen und Arbeiten häufig räumlich sehr eng miteinander verquickt sind.

Die neu dazukommenden I. u. K.-Anbieter (Hard- und Software) gehen verstärkt ins Umland und es setzt auch hier ein Verdrängungswettbewerb von sekundärwirtschaftlichen Unternehmen ein.

Aus einer schon 1983/84 unternommenen Untersuchung geht hervor, daß die gewerbliche Bauflächennachfrage innerhalb der Region "disparitär" ausgebildet war; während eine rege Nachfrage nach Flächen in Kernzonen des suburbanen Raumes besonders in verkehrsgünstiger Lage oder Flughafennähe bestand (Abb. 15), war die Nachfrage in nicht so günstigen Gebieten eher schleppend. Im Vergleich mit der Neugründung und Ansiedlung der I- u. K-Technologie-Unternehmen läßt sich zeigen, daß die in der Abbildung ausgewiesenen Flächen reger Nachfrage bevorzugt von solchen Unternehmen nachgefragt werden.

Abb.15: NACHFRAGEINTENSITÄT NACH GEWERBLICHEN BAUFLÄCHEN IM RHEIN-MAIN-GEBIET 1983/84

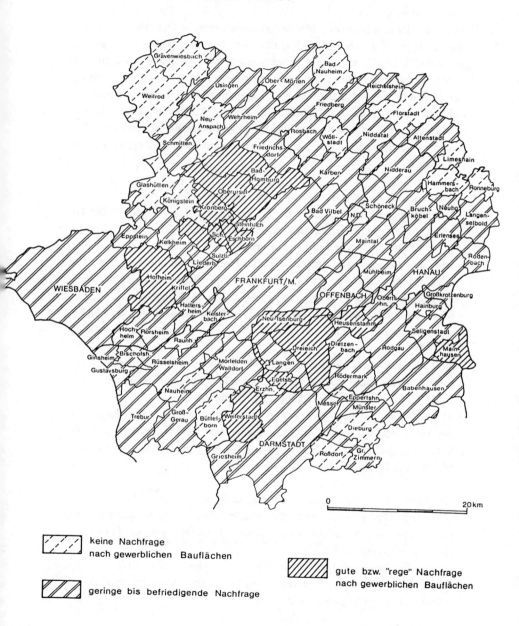

keine Nachfrage nach gewerblichen Bauflächen

geringe bis befriedigende Nachfrage

gute bzw. "rege" Nachfrage nach gewerblichen Bauflächen

nach PFRAGNER 1985

Ich fasse zusammen:
Es konnte hier kein komplexes Bild der regionalen wirtschaftlichen Strukturen und Entwicklungen des Rhein-Main-Raumes vor dem Hintergrund der gesamtgesellschaftlichen Entwicklung gegeben werden, z.b. der gesamte Bereich der Umweltverträglichkeit mußte ausgeklammert bleiben, aber es soll doch versucht werden, aus dem Vorgetragenen einige konkrete Schlüsse zu ziehen und Anregungen (oder Forderungen) zu formulieren, die die Kammerarbeit übernehmen könnte oder sollte und die auch in die zukünftige Raumordnung der Region Eingang finden sollten. Ich gliedere sie in *strukturelle* und *funktional-organisatorische* Aufgaben.

Unter den *strukturellen* Aufgaben sind zu nennen:
- Berücksichtigung der sozio-demographischen Entwicklung hinsichtlich der Unterstützung von Betrieben für den entsprechenden Nachfragebereich: der Freizeit und Kulturbereich muß sicher eine erste Priorität haben,
- dabei darf die innovative Standorttradition Frankfurts vor allem im internationalen Maßstab (Banken, Messen, Informationsvermittlung) nicht vernachläßigt werden, aber nur auf diese Bereiche zu setzen, wäre zu eindimensional,
- es ist vor allem auch in den kernstädtischen Randbereichen auf ein *Flächenrecycling* hinzuwirken für intelligente Betriebe (Verwendung oder Herstellung neuer Techniken),
- die qualitative Verbesserung der Betriebe im Sinne der Tertiärisierung sekundärer Betriebe, d.h. Hineinnahme modernster Technologie in die Betriebe, ist zu unterstützen, um so Standorterhaltung zu betreiben,
- d.h. es sollten über die großen, jetzt schon wahrnehmbaren Anstrengungen hinaus weiter intensive Anstrengungen unternommen werden für Fort- und Weiterbildung, Umschulung, Wiederaufnahme einer Berufstätigkeit (Stichwort: lebenslanges Lernen)

Im *funktional-organisatorischen* Bereich ist daran zu denken:
- regionale Abgrenzungen nach funktionalen Zusammengehörigkeiten anzustreben, um dadurch die Zusammenarbeit der Entscheidungsträger in einer solchen Region zu verbessern,
- darauf hinzuwirken, daß statistisches Beobachtungsmaterial in einer sinnvollen inhaltlichen und kleinräumigen regionalen Gliederung aufbereitet und allen Interessenten zur Verfügung gehalten wird,

- möglicherweise auch die weitere Verbesserung der Information für die Betriebe und
- nicht zuletzt der Versuch, daran mitzuwirken, zu verhindern, daß in der Region im politischen Bereich zu starke Konkurrenz zwischen disparitären Partnern auftreten, sondern den Gedanken einer funktionalen Verflechtung stärker zu befördern.

Das Thema wurde bewußt aus dem sektoralen Schwerpunkt einer gesellschaftsbezogenen Raumwissenschaft beleuchtet, um diese Aspekte in die Erörterung der wirtschaftlichen Entwicklung der Rhein-Main-Region einzubeziehen.

LITERATUR UND QUELLEN

GRETZ, W. 1988: Modellrechnung zur Bevölkerungsentwicklung in den hessischen Stadt- u. Landkreisen. HLT Gesellschaft für Forschung Planung Entwicklung mbH. (in Vorbereitung) Wiesbaden.

GRETZ, W., G. BAUER u.a. 1987: Perspektiven für Wirtschaft, Bevölkerung und Arbeitsmarkt in Hessen bis 2000 - Kurzfassung. HLT Gesellschaft für Forschung Planung Entwicklung mbH. Wiesbaden.

HENCKEL, D. (Hrsg.) 1988: Arbeitszeit, Betriebszeit, Freizeit. Auswirkungen auf die Raumentwicklung = Schriften des DifU, Bd. 80. Stuttgart u.a.

Industrie- und Gewerbeentwicklung in Verdichtungsräumen. Ein Vergleich zwischen München und Rhein-Main, 1988 = Akademie für Raumforschung und Landesplanung, Hannover, Arbeitsmaterial Nr. 134. Hannover.

KRIPPENDORF, J. u.a. 1987^2: Freizeit und Tourismus = Berner Studien zum Fremdenverkehr, H.22. Bern.

MAIER, J. 1988: Industrie- und Gewerbeentwicklung in Verdichtungsräumen. Ein Vergleich zwischen München und Rhein-Main. Einführung in die gemeinsame Sitzung der Landesarbeitsgemeinschaften Hessen/Rheinland-Pfalz/Saarland und Bayern am 9./10. Juni 1986 in Wiesbaden. In: Arbeitsmaterial, Akademie für Raumordnung und Landesplanung, Nr. 134, S. 4-7. Hannover.

PFRAGNER, P. 1985: Faktoren der Lokalisation und Nutzung gewerblicher Bauflächen im Rhein-Main-Gebiet. Diss. Frankfurt am Main.

SCHWANZER, W. 1984: Landverbrauch im suburbanen Raum, dargestellt am Beispiel des Main-Kinzig-Kreises. In: Materialien, 9, S. 67-99. Frankfurt am Main.

STIGLBAUER, K. 1986: Neue Rollen der Großstädte in hochentwickelten Staaten - Wien als Beispiel. In: Rhein-Mainische Forschungen, H. 103, S. 11-58. Frankfurt am Main.

WOLF, K. 1986: Das Siedlungssystem des Rhein-Main-Gebietes. Ansätze zu seiner regionalpolitisch orientierten Analyse. In: Frankfurter Geographische Hefte, 55, S. 121-165. Frankfurt am Main.

WOLF, K. 1988. Industrie- und Siedlungsentwicklung im Rhein-Main-Gebiet angesichts neuerer Entwicklungen in Industrie und Gewerbe. In: Akademie für Raumforschung und Landesplanung, Arbeitsmaterial Nr. 134, S. 16-41. Hannover.

WOLF, K. u. R. BÖRDLEIN 1987: Informationstechnisch bedingte raumstrukturelle Veränderungen im Frankfurter Umland - mit besonderer Berücksichtigung der Funktion des Frankfurter Flughafens. In: Veröffentlichungen der Akademie für Raumforschung und Landesplanung, Forschungs- u. Sitzungsberichte, Bd. 169, S. 471-501. Hannover.

FRANZ SCHYMIK

DIE ZUKÜNFTIGE BEVÖLKERUNGSENTWICKLUNG IN IHREN MÖGLICHEN AUSWIRKUNGEN AUF DEN WOHNUNGSBESTAND BZW. DIE WOHNBAUFLÄCHENNACHFRAGE AM BEISPIEL HESSENS SÜDLICH DES MAINS (EINSCHLIESSLICH DER STADT FRANKFURT AM MAIN)

AUS: FRANKFURT UND DAS RHEIN-MAIN-GEBIET. GEOGRAPHISCHE BEITRÄGE AUS ANLASS DES 75-JÄHRIGEN BESTEHENS DER J.W. GOETHE-UNIVERSITÄT FRANKFURT AM MAIN (1914-1989) HERAUSGEGEBEN VON KLAUS WOLF UND FRANZ SCHYMIK
= RHEIN-MAINISCHE FORSCHUNGEN HEFT 107
FRANKFURT AM MAIN 1990

Der vorliegende Beitrag wurde im Rahmen einer Arbeitsgruppe (Leiter: Professor Dr. K. Wolf/Institut für Kulturgeographie, Stadt- und Regionalforschung der J.W. Goethe-Universität Frankfurt am Main) "Auswirkungen der Bevölkerungsentwicklung in Hessen, Rheinland-Pfalz, Saarland " der Landesarbeitsgemeinschaft Hessen, Rheinland-Pfalz, Saarland der Aakdemie für Raumforschung und Landesplanung erstellt.
Die Fertigstellung des Manuskriptes erfolgte Januar 1989.
(Kurzfassung in "Arbeitsmaterial 161" der ARL)

AOR Dr. Franz Schymik
Institut für Kulturgeographie, Stadt- und Regionalforschung
der J.W. Goethe-Universität Frankfurt am Main
Senckenberganlage 36
6000 Frankfurt am Main 1

1. PROBLEMSTELLUNG

Der folgende Beitrag greift im Rahmen der Diskussion um die zukünftige Bevölkerungsentwicklung den Bereich "Wohnen und Bevölkerung" auf. Als Grundlagen werden Prognosen (Projektionen etc.) zur Bevölkerungsentwicklung benutzt, die möglichst weit in die Zukunft reichen. Hierbei wird auch versucht, großräumige und raumtypische Prognosen regional konkret auf kleinräumige regionale Einheiten "herunterzurechnen" (vgl. z.B. SCHRAMM 1986, 11 ff.; LANDESHAUPTSTADT STUTTGART 1986, 15 ff.). Als Untersuchungsraum wurde ein Raumausschnitt im meso-regionalen Maßstab gewählt, wobei für die Auswahl das Kriterium "Verdichtungsraum-Kategorie (mit Umland bis hin zum Ländlichen Raum)" und die Betrachtungsebene "Regionalplanung" von Interesse waren. Die Auswirkungen werden mit einfachen Verfahren im Sinne von "spekulativen Utopien" aufgezeigt. Die prognostischen Aussagen sollen "Denkanstöße" vermitteln, d.h. sie sollen "aufrütteln" zum Nachdenken bzw. Umdenken im Sinne von: "Viele Prognosen werden gemacht, damit sie nicht eintreffen. D.h. sie dienen als Warnsignale ..." (DifU 1986, 7).

2. UNTERSUCHUNGRAUM
2.1. Vorgehensweise

Als Untersuchungsraum wurde ein Ausschnitt der Region Rhein-Main, südlich des Mains (einschließlich der Stadt Frankfurt am Main) gewählt. Betrachtet werden die kreisfreien Städte: Frankfurt am Main, Offenbach und Darmstadt, die Landkreise : Offenbach, Groß-Gerau, Darmstadt- Dieburg, Bergstraße und der Odenwaldkreis. Dieser Raumausschnitt setzt sich im Sinne der MRKO zusammen aus Verdichtungsraum, Ordnungsraum und Ländlichem Raum (vgl. Abb. 1). Die Analyse bzw. Prognose wird auf Stadt- und Landkreisbasis durchgeführt, wobei nach den "Kreistypen der Regionen mit großen Verdichtungsräumen (Große Kernstädte, Hochverdichtetes Umland, Ländliches Umland)" der BfLR, Bonn vorgegangen wird.

2.2. Bisherige Regionalentwicklung

Der Untersuchungsraum gehört zur Region Rhein-Main, die als eines der wirtschaftsstärksten Gebiete der Bundesrepublik Deutschland bzw. Europas gilt. Nach der regionalen Klassifizierung durch die EG ist die Region Darmstadt (= RBZ

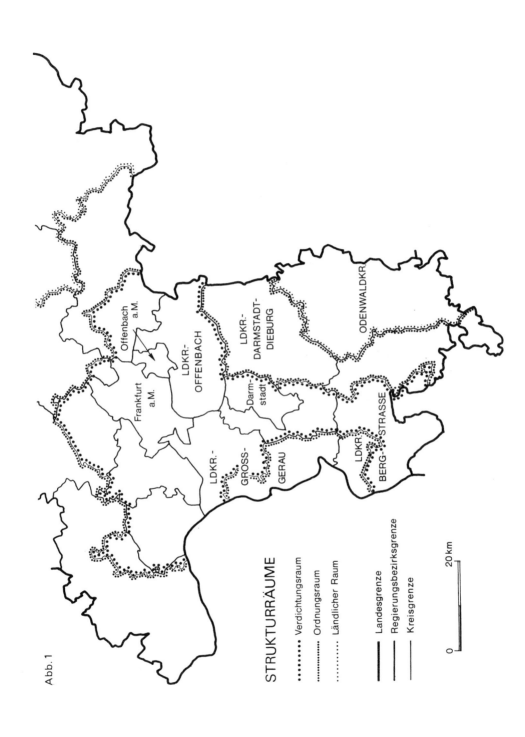

Abb. 1

Tab. 1: BEVÖLKERUNG

	Bevölkerung - insgesamt -		Entwicklung 1980 - 1987		Ausländerquote in %		Natürlicher Saldo - absolut - 1980-1987	Wanderungs- saldo - absolut - 1980-1987
	1980	1987	absolut	in %	1980	1986		
1. Große Kernstädte								
Frankfurt	629.375	596.897	- 32.478	- 5,2	20,6	22,6	- 15.909	- 16.569
Offenbach	110.993	107.545	- 3.448	- 3,2	18,5	19,8	- 2.262	- 1.186
Darmstadt	138.201	134.695	- 3.506	- 2,6	10,2	11,9	- 3.068	- 438
Summe	878.569	839.187	- 39.432	- 4,5	16,4	18,1	- 21.239	- 18.193
2. Hochverdichtetes Umland (Landkreise)								
Offenbach	295.250	303.573	+ 8.323	+ 2,8	11,1	12,3	+ 1.293	+ 7.030
Groß-Gerau	233.145	229.606	- 3.539	- 1,6	14,3	14,6	+ 748	- 4.287
Darmstadt-Dieburg	248.147	253.274	+ 5.127	+ 2,1	8,8	8,3	+ 623	+ 4.504
Bergstraße	239.254	241.771	+ 2.517	+ 1,1	6,6	7,2	- 1.438	+ 3.955
Summe	1.015.796	1.028.224	+ 12.428	+ 1,2	10,2	10,6	+ 1.220	+ 11.202
3. Ländliches Umland (Landkreise)								
Odenwaldkreis	84.673	87.470	+ 2.797	+ 3,2	7,9	4,3	- 1.167	+ 4.014
GESAMT	1.979.038	1.954.831	- 24.207	- 1,3	11,5	11,0	- 21.180	- 2.977

QUELLE: HSLA 1981 - 1987/8

Tab. 2: ARBEIT/BESCHÄFTIGUNG

Sozialversicherungspflichtig beschäftigte Arbeitnehmer 1980/1987

	Insgesamt		Land- u. Forstwirtschaft		Produzierendes Gewerbe		Handel		Verkehr, Kredit- u. Versicherungswesen, Dienstleistungen		Übrige Bereiche	
	1.	2.	1.	2.	1.	2.	1.	2.	1.	2.	1.	2.
1. Große Kernstädte												
Frankfurt	459.538 / 456.593	- 0,7	841 / 924	+ 9,0	157.571 / 138.881	- 11,9	73.649 / 64.586	- 12,4	189.479 / 212.344	+ 10,8	37.998 / 39.858	+ 4,7
Offenbach	52.689 / 51.655	- 2,0	71 / 138	+ 48,6	26.031 / 23.328	- 10,4	7.490 / 6.795	- 9,3	14.355 / 16.156	+ 11,2	4.742 / 5.238	+ 9,5
Darmstadt	87.102 / 89.346	+ 2,6	313 / 233	- 25,6	36.340 / 36.250	- 0,3	11.919 / 11.883	- 0,4	25.803 / 27.846	+ 7,4	12.727 / 13.134	+ 3,1
Summe	599.329 / 597.594	- 0,2	1.225 / 1.295	+ 5,5	219.942 / 198.454	- 9,8	93.058 / 83.264	- 10,6	229.637 / 256.346	+ 10,5	55.467 / 58.230	+ 4,8
2. Hochverdichtetes Umland (Landkreise)												
Offenbach	90.124 / 93.310	+ 3,5	571 / 744	+ 23,3	52.854 / 50.571	- 4,0	16.562 / 17.358	+ 4,6	16.361 / 20.298	+ 19,4	3.776 / 4.159	+ 9,3
Groß-Gerau	87.700 / 81.123	- 7,5	292 / 326	+ 10,5	63.348 / 51.013	- 19,5	7.950 / 8.350	+ 4,8	12.773 / 17.482	+ 27,0	3.337 / 3.952	+ 15,6
Darmstadt-Dieburg	49.541 / 53.705	+ 7,8	613 / 730	+ 16,1	31.750 / 30.993	- 2,4	5.524 / 7.452	+ 25,9	9.291 / 11.537	+ 19,5	2.363 / 2.993	+ 21,1
Bergstraße	52.156 / 55.870	+ 6,7	417 / 456	+ 8,6	30.225 / 28.808	- 4,7	7.098 / 8.120	+ 12,6	10.486 / 13.883	+ 24,5	3.930 / 4.603	+ 14,7
Summe	279.521 / 284.008	+ 1,6	1.893 / 2.256	+ 16,1	178.177 / 161.565	- 9,4	37.134 / 41.280	+ 10,1	48.911 / 63.200	+ 22,7	13.406 / 15.707	+ 14,7
3. Ländliches Umland (Landkreise)												
Odenwaldkreis	24.335 / 25.144	+ 3,3	320 / 274	- 14,4	17.410 / 16.914	- 2,9	1.940 / 2.045	+ 5,2	3.439 / 4.405	+ 22,0	1.220 / 1.506	+ 19,0
GESAMT	903.185 / 906.746	+ 0,4	3.438 / 3.825	+ 10,2	415.529 / 376.938	- 9,3	132.132 / 126.589	- 4,2	281.987 / 323.951	+ 13,0	70.099 / 75.443	+ 7,1

1. 1980 absolut
1987
2. Veränderung 1980-1987 %

QUELLE: HSLA 1981 - 1988

Tab. 3: WOHNEN

	Wohngebäude				Wohnungen			
	insgesamt		Veränderung 1980 - 1986		insgesamt		Veränderung 1980 - 1986	
	1980	1986	absolut	in %	1980	1986	absolut	in %
1. Große Kernstädte								
Frankfurt	63.784	65.461	+ 1.677	+ 2,6	304.442	314.574	+ 10.132	+ 3,3
Offenbach	11.975	12.519	+ 544	+ 4,4	53.614	56.568	+ 2.954	+ 5,3
Darmstadt	19.507	20.502	+ 995	+ 4,9	62.763	67.021	+ 4.258	+ 6,4
Summe	95.266	98.482	+ 3.216	+ 4,3	420.819	438.163	+ 17.344	+ 4,0
2. Hochverdichtetes Umland (Landkreise)								
Offenbach	51.637	55.885	+ 4.248	+ 7,7	123.374	134.428	+ 11.054	+ 8,3
Groß-Gerau	42.504	45.178	+ 2.674	+ 6,0	91.976	97.182	+ 5.206	+ 5,4
Darmstadt-Dieburg	53.478	57.966	+ 4.488	+ 7,8	94.765	103.076	+ 8.311	+ 8,1
Bergstraße	49.461	52.798	+ 3.337	+ 6,4	96.517	103.261	+ 6.744	+ 6,6
Summe	197.080	211.827	+ 14.747	+ 7,0	406.632	437.947	+ 31.315	+ 7,2
3. Ländliches Umland (Landkreise)								
Odenwaldkreis	20.830	22.477	+ 1.647	+ 7,4	32.952	36.205	+ 3.253	+ 9,0
GESAMT	313.176	332.786	+ 19.610	+ 5,9	860.403	912.315	51.912	+ 5,8

QUELLE: HSLA 1981 - 1987

Darmstadt mit dem Schwerpunkt Rhein-Main-Gebiet) "erstrangig" (vgl. KOMMISSION DER EUROPÄISCHEN GEMEINSCHAFTEN 1987). Sie gehört zu den Regionen mit dem dichtesten Besiedlungsgrad in der Bundesrepublik Deutschland und wird zusehens u.a. als die große Dienstleistungsregion hinsichtlich des Angebots, des Vertriebs, der Produkt- und Informationsdistribution angesehen (vgl. WOLF 1986a, b; WIRTSCHAFTSRAUM RHEIN-MAIN 1986). Die Regionalentwicklung ist gekennzeichnet durch eine leichte Bevölkerungsabnahme (unterschiedlich nach "Große Kernstädte" und "Umland") (vgl. Tab. 1), bei der Beschäftigtenentwicklung durch eine Abnahme insbesondere im Sekundären Sektor und einer starken Zunahme im Tertiären Sektor (vgl. Tab. 2), während im Bereich "Wohnen" insgesamt die Zahl der Wohngebäude und die der Wohnungen gestiegen ist, wobei das "Hochverdichtete Umland" und das "Ländliche Umland" die größten Zuwachsraten aufweisen (vgl. Tab. 3).

3. ZUKÜNFTIGE BEVÖLKERUNGSENTWICKLUNG
3.1. Methodik

Zur zukünftigen Bevölkerungsentwicklung wurden die jüngsten Prognosen der HLT Gesellschaft für Forschung Planung Entwicklung mbH (Wiesbaden) und der Bundesforschungsanstalt für Landeskunde und Raumordnung (Bonn) herangezogen.

Bei der HLT-Prognose handelt es sich um eine modellhafte Bevölkerungsvorausschätzung, die den Zeithorizont 2010 erreicht. Die Zahlen liegen nach Altersgruppen auf der Basis von Stadt- und Landkreisen vor (vgl. GRETZ 1988; GRETZ u.a. 1987; ESTOR/PÜTZSTÜCK 1981).

Die Prognose der BfLR geht bis zum Zeithorizont 2035. Es handelt sich um eine Bevölkerungsprojektion, deren Variante "status-quo" sich an den Verhaltensparametern der jüngsten Vergangenheit orientiert. Die Bevölkerung wird nach Altersgruppen und zwar auf der Basis der sogenannten "Siedlungsstrukturellen Kreistypen" ausgewiesen. Für den Untersuchungsraum wurden die entsprechenden Zahlen nach dem Prinzip "Regionale Rückrechnung" auf die konkreten Stadt- und Landkreise "übertragen" (vgl. BfLR 1988 a; b; BfLR u.a. 1987 b).

Grundsätzlich muß auf die Unwägbarkeiten solch langfristiger Bevölkerungsvorausschätzungen im meso-regionalen Maßstab hingewiesen werden. Anzahl und

Struktur einer zukünftigen Bevölkerung ergeben sich aus einer Vielzahl sich wechselseitig bedingender Einflußgrößen (vgl. LANDESHAUPTSTADT STUTTGART 1986, 15). Weiterhin ist zu bemerken, daß alle diese Prognosen "mit Vorsicht zu genießen" sind, da sie, wie die Vergangenheit und die Entwicklung zeigen, u.a. den Faktor "Außenwanderung" zu wenig berücksichtigen (vgl. MONSCHAW / RUDOLF 1988; BfLR (-Mitteilungen) 1988 d, 1). Gerade diesem Faktor kommt aber in nächster Zukunft (Umsiedler, Aussiedler, Asylanten, 1992 EG-Binnenmarkt) erhöhte Bedeutung zu.

Auf diese Notwendigkeit bzw. Problematik wurde auch in einem Expertengespräch, das am 5.7.1988 zum Thema "Räumliche Auswirkungen der langfristigen Bevölkerungsentwicklung" in Bonn stattfand, ausdrücklich hingewiesen. Hierbei wurde gefordert, daß neben Mittelfristbetrachtungen auch Langfristperspektiven bei der Betrachtung der zukünftigen Auswirkungen der Bevölkerungssentwicklung Beachtung finden müßten. Außerdem sollen neben status-quo-Projektionen andere Formen der bevölkerungs- und auswirkungsbezogenen Zukunftsexploration wie Szenario-Techniken, Ziel- oder Instrumentprojektionen berücksichtigt werden (vgl. BfLR (-Mitteilungen) 1988 d, 2). Ausgehend von der im Ansatz schon immer vorhandenen gegenseitigen Beeinflussung von status-quo-Prognosen und Szenarien zeichnet sich für die Zukunft eine verstärkte Verzahnung von diesen beiden Verfahrenstechniken insbesondere für die Planungspraxis ab (vgl. DIETRICHS 1988, 13 ff.). Das Problem des Maßstabs wird aber bleiben ("Je kleinräumlicher, desto schwieriger"). Es zeigt sich aber auch, daß solche hochgesteckten Ziele (qualifizierte regionale Szenarien) nur noch von einem interdisziplinär zusammengesetzten Team erreicht werden können (vgl. STRÄTER 1988, 429).

3.2. Regionale Betrachtung

Die zukünftige Bevölkerungsentwicklung kann wie folgt - nach den Raumkategorien Große Kernstädte, Hochverdichtetes Umland, Ländliches Umland - charakterisiert werden (vgl. Tab. 4a, b und Abb. 2-4 sowie Tab. 5 und Abb. 5, 5a-5b)

- <u>Große Kernstädte</u> (Frankfurt am Main, Offenbach, Darmstadt)
Es wird von einer starken Abnahme der Bevölkerungs insgesamt ausgegangen (1986-2010: -22,0%/1986-2035: -41,9%). Die am meisten davon betroffenen Altersgruppen sind die unter Zwanzigjährigen (1986 - 2010: -39,5% / 1986 - 2035: -50,0%) und die Gruppe der Zwanzig- bis Sechzigjährigen (1986 - 2010: 21,7% /

1986 - 2035: -50,0%), während die "Alten" (über Sechzigjährige) weniger stark abnehmen werden (1986 - 2010: -8,8% / 1986 - 2035: -13,6%) bzw. deren Anteil an der Gesamtbevölkerung prozentual noch wachsen wird (1986: 22,3% / 2010: 26,1% / 2035: 33,2%). Der für das Jahr 2010 zu erwartende Trend setzt sich unter ceteris-paribus-Bedingungen bis 2035 fort.

- Hochverdichtets Umland (Landkreise: Offenbach, Groß-Gerau, Darmstadt-Dieburg, Bergstraße)
Die Situation für die Kreise im hochverdichteten Umland ist gekennzeichnet durch eine Abnahme der Bevölkerung insgesamt (1986 - 2010: -5,9% / 1986 - 2035: -14,0%), wobei hier festzuhalten ist, daß die prozentual relativ geringe Abnahme insgesamt hier auf eine relativ starke Zunahme der "Alten" (über Sechzigjährige: 1986 - 2010: +38,2% / 1986 - 2035: +47,7%) zurückzuführen ist bzw. dadurch "aufgefangen" wird. Der Anteil der "Alten" wird auch hier in Zukunft sehr hoch sein (1986: 18,0% / 2010: 26,5% / 2035: 32,0%). Auch in diesem Teilgebiet setzt sich der Trend über das Jahr 2010 bis 2035 verstärkt fort.

- Ländliches Umland (Landkreis: Odenwaldkreis)
Das ländliche Umland wird geprägt sein durch eine stagnative bis leicht rückläufige Bevölkerungsentwicklung (1986 - 2010: +0,2% / 1986 - 2035: -7,8%), wobei auch hier bei noch steigender Tendenz hohe Anteile an "Alten" (Entwicklung: 1986 - 2010: +12,5% / 1986 - 2035: +53,0%; Anteil: 1986: 22,3 % / 2010: 25,1% / 2035: 37,0%) zu verzeichnen sein werden.

Zusammenfassend läßt sich zunächst prognostizieren, daß der Verdichtungsraum durch "Entleerung", der Ordnungsraum durch "Stagnation der Suburbanisierung" und der Ländliche Raum durch "Disurbanisierung" gekennzeichnet sein werden (vgl. hierzu ARRAS u.a. 1980, 42 ff.; DEHLER 1986, 24 f.). Allerdings spricht gegen diese Annahme zumindest im bezug auf den Verdichtungsraum die Tatsache, daß eine sich verstärkende Tendenz "zurück in die Stadt" (Reurbanisierung) zu beobachten ist (vgl. KUJATH 1988), u.a Einpersonenhaushalte (Auszubildende, Studenten, junge/mobile Erwerbstätige, bildungsorientierte "Aktiv-Senioren"), aber auch "Arme, Alte, Ausländer, Arbeitslose....", die die Stadtstruktur prägen werden. Weiterhin liegt die Vermutung nahe, daß mittelfristig eine verstärkte Zuwanderung von (ausländischer) Bevölkerung (Europäischer Binnenmarkt: EG '92) sowie von Umsiedlern, Aussiedlern, Asylanten und "neuen" Gastarbeitern (Nordafrika!) stattfinden wird. Was das Verhältnis Stadt/Umland anbetrifft, so wird eine neue "Inwertsetzung" relativ innenstadtnaher Einfamilienhausgebiete mit

Tab. 4a: BEVÖLKERUNGSPROGNOSE 1986 - 2010 MIT VERÄNDERUNGEN

	Bevölkerung 1986							Bevölkerung 2000					Bevölkerung 2010					Veränderungen 1986-2010			
	Gesamt	abs. 1	%	abs. 2	%	abs. 3	%	Gesamt	1 %	2 %	3 %	Gesamt	1 %	2 %	3 %	Gesamt	1 %	2 %	3 %
1. Große Kernstädte																				
Frankfurt	592.439	105.089	17,7	355.383	60,0	131.967	22,3	512.884	16,0	60,5	23,5	453.263	14,0	60,0	26,0	-23,5	-41,3	-23,1	-10,5
Offenbach	107.078	21.199	19,8	62.295	58,2	23.584	22,0	94.735	18,4	56,8	24,8	84.055	15,6	57,4	27,0	-21,5	-38,5	-22,5	-3,6
Darmstadt	133.588	24.792	18,5	78.239	58,5	30.557	23,0	122.253	17,1	59,5	23,4	112.112	14,9	59,4	25,7	-16,1	-32,5	-14,9	-5,8
Summe	833.105	151.080	18,1	495.917	59,5	186.108	22,4	729.602	16,5	59,9	23,6	694.430	14,1	59,8	26,1	-22,0	-39,5	-21,7	-8,8
2. Hochverdichtetes Umland (Landkreise)																				
Offenbach	300.327	65.352	21,8	182.449	60,7	52.526	17,5	296.077	19,2	57,5	23,2	280.652	17,0	55,5	27,5	-6,6	-27,1	-14,6	+47,0
Groß-Gerau	288.714	50.327	22,0	138.378	60,5	40.009	17,5	221.852	19,8	57,1	23,1	209.679	17,9	56,1	26,0	-8,3	-25,2	-14,9	+35,7
Darmstadt-Dieburg	251.406	57.536	22,9	149.484	59,5	44.386	17,6	255.089	19,9	58,2	21,9	247.446	18,0	56,7	25,3	-1,6	-22,9	-5,9	+40,1
Bergstraße	241.015	53.906	22,5	149.027	58,0	47.082	19,5	236.597	20,0	55,4	24,6	223.050	17,7	55,2	27,1	-7,5	-26,9	-12,0	+28,4
Summe	1.021.462	227.121	22,2	610.338	59,8	184.003	18,0	1.009.615	19,7	57,1	23,2	960.827	17,6	55,9	26,5	-5,9	-25,6	-11,8	+38,2
3. Ländliches Umland (Landkreise)																				
Odenwaldkreis	86.928	19.906	22,9	47.607	54,8	19.415	22,3	86.634	21,6	53,9	24,5	87.087	20,1	54,8	25,1	+0,2	-11,9	+0,2	+12,5
GESAMT	1.941.495	398.107	20,5	1.153.862	59,4	389.526	20,1	1.827.851	18,5	58,1	23,4	1.697.344	16,4	57,3	26,3	-12,6	-30,1	-15,6	+14,4

1 = unter 20 Jahre
2 = 20 - 60 Jahre
3 = über 60 Jahre

QUELLE: GRETZ 1988

Tab. 4b: BEVÖLKERUNGSPROGNOSE 1986 - 2010 MIT VERÄNDERUNGEN

	Bevölkerung 1986			Bevölkerung 2000			Bevölkerung 2010			Veränderungen 1986-2010			
		> 65 Jahre			>65 Jahre			> 65 Jahre			Gesamt		> 65 Jahre
	Gesamt	abs.	%	Gesamt	abs.	%	Gesamt	abs.	%	abs.	%	abs.	%
1. Große Kernstädte													
Frankfurt	592.439	98.389	16,6	512.884	85.540	16,6	453.263	86.244	19,0	- 139.176	- 23,5	- 12.145	- 12,3
Offenbach	107.078	17.546	16,3	94.735	16.478	17,4	84.055	17.181	20,4	- 23.023	- 21,5	- 365	- 2,1
Darmstadt	133.588	23.163	17,3	122.253	20.782	16,9	112.112	21.281	18,9	- 21.476	- 16,1	- 1.882	- 8,1
Summe	833.105	139.098	16,7	729.602	122.800	16,8	649.430	12.706	19,2	- 183.675	- 22,0	- 14.392	- 10,3
2. Hochverdichtetes Umland (Landkreise)													
Offenbach	300.327	37.167	12,3	296.077	46.477	15,6	280.652	57.755	20,5	- 19.675	- 6,6	+ 20.588	+ 55,4
Groß-Gerau	223.714	28.794	12,5	221.852	34.606	15,5	209.679	41.075	19,5	- 19.035	- 8,3	+ 12.281	+ 42,7
Darmstadt-Dieburg	251.406	31.812	12,6	255.089	37.530	14,7	247.446	45.498	18,3	- 3.960	- 1,6	+ 13.686	+ 43,0
Bergstraße	241.015	34.009	14,1	236.597	40.729	17,2	223.050	45.846	20,5	- 17.965	- 7,5	+ 11.837	+ 34,8
Summe	1.021.462	131.782	12,9	1.009.615	159.342	15,8	960.827	190.174	19,8	- 60.635	- 5,9	+ 58.392	+ 44,3
3. Ländliches Umland (Landkreise)													
Odenwaldkreis	86.928	14.148	16,2	88.634	15.682	17,6	87.087	16.415	18,8	+ 159	+ 0,2	+ 2.267	+ 16,0
GESAMT	1.941.495	285.028	14,7	1.827.851	297.824	16,3	1.697.344	331.295	19,5	- 244.151	- 12,6	+ 46.267	+ 16,2

QUELLE: GRETZ 1988

Abb. 2

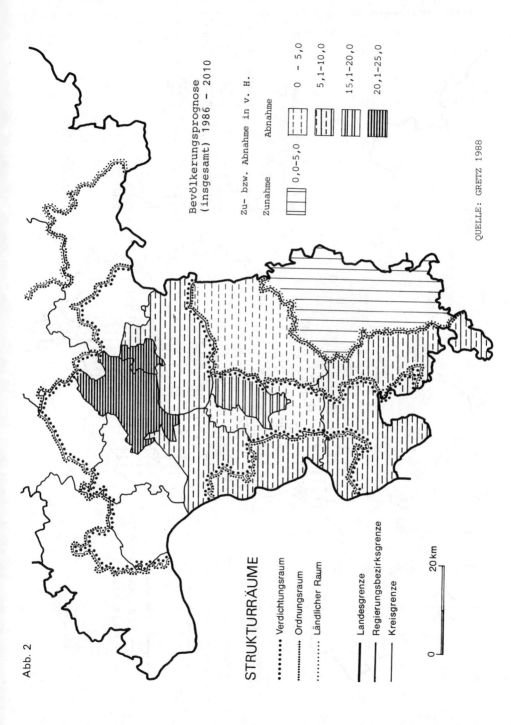

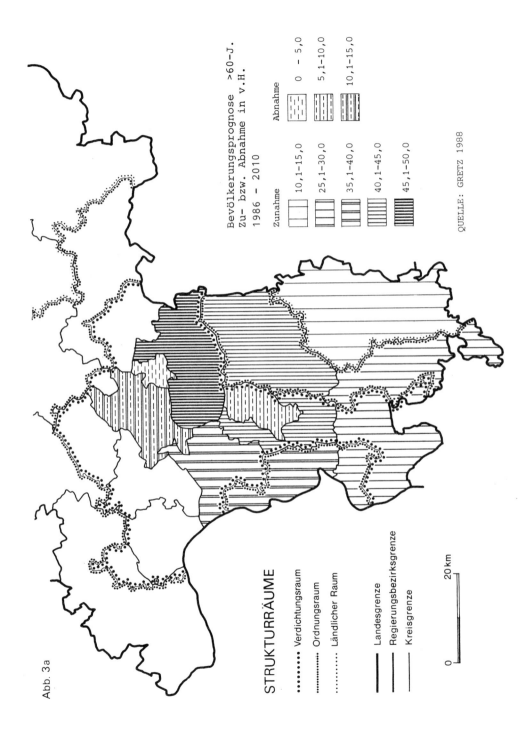

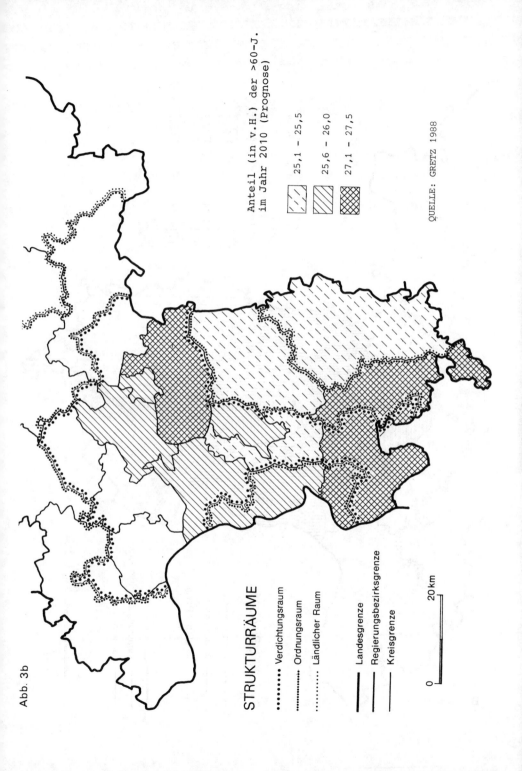

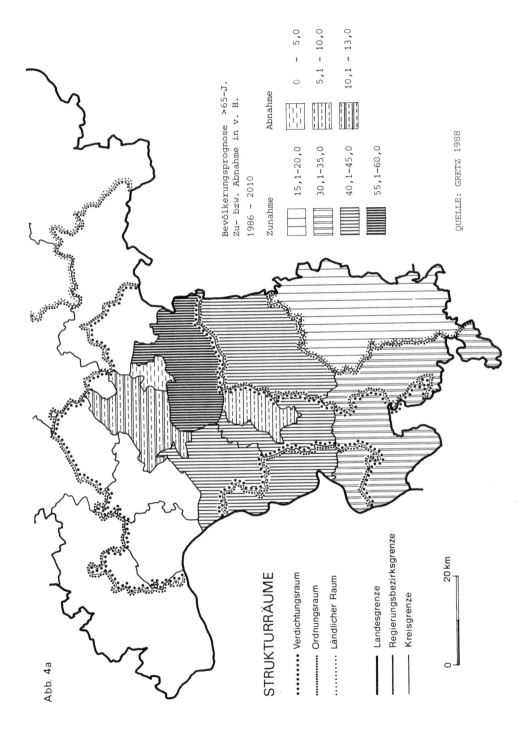

Abb. 4a

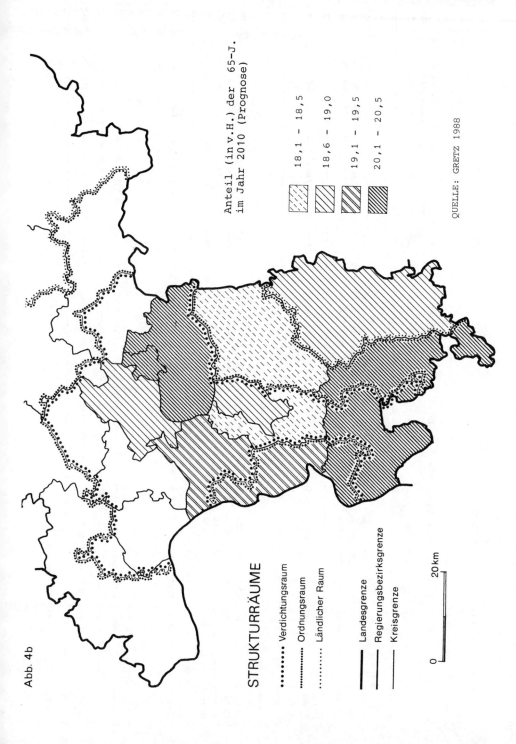

Abb. 4b

Tab. 5: BEVÖLKERUNGSPROGNOSE 1986 - 2035

	Wohnbevölkerung insgesamt			Bevölkerung < 20 Jahre			Bevölkerung 20 - 60 Jahre			Bevölkerung > 60 Jahre			Veränderung 1985 - 2035 absolut				Veränderung 1986 - 2035 %			
	1986	2005	2035	1986	2005	2035	1986	2005	2035	1986	2005	2035	Gesamt abs.	<20 J. abs.	20-60 J. abs	>60 J. abs.	Gesamt %	<20 J. %	20-60 J. %	>60 J. %
1. Große Kernstädte																				
Frankfurt	592.439	509.526	344.257	105.089	87.749	52.545	355.363	289.282	177.692	131.967	132.495	114.020	-248.182	-52.544	-177.691	-17.947	-41,9	-50,0	-50,0	-13,6
Offenbach	107.078	92.087	62.125	21.199	17.701	10.600	62.295	50.708	31.148	23.584	23.678	20.377	-44.953	-10.599	-93.440	-3.207	-42,0	-50,0	-50,0	-13,6
Darmstadt	133.588	115.067	77.917	24.792	20.701	12.396	78.239	63.687	39.120	30.557	30.679	26.401	-65.671	-12.396	-39.119	-4.156	-41,7	-50,0	-50,0	-13,6
Summe	833.105	716.680	484.299	151.080	126.151	75.541	495.917	403.677	247.960	186.108	186.852	160.798	-348.806	-75.539	-310.250	25.310	-41,9	-50,0	-50,0	-13,6
2. Hochverdichtetes Umland (Landkreise)																				
Offenbach	300.327	302.993	257.153	65.352	61.039	45.289	182.449	173.144	134.283	52.526	68.810	77.581	-34.174	-20.063	-48.166	+25.055	-14,4	-30,7	-26,4	+47,7
Groß-Gerau	228.714	230.738	195.816	50.327	47.005	34.877	138.378	131.321	101.846	40.009	52.412	59.093	-32.898	-15.450	-36.532	+19.084	-14,4	-30,7	-26,4	+47,7
Darmstadt-Dieburg	251.406	253.745	215.450	57.536	53.739	39.872	149.484	141.860	110.020	44.386	58.146	65.558	-35.956	-17.664	-39.464	+21.172	-14,3	-30,7	-26,4	+47,7
Bergstraße	241.015	244.911	209.957	53.906	50.348	37.357	140.027	132.886	103.060	47.082	61.677	69.540	-31.058	-16.549	-36.967	+22.458	-12,9	-30,7	-26,4	+47,7
Summe	1.021.462	1.032.387	878.376	227.121	212.131	157.395	610.388	579.211	449.209	184.003	241.045	271.772	-134.086	-69.726	-161.129	+87.769	-14,0	-30,7	-26,4	+47,7
3. Ländliches Umland (Landkreise)																				
Odenwaldkreis	86.928	90.448	80.167	19.906	18.931	14.233	47.607	46.512	36.229	19.415	25.045	29.705	-6.761	-5.673	-11.378	+10.290	-7,8	-28,5	-23,9	+53,0
GESAMT	1.941.495	1.839.555	1.442.842	398.107	357.213	247.169	1.153.862	1.029.400	733.398	389.526	452.942	462.275	-489.653	-150.938	-482.757	+72.749	-25,7	-37,9	-36,4	+18,7

QUELLE: BfLR 1988 a; GRETZ 1988

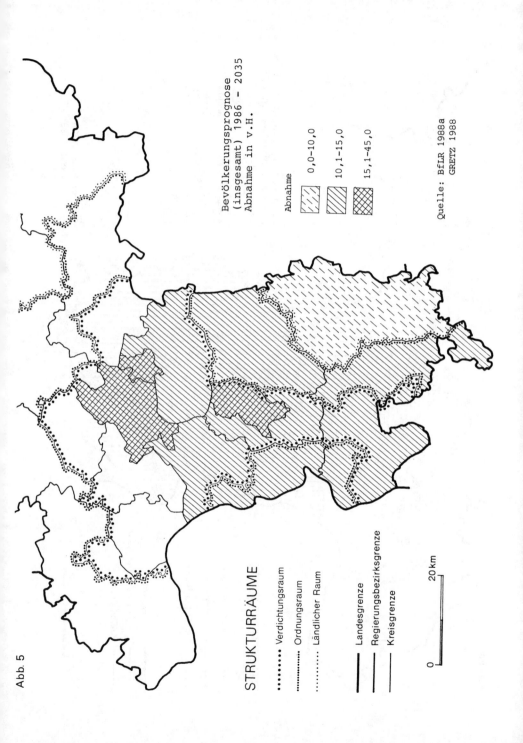

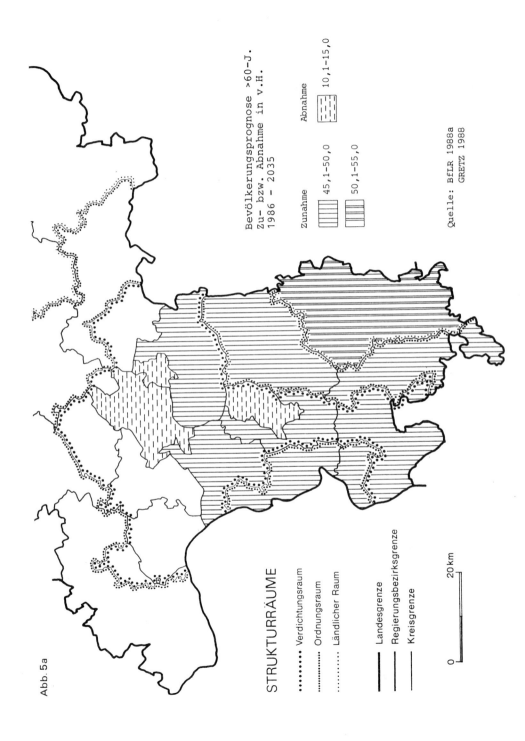

Abb. 5a

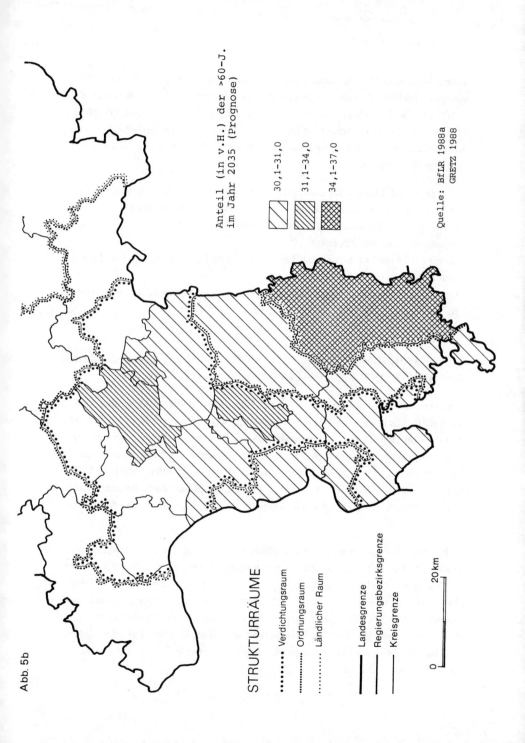

älterer Bebauung durch Generationswechsel als Konkurrenz zum Umland in Gang kommen. Bodenpreisvorteile und das Bestandsangebot werden in mittlerer Zukunft den Markt verstärkt dominieren (vgl. GATZWEILER 1987, 639). Gleichzeitig wird aber die Disurbanisierung im ländlichen Umland weiter fortschreiten, falls nicht entsprechende Maßnahmen (wie z.B. restriktive Wohnbauflächenausweisung etc.) ergriffen werden.

Als generelle Tendenz für das Untersuchunggebiet bleibt festzuhalten:
- Allgemeine Abnahme der Bevölkerung, insbesondere in den Städten
- Umfangreiche Verschiebung in der Altersstruktur (Abnahme der jungen, Zunahme der alten Bevölkerung)
- Anteil der "Alten" in "Stadt" und "Land" gleich groß bei hohem Anteil an der Gesamtbevölkerung
- Insgesamt Abnahme der Haushalte bei gleichzeitiger Zunahme kleinerer Haushaltsgrößen.

4. AUSWIRKUNGEN AUF DEN WOHNUNGSBESTAND BZW. DIE WOHNBAUFLÄCHENNACHFRAGE

Aufgrund der Komplexität der Materie (Einwohner- und Haushaltsentwicklung, Wirtschaft, Markt) hinsichtlich der Auswirkungen der künftigen Bevölkerungsentwicklung im Bereich des Wohnungssektors ergibt sich ein Bündel von Faktoren und entsprechenden disparaten Aussagen, die nur schwer in einen systematischen Zusammenhang zu bringen sind (vgl. BfLR 1988c, 4 ff.; DEUTSCHER VERBAND FÜR WOHNUNGSWESEN .... 1987). Dies erklärt auch, warum es stets nur kurzfristige, aber so gut wie keine mittel- und langfristigen Wohnungsprognosen gibt.

Es wurde trotzdem versucht, mit einfachen Mitteln die Tendenzen, wie sie aus den hier vorgelegten Bevölkerungsprognosen zeigen, auf den Wohnbausektor zu "übertragen". Mögen die Aussagen auch der gegenwärtigen aktuellen Diskussion über die "neue Wohnungsnot" z.T. diametral entgegenstehen, so sollte man dennoch, unter nachprüfbarer Bewertung möglicher Rahmenbedingungen und ihrer Entwicklung im Bereich Bevölkerung und Wohnungsbestand, für mittlere und längere Fristen über mögliche Konsequenzen jetzt geforderter kurzfristiger Entwicklungen nachdenken.

Vor dem Hintergrund fehlender Daten (u.a. VZ-Daten 1987 stehen noch aus!) wird hier von einer "fiktiven" Modellrechnung ausgegangen, die primär von der möglichen Bevölkerungsentwicklung abgeleitet wird. Es handelt sich demgemäß um eine "reine" Wohnungsbedarfsprognose, die allein durch die demographische Entwicklung bestimmt wird. Dies ist zu trennen und nicht zu verwechseln mit einer Wohnungsnachfrageprognose, die sich an der Zahlungsfähigkeit der Haushalte (Einkommen) und den Wohnungsmarktbedingungen am jeweiligen Standort orientiert (vgl. SAUTTER 1985, 59 ff.; DifU 1986, 2 ff.)

Bei unserer "Wohnungsbedarfs- bzw. Wohnbauflächenprognose" wurde eine Abnahme der Haushaltsgrößen und eine Zunahme der Wohnfläche pro Einwohner unterstellt, differenziert nach "Große Kernstädte", "Hochverdichtetes Umland" und "Ländliches Umland". Um von den Wohnflächen zum Brutto-Wohnbauland zu kommen, wurde ein Parameter "Wohnungsgröße zu Brutto-Wohnbauland" (pro durchschnittlicher Wohneinheit von z.Z. 95 qm sind etwa 219 qm Brutto-Wohnbauland erforderlich) pauschal in die Berechnungen eingesetzt (vgl. JONAS 1984, 255). Ausgegangen wurde vom heutigen Wohnungsbestand, der - ohne Abbau und Neubau von Wohnungen - nach dem Soll-Bedarf (jeder Haushalt soll haben/hat eine eigene Wohnung) nach dem jeweiligen Zeithorizont (2010 / 2035) fortgeschrieben wurde (vgl. Tab. 6 und 7). Damit läßt sich das folgende Bild hinsichtlich "Überhang" oder "Bedarf" an Wohnbauflächen (Brutto-Wohnbauland in ha) entwerfen:

- <u>Große Kernstädte</u> (Frankfurt am Main, Offenbach, Darmstadt)

1986 - 2010: "Überhang", gemessen am Bestand, von 9,5 % (563 ha)
1986 - 2035: "Überhang", gemessen am Bestand, von 28,5 % (1708 ha)

- <u>Hochverdichtetes Umland</u> (Landkreise: Offenbach, Groß-Gerau, Darmstadt-Dieburg, Bergstraße)

1986 - 2010: "Bedarf", gemessen am Bestand, von 8,8 % (661 ha)
1986 - 2035: "Bedarf", gemessen am Bestand, von 4,9 % (372 ha)

- <u>Ländliches Umland</u> (Landkreis: Odenwaldkreis)

1986 - 2010: "Bedarf", gemessen am Bestand, von 14,9 % (99 ha)
1986 - 2035: "Bedarf", gemessen am Bestand, von 11,3 % (75 ha)

Tab. 6: EINWOHNER, HAUSHALTE, WOHNUNGEN, WOHNFLÄCHE 1986 - 2010 (geschätzt nach Durchschnittswerten)

	1986				2010				Veränderungen 1986 / 2010			
	E	HH	WO	WF m²i.Ts.	E	HH	WO	WF m²i.Ts.	E	HH	WO	WF m²i.Ts.
1. Große Kernstädte		(1,99)		(31,0) m²/E		(1,89)		(36,0) m²/E				
Frankfurt	592.439	297.708	314.574	18.365	453.263	239.821	239.821	16.317	-139.176	-57.887	-74.753	+2.048
Offenbach	107.078	53.808	56.568	3.319	84.055	44.473	44.473	3.025	-23.023	-9.335	-12.095	+294
Darmstadt	133.588	67.129	67.021	4.141	112.112	59.318	59.318	4.036	-21.476	-7.811	-7.703	+105
Summe	833.105	418.645	438.163	25.825	649.430	343.612	343.612	23.378	-184.215	-75.033	-94.551	+2.447
2. Hochverdichtetes Umland (Landkreise)		(2,33)		(32,0) m²/E		(2,23)		(37,0) m²/E				
Offenbach	300.327	128.895	134.428	9.610	280.652	125.840	125.840	10.384	-19.675	-3.055	-8.588	-774
Groß-Gerau	228.714	98.160	97.182	7.318	209.679	94.026	94.026	7.758	-19.035	-4.134	-3.156	-440
Darmstadt-Dieburg	251.406	107.899	103.076	8.044	247.446	110.962	110.962	9.155	-3.960	+3.063	+7.886	-1.111
Bergstraße	241.015	103.439	103.261	7.712	223.050	100.022	100.022	8.252	-17.965	-3.417	-3.239	-540
Summe	1.021.462	438.393	437.947	32.684	960.827	430.850	430.850	35.549	-60.635	-7.543	-7.097	-2.865
3. Ländliches Umland (Landkreise)		(2,4)		(33,0) m²/E		(2,3)		(38,0) m²/E				
Odenwaldkreis	86.928	36.220	36.205	2.869	87.087	37.863	37.863	3.309	+159	+1.643	+1.658	-440
GESAMT	1.941.495	893.258	912.315	61.378	1.697.344	812.325	812.325	62.236	-244.151	-80.993	-99.990	-858

E = Einwohner   HH = Anzahl der Haushalte   WO = Anzahl der Wohnungen   WF = Wohnfläche insgesamt

QUELLE: GRETZ 1980; UVF 1985; HSLA 1987

Tab. 7: EINWOHNER, HAUSHALTE, WOHNUNGEN, WOHNFLÄCHE 1986 - 2035 (geschätzt nach Durchschnittswerten)

	1986				2035				Veränderungen 1986 / 2035			
	E	HH	WO	WF m² i.Ts.	E	HH	WO	WF m² i.Ts.	E	HH	WO	WF m² i.Ts.
1. Große Kernstädte		(1,99)		(3,0) m²/E		(1,86)		(3,8,0) m²/E				
Frankfurt	592.439	297.708	314.574	18.365	344.257	185.084	185.084	13.081	- 248.182	- 112.624	- 129.490	+ 5.284
Offenbach	107.078	53.808	56.568	3.319	62.125	33.401	33.401	2.423	- 44.953	- 20.407	- 23.167	+ 896
Darmstadt	133.588	67.129	67.021	4.141	77.917	41.891	41.891	2.961	- 55.671	- 25.238	- 25.130	+ 1.180
Summe	833.105	418.645	438.163	25.825	484.299	260.376	260.376	18.465	- 348.806	- 158.269	- 177.787	+ 7.360
2.Hochverdichtetes Umland (Landkreise)		(2,33)		(3,2,0) m²/E		(2.20)		(3,9,0) m²/E				
Offenbach	300.327	128.895	134.428	9.610	257.153	116.888	116.888	10.029	- 34.174	- 12.007	- 17.540	- 419
Groß-Gerau	228.714	98.160	97.182	7.318	195.816	89.007	89.007	7.637	- 42.898	- 9.153	- 8.175	- 319
Darmstadt-Dieburg	251.406	107.899	103.076	8.044	215.450	97.932	97.932	8.403	- 35.956	- 9.967	- 5.141	- 359
Bergstraße	241.015	103.439	103.261	7.712	209.957	95.435	95.435	8.188	- 31.058	- 8.004	- 7.826	- 476
Summe	1.021.462	438.393	437.947	32.684	878.376	399.262	399.262	34.257	-134.086	- 39.131	- 38.682	- 1.573
3. Ländliches Umland (Landkreise)		(2,4)		(3,3,0) m²/E		(2.27)		(4,0,0) m²/E				
Odenwaldkreis	86.928	36.220	36.205	2.869	80.167	35.316	35.316	3.127	- 6.761	- 904	- 889	- 258
GESAMT	1.941.495	893.258	912.315	61.378	1.442.842	694.954	694.954	55.840	- 489.653	-198.304	-217.358	+ 5.529

E = Einwohner HH = Anzahl der Haushalte WO = Anzahl der Wohnungen WF = Wohnfläche insgesamt

QUELLE: GRETZ 1988; UVF 1985; HSLA 1987

Aufgrund der Annahmen kann man vermutlich davon ausgehen, daß für das untersuchte Gebiet insgesamt demnach so gut wie kein größerer Bedarf an Wohnbauflächen in mittel- bis langfristiger Zukunft besteht. Was die Verhältnisse in Frankfurt am Main anbetrifft, so kommt man in anderen Großstädten wie z.B. in Stuttgart in der Tendenz zu ähnlichen Ergebnissen (vgl. LANDESHAUPTSTADT STUTTGART 1986, 37 ff.). Der "Überhang" in den "Großen Kernstädten" wird aber weit nach unten zu relativieren sein aus den schon oben angeführten Gründen (z.B. große Zahl der 1-Personen-Haushalte mit absolut und relativ hohem Wohnflächenanspruch u.a.). Dem "großen Überhang" in den Städten wird der "kleine Bedarf" im (ländlichen) Umland gegenüberstehen, wobei auch Unterschiede zwischen "Stadt und Stadt" sowie "Land" und "Land" im Sinne von regionalen Varianzen bestehen bleiben (vgl. BfLR 1987a, 22). Unsere Untersuchungsregion "Rhein-Main" wird sicherlich in Anbetracht der künftigen wirtschaftsräumlichen Entwicklung in Europa aufgrund der internationalen Verflechtungen des Standortes unter einem gewissen Siedlungsdruck verbleiben (vgl. RAUTENSTRAUCH o.J. (1988), 57 ff.). Entscheidend wird aber die Wohnungsnachfrage quantitativ wie qualitativ von der Gruppe der "Alten" (mit-) bestimmt werden. Neben der Versorgung mit Altenwohnheimen, Altenheimen und Altenpflegeheimen wird die große Nachfrage nach "altengerechten Wohnungen mit entsprechendem Wohnumfeld" zu befriedigen sein (vgl. DER BUNDESMINISTER FÜR RAUMORDNUNG ... 1988).

5. FOLGERUNGEN

Aus dem zu erwartenden Bevölkerungsrückgang bzw. der Änderung der Altersstruktur sollte vor allem eine sich neu orientierende Regionalplanung etwa folgende Schlüsse ziehen:
- Der zu erwartende Bevölkerungsrückgang bzw. die Änderung der Altersstruktur sollte zu einer intensiveren Wohnungsbestandspflege bzw. -umwidmung führen. Damit verbunden werden könnte eine Verringerung der Flächeninanspruchnahme und somit der Belastung der Umwelt. Neue Flächenausweisungen sind vor diesem Hintergrund zu sehen und so behutsam wie möglich anzugehen. Mehr Gewicht sollte auf die Gestaltung bzw. Umgestaltung der Wohnbauten, des Wohnumfeldes bzw. der Ausgestaltung der Infrastruktur in Bezug auf die soziodemographische Entwicklung gelegt werden (vgl. BEVÖLKERUNGSENTWICKLUNG UND STRUKTURWANDEL IN NIEDERSACHSEN 1986, 121 ff.; FISCHER 1988, 51 ff.)

- Organisatorisch müßte darauf hingewirkt werden, daß für die beteiligten Planungsträger und Planungsbetroffenen die Annahmen über Planungsmaßnahmen plausibler werden (vgl. KISTENMACHER u.a. 1988) und stärker über kommunale Entscheidungen hinaus r e g i o n a l e Planungskonzepte ("Regionalverbands-Planung") zum Tragen kommen. Es wäre vielleicht sinnvoll, eine "öffentliche Ausgleichspolitik auf regionale Ebene" anzustreben, insbesondere auf der Ebene der Verdichtungsräume bzw. deren Kernstädte und ihrem Umland (vgl. BfLR 1988b, 4 ff.) Das impliziert durchaus, auch die RROP und FNP hinsichtlich möglicher "Überhänge" in der Flächenausweisung für Wohnungsbau zu überprüfen.

6. LITERATUR

ARRAS, H.E. u.a. 1980: Wohnungspolitik und Stadtentwicklung. 1. Reihe: Städtebauliche Forschung d. BMBau 03.084, Bonn-Bad Godesberg.

BEVÖLKERUNGSENTWICKLUNG UND STRUKTURWANDEL IN NIEDERSACHSEN 1986: Hrsg. v. Institut für Entwicklungsplanung und Strukturforschung GmbH an der Universität Hannover. Hannover.

BfLR (Bundesforschungsanstalt für Landeskunde und Raumordnung)

1988 a: Erläuterungen zur BfLR-Bevölkerungsprojektion 1984-2035/"status quo" (= Anlage 2 zum Expertengespräch "Räumliche Auswirkungen der langfristigen Bevölkerungsentwicklung" am 5.7.1988 in der BfLR). (unveröffentlicht). Bonn.

1988 b: Arbeitsbericht 1987. Bonn.

1988 c: Ergebnisse des Expertengesprächs "Räumliche Auswirkungen der langfristigen Bevölkerungsentwicklung" am 5.7.1988 in der BfLR (unveröffentlicht). Bonn.

1988 d: (-Mitteilungen 4/August 1988)
Räumliche Auswirkungen der langfristigen Bevölkerungsentwicklung. Expertengespräch am 5.7.1977 in der BfLR, S. 1-2. Bonn.

1987 a: Auswirkungen künftiger regionaler Bevölkerungsentwicklung und entstehender Handlungsbedarf aus der Sicht von Raumordnung, Städtebau und Wohnungswesen - Auswirkungen und Konsequenzen im Bereich ausgewählter Handlungsfelder - (= Arbeitspapier für die Gesprächsrunde "Langfristperspektiven der Raum- und Stadtentwicklung" am 23.11.1987 in der BfLR.(unveröffentlicht). Bonn.

1987 b: (zusammen mit Deutscher Städtetag, Deutscher Landkreistag, Deutscher Städte- und Gemeindebund)
Laufende Raumbeobachtung, Aktuelle Daten zu Entwicklung der Städte, Kreise und Gemeinden 1986. = Seminare, Symposien, Arbeitspapiere H. 28. Bonn.

DEHLER, K.-H. 1986: Räumliche Entwicklungstendenzen in Ballungsrandzonen in der Bundesrepublik Deutschland. In: DISP (Dokumente und Informationen zur Schweizerischen Orts-, Regional- und Landesplanung) Nr. 84, April 1986, S. 12-27. Zürich.

DER BUNDESMINISTER DES INNEREN (Hrsg.) 1984: Bericht über die Bevölkerungsentwicklung in der Bundesrepublik Deutschland. 2. Teil: Auswirkungen auf die verschiedenen Bereiche von Staat und Gesellschaft. Mit aktualisierter Fassung (1987): Modellrechnungen der Bevölkerungsentwicklung in der Bundesrepublik Deutschland. Bonn.

DER BUNDESMINISTER FÜR JUGEND, FAMILIE, FRAUEN UND GESUNDHEIT (Hrsg.) 1986: Vierter Familienbericht. Die Situation der älteren Menschen in der Familie. Bonn.

DER BUNDESMINISTER FÜR RAUMORDNUNG, BAUWESEN UND RAUMORDNUNG (zusammen mit der Bundesforschungsanstalt für Landeskunde und Raumordnung/ Kuratorium Deutsche Altershilfe) 1988: Alte Menschen und ihre räumliche Umwelt. Dokumentation eines Expertengesprächs am 18./19.1.1988. = Informationen zur Raumentwicklung H. 1/2. Bonn.

DER HESSISCHE MINISTERPRÄSIDENT - Staatskanzlei - 1986: Regionaler Raumordnungsplan Südhessen 1986. Wiesbaden.

DEUTSCHER VERBAND FÜR WOHNUNGSWESEN STÄDTEBAU UND RAUMORDNUNG e.V. 1987: Wohnungsmarkt nach 2000: Boom oder Baisse? Dokumentation des Symposiums vom 11.3.1987 in Bonn. Bonn.

DifU (Deutsches Institut für Urbanistik) 1986: Einführung in die Methodik neuerer Wohnungsmarkt- und Wohnungsbedarfsuntersuchungen unter besonderer Berücksichtigung des Leverkusener Informationsbedarfs. = Materialien 4/86. Berlin.

DIETRICHS, Br. 1988: Stand und Entwicklungsmöglichkeiten der Prognosen für Raumordnung und Landesplanung. In: Regionalprognosen. Methoden und ihre Anwendung. = Akademie für Raumforschung und Landesplanung, Forschungs- und Sitzungsberichte 175, S. 1-16. Hannover.

ESTOR, J. u. H. PÜTZSTÜCK 1981: "Von nun an geht's bergab". Präsentation und Aussagefähigkeit von Bevölkerungsprojektionen - demonstriert an einem Auftrag des Umlandverbandes Frankfurt. = inform 4, S. 6-18 (hrsg. v. d. Hessischen Zentrale für Datenverarbeitung). Wiesbaden.

FISCHER, Kl. 1988: Bevölkerungsrückgänge, ökonomische Veränderungen und Wertewandel - Anlaß für neue Planungsüberlegungen? In: Raumordnungsverband Rhein-Neckar (Hrsg.): Probleme der Umsetzung des regionalen Raumordnungsplanes Rheinpfalz. - Beiträge einer Fachtagung - . Mannheim.

GATZWEILER, H.-P. 1987: Forschungsfeld "Entscheidungstendenzen von Stadtregionen". In: Informationen zur Raumentwicklung H. 11/12, S. 635-645. Bonn.

GRETZ, W. 1988: Modellrechnung zur Bevölkerungsentwicklung in den hessischen Stadt- und Landkreisen. HLT Gesellschaft für Forschung Planung Entwicklung mbH. (in Vorbereitung). Wiesbaden.

GRETZ, W. u.a. 1987: Perspektiven für Wirtschaft, Bevölkerung und Arbeitsmarkt in Hessen bis 2000; HLT Gesellschaft für Forschung Planung Entwicklung mbH. Wiesbaden.

HSLA (Hessisches Statistisches Landesamt) 1981-1987/88: Ausgewählte Strukturdaten aus Bevölkerung und Wirtschaft 1980 - 1986/87. = Hessische Gemeindestatistik. Wiesbaden.

JONAS, C. 1984: Vereinfachte Vorausschätzung von Wohnungs- und Wohnbaulandbedarf. In: Der Städtetag 4, S. 253-256. Köln.

KISTENMACHER; H. u.a. 1988: Vorschläge zur inhaltlichen und methodischen Verbesserung der Regionalplanung am Beispiel des Regionalen Raumordnungsplanes Südhessen. = Akademie für Raumforschung und Landesplanung, Beiträge, Bd. 108. Hannover.

KOMMISSION DER EUROPÄISCHEN GEMEINSCHAFTEN 1987: Die Regionen der erweiterten Gemeinschaft. - Dritter Periodischer Bericht über die sozio-ökonomische Lage und Entwicklung der Regionen der Gemeinschaft. Luxemburg.

KUJATH, H.J. 1988: Reurbanisierung? - Zur Organisation von Wohnen und Leben am Ende des städtischen Wachstums. In: Leviathan, H. 1, Jhg. 16, S. 23-43. Opladen.

LANDESHAUPTSTADT STUTTGART 1986: Langfristige Bevölkerungsveränderung und Stadtentwicklung in Stuttgart. Stuttgart.

von MONSCHAW, B. u. R. Chr. RUDOLF 1988: Bevölkerungsprognosen schlechter als ihr Ruf. Szenarien nicht überschätzen. In: Blick durch die Wirtschaft (Frankfurter Nachrichten), 6.4.1988. Frankfurt am Main.

RAUTENSTRAUCH, L. o.J. (1988): Region Rhein-Main: Frankfurt und sein Umland. Planung, Politik, Perspektiven im Bereich des Umlandverbandes Frankfurt. Frankfurt am Main.

SAUTTER, H. 1985: Wohnungsversorgung und Wohnungsbedarf in Hessen und seinen Teilräumen. (Institut Wohnen und Umwelt). Darmstadt.

SCHRAMM, W. u.a. 1986: Wandel der Zielvorstellungen und Rahmenbedingungen für die Siedlungsentwicklung in Verdichtungsräumen. (= Forschungsprojekt MFPRS 1982. 16). Hannover.

STRÄTER, D. 1988: Szenarien als Instrument der Vorausschau in der räumlichen Planung. In: Regionalprognosen. Methoden und ihre Anwendung. = Akademie für Raumforschung und Landesplanung, Forschungs- und Sitzungsberichte 175, S. 417-440. Hannover.

UVF (Umlandverband Frankfurt): Flächennutzungsplan

1984: Material zum Erläuterungsbericht für die öffentliche Auslegung März 1984. Frankfurt am Main

1985: Erläuterungsbericht aufgrund des Beschlusses der Gemeindekammer vom 6.3.1985 zur Vorlage beim Hessischen Minister des Inneren.
Band I: Erläuterungen zum Gesamtgebiet und zu den Teilräumen
Band II: Erläuterungen zu den Städten und Gemeinden. Frankfurt am Main.

WIRTSCHAFTSRAUM RHEIN-MAIN: = Handelsblatt (Sonderbeilage) 25.11.1986/226, S. B1-B14. Hamburg.

WOLF, K. 1986a: Das Siedlungssystem des Rhein-Main-Gebietes. Ansätze zu seiner regionalpolitisch orientierten Analyse. In: Festschrift zur 150-Jahrfeier der Frankfurter Geographischen Gesellschaft 1836-1986. = Frankfurter Geographische Hefte 55, S. 121-165. Frankfurt am Main.

WOLF, K. 1986b: Die Region ist Hauptanbieter von innovativer Software. In: Wirtschaftsraum Rhein-Main. = Handelsblatt (Sonderbeilage) 25.11.1986/226, S. B2. Hamburg.

BODO FREUND

RÄUMLICHE HERKUNFT UND WOHNSTANDORTE DER STUDENTEN DER J. W. GOETHE-UNIVERSITÄT FRANKFURT AM MAIN

AUS: FRANKFURT UND DAS RHEIN-MAIN-GEBIET. GEOGRAPHISCHE BEITRÄGE AUS ANLASS DES 75-JÄHRIGEN BESTEHENS DER J.W. GOETHE-UNIVERSITÄT FRANKFURT AM MAIN (1914-1989) HERAUSGEGEBEN VON KLAUS WOLF UND FRANZ SCHYMIK = RHEIN-MAINISCHE FORSCHUNGEN HEFT 107 FRANKFURT AM MAIN 1990

Professor Dr. Bodo Freund
Institut für Kulturgeographie, Stadt- und Regionalforschung
der J. W. Goethe-Universität Frankfurt am Main
Senckenberganlage 36
6000 Frankfurt am Main 1

Das fünfundsiebzigjährige Bestehen der J. W. Goethe-Universität Frankfurt am Main ist ein Anlaß, die räumliche Herkunft der Studenten und ihre Wohnstandorte zu untersuchen.

Während für die meisten Hochschulen der Bundesrepublik Deutschland schon ähnliche Studien bestehen, fehlt bisher für Frankfurt am Main eine derartige Untersuchung. Einen frühen Ansatz findet man nur in einem nunmehr zwanzig Jahre zurückliegenden Tagungsbeitrag von Robert GEIPEL (1971).

DAS EINZUGSGEBIET

Das Rekrutierungsfeld der inländischen Studenten läßt sich am einfachsten ermitteln, indem man die Kreise feststellt, in denen die Studenten der Frankfurter Universität ihre Hochschulreife erlangt haben. Die kartographische Umsetzung (vgl. Abb. 1) verdeutlicht eine geradezu enorme Konzentration auf das Rhein-Main-Gebiet einschließlich seiner bayerischen und rheinland-pfälzischen Sektoren. Bei weitem die meisten Studenten (29 %) kommen aus dem Stadtgebilde Frankfurt-Offenbach. Es folgen die Kreise Main-Kinzig, Hochtaunus, Offenbach / Land mit jeweils über 2.400 entsandten Studenten, dann der Main-Taunus-Kreis, die Stadt Darmstadt, die Kreise Wetterau, Wiesbaden, Groß-Gerau und Darmstadt-Dieburg; noch in den Klumpen einander überlappender Radien fallen unter anderem die Kreise Bergstraße, Limburg-Weilburg, Rheingau-Taunus, Mainz, Aschaffenburg und Gießen. Aus diesem dargestellten Bereich stammen 76 % der Frankfurter Studenten oder sogar 81 %, wenn man den Vergleichsrahmen auf Deutsche einschränkt.

Die überaus stark ausgeprägte Regionalität bestand schon vor dreißig Jahren (GEISSLER 1965, I, 85). Sie ist auch für andere Großstadtuniversitäten typisch, die durch stadtbürgerliche Initiative entstanden sind (Hamburg, Köln) und die von ihrer Gründung (1919) an vornehmlich die Stadt und ihren Wirtschaftsraum versorgen sollten. Im Falle Frankfurts fällt allerdings früh die Enge der Hochschulregion auf, weil hier im Umkreis von 90 km sechs alte Universitäten konkurrieren, in etwas größerer Distanz kommt Würzburg als siebte hinzu (vgl. S. 5). Bei Hamburg und Köln hat sich die Hochschulregion - d.h. das Areal der Kreise, die mindestens 25 % ihrer Studenten zur betreffenden Universitätsstadt schicken - erst durch die Neugründungen ab 1960 eingeengt (vgl.WOLFRAM-SEIFERT 1982, 23; NUTZ 1988, 36 f.). Die Frankfurter Hochschulregion schrumpfte dagegen von 1960 bis

Abb. 1

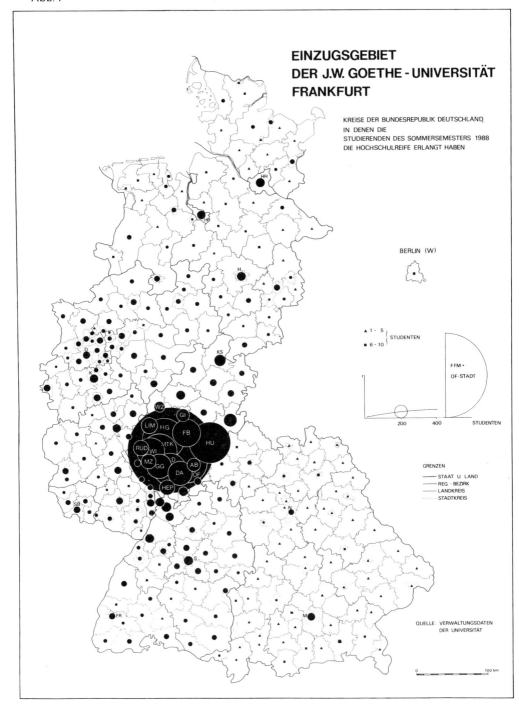

1978 auch ohne "neue" Konkurrenten, indem die Hochschulen in Mainz und Darmstadt einen wachsenden Anteil der Studierwilligen aus den Kreisen Wiesbaden, Rheingau-Taunus und Groß-Gerau bzw. Darmstadt-Dieburg an sich zogen (vgl. FRAMHEIN 1983, K. 2,4,5). Der Rückgang der Studierenden für Grund-, Haupt- und Realschulen, die seit der Auflösung der Pädagogischen Hochschulen in Weilburg und Jugenheim 1961-63 in Frankfurt am Main ihre einzige südhessische Ausbildungsstätte hatten, kommt für die Kontraktion zur damaligen Zeit noch nicht in Frage. Die relative Schwächung der regionalen Ausstrahlungskraft von Frankfurt am Main kann vorerst nur registriert, ohne nähere Analyse aber nicht erklärt werden.

Bei weiterer Betrachtung der Karte stellt man folgendes fest: Die aus den entfernteren Kreisen der Bundesrepublik Deutschland zugewanderte Studentenzahl ist ungefähr proportional zur dortigen Bevölkerung und umgekehrt proportional zur Distanz, wie dies generell für Wanderungsbeziehungen und räumliche Interaktion gilt. Die Verdichtungsräume und großen Solitärstädte sind folglich sofort zu erkennen. Von der Grundtendenz gibt es allerdings zwei bemerkenswerte Abweichungen, eine positive in Hessen und eine negative in Bayern: Die Kreise in der nördlichen Hälfte Hessens sind ausnahmslos recht stark vertreten, so daß insgesamt fast 77 % aller Frankfurter Studenten aus dem eigenen Bundesland stammen. Die hohe "Territorialquote" hat sich in der Nachkriegszeit bei allen hessischen Universitäten zum ausgeprägten Merkmal entwickelt, weil dieses Bundesland durch die frühe Einführung der Studiengeldfreiheit seine studierwillige Jugend seit 1949 zum Verbleib animierte, während diese Vergünstigung in den anderen Ländern erst ab 1970 beschlossen wurde (vgl. GEISSLER 1965, I 85, II C-4/5; WENZEL 1965, 76; LEISTER 1968, 17; GEIPEL 1971, 25). Offenbar geben bis heute hessische Abiturienten der Mainmetropole einen Bonus trotz der Nähe konkurrierender Hochschulen in Gießen, Marburg oder Kassel und in benachbarten Bundesländern.

Recht viele Studenten kommen auch aus den Kreisen westlich der hessischen Landesgrenzen, also Hochsauerland, Westerwald, Koblenz-Mayen und Bad Kreuznach. Eventuell wird die wirtschaftliche Ausstrahlungskraft des Rhein-Main-Gebietes dort nicht durch emotionale oder sonstige Vorbehalte gegenüber Frankfurt neutralisiert.

Umgekehrt ist es im Südosten: Zumindest jenseits von Würzburg scheinen in Bayern kaum Studierwillige für Frankfurt am Main zu gewinnen zu sein. In 67 der dortigen 81 Kreise hat die J. W. Goethe-Universität nur 0 bis 5 Studenten angezogen; Werte über 10 beschränken sich auf fünf Städte, von denen nur München und Nürnberg erwähnenswert sind. Auffälligerweise markiert die Landesgrenze zwischen Baden-Württemberg und Bayern in ihrem gesamten Verlauf südlich von Würzburg einen Intensitätsbruch. Studierwillige Bayern sind also wesentlich stärker auf die Universitäten des Freistaates fixiert als Württemberger auf diejenigen ihres Bundeslandes, obwohl auch sie ein ausgeprägtes Territorialbewußtsein haben (vgl. auch EVERTS 1971, 24 ff.).

Sehr gering ist auch das Studentenaufkommen aus dem norddeutschen Raum jenseits der Linie Bielefeld - Hannover; die vier norddeutschen Bundesländer stellen nicht einmal 3 % der Frankfurter Studenten. Ein Zusammenhang mit Landesgrenzen besteht dort allerdings offensichtlich nicht, sondern eher mit einer emotionalen Regionsbezogenheit (WOLFRAM-SEIFERT 1982, 27) sowie den Zeit- und Geldaufwendungen für Heimatkontakte.

Innerhalb des Radius von 50 km, aus dem Dreiviertel der Frankfurter Studenten stammen, gibt es ein ganz außerordentlich großes Studierwilligenaufkommen; nur Hamburg, Hannover und einige Städte des Rhein-Ruhr-Raumes verfügen über größere Potentiale. Aus diesem Grund und wegen der "Bildungsseßhaftigkeit" der Studenten, die nach FRAMHEIN (1982, 67) seit 1960 ungefähr gleich blieb, ist die Dominanz der Nahbeziehungen durchaus verständlich.

Die Besonderheit der Universität Frankfurt am Main ergibt sich daraus, daß neben dem normalen Zugang aus der eigenen Hochschulregion (Ausschöpfungsquote von 55 %) eine disproportional geringe Studentenzahl aus der übrigen Bundesrepublik Deutschland zuwandert, am ehesten noch aus Nordrhein-Westfalen (4,3 %), Baden-Württemberg (3,8 %) und Rheinland-Pfalz (3,3 %). GIESE (1986) zufolge wird die effektive Nachfrage nach einer Universität im wesentlichen durch drei Faktoren bestimmt, nämlich regionales Studentenpotential, Fächerspektrum und die bestehende Studentenmenge, die über Freundschafts und Informationsbeziehungen selbstverstärkend wirkt; diese Faktoren erklären deutlich über die Hälfte der Varianz. Wie er gezeigt hat, stand Frankfurt am Main 1983 zwar nach dem regionalen Potential und dem gewichteten Fächerspektrum an 8. Stelle unter den 52 verglichenen Hochschulen; und gemessen an der Studentenzahl war es die 9. Position. Dagegen belegte die Universität Frankfurt am Main nach der Weite des Einzugsbereiches nur den 27. Platz, wobei die Definition über die Zahl der Kreise erfolgte, aus denen mindestens 1 % der Studierwilligen die jeweilige Hochschule wählten. Nach der einfachen Summe der Präferenznennungen sank Frankfurt am Main noch weiter, wobei der 30. Rang - bei Nichtbeachtung Saarbrückens - sogar der letzte unter den "alten" Universitäten war.

Mithin müssen andere Faktoren als die drei oben genannten die Attraktivität drastisch mindern. Da nach übereinstimmenden Forschungsergebnissen bei der Hochschulwahl die fachlichen Gründe gegenüber den allgemein-hochschulischen und vor allem den außerhochschulischen nur einen geringen Einfluß haben - die Gewichte verhalten sich nach FRAMHEIM (97 ff.) etwa wie 33 : 50 : 75 - dürften vor allem die Vorstellungen von der "Stadt" und der "Universität" bei den Studierwilligen - und in geringerem Maße auch bei ihren Eltern - gewichtige Steuerungsfaktoren sein.

Das anzunehmende Negativ-Image von "Frankfurt" ist selbstverständlich keine Konstante. Die alljährlichen Totalbefragungen westdeutscher Abiturienten zeigen, daß unter den Studierwilligen der Anteil der Interessenten an einem hiesigen Studienplatz zwischen 1971 und 1981 geradezu dramatisch von etwa 4,8 auf 2,2 % gefallen und bis 1989 langsam auf etwa 2,6 % gestiegen ist. Außerhalb der eigenen Hochschulregion scheinen besonders die Vorstellungen von einer "linken" Universität und "unwirtlichen" Stadt eine repulsive Langzeitwirkung zu haben.

Analysiert man die Daten von 1983 bis 1989 weiter, so gelangt man zu folgenden Einsichten: Nicht einmal 15 % derer, die nach Frankfurt streben, erlangen ihre Hochschulreife außerhalb Hessens. Das sind also noch weniger als die 19 % der hier immatrikulierten Deutschen, die tatsächlich aus anderen Bundesländern stammen. Für die Differenz dürfte es zwei Hauptgründe geben, nämlich verzögerten Studienbeginn nach berufsbedingter Zuwanderung in den Frankfurter Raum und die Umlenkung durch die ZVS.

Mißt man die Fernwirkung der Fächer daran, ob deutlich mehr oder weniger als 15 % der Studieninteressenten in anderen Bundesländern das Abitur ablegen, so erweisen sich die Geisteswissenschaften, vorab einige "kleine Fächer", als attraktiv (katholische Theologie, außereuropäische Sprachen und Kulturwissenschaften, Geschichte, Politik- und Sozialwissenschaften, Psychologie, moderne Sprachen; nicht aber Erziehungswissenschaften). Dagegen fühlen sich zukünftige Studierende der Medizin, der Naturwissenschaften, der Informatik und Mathematik, der Rechts- und sogar der Wirtschaftswissenschaften unterdurchschnittlich von Frankfurt am Main angezogen; Ausnahmen in diesem Fächerspektrum machen Geographie und Geowissenschaften.

Man muß allerdings klar zwischen der spezifisch Frankfurter Attraktivität im Fächerspektrum und dem quantitativen Andrang unterscheiden. Wegen der Größe mancher Fachbereiche oder aktueller Trends gibt es gerade in den Fächern mit relativ geringer überregionaler Ausstrahlungskraft die großen Bewerberüberhänge. Wie die Daten der Zentralen Studienplatzvergabe für das Wintersemester 1989/90 zeigen, wurden 1.707 Interessenten nicht in Frankfurt am Main zugelassen, vornehmlich in den Wirtschaftswissenschaften (782), der Medizin (290), Psychologie (251), Informatik (141) und Biologie (84); die restlichen 75 entfallen auf Pharmazie und Lebensmittelchemie.

Zwar gibt es an der J. W. Goethe-Universität keinen Grund zu der Befürchtung, daß die Kapazität einmal nicht ausgelastet sein könnte, wie dies für manche durchaus renommierte Universitäten in ländlichem Umfeld gilt (z. B. Marburg). Wenn allerdings einer der größten deutschen Hochschulstandorte, noch dazu im wirtschaftlichen Zentrum der Bundesrepublik Deutschland, so geringe Anziehungskraft ausübt, dann ist dies ein bedenkenswerter Indikator von Defiziten.

Nach übereinstimmenden Befunden, die jüngst durch eine bundesweite Befragung von Studenten bestätigt wurden (NEIDHARDT 1989), werden die großstädtischen Massenuniversitäten sowohl nach der Erwartung als auch aus Erfahrung kritisch bis ablehnend beurteilt. Bemängelt werden Überfüllung, Mängel in Ausstattung und Lehrorganisation, geringe Beratung, unpersönliche und ungemütliche Atmosphäre. Dagegen werden die entsprechenden großen Städte (München, Hamburg, Köln) durchaus positiv gesehen. Dies beruht nicht nur auf den vielfältigen persönlichen Bindungen, die ohnehin als Wahlmotiv an allen Universitäten klar dominieren. Es sind an zweiter Stelle die stadtspezifischen Eigenschaften, die auf Studierwillige auch in größerer Distanz anziehend wirken. Nach verschiedenen Befragungen sind es die Möglichkeiten für Freizeitaktivitäten, das kulturelle Angebot, die "Atmosphäre" der Stadt, aber auch die Chancen zu jobben, ja selbst städtebauliche Strukturen und landschaftliche Einbettung (WOLFRAM-SEIFERT 1982, 27-30; 169 ff.; FRAMHEIN 1983, 110; NUTZ 1986, 5). Hinter diesem Faktorenkomplex treten die fachlichen Gesichtspunkte zurück, obwohl die hochgradige Differenzierung des Angebots ebenfalls ein positives Merkmal dieser alten Standorte ist.

Wenn die als eher repulsiv empfundenen Großstadtuniversitäten ungebrochen weiterwachsen trotz entlastender Neugründungen, so zeigt dies, daß der Erlebniswert der Städte ein sehr wichtiger Anziehungsfaktor ist. Je weiter sich die Tendenz durchsetzt, daß "studentische Lebensform" durch ein Gleichgewicht von Studieren, Arbeiten und Erholen gekennzeichnet wird, desto mehr dürfte die spezifische "Angebotsstruktur" der Hochschulstadt für die letzten beiden Tätigkeitsbereiche das Wahlverhalten beeinflussen.

Nach den wichtigen Analysen von FRAMHEIN (1983) und NEIDHARDT (1989) steht eine vergleichende Studie zum Image aller deutschen Hochschulstädte noch aus, wodurch das wahrgenommene "Profil" der Universitätsstadt Frankfurt am Main und ihre Position erkannt werden könnten. Auch eine quantifizierende Lokaluntersuchung über die Motive der Wahl oder Ablehnung als Studienort, wie sie beispielsweise für München (MUSKE 1975), Hamburg (WOLFRAM-SEIFERT 1982), Hannover (HENKE 1990), Osnabrück und Oldenburg (WENZEL u. EHRHARDT 1987) durchgeführt wurden, gibt es für Frankfurt am Main noch nicht. Nach den generalisierbaren Erkenntnissen über Bestimmungsgründe der Hochschulwahl dürfte die relativ geringe Attraktivität dieses Standortes in hohem Maße durch die wahrgenommenen Eigenschaften der "Stadt" bedingt sein, die für den angestrebten Lebensstil einen weniger guten Rahmen abzugeben scheinen. Angesichts wenig vorteilhafter Daten für Gießen, Mainz und Mannheim (GIESE et al. 1986) könnte sogar ein Faktor "Großraum/Region" eine Rolle spielen.

WOHNSTANDORTE IN DER REGION

Die Verteilung der Wohnstandorte kann aus den Angaben zu den Semesteranschriften (Postleitzahl, Ortsname) recht genau erkannt werden. Unschärfen bestehen dadurch, daß ein Teil der Studierenden offenbar nur die Heimatanschrift angibt, vielleicht weil zur Zeit der Meldung noch keine Unterkunft im Frankfurter Raum gefunden war oder weil - später - ein Urlaubssemester eingelegt wurde. So jedenfalls dürften die entfernten inländischen und sogar ausländischen "Semesteranschriften" zu interpretieren sein.

Die gemeindeweise aggregierten und in eine Karte übertragenen Daten zeigen allerdings ein sehr plausibles Verteilungsmuster (vgl. Abb. 2). Nur knapp 46 % der

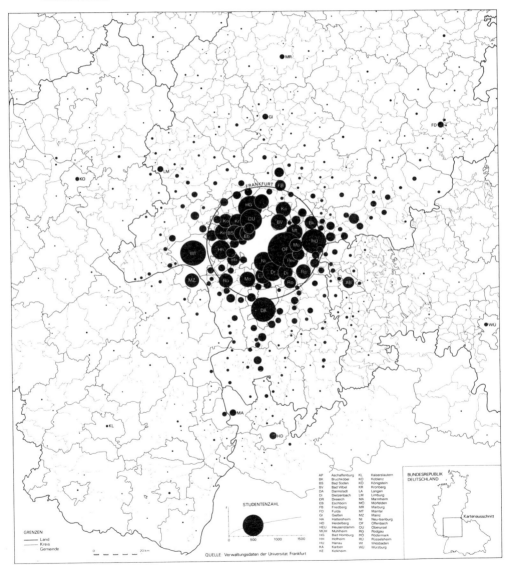

Abb. 2
SEMESTERANSCHRIFTEN AUSWÄRTIGER STUDENTEN DER JOHANN WOLFGANG GOETHE-UNIVERSITÄT FRANKFURT AM MAIN
SOMMERSEMESTER 1988

Studierenden wohnt in Frankfurt am Main, folglich muß die überwiegende Zahl als Einpendler angesehen werden.

Sehr auffällig scharen sich hohe Werte in den Taunusrandstädten von Hofheim bis Friedrichsdorf und im südöstlichen Halbkreis vom Hanauer Raum bis Mörfelden. Die Siedlungen der ersten Gruppe haben eine Bewohnerschaft mit hohem Durchschnittseinkommen und hohem Akademikeranteil. Außerdem ist dieser Sektor am besten mit öffentlichen Verkehrsmitteln an Frankfurt angeschlossen. Die zum Westbahnhof führenden S-Bahnlinien 3 (Bad-Soden - Schwalbach - Eschborn), 4 (Kronberg - Eschborn) und 5 (Friedrichsdorf - Bad Homburg - Oberursel - Steinbach) begünstigen den Verbleib im Elternhaus. Die Gemeinden der zweiten Gruppe sind mit Frankfurt am Main und vor allem dem Universitätsstandort weniger gut verbunden und beherbergen eine Bevölkerung, für die ein Studium stärker die Funktion des sozialen Aufstiegs hat.

Bis zu einer Distanz von 25 km um die Universität pendeln auffällig viele Studenten ein; der in der Karte angedeutete Radius für die in Frankfurt am Main selbst Wohnenden kann zugleich als ungefähre Abgrenzung des engeren Einzugsbereiches dienen.

Jenseits dieses Umkreises wird die Zahl schlagartig geringer, und es setzt sich ein anderes Verteilungsmuster durch: Die Wohnorte reihen sich nun entlang wichtiger Bahnstrecken. Erkennbar sind die Linien zum Osthessischen (Hanau - Gelnhausen - Wächtersbach - Bad Soden-Salmünster - Schlüchtern - Fulda, 103 km) und durch den Hintertaunus (Idstein - Bad Camberg - Limburg, 76 km), die übrigens schon seit Jahrzehnten wichtige Zubringer von Berufspendlern sind. Südwärts verlaufen etwa parallel zueinander die stark genutzte Strecke an der Bergstraße (Darmstadt - Seeheim-Jugenheim - Bensheim - Heppenheim - Weinheim - Heidelberg, 91 km) und der weniger wichtige Zubringer durchs Hessische Ried (Mörfelden - Groß Gerau - Riedstadt - Mannheim, 86 km).

Schwächer ausgeprägt sind zwei weitere Äste, nämlich einer von Hanau südostwärts am Main entlang nach Aschaffenburg (46 km) im bayerischen Unterfranken, wo das Einzugsgebiet der Universität Würzburg dominiert, und ein anderer westlich von Wiesbaden rheinparallel bis Rüdesheim (70 km); in diesem Gebiet hat sich schon vor 1970 die 1946 gegründete rheinland-pfälzische "Landesuniversität" Mainz als Hauptziel durchgesetzt. Nordwärts zeichnet sich die Verbindung über Friedberg (Ende der S 6), Bad Nauheim und Butzbach nach Gießen (67 km) ab, dessen Universität wieder ein Großteil des Studentenpotentials seines Umlandes bindet, aber gegenüber Frankfurt am Main an Terrain verliert.

Die Sektoren zwischen den wichtigen Bahnstrecken erweisen sich als Schwächeräume, sei es wegen des geringeren Studierwilligenaufkommens in Übereinstimmung mit der niedrigeren Einwohnerdichte, sei es wegen der schlechten Erreichbarkeit, was zur Abwanderung an den Studienort drängt.

Die Enge des Frankfurter Einzugsbereiches - sowohl an Studierwilligen als auch an einpendelnden Studenten - ist offensichtlich auch durch die Nähe konkurrierender Universitäten bedingt, die in der Karte selbst wieder markant als Entsender von Studenten auftreten: Darmstadt (27 km), Mainz (37 km), Gießen (67 km), Mannheim (86 km), Heidelberg (91 km), Marburg (92 km) und Würzburg (136 km).

Da generell ein erheblicher Teil der Studierwilligen das Fächerangebot des nächstgelegenen Standortes akzeptiert, dürften auch die im Abstand zu Frankfurt am Main gelegenen Fachhochschulen einen Teil des Potentials absorbieren. Von Frankfurt am Main und Offenbach also abgesehen wären dies - mit gerundeten Zahlen für die Studierenden 1988 - vor allem Darmstadt (8.700), Wiesbaden (3.200), Dieburg (3.100), Friedberg (2.800) und Rüsselsheim (2.700), während Geisenheim (800), Idstein (750) und Langen (400) quantitativ deutlich zurückstehen; zusammen sind dies immerhin rund 22.400 Studierende.

Wie sind die Konsequenzen des Wohnens im Umland einzuschätzen? Da es sich sicher überwiegend um einen Verbleib im elterlichen Haushalt handelt, verringern sich die Lebenshaltungskosten erheblich, besonders durch Entfallen der Miete. Andererseits wird die Emanzipation, die Teilhabe am studentischen, universitären und städtischen Leben erheblich erschwert, wenn kein eigenes Auto zur Verfügung steht (BECKER et al., 175-176).

Das Pendeln belastet das studentische Zeitbudget, zumal die weit überwiegende Zahl der Bahnfahrer am Hauptbahnhof ankommt. Untersucht man die Zeitaufwendungen westdeutscher Studenten für ihren Weg zur Universität, indem man die Prozentanteile derer mit weniger als 15, mehr als 30 und mehr als 45 Minuten vergleicht, so zeigt sich, daß die Frankfurter Studenten mit 23, 47 bzw. 27 % die höchste Belastung haben vor den Kommilitonen in Stuttgart und München. Die Frankfurter tragen auch die höchsten durchschnittlichen Fahrtkosten, nämlich DM

87,-- im Wintersemester 1988/89 (BMBW 1989, 378-389). Erst die für 1996 geplante U-Bahn-Verbindung über die Messe zur Universität sowie die neuen Strecken ins östliche und südliche Rhein-Main-Gebiet dürften eine dringend nötige Erleichterung bringen, allerdings erst nach einer ganzen Studentengeneration und mehr in zeitlicher als in finanzieller Hinsicht.

STUDENTEN IN FRANKFURT

Setzt man die Summe aller eingeschriebenen Studierenden in den größten Städten Westdeutschlands zu deren jeweiliger Bevölkerung in Beziehung, so ergibt sich 1988 für Frankfurt am Main mit 6,9 % eine mittlere Position hinter Köln (8,4 %), München und Hannover, andererseits vor Berlin, Stuttgart, Düsseldorf und Hamburg (3,9 %). Die soziale und ökonomische Bedeutung der Studenten dürfte in Berlin real allerdings weit größer sein als in Frankfurt, weil dort fast alle Immatrikulierten in der Stadt selbst wohnen.

Innerhalb des Frankfurter Stadtgebietes lebten im Wintersemester 1989/90 nach Verwaltungsdaten der J. W. Goethe-Universität 15.796 Studenten. Bezogen auf 626.000 Einwohner bilden sie nur eine kleine Minderheit von 2,5 %. Selbst wenn man berücksichtigt, daß sich die allgemeine Studentenquote durch die übrigen Hochschulen innerhalb der Stadt und durch Frankfurter Studenten an der TH Darmstadt auf etwa 3,1 % erhöht, kann man nicht von einem prägenden Element der städtischen Sozialstruktur reden.

Bei der Gliederung des Stadtareals nach Ortsteilen und tiefer nach Stadtbezirken ergibt sich allerdings ein differenzierteres Bild (vgl. Abb. 3): Auffällig sind die Konzentration auf sieben Stadtbezirke vom Westend über Bockenheim bis Hausen und die zugleich überdurchschnittlichen Studentenanteile in sieben Stadtbezirken. Dort übersteigen die Quoten auch das Doppelte des städtischen Durchschnitts.

Überproportionale studentische Bevölkerungsanteile kommen darüber hinaus nur in einem relativ geschlossenen Areal vor, das durch die Nähe zum Hauptstandort der Universität, zur Innenstadt und zum Klinikum charakterisiert ist. Die Zentralisierung studentischer Wohnsitze auf universitätsnahe, innenstädtische und verkehrsgünstige Gebiete kennzeichnet auch die Verteilungsmuster in anderen Universitätsstädten. Innerhalb des umgrenzten Gebietes könnte man folgende Teilbereiche unterscheiden:

Abb. 3: Konzentration und Segregation der Studenten der J.W. Goethe-Universität nach Stadtbezirken von Frankfurt am Main
Wintersemester 1988 - 1989

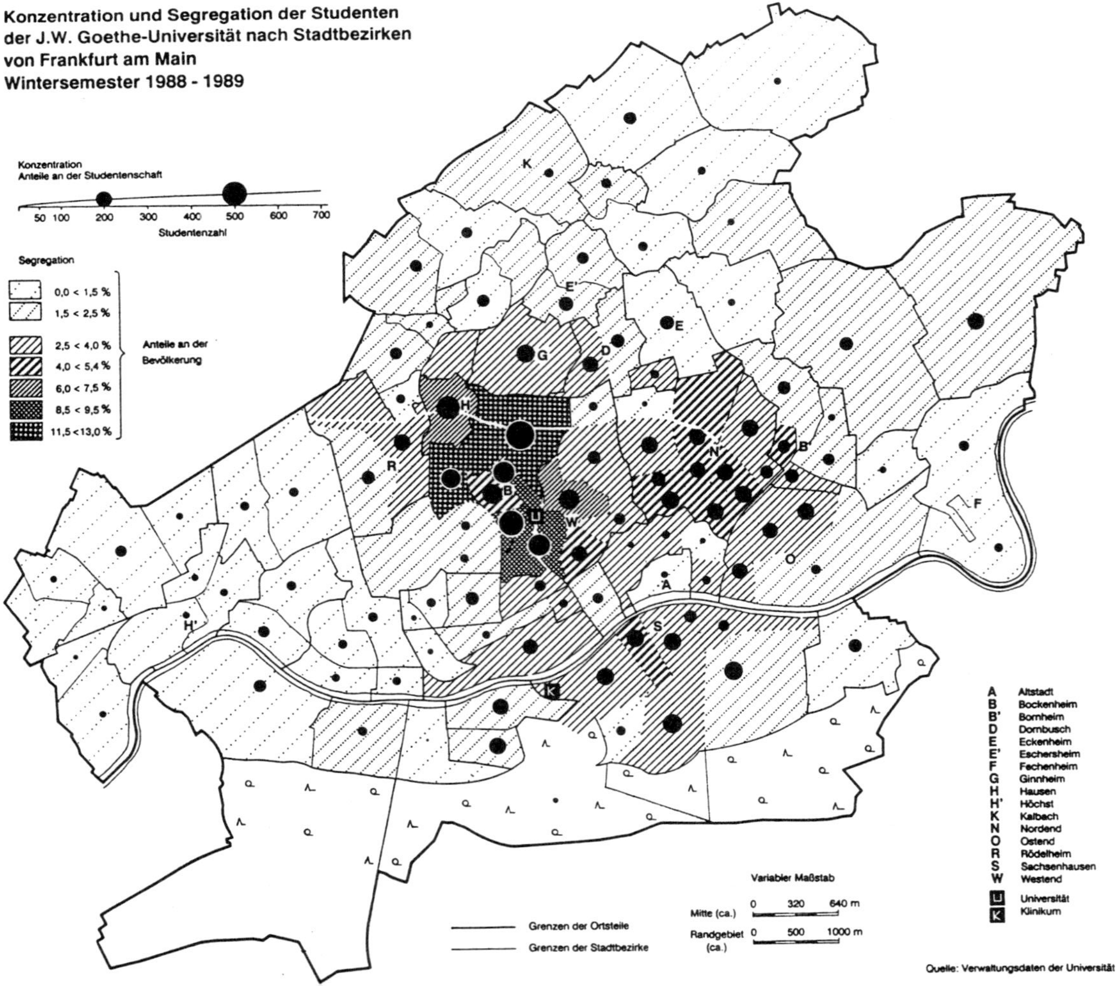

- die geschlossen und dicht bebauten Altbauquartiere des Nordends mit den direkt anschließenden Bezirken von Ostend und Bornheim,
- die gleichermaßen strukturierten Teile von Sachsenhausen,
- das Ausstrahlungsfeld der Universität in die jeweils nächstgelegenen Bezirke von Dornbusch, Ginnheim, Praunheim und Rödelheim, aber auch in die citynahen Teile des Westends,
- schließlich einige zentrale Bezirke, deren Wohnwert gering ist und wo die Wohnfunktion auch nicht mehr dominiert, nämlich in der Innenstadt (d.h. innerhalb des Anlagenringes) und beiderseits des Hauptbahnhofs (Gutleutviertel und citynaher Bezirk des Gallusviertels).

Innerhalb des beschriebenen Areals überdurchschnittlicher Studentenquoten bilden nur ganz wenige Stadtbezirke auffällige Ausnahmen, nämlich zwei kleine Bezirke am Alleenring, wo deutsche Institutionen und amerikanische Einrichtungen strukturbestimmend sind, und drei zentral gelegene, gering bevölkerte Quartiere, wo der Wohnungsmarkt weitestgehend anderen Sozialgruppen überlassen ist. Im Bahnhofsviertel und der östlichen Innenstadt sind dies gesellschaftliche Randgruppen unter Einschluß vieler Ausländer, in der Altstadt die Zugangsberechtigten zu städtischen Sozialbauwohnungen.

Es fällt auf, daß die weiten Außenbereiche der Stadt ausnahmslos unterdurchschnittliche Studentenquoten aufweisen. Das beginnt schon nahe der Universität jenseits des Westbahnhofes und des weiten Gleisbogens (Bockenheim-Süd, "City-West") und setzt sich im Gallusviertel südwärts bis zu den Gleissträngen des Hauptbahnhofes fort. Merkmale der Stadtbezirke in diesem Sektor sind starke, manchmal sogar überwiegende gewerbliche Funktion und eher fleckenhafte Wohnbebauung in bisweilen recht isolierten "Siedlungen" für niedrige Einkommensgruppen. Westwärts schließen sich mit niedrigsten Quoten die Stadtteile um Höchst an (Sossenheim, Nied, Griesheim, Schwanheim, Sindlingen, Zeilsheim, Unterliederbach). Ihre soziale und städtebauliche Struktur ist traditionell durch weit überdurchschnittliche Arbeiteranteile, ältere Werkssiedlungen und erhebliche Erweiterungen mit sozialem Wohnungsbau der Nachkriegszeit charakterisiert. Ein kleineres Gegenstück findet man im Osten mit Fechenheim und Riederwald.

Während die niedrigen Studentenquoten in diesen Stadtteilen fast zu erwarten waren, müssen gleichermaßen niedrige Werte in den Gebieten mit traditionell besonders geringem Arbeiteranteil im Norden der Stadt erstaunen. Auch im östlichen Dornbusch, in Eschersheim und Berkersheim herrschen sehr niedrige Werte vor, und in allen anschließenden Stadtvierteln des nördlichen Halbkreises bleiben die Prozentsätze unter dem Durchschnitt. Die außerordentlich niedrigen Studentenquoten in den eher randlichen Stadtteilen bestehen also unabhängig von der lokalen Sozialstruktur, dürften mithin von anderen Faktoren bestimmt sein.

Einen ersten Hinweis bieten einige kleinere Stadtbezirke, die sich durch extrem niedrige Studentenquoten von ihrer Umgebung abheben. Betrachtet man ihre städtebauliche Struktur, so sind sie ganz von Siedlungen des öffentlich geförderten Wohnungsbaues ausgefüllt, nämlich Westhausen und die Fritz-Kissel-Siedlung im südlichen Sachsenhausen, aber auch der Bezirk 432 mit der Römerstadt und dem westlichen Heddernheim. Hinzu kommen weitere Bezirke, die ganz durch Wohnblocks von Siedlungsgesellschaften bestimmt sind; ein Hinweis auf den weiten Übergangsbereich vom Gallusviertel nach Griesheim möge genügen (Siedlungen: Hellerhof I und II, Friedrich Ebert, Eberhard Wildermuth, Espenstraße). Bei weiterer Prüfung zeigt sich, daß überall, wo seit den zwanziger Jahren und besonders in der Nachkriegszeit umfangreicher, öffentlich geförderter Geschoßwohnungsbau betrieben wurde, die Studentenquoten deutlich unterdurchschnittlich sind (Bereich östlicher Dornbusch - Eschersheim - Praunheim - Bonames-Süd; Niederursel - Nordweststadt, Zeilsheim und Unterliederbach, östliches Bornheim, Niederrad).

Insgesamt läßt sich eine deutliche, aber durchaus gemäßigte Ungleichverteilung der Studenten feststellen, wie die Lorenzkurve (vgl. Abb. 4) zeigt. Der Segregationsindex beträgt bei einer Gliederung nach 112 Stadtbezirken nur 26,83. Die beachtliche Streuung dürfte durch drei Faktoren wesentlich bestimmt sein, nämlich die große Ausdehnung von Altbaugebieten, worauf wohnungsuchende Studenten nach den Marktmechanismen stark verwiesen sind, zweitens auf den hohen Anteil der Elternwohner (Außenquartiere) und schließlich die leicht dezentrale Lage der studentischen Arbeitsstätten "Kerngebiet" und "Klinikum", wodurch das Wohnen in benachbarten Stadtrandsegmenten akzeptabel erscheint.

Das analysierte Kartogramm weist natürlich einige systematische Darstellungsschwächen auf, von denen die drei wichtigsten genannt seien: Als Bezugsareal dient jeweils der gesamte Stadtbezirk unabhängig von der tatsächlichen Bebauungs- bzw. Wohnbaufläche, die Signaturen geben Relativwerte wieder unabhängig von der absoluten Bevölkerungszahl, und schließlich werden Ungleichverteilungen innerhalb der Stadtbezirke nicht dargestellt.

Abb. 4

RÄUMLICHE KONZENTRATION DER STUDENTEN DER J.W. GOETHE-UNIVERSITÄT FRANKFURT AM MAIN 1989
BEZOGEN AUF DIE NICHTSTUDENTISCHE BEVÖLKERUNG NACH 112 STADTBEZIRKEN

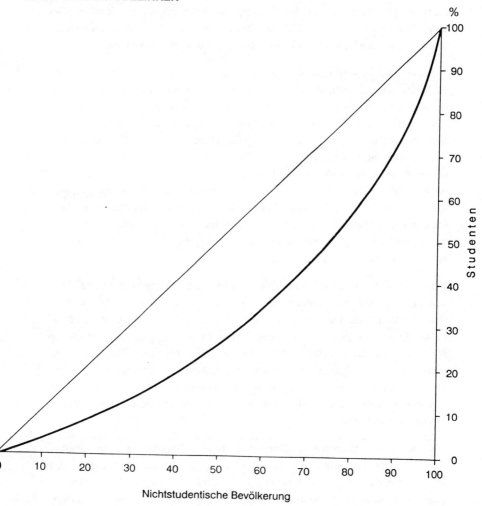

Eine Absolutdarstellung in einer Punktverteilungs-Karte stößt allerdings bald auf zeitlich-finanzielle Grenzen, gibt es doch weder im Statistischen Amt der Stadt Frankfurt noch im Fachbereich Geographie bisher die technische Möglichkeit einer parzellengenauen Lokalisation mit EDV. Im vorliegenden Fall einer starken Streuung werden allerdings auch die kartographisch-wahrnehmungspsychologischen Grenzen deutlich, wie Abbildung 5 erkennen läßt. Immerhin vermittelt diese Karte, deren Grundmuster durch Straßen- und Bahnnetz sowie öffentliche Gebäude bestimmt ist, ein wesentlich differenzierteres Bild der standörtlichen Gegebenheiten, was am Beispiel des Universitäts-Umfeldes sofort erkennbar wird.

Als erstes zeigt sich, daß jene universitätsnahen großen Stadtbezirke, in denen die Studenten den höchsten Prozentsatz an der Wohnbevölkerung erreichen, in der Realität etwa zur Hälfte aus Freiräumen, ansonsten entweder weitestgehend aus Gewerbeflächen (Industriehof, Rödelheimer Landstraße) oder aus Großvillen mit starker Bürofunktion bestehen ("Ginnheimer Höhe"). Die hohen Studentenquoten sind ausschließlich durch die sozialen Isolate zweier großer Wohnheime des Studentenwerkes an der Ginnheimer Landstraße und eines weiteren an der Ludwig Landmann-Straße bestimmt. Ähnliches trifft auf den Stadtteil Hausen zu, an dessen Spitze in Richtung Innenstadt das Haus des "Bauvereins Katholischen Studentenheime" in der Friedrich W. v. Steuben-Straße steht. Die Extremwerte sozialer Segregation sind also durch Standortentscheidungen der Bauträger und der Kommune bedingt.

Der hohe Wert des Westend-Bezirkes 170 ist schon nicht mehr so ausschließlich durch die kleineren Studentenheime am Beethovenplatz ("Spontivilla") und in der Beethovenstraße bestimmt. Noch weniger gilt dies für die beiderseits der Bockenheimer Landstraße gelegenen Westend-Bezirke 180 und 100 mit ebenfalls kleinen Heimen in der Kronberger- und der Lessingstraße. Insgesamt haben noch erstaunlich viele Studenten im Westend eine individuelle Unterkunft gefunden, wenn auch entlang von Bockenheimer und Mainzer Landstraße sowie am Anlagenring eine deutliche Ausdünnung wegen der dominierenden Dienstleistungsbetriebe erkennbar ist.

Während zwei Stadtbezirke allein durch große Wohnheime maximale Studentenquoten erreichen, gibt es andererseits Quartiere mit beachtlicher studentischer Wohndichte, die nur auf Möglichkeiten des privaten Wohnungsmarktes beruht. An erster Stelle steht der Bockenheimer Bezirk 341, wo fast 500 Studenten gemeldet

Abb. 5

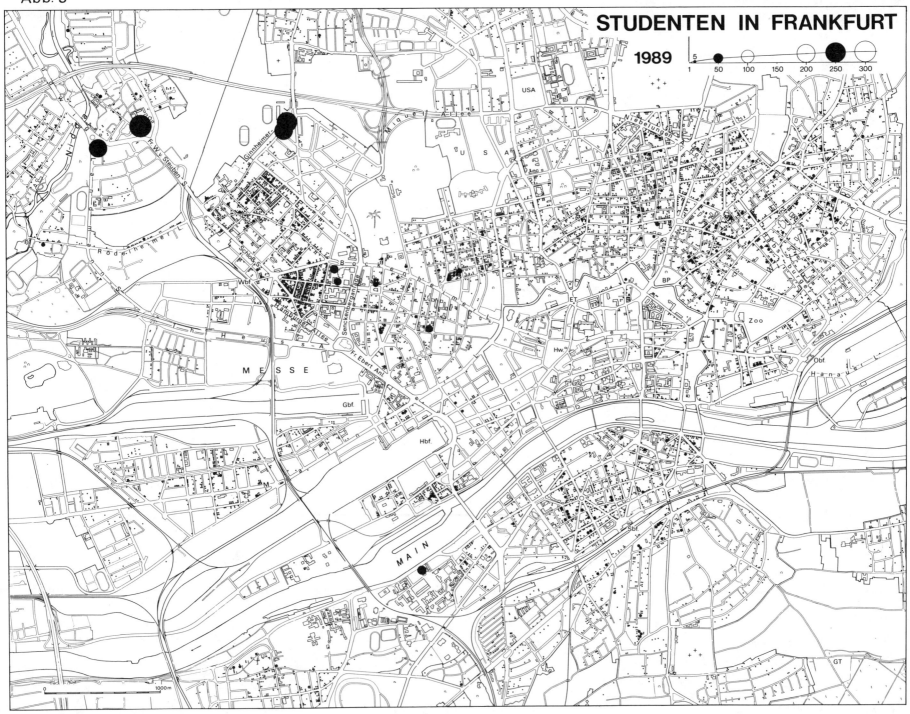

sind. Es handelt sich vor allem um das kleine Dreieck zwischen Gräf-, Adalbert- und Schloßstraße, worin sich eine Entwicklung zum Studentenquartier abzeichnet; deutlich wird dies in der Jordanstaße als Mittellinie und in den Querstraßen, in denen das Angebot der Geschäfte auf spezifisch studentische Nachfrage ausgerichtet ist. Zur Begründung der hohen Studentendichte reicht ein bloßer Verweis auf die Universitätsnähe nicht, denn diese ist auch im Bereich nördlich der Adalbertstraße und im nahen Westend gegeben. Es heißt, unter den Hauseigentümern des Quartiers sei das Vermieten an Studierende eine lokale Tradition seit den Zeiten, als Studenten als angesehene Mitbewohner galten.

Mit ebenfalls sehr hoher Dichte folgt der Bockenheimer Bezirk 361 zwischen Leipziger und Sophien-Straße, und zwar mit deutlicher Verdichtung zum universitätsfernen, fast ganz von älteren Wohngebäuden eingenommenen Teil. Zwischen diesen beiden Bezirken, also zwischen Leipziger und Adalbert-Straße, wird eine Ausdünnung erkennbar bis zu Minimalwerten beiderseits von Schloßstraße und Kurfürstenplatz, wo die Struktur durch Wohnblocks des öffentlich geförderten Bauens aus der Nachkriegszeit bestimmt wird.

Trotz dieser "Schwächezone" ist man geneigt, Bockenheim als das Frankfurter Studentenviertel anzusehen, und sicher sind Publikum und Geschäftsstruktur nirgends stärker durch Studierende geprägt als hier. Und doch beherbergt der beschriebene Bereich nur etwa 1050 Studenten.

Nach übereinstimmenden Aussagen von Ortsbeiratsmitgliedern der verschiedenen Parteien sind die Studenten in Bockenheim sehr gut integriert. Denn das ehemalige Arbeiterviertel ist seit langem sozial heterogen geworden, wobei das unkonventionelle Leben vieler Studenten von den Deutschen mit niedrigem Sozialstatus und den zahlreichen Ausländern (26,3 %) akzeptiert wird. Hinzu kommt, daß unter den Bewohnern mit höherem Sozialstatus sehr viele ehemalige Studenten sind, die aus Neigung oder Notwendigkeit im Quartier verblieben. Bezeichnenderweise liegt unter der Bevölkerung im erwerbsfähigen Alter der Anteil derer mit abgeschlossenem Studium über dem Frankfurter Durchschnitt (15,3 bzw. 12,9 %). Aus manchen vergangenen Wohngemeinschaften sind Paare und Familien als Nachmieter hervorgegangen, andere Jungakademiker haben als Anspruchsberechtigte im Zuge der Sanierung eine neue, mietpreisgebundene Wohnung bezogen, wieder andere blieben wegen der langwierigen Suche nach einem akzeptablen Job vorerst als "Postgraduierte" eingeschrieben und darüber hinaus dem Quartier dauerhaft verbunden. Im Bockenheimer Milieu, dessen "Vermarktung" inzwischen begonnen hat, würden durchaus noch mehr Studierende akzeptiert, aber die Zugangsmöglichkeiten zum Wohnungsmarkt sind inzwischen deutlich erschwert. Mit Abschluß der Sanierung ist die Mobilitätsbereitschaft in den erneuerten Gebieten sehr gesunken, und außerdem ist das Viertel durch die bauliche Aufwertung sowie den U-Bahn-Verkehr zu einem recht attraktiven citynahen Wohngebiet geworden, wohin zunehmend zahlungskräftige Interessenten drängen.

Quantitativ weit wichtiger als Bockenheim, wenn auch mit durchwegs geringerer Studentendichte, ist das Nordend mit den direkt anschließenden Bezirken von Bornheim und Ostend. Es handelt sich um das Gebiet, das am zackig ausgeprägten Anlagenring zwischen Eschenheimer Turm (ET) und dem Ende der Zeil ansetzt und sich zwischen der recht breiten Eschersheimer Landstraße und etwa der Wittelsbacher Allee erstreckt, und zwar über den Alleenring hinaus bis zum Hauptfriedhof und Günthersburgpark (GP). In diesem ausgedehntesten Frankfurter Wohnbereich haben rund 3.200 Universitätsstudenten Unterkunft gefunden; von den fast 8.000 Studierenden der Fachhochschule am Nibelungenplatz dürfte ein erheblicher Teil - vielleicht 800 - ebenfalls in diesem Bereich wohnen. Hauptfaktor für die Studentendichte ist die große Masse viergeschossiger Altbauten, deren ausgebaute Dächer, Anbauten, Neben- und Hintergebäude für Familienhaushalte kaum in Frage kommen, wo aber auch normale Wohnungen noch zu erträglichen Preisen gefunden werden.

Gleiche Voraussetzungen sind in den Altbaugebieten Sachsenhausens gegeben, vor allem im Viereck zwischen Main und Bahnlinie, Schlachthof und Holbeinstraße; allerdings wohnen dort weniger als 800 Studenten.

Es besteht eine enge Korrelation zwischen der Verdichtung studentischer Wohnstandorte und dem Gebäudealter. Unterlegt man die Transparentvorlage von Abbildung 5 mit einer objektweisen Alterskartierung der Häuser, die von Siegfried MOTT 1989 im Rahmen einer Diplomarbeit angefertigt und in ersten Blättern vom Stadtplanungsamt gedruckt wurde, dann läßt sich der Zusammenhang trotz individueller Belegungspolitik der Hauseigentümer deutlich verfolgen. Wenn sich die Studentenzahl zur historischen Innenstadt hin lichtet, so hängt dies tatsächlich mit der Zunahme von Neubauten nach der Kriegszerstörung - und natürlich auch von Nichtwohngebäuden - zusammen.

Vorerst ungeklärt bleibt der "soziale Gehalt" größerer Studentenzahlen pro Haus. Auf keinen Fall handelt es sich um Standorte von Verbindungshäusern, von denen es in weiter Streuung nur vierzehn gibt, worunter nur sechs mehr als vier Studenten beherbergen. Als Möglichkeiten bleiben also größere Wohngemeinschaften, womit öfters alternative Lebensformen erprobt werden sollen, oder die bloße Addition mehrerer Zimmer oder Wohnungen, die an einzelne, Paare und kleine Zweckgemeinschaften vermietet sind. Da größere Wohngemeinschaften bei Vermietern auf sehr starke Vorbehalte treffen, dürften sie am ehesten in solchen Gebäuden möglich sein, die aufgrund ihres Zustandes und ihrer Lage besonders wenig begehrt sind. Mit der als diskriminierend empfundenen Standortzuweisung über den Wohnungsmarkt geht in der Regel eine minimale Integration in die städtische Sozialstruktur einher (vgl. auch LANDWEHR 1984, 203).

Geringe Studentendichte findet man in drei städtebaulichen Gebietstypen. Der wichtigste wurde schon genannt, nämlich derjenige mit öffentlich gefördertem Wohnungsbau gleich welchen Alters. Innerhalb des Kartenspiegels sind 14 solcher Siedlungen mit 17.037 Wohnungen abgebildet, wo aber nur 416 Studenten wohnen. Bei der (nach durchschnittlichen Frankfurter Haushaltsgröße) zu schätzenden Einwohnerzahl von 31.910 müßten hier allein gemäß der westdeutschen Studentenquote 394 Studierende wohnen. Der soziale Wohnungsbau beherbergt also kaum mehr als die "Elternwohner", schließt andere praktisch aus.

Der im Vergleich westdeutscher Großstädte extrem hohe Anteil von 34 % an "Sozialwohnungen", bisher immer als Vorteil Frankfurts gepriesen, erweist sich für Studierende als gravierender Nachteil. Einerseits sind die Bauten, die größtenteils Gesellschaften mit städtischer Beteiligung gehören, nämlich schon zu ihrer meist lange zurückliegenden Entstehungszeit nach Grundsätzen des Minimalismus konzipiert worden. Andererseits wird seit 1975 - wieder eine Frankfurter Besonderheit - der Wohnungsbestand von fünfzehn Unternehmen zentral durch eine städtische Stelle vermittelt, wobei die bisher gültigen Richtlinien praktisch den Einzug von Studenten verhindern. Denn von der Bewerberliste ausgeschlossen bleibt, wer als Elternwohner ausreichend mit Wohnraum versorgt ist und in zumutbarer Pendeldistanz - auch im Umland - lebt. Die Chancen einer Zuteilung sind weiterhin sehr gering, da in dem Gebäudebestand, der fast nur Familienwohnungen umfaßt, Kleinstwohnungen für Studentenpaare sehr rar sind, und andere Sozialgruppen nach Dringlichkeitskriterien Priorität haben (Arme, Behinderte, Integrationsbedürftige).

Der zweite städtebauliche Typ umfaßt Areale mit Großvillen und besonders repräsentativen mehrgeschossigen Häusern. Er hebt sich in der Karte nur mit zwei

Beispielen deutlich ab, nämlich der Ginnheimer Höhe im Anschluß an den Palmengarten und dem Holzhausenviertel mit seinem strahligen Straßennetz in der Nordwestecke des Nordends. Die Kombination von luxuriösem Wohnen und Büronutzung läßt in diesen Vierteln am ehesten noch "Elternwohnern" Platz.

Als dritter Typ sind Gebiete mit Ein- und Zweifamilienhäusern zu nennen, deren Eigentümer oft keine weiteren Bewohner wünschen und deshalb lieber auf die Vermietung vorhandener Möglichkeiten (Einliegerwohnung, Dachstudio) verzichten. Solche Gebiete sind im Kartenbild ebenfalls nicht häufig; sie liegen z. B. im Bereich des Parlamentsplatzes östlich der Wittelsbacher Allee, in den waldnahen oberen Hanglagen von Sachsenhausen und zwischen dem Klinikum und der Niederräder Landstraße (Pferderennbahn).

WOHNFORMEN, WOHNWÜNSCHE

Über die Wohnformen der Frankfurter Studierenden sind ohne spezielle Befragungen nur grobe Informationen zu gewinnen. Abbildung 6 zeigt die Entwicklung studentischer Wohnformen in der Bundesrepublik Deutschland; zugleich verdeutlicht sie für das Erhebungsjahr 1988 die abweichenden Frankfurter Verhältnisse (BMBW 1989, 339 und eigene Sonderberechnung).

Seit Mitte der sechziger Jahre kann der überwiegende Teil der westdeutschen Studierenden die Unabhängigkeit von der elterlichen Wohnung verwirklichen, obwohl sich die Zahl der wohnungsnahen Universitäten und vor allem der Studierenden stark erhöhten. Der Auszug aus der elterlichen Wohnung ist primär bedingt durch Streben nach Unabhängigkeit und nach Zusammenleben mit einem Partner bzw. Heirat, sekundär durch Distanz zur Universität und nur in minimalem Umfang durch beengte Wohnverhältnisse; nach einer Umfrage unter Hamburger Studierenden entfielen schon 1978/ 79 auf die drei Motivklassen etwa 48 bzw. 30 und 4 % (WOLFRAM-SEIFERT 1982, 44). Als neue Wohnform verbreitet sich nach 1968 die Wohngemeinschaft. Im allgemeinen hat sich allerdings das individuelle Leben in einer eigenen Wohnung, allein oder mit Partner, als wichtigste Form durchgesetzt. In den letzten Jahren ist der Anteil der Elternwohner wieder gestiegen, und Wohnheimplätze werden wieder stärker nachgefragt - beides Anzeichen für steigende Mieten und die Verknappung von Ein- und Zweizimmer-Appartements.

Die Wohnformen der Frankfurter Studenten weichen von den Durchschnittswerten unter den westdeutschen Kommilitonen deutlich ab (vgl. Tab. 1). Am auffälligsten ist die anteilsmäßige Dominanz der Elternwohner. Bekanntermaßen sind für den Verbleib im Elternhaus weit überwiegend finanzielle Faktoren relevant (92 %), in deutlichem Abstand folgen gute familiäre Verhältnisse (56 %) und der geschätzte Wohnkomfort (49 %) als Motive (BMBW 1989, 353). Obwohl der Verbleib bei den Eltern unter den Frankfurter Studenten überdurchschnittlich gerne akzeptiert wird, bleibt doch eine außergewöhnlich große Diskrepanz zwischen Wirklichkeit und Wohnwünschen (vgl. Tab. 1).

Das Leben als Alleinstehender in einer eigenen Wohnung ist in Frankfurt am Main gleichermaßen, das Zusammensein mit einem Partner etwas stärker verbreitet als im westdeutschen Durchschnitt; diese unabhängige Wohnform wird aber noch am stärksten angestrebt. Auch das Leben in Wohngemeinschaften kann nicht im gewünschten Umfang verwirklicht werden, wenn auch der Anteil der Interessenten in Frankfurt am Main deutlich unterdurchschnittlich ist. Auffällig ist an diesem Hochschulort der besondere Mangel an Wohnheimplätzen. Gewünscht wird allerdings nicht das Einzelzimmer, das hier noch besonders stark überwiegt, sondern das Appartement oder die Wohnung in einer Wohnanlage; diese Präferenz ist in Frankfurt am Main doppelt so stark ausgeprägt wie sonst in Westdeutschland. Wohnen in Untermiete scheint in dieser Stadt sehr schwierig zu sein oder nur von besonders armen Studenten akzeptiert zu werden.

Insgesamt erweisen sich die Frankfurter Studenten in ihren Wohnwünschen als relativ anspruchsvoll, was in Anbetracht der überdurchschnittlichen Haushaltseinkommen in der Hochschulregion nicht erstaunen darf. Sie zahlen auch höhere Mieten als im westdeutschen Durchschnitt, werden allerdings im Verhältnis zu ihren Gesamteinnahmen keineswegs überproportional belastet (vgl. Tab. 1).

Legt man die Aussagen über Wohnwunsch und Wohnwirklichkeit in der Sozialerhebung von 1988 einer aktuellen Bedarfskalkulation zugrunde, so ergeben sich für deutsche Studierende an der Universität Frankfurt am Main folgende Werte: Im Sektor der Wohnheime besteht einerseits ein Überhang von 235 Einzelzimmern, dagegen eine latente Nachfrage nach 1.110 Doppel-Appartements und Wohnungen sowie nach 1.465 Einzel-Appartements. Auf dem privaten Wohnungsmarkt wären 2.140 Appartements für eine Person und weitere 656 für zwei Personen erwünscht, darüberhinaus 1.600 Plätze in Wohngemeinschaften.

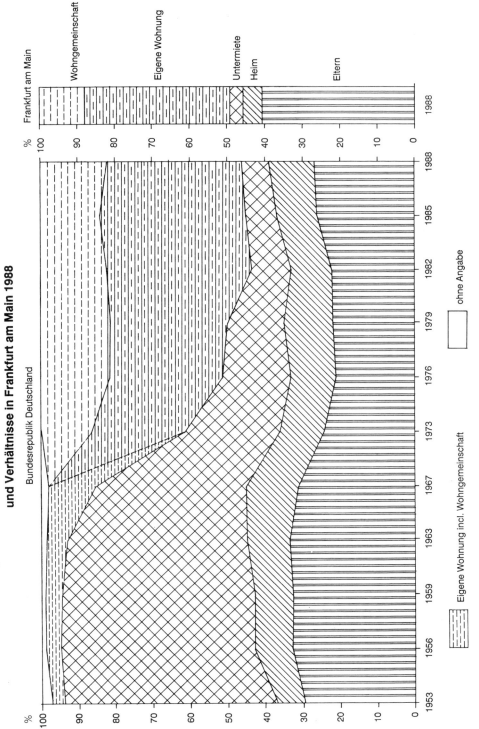

Abb. 6: **Entwicklung Studentischer Wohnformen in der Bundesrepublik Deutschland 1953 - 1988 und Verhältnisse in Frankfurt am Main 1988**

Tab. 1:
Tatsächliche und gewünschte Wohnform sowie Mietbelastung der Universitätsstudenten in der Bundesrepublik Deutschland und in Frankfurt am Main 1988

	Anteil der Studierenden (%) mit				Belastung mit Mietkosten			
	Wohnform		Wohnwunsch		absolut in DM		Einnahmen in % der	
	BRD	FFM	BRD	FFM	BRD	FFM	BRD	FFM
Eigene Wohnung, allein	19	19	24	25	387	418	35	34
dgl., mit Partner	17	20	22	24	378	392	31	30
Eltern, Verwandte	27	40	9	14	-	-	-	-
Wohngemeinschaft	18	12	22	17	298	341	32	32
Wohnheim	12	5	21	18	206	217	25	24
Untermiete	7	3	3	2	301	253	29	33

Quellen: BMBW, 12. Sozialerhebung, S. 342, 355-356, 364
Eigene Berechnungen nach Maschinenausdrucken für die Universität Frankfurt am Main
N = 798

Zur Bedarfsdeckung müßten etwa 3.160 Einheiten in Wohnheimen entstehen und - bei durchschnittlich vier Personen pro Wohngemeinschaft - 2.900 Wohnungen auf dem freien Markt bereitstehen. Insgesamt wären also 6.140 Wohneinheiten erwünscht, ohne daß der Bedarf von 2.160 ausländischer Kommilitonen berücksichtigt ist, die bekanntlich unter besonders starken Schwierigkeiten zu leiden haben.

Für Studenten gibt es einige generelle Gründe, die ihnen den Zugang zum Wohnungsmarkt erschweren. Der schnellen Entwicklung zu Ein- und Zweipersonenhaushalten - in Frankfurt am Main waren es 1987 schon 49,4 bzw. 27,0 % - steht die bauliche Persistenz von Familienwohnungen entgegen, in denen aus wirtschaftlichen und emotionalen Gründen auch geschrumpfte Haushalte verbleiben. Auf dem beschränkten Teilmarkt für Appartements und Kleinwohnungen sind berufstätige Singles und kinderlose Doppelverdiener den Studierenden finanziell weit überlegen. Das ökonomische Interesse an Untervermietung ist geschwunden, und vor allem wird die gemeinsame Nutzung von Wohnungsinfrastruktur sowohl von potentiellen Anbietern als auch von Studenten immer seltener akzeptiert. Die Neigung zur Vermietung kleiner Einheiten (Einliegerwohnung, Dachstudio) ist unter dem geltenden Mieterschutz nach einhelliger Auffassung der Fachleute erheblich zurückgegangen, und die Bereitschaft zur Vermietung großer Einheiten an Wohngemeinschaften ist noch viel geringer, seitdem die Rechtsprechung dem Eigentümer die Einflußmöglichkeiten auf eine sich wandelnde Bewohnerschaft praktisch entzogen hat (ENDRISS und HACKER 1988).

Generell ziehen Wohnungseigentümer andere Interessenten den Studenten vor, weil sie bei diesen mit kurzer Verweildauer und folglich relativ hohem Aufwand rechnen (Renovierung, Umzugsschäden). Auch haben sie oft die Befürchtung, daß sich Studenten aufgrund ihres Lebensstiles, ihres Tagesrhythmus und ihrer Sozialbeziehungen nicht in eine eher stabile und vernetzte Hausgemeinschaft integrieren und deshalb bei den übrigen Mietern tendenziell auf Ablehnung stoßen.

Zu diesen recht allgemeinen Ungunstfaktoren kommen in Frankfurt am Main spezifische sozioökonomische und auch städtebauliche hinzu, welche die Position der Studenten auf dem Wohnungsmarkt beeinträchtigen.

Als erstes ist festzustellen, daß in keiner deutschen Großstadt die Arbeitsplatzdichte so extrem hoch ist wie hier, kommen doch auf 100 Einwohner 90 Beschäftigte (München 72, Hamburg 59, Köln 53, Berlin 48). Das läßt erahnen, daß unter den 290.000 Berufseinpendlern ein enormes Nachfragepotential von Wohnungssuchenden ist, und die zu erwartende Zunahme an Arbeitsplätzen wird dies noch verstärken.

Zweitens bedingt die Wirtschaftsstruktur einen außergewöhnlichen Zustrom junger, aufstiegsorientierter Angestellter, besonders in den Bereichen Geldwesen, (Flug-)Verkehr, Verwaltung transnationaler Industriefirmen und Werbewirtschaft. Sie sind nicht nur zahlungskräftig, sondern erhalten in zunehmendem Maße auch Hilfe seitens der Firmen.

Drittens wird in Frankfurt am Main die maximale Ausländerdichte unter allen deutschen Großstädten erreicht; dabei sind in der statistischen Ausweisung von 22,5 % (1989) die Mitglieder der amerikanischen Streitkräfte und ihre etwa 15.000 Angehörigen, das Personal der Konsulate und die bekanntermaßen vielen Umgemeldeten noch nicht berücksichtigt. Die Wohnungsteilmärkte der Studenten und Ausländer, die in der Regel deutlich höhere Mieten zahlen als Deutsche, überschneiden sich ganz erheblich.

Als Marginalie ist zu vermerken, daß potentielle Untervermieter es unter Abwägung der "sozialen Kosten" für günstiger halten, für kurze Zeit Messegäste zu beherbergen, statt dauernd einen Studierenden in der Wohnung zu haben.

Durch die Zunahme der Studierenden und die Abnahme des gezielten Angebotes an diese Gruppe hat sich deren Zugang zum Frankfurter Wohnungsmarkt in bedrückender Weise erschwert. Der AStA mußte die Wohnungsvermittlung inzwischen ganz einstellen, und die Angebote über das Studentenwerk sanken zwischen 1981 und 1988 von 1433 auf 435. Trotz finanzieller Anreize für Vermieter und Bauherren durch Stadt und Land, trotz Werbekampagne des Studentenwerkes (DM 40.000) und intensiver Berichterstattung über das Problem in den Medien stieg das Angebot 1989 nur auf 663 Einheiten (424 Zimmer oder Mansarden, 60 Appartements, 52 Wohnungen mit zwei und 27 mit mehr Zimmern). Da der Weg über Inserate und Makler wenig Erfolg zeitigt und erheblich verteuernd wirkt (Gebühr, Kaution), reduziert sich die Vermittlung immer mehr auf persönliche Kontakte bis hin zu zahlreichen illegalen Praktiken (ungemeldete Nachfolge, ungemeldete zusätzliche Aufnahme, fingierte Berufsangabe, Vorlage von Einkommensbescheinigungen in Form von Abrechnungen für Jobs, Scheinaufgebote). Hier zeichnet sich eine bedenkliche Marginalisierung der Studenten ab, und aus stadtsoziologischer und fiskalischer Sicht sollten sich Kommunalpolitiker fragen, wie zukünftige Akademiker sich nach fünf bis sechs Jahren Aufenthalt mit dieser Stadt identifizieren können, wenn - eventuell mehrmalige und monatelange - Wohnungssuche zu den Schlüsselerlebnissen sozialer und institutioneller Kontakte mit Frankfurt am Main geworden ist.

Was die städtebaulich bedingten Erschwernisse betrifft, so sei nochmals an den hohen Anteil von Sozialbauwohnungen erinnert. Raumstrukturelle Besonderheiten sind dagegen aus Abbildung 5 zu erkennen: Das Kerngebiet der Universität liegt an einer schmalen Kontaktzone zwischen dem Westend als ehemals gehobenem Wohngebiet und dem einstigen Industrievorort Bockenheim. Beide Stadtteile zusammen würden einen Umkreis von 2 km um die Universität allenfalls zur Hälfte baulich ausfüllen. Dabei ist zu beachten, daß das Bockenheimer Großvillengebiet "Ginnheimer Höhe" niemals studentisches Wohngebiet war und das Westend durch voranschreitende Tertiarisierung und "gentrification" als solches zunehmend ausfallen wird.

Südwestlich der Linie Friedrich-Ebert-Allee/ Hamburger Allee/Gleisanlagen dehnen sich Bahn-, Messe- und Gewerbegebiete mit dazwischenliegenden City-Erweiterungsflächen aus, schließlich noch Parks und Kleingärten. Im nordöstlichen Quadranten liegen Palmengarten, Grüneburgpark, Sondergebiete der Amerikaner und Freiflächen um den Miquelknoten.

Unter diesen Umständen bleiben auf dem freien Wohnungsmarkt nur geringe Chancen, studentisches Wohnen in Universitätsnähe zu verdichten. Deshalb wäre es dringend nötig, in diesem Radius intensiv nach Möglichkeiten für Wohnanlagen zu suchen, die allerdings nach Größe und innerer Struktur den aktuellen studentischen Ansprüchen entsprechen müßten.

Die standörtlichen Wohnwünsche der Studenten sind in Frankfurt am Main noch nie erforscht worden. Deshalb muß vorläufig auf generalisierbare Erkenntnisse zurückgegriffen werden, die in Hamburg, Köln, München, Stuttgart, Bonn, Mainz und Bielefeld gewonnen wurden (WOLFRAM-SEIFERT 1982, 75; NUTZ 1986, 6; THIEME 1988, 60; LANDWEHR 1984, 203; GORMSEN u. SCHÜRMANN 1977a, 179).

Gewünscht werden vor allem Universitätsnähe, aber auch Zentrumsnähe, "Atmosphäre" und Ruhe. Bei freier Wahl würden sich die gewünschten Adressen stärker als die realen auf universitätsnahe Quartiere konzentrieren, womit oft auch die Nähe zu Freunden angestrebt wird. In München und zuvor schon in Marburg wurde nachgewiesen, daß Studenten durch Umzüge tatsächlich die durchschnittliche Distanz zur Universität sukzessive verringern, wenn auch die Anlässe des Wechsels überwiegend persönlich oder wohnungsbedingt sind (SEIBOLD 1985, 423).

Die Universitätsnähe ist durchaus arbeitsökonomisch wichtig. Eine Befragung Stuttgarter Studenten ergab, daß bei Wohnungen in großer Distanz die Universität im Wochenverlauf seltener aufgesucht wird, während besondere Nähe von weniger als 10 Minuten Wegezeit zum mehrmaligen Besuch im Tagesverlauf animiert, wobei die Zeit zwischen Veranstaltungen besser für häusliches Lernen verwendet werden kann (BECKER et al. 1976, 168-170).

Wert wird auch auf "Charakter/Atmosphäre" des Wohngebietes gelegt, was nicht einheitlich als Wunsch nach dem Leben in einem "Studentenviertel" zu verstehen ist. In dieser Hinsicht gibt es unterschiedlich ausgeprägte Präferenzen, die sich an der Sozialstruktur ("gemischt, normal"), der Gebäudesubstanz ("individuell, Altbauten") oder dem Wohnumfeld ("Grün, Wasser") orientieren, wobei sich sogar fachspezifische Tendenzen ausmachen lassen (LEIB et al. 1990, 22).

Immer wieder wird auch eine Neigung zu zentrumsnahen Lagen erkennbar; nur ein winziger Teil der Studierenden, vornehmlich "hohe Semester" und Verheiratete - besonders solche mit nichtstudentischem Partner - neigen aus Streben nach Bequemlichkeit und Ruhe zu Wohngebieten am Stadtrand (GORMSEN u. SCHÜRMANN 1977, 155; SEIBOLD 1985, 421 ff.).

Schließlich sei angemerkt, daß Studenten - in Übereinstimmung mit ihrer sozialen Herkunft bzw. ihren Lebenszielen - durchaus stark nach Wohnungen und Wohngegenden gehobener Qualität streben, ihnen aber der Zugang aus finanziellen Gründen weitgehend verwehrt bleibt (WOLFRAM-SEIFERT 1982, 47, 55).

Unter den aufgeführten Gesichtspunkten sollten die in Frankfurt am Main derzeit diskutierten Standorte für Studentenwohnanlagen hinter dem Hauptfriedhof (Gießener Straße), nahe der Großmarkthalle, auf dem Schlachthofgelände und in der bisherigen Bordellstraße "Breite Gasse" einer zusätzlichen Betrachtung unterzogen werden. Ausnahmslos implizieren sie die Zusatzbelastung mit einer Monatskarte (DM 57,00 = 5,4 % des Durchschnittseinkommens von DM 1.055,-) und überwiegend auch das Abschieben der Studenten auf Standorte am Ende der Frankfurter Prestigeskala.

Es drängt sich die Vermutung auf, daß seit der Abgabe des ungeliebten "Kostenfaktors" Universität durch die Stadt Frankfurt am Main an das Land Hessen (1966) die Stadt- und Hochschulplanung (unter Beachtung der Folgen für die Hauptbetroffenen) wenig koordiniert sind. Die Art der Sanierung Bockenheims - mit massivem Bau von drei Anlagen für Alte und Pflegefälle sowie von Sozialbauwohnungen statt Studentenheimen - verstärkt diesen Eindruck. Grundstücke, die von der Stadt zur Bebauung mit Studentenwohnungen angeboten wurden, sind allerdings vom Studentenwerk auch nicht übernommen worden, wofür mangelnde Mittel der Grund gewesen sein sollen.

Diese Fehlentwicklung ist schwer verständlich, zumal die Verbindung von Stadtsanierung und Bau von Studentenwohnraum schon vor Beginn der hiesigen Baumaßnahmen in Fachkreisen propagiert und in anderen Städten auch erprobt wurde (Göttingen, Marburg, Passau, Lübeck). Außerdem dürften die Finanzierungsmöglichkeiten im Rahmen eines Sanierungsprogramms mit Beispielcharakter besser denn je gewesen sein.

Sowohl vom Land als auch der Stadt wird die J. W. Goethe-Universität recht stiefmütterlich behandelt. Dabei ist sie einer der größten "Betriebe", wichtiger infrastruktureller und beachtenswerter ökonomischer Faktor, Quelle soziokultureller Bereicherung und potentiell anziehender Teil im Fernbild von Frankfurt. Hier gilt es, über allgemeine Absichtserklärungen und pauschale Mittelzusagen hinaus standortbezogen und bedarfsorientiert tätig zu werden.

Wie aus einem Rundschreiben des Hessischen Ministers für Wissenschaft und Kunst vom 9.11.1989 zu ersehen ist, haben die bisherigen Anreizmittel (Einzelzimmerförderung und Prämien für Erstvermietung) regional sehr unterschiedliche Konsequenzen gehabt. Was in den Hochschulregionen Marburg und Gießen zu Erfolgen führt, bleibt auf dem Frankfurter Immobilienmarkt wirkungslos.

Trotz der erfahrungsgemäß sehr eingeschränkten direkten Verwertbarkeit von Befragungsergebnissen sollten doch die Wohnwünsche differenziert analysiert und geeignete Standorte festgestellt werden. Erste Schritte hierzu wären die Prüfung von Baulücken, die Kartierung von umwidmungsfähigen öffentlichen Gebäuden und von ausbaufähigen oder anteilsmäßig stärker von Studenten nutzbaren Wohngebäuden im Universitätsumfeld, das nach Zeitzonen gegliedert werden müßte. Für mittelfristige Planungen sollten auch jene großen Areale nicht außer acht gelassen werden, die jenseits von Palmengarten und Grüneburgpark recht extensiv von Amerikanern genutzt werden.

LITERATUR

BECKER, R., HEINEMANN-KOCH, M. u. R. WEEBER 1976: Zum konsumtiven, kommunikativen und räumlichen Verhalten von Hochschulangehörigen. Analyse der Aktivitäten der Hochschulbevölkerung in Stuttgart; = Zur Rolle einer Universität in Stadt und Region. Texte und Daten zur Hochschulplanung 21 (SFB 63 Hochschulbau). München.

BUNDESMINISTER FÜR BILDUNG UND WISSENSCHAFT (BMBW) (Hg.), K. Schnitzer, W. Isserstedt, M. Leszczensky (Bearbeiter) 1989: Das soziale Bild der Studentenschaft in der Bundesrepublik Deutschland. 12. Sozialerhebung des Deutschen Studentenwerkes. = Schriftenreihe Studien zu Bildung und Wissenschaft, 84. Bonn.

BUNDESMINISTER FÜR BILDUNG UND WISSENSCHAFT (Hg.) 1989: Studenten an Hochschulen 1875 bis 1988; = Reihe Bildung - Wissenschaft - Aktuell 2/89. Bonn.

BUNDESMINISTER FÜR BILDUNG UND WISSENSCHAFT (Hg.) 1989: Grund- und Strukturdaten 1989/90.

Die neuen Unis sind die besten. F. NEIDHARDT (Fragebogen), EMNID-Institut (Befragung) 1989. In: Der Spiegel, H. 50, S. 70-87.

ENDRISS, R. u. W. HACKER 1988: Wohnen als Student. Wie man sich (rechtlich) bettet. In: UNI-Berufswahl-Magazin 6/1988, S. 21-23.

EVERTS, W., HOLTZER, L., KNOERZER, J., KRUG, H. u. U. NUßBAUM 1971: Aspekte des regionalen Einzugsbereichs, dargestellt am Beispiel der Universität Stuttgart. In: H. LINDE (Hg.): Hochschulplanung, Bd. 4, 21-31. Düsseldorf.

FRAMHEIN, G. 1983: Alte und neue Universitäten. Einzugsbereiche und Ortswahl der Studenten, Motive und Verhalten; = Der Bundesminister für Bildung und Wissenschaft: Schriftenreihe Hochschule, Bd. 44. Bad Honnef.

GEIPEL, R. 1971: Die Universität als Gegenstand sozialgeographischer Forschung. In: Mitteilungen der Geographischen Gesellschaft München, Bd. 56, S. 17-31. München.

GEISSLER, Cl. 1965: Hochschulstandorte - Hochschulbesuch. Teil I - Text und Tabellen, Teil II - Tafeln. = Schriftenreihe der Arbeitsgruppe Standortforschung, Bände 1.1 und 1.2. Hannover.

GIESE, E. 1982: Die Anziehungskraft wissenschaftlicher Hochschulen in der Bundesrepublik Deutschland für Studenten. In: Die Erde Bd. 113, S. 115-132.

GIESE, E., ABERLE, G. u. L. KAUFMANN 1982: Wechselwirkungen zwischen Hochschule und Hochschulregion. Fallstudie Justus Liebig-Universität Giessen. Band I - Das Studentenpotential der Hochschulregion und die Attraktivität der Universität für Studenten. Band II - Die ökonomischen Verflechtungen zwischen Universität und Hochschulregion. Gießen.

GIESE, E., HOEHL, P. u. G. LANGER 1986: Anziehungskraft und Wettbewerbsfähigkeit wissenschaftlicher Hochschulen in der Bundesrepublik Deutschland. In: Beiträge zur Hochschulforschung, H. 1/2, S. 5-62.

GORMSEN, E. u. H. SCHÜRMANN 1977: Räumliche und soziale Differenzierung studentischer Wohn- und Lebensverhältnisse. Das Beispiel Mainz. In: Geographische Rundschau 29, 5, S. 150-156.

HEINEN, J. 1982: Studentischer Einzugsbereich und Motive der Standortwahl der Studienanfänger an der Universität Osnabrück; = Osnabrücker Studien zur Geographie, Bd. 6. Osnabrück.

HENKE, A. 1989: Studienanfängerbefragung: Analyse der Einflußgrößen und Entscheidungsgrundlagen für die Wahl des Studienortes am Beispiel der Universität Hannover. In: Beiträge zur Hochschulforschung, 4-1989, 287-310.

LANDWEHR, R. 1984: Studentisches Wohnen in der Hochschulstadt - Sozialintegration oder Segregation? In: W.-D. WEBLER (Hg.): Hochschule und Region; = Bielefelder Beiträge zur Ausbildungsforschung und Studienreform, Band 1. Weinheim und Basel.

LEIB, J. 1976: Justus Liebig-Universität, Fachhochschule und Stadt. Probleme des Zusammenhanges zwischen Hochschul- und Stadtentwicklung aufgezeigt am Beispiel der Universitätsstadt Gießen; = Giessener Geographische Schriften, H. 39, Gießen.

LEIB, J., BUCHHOFER, E. u. G. WENGLER-REEH 1990: Marburg als Universitätsstadt. In: Marburger Geographische Schriften, Bd. 115, S. 1-30.

LEISTER, I. 1968: Die Heimatorte der Marburger Studenten im Wintersemester 1967/68. In: Alma Mater Philippina, WS 1968/69, S. 15-18.

MAYR, A. 1970: Standort und Einzugsbereich von Hochschulen. In: Berichte zur deutschen Landeskunde, Bd. 44, 1, S. 83-110.

MOTT, S. 1989: Homogene Frankfurter Altbaugebiete als Wohnstandorte. Wirtschaftliche, soziale und emotionale Faktoren der Wohnzufriedenheit und ihre Berücksichtigung in Planungsprozessen. Unveröff. Dipl.-Arb. im Fb Geographie der Universität Frankfurt am Main.

MUSKE, G. 1975: Motive für die Wahl des Studienortes München. Ein entscheidungstheoretischer Ansatz zur Erklärung räumlicher Mobilität angewandt auf ein Beispiel aus dem Bereich der Bildungswanderung. = Münchener Geographische Hefte, Bd. 38. Kallmünz.

NUTZ, M. 1986: Studenten mit der Kölner Universität zufrieden. Image dennoch verbesserungswürdig. In: Kölner Universitäts-Journal 4, S. 5-6.

NUTZ, M. 1988: "Regional"-Universität Köln: Wandel des studentischen Einzugsbereichs und Aspekte der Studienortwahl. In: Beiträge zur Hochschulforschung, H. 1, S. 29-49. München (Bayerisches Staatsinstitut für Hochschulforschung und Hochschulplanung).

RAMB, H. 1990: Strukturdaten der Frankfurter Bevölkerung. Ergebnisse der Volks- und Berufszählung vom 25. Mai 1987 nach Ortsteilen und Stadtbezirken; = Frankfurter statistische Berichte, Sonderheft 52, Frankfurt.

SEIBOLD, G. 1985: Werden Studenten aus der Stadt München verdrängt? In: Beiträge zur Hochschulforschung, H. .., S. 395-424.

THIEME, G. 1988: Bonn als Universitätsstadt. In: Arbeiten zur Rheinischen Landeskunde, H. 58, S. 45-61. Bonn.

WENZEL, H.-J. 1969: Der Studenteneinzugsbereich der Justus Liebig-Universität Gießen im Wintersemester 1967/68. In: Gießener Universitätsblätter, 2. Jg., H. 1, S. 75-84.

WENZEL, H.-J. u. Th. EHRHARDT 1987: Zur Studienortwahl Osnabrück und Oldenburg. In: UNI-Osnabrück, Februar 1987, 6-11.

WOLFRAM-SEIFERT, U. 1982: Die Wohn- und Lebensverhältnisse der Hamburger Studenten. Eine sozialgeographische Untersuchung zur Wahl des Studienortes, der Wohnsituation und den Aktionsräumen von Studierenden der Hamburger Universität. = Kulturgeographische Abhandlungen des Instituts für Geographie und Wirtschaftsgeographie der Universität Hamburg, o. Nr. Als Manuskript gedruckt in Verbindung mit der Pressestelle der Universität. Hamburg.

KLAUS WOLF

DOKUMENTATION DER WOHNSTANDORTE DER PROFESSOREN, WISSENSCHAFTLICHEN MITARBEITER UND SONSTIGEN MITARBEITER DER J.W. GOETHE-UNIVERSITÄT FRANKFURT AM MAIN IM JAHRE 1989

AUS: FRANKFURT UND DAS RHEIN-MAIN-GEBIET. GEOGRAPHISCHE BEITRÄGE AUS ANLASS DES 75-JÄHRIGEN BESTEHENS DER J.W. GOETHE-UNIVERSITÄT FRANKFURT AM MAIN (1914-1989) HERAUSGEGEBEN VON KLAUS WOLF UND FRANZ SCHYMIK = RHEIN-MAINISCHE FORSCHUNGEN HEFT 107
FRANKFURT AM MAIN 1990

Prof. Dr. Klaus Wolf
Institut für Kulturgeographie, Stadt- und Regionalforschung
der J.W. Goethe-Universität Frankfurt am Main
Senckenberganlage 36
6000 Frankfurt am Main 1

Es sind Professoren, wissenschaftliche Mitarbeiter und sonstige Mitarbeiter nach Wohnstandorten erfaßt worden. Die räumliche Zuordnung erfolgte dabei innerhalb Frankfurts nach Ortsteilen und im Umland nach vierstelligen Postleitbezirken, die weitgehend deckungsgleich mit den Gemeinden sind. Zur Orientierung sind auf den Kartogrammen die Grenzen der umliegenden Stadt- und Landkreise dargestellt.

Die Daten wurden dankenswerterweise von der Universitätsverwaltung in anonymisierter Form zur Verfügung gestellt. Die Angaben der Hilfskräfte konnten jedoch nicht ausgewertet werden, da sie nur unvollständig erfaßt waren und auch keine Unterscheidung in studentische bzw. Hilfskräfte mit akademischem Abschluß vorgenommen wurde.

Beim Lesen der Kartogramme ist zu berücksichtigen, daß die Wohnstandortverteilung der Professoren insoweit eine gewisse Schiefe erfährt, als in einer Reihe von Fällen nur die Instituts-Adressen als Wohnstandort-Adresse erfaßt waren, so daß das "Innenstadt"-Wohnen von Professoren im Vergleich zur tatsächlichen Häufigkeit überrepräsentiert ist.

Die beiden hier zusammengestellten Kartogramme weisen sowohl die Wohnstandortverteilung aller Bediensteten als auch die nach Statusgruppen differenzierte räumliche Verteilung aus(Abb. 1). Da allerdings der Anteil der in Frankfurt am Main Wohnenden relativ hoch ist, ist im Interesse der besseren Lesbarkeit in der zweiten Darstellung dieser Personenkreis ausgeklammert worden (Abb. 2).

Auf eine Interpretation der Kartogramme wird hier bewußt verzichtet, da sich die räumliche Verteilung dem interessierten Betrachter ohnehin erschließt und eine weitergehende Interpretation der Verteilungen nur sinnvoll erschienen wäre, wenn eine eingehende Analyse der ermittelten Wohnstandortverteilungen der untersuchten Merkmalsgruppe anhand von Interviews vorgenommen worden wäre, in der auf die endogenen und exogenen, die Wohnstandortwahl beeinflussenden Faktoren hätte eingegangen werden können. Dies war nicht beabsichtigt. Vielmehr sollte im Jahr des 75-jährigen Bestehens der J.W. Goethe-Universität Frankfurt am Main "schlicht und einfach" die Verteilung der Wohnstandorte der Bediensteten dokumentiert werden, um sie etwa in 25 Jahren zum Vergleich präsent zu haben; denn: kennen wir die Wohnstandorte der Bediensteten unserer Universität vor 75, vor 50 oder vor 25 Jahren ?

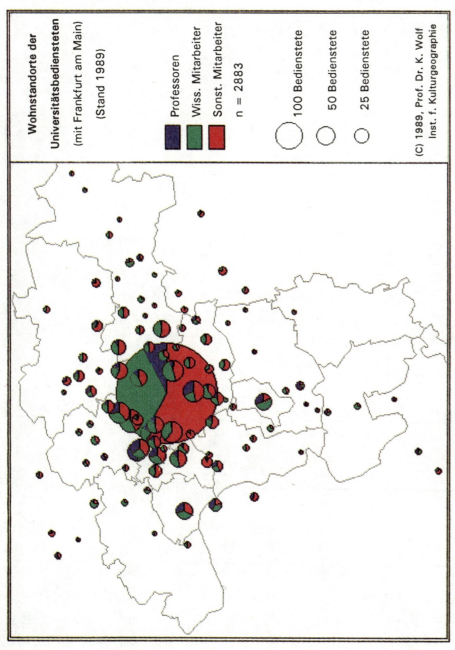

Abb. 1

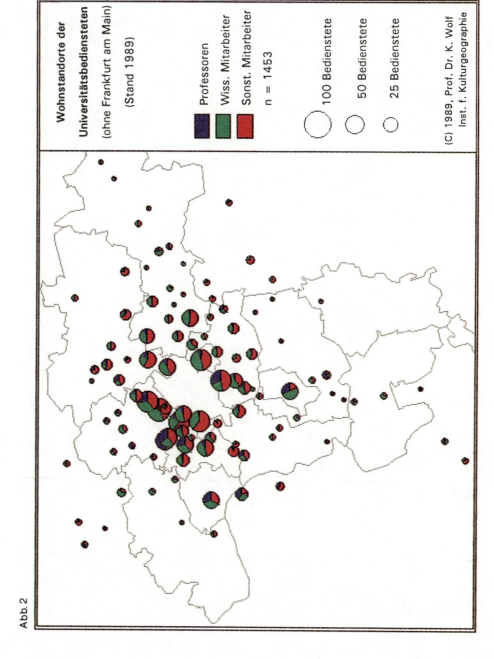

Abb. 2

MATTHIAS GATHER

STÄDTEHYGIENE UND GROSS-STÄDTISCHE ENTSORGUNG
IN DEUTSCHLAND VOR 1914
- DAS BEISPIEL DER FRÜHEN KOMMUNALEN UMWELT-
PLANUNG IN FRANKFURT AM MAIN -

AUS: FRANKFURT UND DAS RHEIN-MAIN-GEBIET. GEOGRAPHISCHE
BEITRÄGE AUS ANLASS DES 75-JÄHRIGEN BESTEHENS DER
J.W. GOETHE-UNIVERSITÄT FRANKFURT AM MAIN (1914-1989)
HERAUSGEGEBEN VON KLAUS WOLF UND FRANZ SCHYMIK
= RHEIN-MAINISCHE FORSCHUNGEN HEFT 107
FRANKFURT AM MAIN 1990

Dieser Beitrag entstand im Rahmen eines Forschungsvorhabens (Leitung: Prof. Dr. E. Tharun) "Kommunale Infrastruktur und Stadtentwicklungplanung" des DFG-Schwerpunktprogramms "Die Stadt als Dienstleistungszentrum - Zusammenhänge zwischen Infrastruktur, Dienstleistungen und sozialer Daseinsvorsorge im 19. und 20. Jahrhundert".

Dipl.-Geogr. Matthias Gather
Taunusstraße 46
6078 Neu-Isenburg

1. EINLEITUNG

Der Städtehygiene des 19. Jahrhunderts wie der großstädtischen Abfall- und Abwasserpolitik besonders der achtziger Jahre dieses Jahrhunderts wird in der wissenschaftlichen Literatur breiter Raum eingeräumt. Beide kommunale Politikfelder erscheinen dabei als isolierte Phänomene ihrer jeweiligen zeitlichen Umgebung: Dort als seuchenhygienische Reaktion auf die drohende sanitäre Apokalypse, hier als Rettungsversuch für die bedrohte städtische Umwelt. Tatsächlich sind jedoch auch in der kommunalen Entsorgungspolitik, dem gegenwärtigen Kernbereich der kommunalen Umweltplanung, die Grundlagen im 19. Jahrhundert gelegt worden. Die Grundzüge der heutigen administrativen Strukturen in der Abfallpolitik wie die der eingeschlagenen Entsorgungsstrategien entstanden im historischen Prozeß der zunehmenden kommunalen Planungs- und Verwaltungsaufgaben weitgehend vor dem 1. Weltkrieg.

Im folgenden Text soll daher am Beispiel der großstädtischen Entsorgung dieser Übergang von der eher aus seuchenhygienischen Aspekten motivierten Städtereinigung zu einer fachlich etablierten kommunalen Umweltplanung beleuchtet werden. Ausgehend von der städtischen Umweltproblematik im 19. Jahrhundert werden dabei zunächst die kommunalen Lösungsstrategien der "Städtehygiene" in Deutschland analysiert. Hierbei wird einmal der organisatorische Weg vom "Ordnen zum Planen" (REULECKE 1985) in der kommunalen Entsorgungspraxis nachgezeichnet. Zum anderen wird gezeigt, daß die Kommunen in der zweiten Hälfte des vorigen Jahrhunderts durchaus innovativ und flexibel auf die Herausforderungen innerhalb ihres (räumlichen) Wirkungskreises reagierten.

Bei der Analayse dieser rein kommunalen Maßnahmen wird indessen auch deutlich, wie schnell solche städtehygienischen Bestrebungen, nämlich dem städtischen Bürgertum eine seine Gesundheit nicht gefährdende Umwelt zu sichern bzw. wiederherzustellen, an der zu geringen Reichweite der getroffenen Maßnahmen scheitern mußten: Der räumlich stark restringierte Schutz der Umwelt, der Schutz der unmittelbaren städtischen Umwelt nämlich - und auch hier nur unvollständig und disparitär -, bewirkte fast zwangsläufig lediglich eine Verlagerung der Umweltproblematik nach außerhalb des kommunalen Wirkungsbereiches. Dieses historische Scheitern der öffentlichen Umweltplanung infolge einer kurzsichtigen und räumlich stark begrenzten Zielsetzung droht dabei als reine Verlagerungspolitik kontinuierlichen Bestand zu haben.

Während bei der nationalen Betrachtung die grundsätzlichen Entwicklungslinien der großstädtischen Entsorgung in Deutschland deutlich werden, kann eine Analyse der innerkommunalen Entscheidungsprozesse nur am Fallbeispiel erfolgen. Exemplarische Berücksichtigung findet hier die Stadt Frankfurt am Main, die als Pionier einer diesbezüglichen Städtetechnik, aber auch aufgrund der relativ guten Quellenlage ein ergiebiges Beispiel liefert.

Von besonderem Interesse bei der Herausbildung des neuen kommunalen Aufgabenbereichs ist am Beispiel Frankfurts die Frage nach der Einbindung der sogenannten "städtehygienischen" Maßnahmen in die allgemeine Stadtentwicklungspolitik des 19. Jahrhunderts. Das Frankfurter Beispiel zeigt hier, daß für den Bau und die Durchführung des Kanalisationssystems weniger sanitäre Aspekte, als vielmehr Gründe der Baulanddrainage letztlich den Ausschlag gaben. Die Analyse der Entsorgungsstrategien in Frankfurt am Main zur Zeit der Urbanisierung ergibt darüber hinaus, daß ein Großteil der gegenwärtig verfolgten wie der zur Zeit diskutierten technisch-organisatorischen Lösungsansätze zur Abfallproblematik bereits vor 1914 in der Diskussion stand bzw. zur praktischen Umsetzung gelangte. Das historische Scheitern einer Reihe dieser Maßnahmen läßt dabei ein fast konsequentes Scheitern der gegenwärtig geplanten kommunalen Intervention befürchten.

2. DIE ENTWICKLUNGSTENDENZEN DER STÄDTEHYGIENE IN DEUTSCHLAND

Unter Städtehygiene versteht man in der Regel alle die Maßnahmen, die zur Zeit der Urbanisierung getroffen wurden, um den zum Teil unhaltbaren sanitären Verhältnissen in den Städten des 19. Jahrhunderts zu begegnen. Als Grundlage der städtehygienischen Bestrebungen müssen daher zunächst die Umweltbedingungen in den Städten zur Zeit der Industrialisierung verstanden werden.

2.1. Die natürlichen Umweltbedingungen in den Städten des 19. Jahrhunderts

Einmal mehr soll Manchester, der Geburtsort des Kapitalismus, die Hauptstadt der Industrialisierung, hier mit der plastischen Schilderung Friedrich ENGELS' aus dem Jahre 1845, als Beispiel der lebensfeindlichen Umweltzerstörung infolge industrieller Produktions- und Reproduktionsweisen dienen:

"In der Tiefe fließt oder vielmehr stagniert der Irk, ein schmaler, pechschwarzer, stinkender Fluß, voll Unrat und Abfall, den er ans rechte, flachere Ufer anspült; bei trockenem Wetter bleibt an diesem Ufer eine lange Reihe der ekelhaftesten schwarzgrünen Schlammpfützen stehen, aus deren Tiefen fortwährend Blasen miasmatischer Gase aufsteigen und einen Geruch entwickeln, der selbst oben auf der Brücke, vierzig oder fünfzig Fuß über dem Wasserspiegel, noch unerträglich ist. Oberhalb der Brücke stehen hohe Gerbereien, weiter hinauf Färbereien, Knochenmühlen und Gaswerke, deren Abwässer samt und sonders in den Irk wandern, der außerdem noch den Inhalt der anschließenden Kloaken und Abtritte aufnimmt. Man kann sich also denken, welcher Beschaffenheit die Residuen sind, die der Fluß hinterläßt." (ENGELS 1845 (1977), 116).

Sicherlich mögen die natürlichen Umweltbedingungen in fast allen Städten des europäischen Festlandes um die Mitte des vorigen Jahrhunderts besser als die Manchesters gewesen sein. Dies mag vor allem in dem produktionstechnischen Rückstand der kontinentaleuropäischen Ökonomien gegenüber dem damals bereits weit entwickelten "Manchester-Kapitalismus" begründet gewesen sein. Doch ebenso sicher haben das Wissen um die englischen Verhältnisse wie die seuchenhygienischen Erkenntnisse aus Großbritannien in der zweiten Hälfte des vorigen Jahrhunderts die Diskussion um Maßnahmen zur Städtehygiene in Deutschland wesentlich beeinflußt. Dieser negative wie positive Vorbildcharakter Großbritanniens, die Dominanz der britischen Städtetechnik im 19. Jahrhundert, wird weiter unten auch am Beispiel der großstädtischen Entsorgung in Frankfurt am Main am Main deutlich werden.

Die kritische Frage nach den hygienischen Verhältnissen in großen Städten ist indessen keineswegs erst mit dem Einsetzen der Industrialisierung angebracht. So beschreibt DÖBLER (1973, S. 129) die aus seiner Sicht "unvorstellbare Verschmutzung der Städte" des Mittelalters, in denen es "nicht einmal den Versuch einer Städtehygiene" gegeben habe. WEYL (1912) gibt den "unsauberen Städten mit ihren vernachlässigten Straßen und Wohnungen" des 14. bis 17. Jahrhunderts die Mitschuld an den Seuchen jener Zeit und lobt dagegen die neuesten Errungenschaften der modernen Städtehygiene. Und die drastischen Schilderungen der hygienischen Verhältnisse im Paris des 18. Jahrhunderts, wie sie etwa von MERCIER (1782/3) als zeitgenössischem Beobachter geliefert werden, lassen heute das damalige Paris vor allem als "Hauptstadt des Gestanks" (CORBIN 1984) erscheinen.

In der Tat besteht eine generelle Schwierigkeit bei der Bewertung der hygienischen Verhältnisse in den Städten Westeuropas vor Beginn der Industrialisierung, da in Ermangelung zeitgenössischer Beurteilungen häufig zeitfremde Kriterien - nämlich der Vergleich mit Antike oder Neuzeit - der städtehygienischen Kritik an jener Zeit zugrunde liegen. Die gerade in den gründerzeitlichen Arbeiten häufig vollzogene Abgrenzung gegenüber der scheinbar kulturlosen Verdreckung des Mittelalters insinuiert dabei eine unmittelbare genealogische Verwandtschaft der neuzeitlichen Kultur mit der Antike. Tatsächlich muß jedoch aufgrund eines weitgehend fehlenden Problembewußtseins der vorindustriellen Zeit davon ausgegangen werden, daß das Verhältnis von städtischer Umweltverschmutzung und den angebotenen kommunalen Lösungs- und Vermeidungsstrategien (vgl. DIRLMEIER 1981) für die lokale Bevölkerung in der Regel einen hohen Grad an politischer Akzeptanz besaß. Das Indiz eines gesellschaftlichen Unmutes über die anthropogene Umweltzerstörung in Form einer kohärenten Kritik an den urbanen Umweltbedingungen vor 1800 kann zumindest für Deutschland nicht erbracht werden.

Mit Beginn der Industrialisierung und dem damit einsetzenden Urbanisierungsprozeß verschärften sich jeodch die hygienischen Mißstände in den rasch wachsenden Städten Deutschlands. Ohne jede planvolle Gestaltung der Stadtentwicklung wuchsen besonders die Industriestädte Preußens quasi ungelenkt und weckten in ihrem anarchischen Nebeneinander von überkommenen Produktionsbetrieben und neuen Industrieanlagen, Barackensiedlungen und großstädtischem Prunk einen Kulturpessimismus, wie er sich Mitte des 19. Jahrhunderts etwa bei RIEHL oder später bei RILKE (vgl. SCHUMACHER 1977) findet. Neben der Vorstellung einer an sich ungesunden Ballung so vieler Menschen war es jedoch vor allem die zunehmende Proletarisierung der städtischen Bevölkerung, die den meist bürgerlichen Anti-Urbanisten Furcht einflößte. Auch wenn sich also aus der Großstadtkritik jener Zeit mit ihrer Pathologisierung der entstehenden industriellen Umweltbedingungen leicht ein kritisches Umweltbewußtsein heutiger Ausprägung ableiten ließe, so gilt es dabei doch immer, die sozialkonservative Provenienz dieser Argumentation im Auge zu behalten.

Nichtsdestotrotz müssen jedoch die natürlichen Umweltbedingungen in den meisten deutschen Städten zu Beginn der zweiten Hälfte des vorigen Jahrhunderts aus heutiger Sicht als gesundheitlich besorgniserregend bezeichnet werden. So lassen mit MIECK (1981, vgl. auch GAFFGA 1978) die in die Luft abgeleiteten

Emissionen der damaligen Industrien nach jetzigem Wissenstand den Schluß auf eine nicht unerhebliche Immissionsbelastung in den städtischen Ballungszentren in Preußen zu.

Weitaus bedrohlicher indes als die Luftverschmutzung, die erst bei langfristiger Immissionsbelastung zu dauerhaften Schädigungen von Mensch und Umwelt führte, war die Kontamination von Boden und Wasser durch Abfälle aller Art. Besonders die unkontrollierte Ablagerung und Einleitung menschlicher Fäkalstoffe und tierischer Abfälle sowie die ungeklärte Einleitung gewerblicher und industrieller Produktionswasser in den nächsten Vorfluter führten zu einer bakteriellen und chemischen Verunreinigung des Oberflächen- oder des oberflächennahen Grundwassers. Da die Beurteilung des aus Brunnen oder als Oberflächenwasser gewonnenen Trinkwassers in der vorbakteriologischen Ära lediglich durch Geruchs- und Geschmacksprüfung möglich war, konnten keine zuverlässigen Aussagen über die Erreger von infektiösen Magen- und Darmerkrankungen getroffen werden. Durch das enge Nebeneinander von Abfall- und Abwasserentsorgung und Trinkwassergewinnung kam es so in den großen deutschen Städten im 19. Jahrhundert immer wieder zu Choleraepidemien, die allein in Preußen bei neun Epidemien zwischen 1831 und 1873 380.000 Menschenleben forderten (FISCHER 1933, 557).

In der Tat ließ somit die städtische Umweltproblematik - vor dem Hintergrund der unzureichenden Ernährung weiter Teile der Bevölkerung sowie den allgemeinen Mißständen im Wohnungswesen - weitere gesundheitliche Katastrophen befürchten, zu deren Verhinderung ein weitreichendes öffentliches Eingreifen erforderlich war. Wie sehr indessen diese drohende Choleragefahr auch als sanitärer und sozialpolitischer Vorwand für primär Maßnahmen der Stadterweiterung diente, wird weiter unten das Beispiel der städtehygienischen Maßnahmen in Frankfurt am Main belegen.

2.2. Technische und administrative Maßnahmen der Städtehygiene vor 1914

Die in der Medizin bis weit in das 19. Jahrhundert hinein paradigmatische Miasmenlehre[1]) bewirkte, daß als Hauptaufgabe der Städtehygiene für lange Zeit vor allem eine Beseitigung der üblen Gerüche gesehen wurde[2]). Vor dem Hintergrund der großen, städtischen Choleraepidemien rückte schließlich die Beseitigung der festen und flüssigen Abfallstoffe als Maßnahme der geruchlichen Städtereinigung in den Mittelpunkt des gewachsenen seuchenhygienischen Problembewußtseins.

2.2.1. Maßnahmen zur Müllbeseitigung

Infolge des starken Städtewachstums nach 1850 waren die überkommenen technischen und administrativen Maßnahmen der städtischen Entsorgung in der zweiten Hälfte des vorigen Jahrhunderts an ihre organisatorische Leistungsgrenze gelangt. Hier waren es vor allem die stetig steigenden Abfallmengen, mit denen die bisherigen Verwertungsformen durch die Landwirtschaft auf die Dauer nicht Schritt halten konnten. Die jahrhundertealte Praxis, die festen häuslichen Abfälle aller Art ungeordnet im öffentlichen Straßenraum oder in sogenannten Müllgruben zu deponieren, damit sie dort von den Landwirten der umliegenden Gemeinden eingesammelt werden, erwies sich zunehmend als unzureichend und bewirkte in den meisten Städten Deutschlands im 19. Jahrhundert einen chronischen Entsorgungsengpaß, der zu einem öffentlichen Eingreifen in die Müllabfuhr zwang. Zwar lassen sich Anfänge einer kommunalen Regulierung von Straßenreinigung und Abfuhrwesen weit zurückverfolgen (vgl. EHRHARD 1968), in einigen Städten waren schon seit dem 16. Jahrhundert von der Stadtverwaltung Personen zur Straßenreinigung zwangseingesetzt worden; erst im letzten Viertel des 19. Jahrhunderts wurde die Abfallbeseitigung in den meisten deutschen Städten jedoch zur umfassenden öffentlichen Aufgabe.

Der Entwicklungsweg der kommunalpolitischen Intervention führte dabei "klassisch" von zunächst ordnungspolitischen Maßnahmen bis schließlich zur kommunalen Leistungserstellung: So versuchte man bis etwa 1880, die Straßenreinigung und die Müllbeseitigung mit Ortsstatuten oder Polizeiverordnungen, die in der Regel die Arbeit der beauftragten Unternehmen überwachen sollten sowie die Form der Müllbereitstellung regelten, zu ordnen (vgl. HÖSEL 1987). Zunehmend erwies sich diese Organisationsform jedoch als wenig verläßlich und zu leistungsschwach, so daß verstärkt städtische Regiebetriebe bzw. Eigenbetriebe zur Erfüllung dieser Aufgaben gegründet wurden. Gleichzeitig erhielten die Kommunen in Preußen mit der Miquelschen Finanzreform die Möglichkeit zur finanziellen Absicherung der mit der Stadtreinigung beauftragten städtischen Fuhrparks (vgl. WYSOCKI 1983). Das 1893 in Preußen verabschiedete Kommunalabgabengesetz ermächtigte die Städte, von den Bürgern Beiträge für die Straßenreinigung zu fordern und Gebühren für die Müllabfuhr zu erheben. Darüber hinaus wurde um die

Jahrhundertwende von den zuständigen staatlichen Polizeibehörden immer häufiger den Anträgen der Städte stattgegeben, über Polizeiverordnungen und Ortsstatute einen Benutzungszwang der Bürger für die neuen städtischen Betriebe zu erwirken (vgl. JACOBS 1963, 75 ff.). In den meisten deutschen Städten war so die Müllabfuhr zu einem städtischen Monopolbetrieb geworden.

Das sich so als fester Bestandteil der kommunalen Leistungserstellung konsolidierende Müll- und Abfuhrwesen fand zu Beginn dieses Jahrhunderts auch in administrativen Reorganisationen seinen Niederschlag. Nachdem jahrelang die örtlichen Polizeibehörden als unterste Ebene der Zentralgewalt für die Regelung und Überwachung der Städtereinigung als Teil der öffentlichen Sicherheit verantwortlich gewesen waren, erhielten mit dem preußischen Kommunalabgabengesetz 1893 die Kommunen das Recht, diese Aufgaben städtischen Ämtern zu übertragen (vgl. HÖSEL 1987, 157). Dieser Wandel der Zuständigkeiten spiegelt auch im Bereich der Städtehygiene deutlich das sich verändernde Selbstverständnis kommunalpolitischer Intervention als konstitutives Moment der modernen "Leistungsverwaltung" (vgl. KRABBE 1983) wider: Galt es, mit den Polizeiverordnungen lediglich die Entsorgungspflicht des einzelnen Bürgers festzuschreiben und zu überwachen, wurde diese Pflicht nach und nach von den Kommunen übernommen. Es wurde somit zur öffentlichen Aufgabe, nicht nur staatlicherseits die Aktivitäten der einzelnen Mitglieder der städtischen Gemeinschaft zu koordinieren, sondern vielmehr zur Gefahrenabwehr - im Sinne der kommunalen Machtverhältnisse - weitreichende, bis dato individuelle Leistungen zu erbringen.

2.2.2. Maßnahmen zur Stadtentwässerung

Weitaus problematischer noch als die Beseitigung der festen häuslichen Abfälle aller Art erwies sich in der zweiten Hälfte des 19. Jahrhunderts die Entsorgung der flüssigen Abfallstoffe - also vor allem von Fäkalien und Urin. Bis weit in die zweite Hälfte des vorigen Jahrhunderts hinein wurden diese in fast allen deutschen Städten entweder bis zur Abholung durch Landwirte in Senkgruben, Sickergruben oder Kübeln zwischengelagert, oder aber oberflächlich zusammen mit dem Niederschlagswasser über die Straßenrinnsteine bzw. offene Kanäle entsorgt (vgl. HÖSEL 1987). Folge dieser Entsorgungspraxis war zum einen eine enorme äußerliche, osmologische wie visuelle, Verschmutzung der Städte: In den Entwässerungsrinnen, die oft über keinen ausreichenden Abfluß verfügten, faulten die Abfälle, und auch das Ausleeren der Abtrittsgruben, deren Inhalt oft über mehrere Jahre gesammelt wurde, war "ganz entsetzlich" (BISCHOFSBERGER 1985, 82), so daß dieses aufgrund der geruchlichen Belästigung vorwiegend nachts erfolgte.

Zum anderen führte die überkommene Abwasserbeseitigung zu der in der vorbakteriologischen Ära nur schemenhaft zu erkennenden Gefahr des engen räumlichen Neben- und Durcheinanders von Abwasserbeseitigung und Trinkwassergewinnung. Trinkwasserbrunnen direkt neben Abtrittsgruben waren keine Seltenheit, und auch die lange Verweildauer der menschlichen Fäkalstoffe in nur unzureichend abgedichteten Gruben oder Rinnen barg im gesamtstädtischen Maßstab die immer latente - und oft genug virulente - Gefahr einer bakteriellen Trinkwasserverseuchung. Spätestens die große Choleraepidemie in Deutschland von 1865/66 lenkte schließlich das seuchenhygienische Augenmerk auf das Problem der städtischen Abwasserbeseitigung. Hier war es im Gegensatz zur Abfallbeseitigung also nicht mehr nur die Überschreitung normativer Grenzwerte des städtischen Besitzbürgertums, sondern in der Tat die auch für die Oberschicht gesundheitsgefährdende und sogar lebensbedrohende Zerstörung der natürlichen Umweltbedingungen, die eine Regulierung und Planung in der städtischen Abwasserfrage erforderlich und möglich machte. Am Beispiel Frankfurts wird indes deutlich, wie sehr auch Fragen der allgemeinen Stadtentwicklung schließlich den Bau der städtischen Kanalisation forcierten.

Da sich auf marktwirtschaftlicher oder gar individueller Basis keine Lösung in der Abwasserfrage abzeichnete (vgl. SCHOTT/SKROBLIES 1987), machten der starke politische Druck von Teilen der städtischen Bevölkerung vor dem Hintergrund der seuchenhygienischen Erkenntnisse VIRCHOWs und PETTENKOFERs ein öffentliches Eingreifen erforderlich. Dem Beispiel englischer Städte folgend wurden daher zur möglichst raschen und vollständigen Stadtentwässerung aus kommunalen Finanzmitteln die mittelalterlichen Abflußkanäle durch moderne Kanalisationssysteme ersetzt. Diese von den deutschen Städten nach 1850 in großer Zahl finanzierten und angelegten Kanalsysteme (vgl. Abb. 1) stellten eine bis dahin beispiellose öffentliche Infrastrukturvorleistung dar, die zumindest in seuchenhygienischer Hinsicht - aber auch aus Gründen der Baulanddrainage - erst den anhaltenden Urbanisierungsprozeß ermöglichte.

Dennoch waren die neuen Kanalisationsbauten keineswegs unumstritten. Besonders die von Justus von LIEBIGs "Raubbau"-Theorie[3] beeinflußten Agrarier oder Utilitaristen sahen in der ungenutzten Abschwemmung der

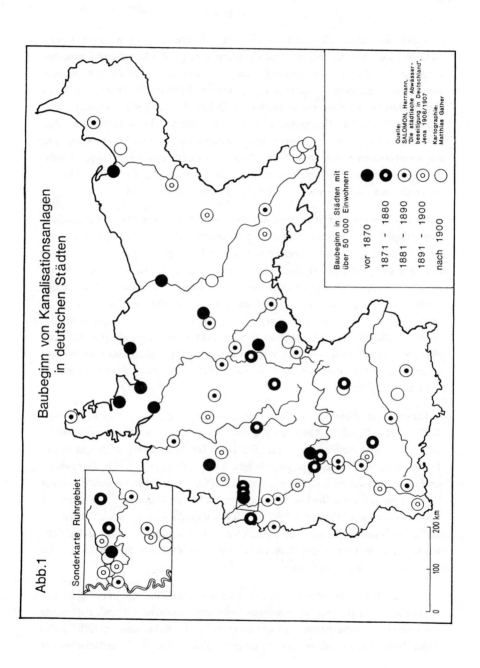

menschlichen Fäkalstoffe eine nicht vertretbare Vergeudung wertvollen Düngers. So hatte - wie auch das Beispiel Frankfurts unten zeigt - die Kanalisation zunächst allein der großstädtischen Drainage, also der Abflußregulierung von Niederschlagswasser zu dienen, während ein getrenntes Fäkalienabfuhrsystem anfangs unverändert beibehalten wurde. Im letzten Drittel des vorigen Jahrhunderts ging jedoch der Trend bei allen größeren Städten aus Gründen der Städtehygiene, aber auch aus Gründen des großbürgerlichen Wohncomforts, zum Mischsystem, d.h. der gemeinsamen Abfuhr von Niederschlagswasser und Abwässern. Dieses Prinzip der "Schwemmkanalisation", das eng mit der Verbreitung des Wasserklosetts verbunden war, ist bis heute fast durchgängig beibehalten worden.

Da das Problem der Stadtentwässerung in seiner phänomenologischen Dimension lediglich als Problem im zunächst städtischen Raum erkannt worden war, schienen auch diese nicht weniger begrenzten Lösungsstrategien, die allein die Drainage des jeweiligen Stadtgebietes zum Ziele hatten, adäquat zu sein. Schon innerhalb weniger Jahre erwies sich indes die seuchenhygienische Maßnahme der raschen Ableitung von städtischen Abwässern in den nächsten Vorfluter als zu kurzsichtig: Aus der "Städtereinigungsfrage" war die "Flußverunreinigungsfrage" geworden (SIMSON 1983, 6). Besonders in dichtbesiedelten Industriezonen mit Flüssen vergleichsweise geringer Wasserführung nämlich führte das massive Einleiten ungeklärter Abwässer zu einer bedrohlich zunehmenden Verschmutzung der Fließgewässer.

Dies galt vor allem für das Gebiet von Ruhr, Emscher, Wupper und Niers (vgl. WEYL 1914, Bd. 2, 3. Abt.), doch drohte beispielsweise auch die Fäkalieneinleitung der oberrheinischen Städte von Basel bis Mannheim zu Beginn dieses Jahrhunderts "das Mittelrheingebiet in eine Kloake" (Freiherr Heyl zu Hermsheim im Januar 1901 vor dem Reichstag. Zit. nach WEY 1982, 33) zu verwandeln. Zwar kannte man seit etwa 1880 wirksame mechanische und chemische Verfahren zur Abwasserreinigung (IMHOFF 1979), doch scheuten die entsorgenden Gemeinden die hohen Investitionskosten für Rieselfelder oder Kläranlagen. Wissenschaftliche Rückendeckung fanden die Gemeinden dabei vor allem in der These von der Selbstreinigungskraft der Flüsse[4].

Über die Folgen der städtischen Kanalisationsbauten, über die um 1880 an sich ein breiter medizinischer wie kommunalpolitischer Konsens bestand, entbrannte ein heftiger Gutachterstreit: Auf der einen Seite die Bakteriologen KOCH und VIRCHOW, die vor allem eine Verseuchung des häufig aus Oberflächenwasser gewonnenen Trinkwassers für die anhaltenden Cholera- und Typhus-Epidemien verantwortlich machten und eine Klärung der städtischen Abwässer forderten, auf der anderen Seite die "Bodentheoretiker"[5] um PETTENKOFER, die einen bakteriellen Kreislauf zwischen Abwasser und Trinkwasser aufgrund der Selbstreinigungskraft der Flüsse ausschlossen. Beendet werden konnte dieser Streit erst mit der letzten deutschen Choleraepidemie in Hamburg 1892, deren Erfahrungen keinen Zweifel an der Richtigkeit der Trinkwassertheorie ließen.

Trotz dieser Erkenntnisse wurde zwar einerseits der Bau städtischer Kanalisationssysteme im gesamten Deutschen Reich vorangetrieben, auf eine ausreichende Klärung der Abwässer wurde jedoch unter Ausnutzung des Gutachterstreits weiterhin meistens verzichtet. Folge dieser Kirchturmspolitik mit einer lediglich räumlichen Verlagerung der städtischen Umweltproblematik an die Unterläufe der Flüsse war eine stetig wachsende Zahl interkommunaler Streitigkeiten zwischen den Einleitern und den weiter flußabwärts gelegenen Gemeinden. Zum ersten Mal zeichnete sich ab, daß eine rein kommunale Verantwortlichkeit, die an den Stadtgrenzen Halt machte, in der sich verschärfenden Umweltproblematik keine adäquate Organisationsform darstellte.

In der Tat bestanden bis zum ersten Weltkrieg in Deutschland keine reichsgesetzlichen Bestimmungen, die eine Basis geschaffen hätten, um die in der Frage der städtischen Entsorgungspraxis notwendigen Koordinationsaufgaben zu übernehmen. Auch die landesrechtlichen Gesetze zum Gewässerschutz, die großenteils auf überkommenen Fischereigesetzen basierten (vgl. WEY 1982), bildeten keinen ausreichenden Rahmen, um die aus kommunalen Partikularinteressen und der ungebremsten industriellen Gewässerverschmutzung resultierende Umweltproblematik in den Griff zu bekommen. Daß dennoch das Landesrecht bis zum 1. Weltkrieg beim Gewässerschutz die einzige Möglichkeit für eine die kommunalen Belange koordinierende Umweltplanung bildete, brachte Nachteile besonders für Anrainer solcher Gewässer, die Abwässer aus mehreren Bundesländern aufnahmen.

Es sind hauptsächlich drei Gründe dafür anzuführen, daß schärfere Bestimmungen zum Gewässerschutz, eine Vereinheitlichung des Landesrechts oder die Verabschiedung eines längst überfälligen Reichswassergesetzes nicht durchgesetzt werden konnten:

1. Die Position des relativ jungen Reiches gegenüber den Interessen der Einzelstaaten war generell so schwach, daß auch in anderen Politikfeldern vor 1914 reichsgesetzliche Bestimmungen nur schwer durchgesetzt werden konnten. Die Bestrebungen der Länder in der Flußverunreinigungsfrage dagegen waren so an partikularen Besonderheiten der jeweiligen Wirtschafts- und Siedlungsstruktur orientiert, daß eine Vereinheitlichung des Landesrechts ohne eine starke Zentralregierung ausgeschlossen war.

2. Der Einfluß des konservativ-industriellen Blocks, der vor allem aus ökonomischen Gründen Auflagen zum Gewässerschutz fürchtete, war bei der Verhinderung schärferer Bestimmungen von tragender Bedeutung. Besonders die chemische Industrie (entlang der Rheinschiene), aber auch das extraktive Gewerbe (im Ruhrgebiet), die Textilindustrie (in Sachsen) und die Zuckerindustrie (im Braunschweiger Raum) torpedierten als Hauptverursacher der industriellen Wasserverschmutzung alle Vorstöße in Richtung strengerer Gesetze (vgl. KLUGE/SCHRAMM 1986).

3. Die vornehmliche Artikulationsebene des bürgerlichen Protestes in der Flußverunreinigungsfrage bildeten die Kommunen. Diese waren indessen unter sich so zerstritten, daß trotz des vielerorts wahrnehmbar bedenklichen Zustands der Umwelt sich zur politisch dominanten Verhinderungslobby kein ähnlich organisiertes Gegengewicht formieren konnte.

Im Gegensatz zur Beseitigung festen Abfalls, die bis zum ersten Weltkrieg hatte auf kommunaler Ebene politisch befriedigend gelöst werden können, war die Flußverunreinigungsfrage als Folge der kommunalen Entsorgungspraxis flüssiger Abfallstoffe zu diesem Zeitpunkt ungeklärt[6]. Hier hatte die städtische Entwässerung als lokale Problemlösung lediglich zu einer Verlagerung der Problematik nach außerhalb des kommunalen Kompetenzbereichs geführt. Verursacher und Betroffene der Umweltverschmutzung fielen räumlich wie politisch erstmals deutlich auseinander - ein bis heute typisches und konstitutives Element der Umweltproblematik.

3. DAS PROBLEM DER GROSS-STÄDTISCHEN ENTSORGUNG IN FRANKFURT AM MAIN

Im vorangegangenen Teil ist die Entwicklung der kommunalen Entsorgungspolitik in Deutschland vor allem in den Zusammenhang mit den hygienischen Problemen der Städte gestellt worden. Das folgende Beispiel der Durchsetzung dieser städtehygienischen Maßnahmen in Frankfurt am Main soll nun zeigen, welch enge Wechselwirkungen dabei zwischen früher Umweltplanung und allgemeiner Stadtentwicklungspolitik in der industriellen Urbanisierungsphase bestanden.

Im Zuge der allgemeinen Urbanisierung in Deutschland kam es im 19. Jahrhundert auch in Frankfurt am Main zu einem starken Bevölkerungswachstum (Tab. 1). Besonders infolge der Zuwanderung aus den Nachbarstaaten, aber auch aufgrund eines deutlichen Geburtenüberschusses vervielfachte sich die Einwohnerzahl nach 1850.

Tab. 1: Bevölkerungsentwicklung in Frankfurt am Main 1811 - 1910

Jahr	Einwohner
1811	40 485
1849	59 316
1871	91 040
1890	180 020
1910	414 576

Quelle: GLEY 1936

Bis etwa 1864 konzentrierte sich dabei das Bevölkerungswachstum Frankfurts im wesentlichen auf die innere Stadt innerhalb der ehemaligen Befestigungsanlagen, so daß sich hier die Bevölkerungsdichte von 1811 bis 1864 um fast 60% erhöhte (GLEY 1936, 77). Nach 1870 konnte der verstärkte Zustrom von Menschen jedoch nicht mehr innerhalb der Wallanlagen aufgefangen werden: Die Stadt ging über die alten Siedlungsgrenzen hinaus zunehmend in die Fläche, nach 1895 wurde die wachsende Bevölkerungszahl auch verstärkt von den nach Frankfurt am Main eingemeindeten Vororten aufgenommen. Die große Bedeutung der kommunalen Entsorgung sowie ihre Einbindung in die Stadterweiterungspolitik als notwendige Vorbedingung dieses Urbanisierungsprozesses werden dabei vor allem bei den Maßnahmen zur Stadtentwässerung deutlich.

3.1. Die Maßnahmen zur Stadtentwässerung

Um die Mitte des vorigen Jahrhunderts dürften die hygienischen und sanitären Verhältnisse Frankfurts im Vergleich zu denen anderer deutscher Städte "verhältnismässig noch ein sehr erfreuliches Bild dargeboten" (VARRENTRAPP 1868, 3) haben. Dennoch erregte der Zustand besonders des städtischen Entwässerungssystems infolge der zunehmenden Bevölkerungs- und Siedlungsdichte ein immer größeres öffentliches Mißfallen. Diente hier ein im Laufe der Jahrhunderte entstandenes Netz meist offener Kanäle[7] ursprünglich nur zur Aufnahme der Niederschlagswasser, so wurden in der inneren Stadt auch die häuslichen Schmutzwasser sowie - illegal[8] - zunehmend die menschlichen Fäkalstoffe in diese oft abflußlosen Cloaken geleitet. Eine Vielzahl von Bürgereingaben drang nach 1850 auf eine Behebung dieser Mißstände, da "das in den Gräben und in den als Nothbehelf angelegten Senklöchern sich sammelnde faule Wasser allmälig in die Erde einsickert und die Brunnen der anliegenden Häuser verdirbt. Manche dieser Brunnen sind durch dieses Uebel bereits so sehr ergriffen, daß das Wasser derselben durchaus nicht mehr benutzt werden kann, ein Umstand, der den betreffenden Hausbewohnern natürlich sehr große Beschwerlichkeiten verursacht, nicht weniger abermals von bedeutender Einwirkung auf die Gesundheit ist, ja sogar den Werth der Häuser zu verringern droht" (MPvV, 16, 1854/5, 218).

Noch problematischer als die Zustände in der inneren Stadt drohte sich allerdings die Situation in den neu angelegten Straßen der äußeren Stadt zu entwickeln. Zwar war auch hier die Anlage von Straßenkanälen für die Aufnahme der Niederschlags- und Hauswasser vorgeschrieben, diese mußten jedoch keine Entwässerung in den nächsten Vorfluter haben. Die Folge waren meist abflußlose Rinnen, "die nur die unreinen Flüssigkeiten sammeln und in Fäulnis, nicht aber in Ableitung bringen konnten und somit noch nachtheiliger als die Senkgruben wirkten" (OVEN 1870, 508).

Vor diesem Hintergrund wurde mit dem leidenschaftlichen Plädoyer des Frankfurter Arztes Dr. Georg VARRENTRAPP vor der gesetzgebenden Versammlung am 3. November 1854 zum ersten Mal die Forderung nach einer systematischen Kanalisierung der ganzen Stadt laut (MPvG, 15, 1854/5, 169 ff.). Dienten dem Mediziner besonders die Angst vor der Cholera bzw. die englischen Erfahrungen mit der Kanalisation als Hauptargument für die Einführung eines leistungsstarken Kanalsystems, so blieb im Hintergrund ein wesentlicher Aspekt der allgemeinen Stadtentwicklung unausgesprochen: Viel unmittelbarer als das Gespenst einer drohenden Choleraepidemie erforderten nämlich die neuen Stadterweiterungsgebiete vor den Toren der Stadt besonders für die tiefliegenden westlichen Bereiche eine planvolle Drainage des ansonsten wertlosen Baulandes, die nur über ein kohärentes, gesamtstädtisches Entwässerungssystem erreicht werden konnte. In der Tat verschlechterte sich für die private Bauspekulation in diesen Gebieten die Situation sogar noch: Nach 1859 nämlich zeigte sich die gesetzgebende Versammlung nicht mehr bereit, die Anlage einzelner Entwässerungskanäle ohne Einbindung in ein generelles Kanalisierungsschema der Stadt zu genehmigen. Die Frage der Kanalisation war in Frankfurt am Main politisch auch zu einer Frage der allgemeinen Stadtentwicklung geworden.

Dennoch dauerte es noch einmal fast zehn Jahre, bis Senat und gesetzgebende Versammlung infolge offener Fragen bezüglich der Finanzierung der künftig zu erstellenden Kanalbauten die Aufgabe in Angriff nahmen: Im Juli 1863 beauftragte das Bauamt der freien Stadt Frankfurt am Main eine Gutachter-Kommission[9] mit der Erstellung eines Gutachtens, "welches einen umfassenden Plan zur Kanalisierung und Reinigung der Stadt Frankfurt am Main und ihrer nächsten zur Stadt allmählig heranzuziehenden Umgebung[10] aufstellen und zugleich die Art der Ausführung der Kanalbauten selbst vorschlagen soll" (GUTACHTEN ÜBER EIN ENTWÄSSERUNGSSYSTEM 1863, 3). Die Kommission kam in dem nur sechs Wochen später vorgelegten Gutachten zu dem Ergebnis, daß die Einführung einer Schwemmkanalisation nach dem Mischverfahren, also mit dem gemeinsamen Abtransport von festen und flüssigen Fäkalien sowie des Regen-, Haus-, Wasch- und Küchenwassers trotz der Bedenken der "Raubbautheoretiker"[11] aus städtehygienischen Gründen am vorteilhaftesten sei. Die Kanalisation selbst sollte zur besseren Entwässerung der tiefergelegenen Altstadtteile aus zwei voneinander unabhängigen "Berg- und Thalsystemen" bestehen. Nur so könne insbesondere im tiefliegenden Sachsenhausen "eine gründliche Abhülfe und eine bedeutende Wertherhöhung des auf der linken Mainseite liegenden ausgedehnten Bauterrains" (GUTACHTEN ÜBER EIN ENTWÄSSERUNGSSYSTEM 1863, 18) erreicht werden. Die wissentliche Kurzsichtigkeit bzw. die aus seuchenhygienischer Sicht parochiale Problemverlagerung des gesamten Vorhabens kam schließlich in der Empfehlung zum Ausdruck, die Systeme unterhalb der Stadt in den Main münden zu lassen, "damit dessen Wasser nicht innerhalb der Stadt verunreinigt werde" (ebd., 11).

Die angestrebte Einleitung der Fäkalien in das städtische Kanalnetz war eng mit der Einführung des Wasserklosetts verbunden, um mit der Wasserspülung einen reibungslosen Abfluß auch in der Kanalisation der gefällschwachen, niedriggelegenen Stadtteile zu gewähren. Dies bedeutete jedoch, daß gleichzeitig mit dem Bau eines wirksamen Kanalsystems eine leistungsfähige Wasserversorgung der Stadt zum Betrieb der Wasserklosetts hätte sichergestellt werden müssen. In der folgenden Diskussion des Gutachtens (vgl. MPgV, 25, 1863/4, 588-596) kreiste daher die Auseinandersetzung insbesondere um die Einführung des Wasserklosetts. Auf der einen Seite von den Hygienikern um VARRENTRAPP als das "bequemste, wohlfeilste, reinlichste und vollständigste Mittel zum Zweck" (VARRENTRAPP 1868, 10) gepriesen, scheute auf der anderen Seite der Senat die hohen öffentlichen Ausgaben zum erforderlichen Ausbau der Wasserversorgung[12]. In einer Kompromißlösung wurde im Februar 1865 dennoch das im Gutachten vorgeschlagene Kanalsystem als Grundlage des künftigen Ausbaus vom Senat angenommen, von der Einführung des WC wurde jedoch abgesehen. Entgegen den seuchenhygienischen Erkenntnissen jener Zeit sollte das Kanalsystem Frankfurts somit lediglich der städtischen Drainage - also vor allem der planvollen Inwertsetzung des vor den Toren der Stadt gelegenen Baulandes - dienen; das aus hygienischer Sicht in der Tat bedenkliche überkommene Prinzip von Sammlung und Transport der menschlichen Fäkalstoffe blieb dagegen zunächst unangetastet.

1867 schließlich wurde unter der Leitung des hierzu bestellten englischen Bauingenieurs Walter LINDLEY und seines Statthalters Joseph GORDON mit dem Bau der Kanalisation begonnen. In den folgenden Jahren machte der Kanalisationsbau in Frankfurt am Main rasche Fortschritte (vgl. Abb. 2), 1897 war die Kanalisierung des bebauten Stadtgebietes abgeschlossen. Die nach 1897 ausgeführten Kanalstrecken spiegeln die kontinuierliche Stadterweiterung wider bzw. fanden in den neu eingemeindeten Stadtteilen Bockenheim, Niederrad, Oberrad und Seckbach statt.

Die Kanalisierung des Stadtgebietes erfolgte dabei von außen nach innen. Dies bedeutete, daß zuerst in den in der äußeren Stadt gelegenen Stadterweiterungsgebieten, für die von den dortigen Bodenspekulanten seit Mitte der 50-er Jahre eine Drainage gefordert worden war, mit dem Bau der Kanalisation begonnen wurde. So hatten bis zum Jahre 1871 die Stadterweiterungs- und Neubaugebiete des Nordends und des Westends ein funktionierendes Kanalsystem erhalten, die innere Stadt ging mit Ausnahme des noblen "nördlichen Zeildistrikts" dagegen leer

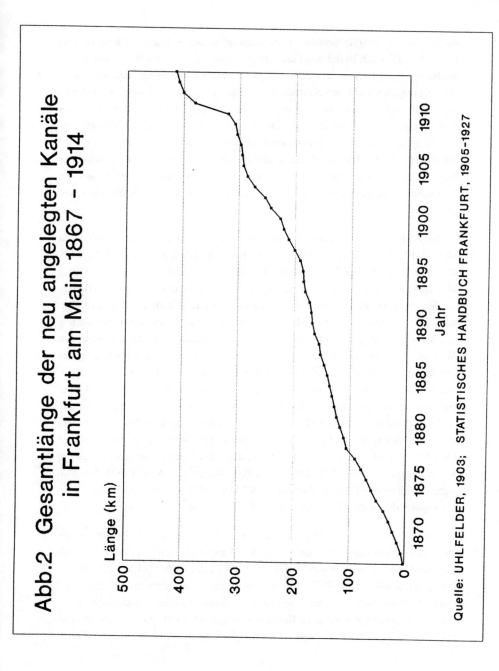

aus (vgl. MA T1783/II, "Bericht der Baudeputation an den Magistrat vom 10. Mai 1871", Anl. 1). Auch in den folgenden Jahren wurde seitens des Bauamtes immer wieder die Kanalisation der neu angelegten Straßen vorgezogen; insbesondere in der tiefgelegenen südlichen Altstadt, die ein sozial schwaches Wohn- und Arbeitsquartier darstellte, wurde der Baubeginn immer wieder verzögert. Hier dauerte es noch einmal 25 Jahre, bis 1897 schließlich "mit der Vollendung der Altstadt-Entwässerung die Frankfurter Kanalisation zu einem wichtigen Abschlusse gelangt" (BERICHT DES MAGISTRATES 1897/8, 289) war. Bei der Erstellung der Frankfurter Kanalisation haben somit die Zielsetzungen einer expansiven Stadtentwicklungspolitik die sozialen und medizinischen Aspekte deutlich überwogen.

Die Kosten für die Kanalbauten beliefen sich bis 1910 auf rund 22 Millionen Mark (UHLFELDER 1910, 221). Bemerkenswert ist dabei, daß Walter LINDLEY 1867 mit dem Bau der Kanalisation ohne einen detaillierten Kostenvoranschlag oder fachliche Detailplanungen beginnen konnte. Dies ist einmal sicherlich Beweis für den enormen Vertauensvorschuß, den der bekannte Fachmann LINDLEY in weiten Teilen des Frankfurter Magistrats oder der Stadtverordnetenversammlung besaß, andererseits jedoch ebenso Indiz für die Dringlichkeit der zu bewältigenden Aufgabe. Auch in den kommenden Jahren blieben Planung und Bauleitung des Frankfurter Kanalisationsprojektes weitgehend dem LINDLEYschen "Canalbau-Büreau" überlassen: Stadtverwaltung und Stadtverordnetenversammlung hatten lediglich die Aufgabe, die von LINDLEY geforderten Mittel zu bewilligen. An dieser faktisch unumschränkten Planungskompetenz des "Canalbau-Büreaus" änderte sich auch nichts, als im Jahre 1878 der damals gerade 25-jährige Sohn Walter LINDLEYs, William Heerlein LINDLEY, den Chef-Ingenieurposten von seinem Vater übernahm. Von 1878-1896 schließlich bekleidete W.H. LINDLEY den eigens für ihn eingerichteten Posten (vgl. RÖDEL 1983, 61) eines städtischen Baurats - quasi als nachträgliche Bestätigung der bestehenden Planungspraxis.

Die Finanzierung der Anlage geschah bis 1875 aus einem Extraordinarium des städtischen Haushaltes, das aus städtischen Kapitalvermögen sowie aus Grundstücksverkäufen gedeckt wurde (vgl. MPSV 1873, 515). In der Tat hätte die Bewilligung der jährlich 300.000 Gulden für den Kanalbau aus dem ordentlichen Etat das städtische Haushaltsvolumen von rd. 1,5 Millionen Gulden übermäßig belasten müssen. Angesichts der in vielen Bereichen steigenden kommunalen Infrastrukturinvestitionen gelangte der Magistrat 1875 jedoch zu der Ansicht, daß die Zeiten vorüber seien, "wo alle im Interesse des Gemeinwesens gelegenen Unternehmungen aus den allgemeinen Mitteln der Stadt hergestellt und zur unentgeltlichen Benutzung der Einwohnerschaft überlassen werden konnten" (MPSV 1875, 329). Dieses Mißfallen bezog sich bei den Kanalbauten besonders auf die neu zu kanalisierenden Straßen der äußeren Stadt, in denen die dortigen Bodenspekulanten über die städtische Kanalisation in den Genuß erheblicher Wertsteigerungen ihres Baulandes kamen. Diese zunehmende Planwertabschöpfung Weniger ließ den Magistrat schließlich von seiner ursprünglichen Idee einer allgemeinen Kanalsteuer (vgl. MPSV 1869, II, 329 ff.) zur Finanzierung des Kanalsystems abrücken: In dem im November 1875 erlassenen "Statut betr. die Beitragsleistung zu den Kosten der Canalisation" (abgedr. in MPSV 1875, 573/4) wurde ein von jedem Grundeigentümer bei Anschluß an das städtische Kanalsystem einheitlich zu entrichtender Betrag von 30 Mark je laufenden Meter Straßenfront festgesetzt.

Größter kommunal- wie landespolitischer Streitpunkt in der Frankfurter Kanalisationsfrage des 19. Jahrhunderts war jedoch die Behandlung der menschlichen Fäkalstoffe. Hatte der Senat der Stadt zu Beginn der Kanalbauten die Einleitung von Fäkalstoffen in das städtische Kanalisationssystem noch untersagt[13], so begann nach 1869 eine erneute Diskussion um die "Einführung der Abtrittstoffe" (vgl. MA T1815/1816). Nach wie vor waren jedoch die Hygieniker und die Raubbau-Theoretiker in der Frage der Aufnahme von menschlichen Fäkalien durch die Kanalisation zerstritten. Auffallendes Merkmal in der kommunalpolitischen Diskussion war dabei, daß sich die Frage des Für und Wider der Schwemmkanalisation vornehmlich auf zwei Aspekte beschränkte: 1) die Gesundheit der örtlichen Bewohner und 2) die Interessen der Landwirtschaft. Der drohenden Flußverunreinigung wurde dagegen nur geringes Gewicht beigemessen, obwohl bereits 1870 die mainabwärts liegende Gemeinde Hoechst bei der Regierung in Wiesbaden eine zunehmende Mainverschmutzung infolge der Frankfurter Fäkalieneinleitung angemahnt hatte (MA T1815, "Gesuch der Stadtgemeinde Hoechst die Einleitung der Abtrittstoffe in die neuen Kanäle der Stadt Frankfurt am Main resp. den Mainfluß betreffend"). Nach einem neuerlichen Gutachten des Münchener Arztes Max von PETTENKOFER (1870) erklärte schließlich der Magistrat 1871, den Anschluß von Wasserklosetts an das städtische Kanalnetz zuzulassen (" Bekanntmachung der Baudeputation vom 5. Juni 1871 die Einführung von Wassercloseten in die neuen Kanäle betreffend").

In den folgenden Jahren nahm die Zahl der bewilligten Hausentwässerungsanschlüsse rasch zu (Abb. 3). 1880 verfügten bereits 60% der Haushalte über ein WC, 70% der Grundstücke entwässerten direkt in das städtische Kanalisationssystem, 30% waren noch auf das Abtrittsgruben- oder Kübelsystems bei der Fäkalienabfuhr (BERICHT DES MAGISTRATES 1881/2, Anl. "Nachträgliche Ergebnisse der Volkszählung vom 1.12.1880") angewiesen. Die "Städtereinigungsfrage" schien zumindest aus der Frankfurter Froschperspektive wenn nicht vollendet, so doch lösbar.

Dieser Lösungsansatz mochte aus Frankfurter Sicht problemadäquat erscheinen; erklärtes Ziel der Kanalisationssystems war es von Beginn an, über einen möglichst raschen und vollständigen Abtransport der kommunalen Abwasser den städtischen Boden vor Infiltrationen zu schützen. Dennoch sollte der Charakter einer kurzsichtigen Verlagerung der städtischen Umweltproblematik vor die Tore der Stadt schon bald offensichtlich werden. Bereits 1872 gab die Mainverschmutzung durch Frankfurter Abwässer der "Frankfurter Latern" Anlaß zur öffentlichen Satire (vgl. Abb.4), die Klagen der mainabwärts gelegenen Gemeinden (Hoechst, Griesheim, Schwanheim, Okriftel, Sindlingen und Nied (vgl. MA T1817/I, "Verunreinigung des Mains durch Canalstoffe" v. 6.10.1874)) über die unzumutbare Verunreinigung des Flusses häuften sich. Zwar stellte der Magistrat nach 1873 beständig eine zumindest grobe mechanische Reinigung der Abwässer in Aussicht, doch scheiterte die Durchführung dieses Vorhabens in der ständig wachsenden Stadt an der Frage nach dem Standort des endgültigen Hauptauslasses der Kanalisation. Trotz dieser im wahrsten Sinne ungeklärten Frage beantragte 1875 die Stadt Frankfurt am Main bei der Wiesbadener Regierung sogar, eine Änderung ihres Baustatutes aus dem Jahre 1809 zur obligatorischen Einführung des WCs zu genehmigen. Die Regierung in Wiesbaden sah sich jedoch auf Weisung des Innenministeriums in Berlin sowie infolge der anhaltenden Beschwerden der unterhalb Frankfurts gelegenen Mainanlieger nicht in der Lage, einer solche Gesetzesänderung zuzustimmen. Vielmehr wurde im Gegenzug mit dem Erlaß des Innenministeriums vom 14. September 1875 der Magistrat der Stadt Frankfurt am Main angehalten, unverzüglich Rieselfelder zur Klärung der städtischen Abwässer anzulegen.

Im Zuge dieses Erlasses entwickelte sich bald ein national beachteter Gutachterstreit über die Behandlung der anfallenden Kommunalabwässer: Auf seiten der Staats- und Zentralregierung beharrte die "königl. wissenschaftliche Deputa-

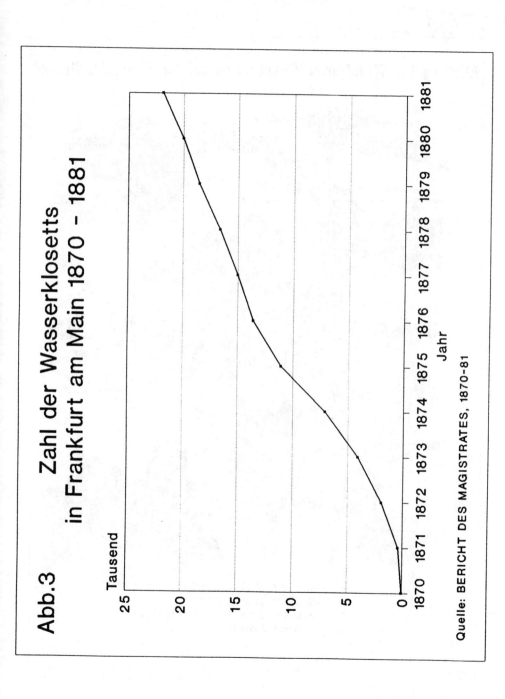

Abb.3 Zahl der Wasserklosetts in Frankfurt am Main 1870 – 1881

Quelle: BERICHT DES MAGISTRATES, 1870-81

Abb. 4

tion für das Medizinalwesen" in einer Reihe von Gutachten (vgl. EULENBERG 1883) auf der Abwasserbehandlung durch Rieselfelder, die "unzweifelhaft an Reinlichkeit und sanitärem Nutzen jede andere Art der Städtereinigung" (ebd., S. 61) überträfe. Auf der anderen Seite wurde der Frankfurter Magistrat nicht müde, die ausreichende Wirkung auch einer wesentlich billigeren, rein mechanischen Klärung hervorzuheben. In der Tat hätte nämlich die Anlage von Rieselfeldern der Stadt erheblich Kosten verursacht. So berichtete eine Kommission, daß sich bspw. in Berlin die geschätzten Grunderwerbs- und Anlagekosten für die dortigen Rieselfelder auf 40 Millionen Mark oder rd. 67 Mark/Einwohner beliefen, zu denen noch eine nicht unerhebliche Belastung durch die ständigen Betriebskosten komme (SVA 616, Reisebericht vom Mai 1879). Ein besonderes Problem war darüberhinaus der enorme Flächenbedarf solcher Rieselfelder von etwa 1ha/300 Einwohner, was erhebliche Schwierigkeiten bei der Standortsuche bereitete. Gerade in einer wachsenden Stadt stellte die notwendige Bereithaltung von Berieselungsflächen daher eine beträchtliche Beschränkung in der kommunalen Flächenpolitik dar. Mit diesem Problem war Frankfurt am Main in Deutschland keineswegs allein, doch kam der Stadt in der Auseinandersetzung mit der Zentralregierung eine Vorreiterrolle zu. Bei aller Kritik an der umweltpolitischen Starrköpfigkeit Frankfurts in der Flußverunreinigungsfrage kann daher aus stadtentwicklungspolitischer Perspektive das Beharren des Frankfurter Magistrats auf einer mechanischen Klärbeckenanlage als richtungsweisend für die kommunale Abwasserbehandlung in Deutschland bezeichnet werden.

In dieser Auseinandersetzung war die Position der Zentralregierung zunächst schwach, aufgrund fehlender reichs- oder landesgesetzlicher Bestimmungen hatte sie keine Handhabe, der Stadt bei bestehenden Anlagen Weisungen zu erteilen. Nach 1876 war das Berliner Innenministerium dennoch durch seinen Einfluß auf die königliche Regierung in Wiesbaden als der Genehmigungsbehörde in einer strategisch günstigen Lage: In einem landespolitischen Kuhhandel sollte nämlich der Frankfurter Antrag auf Anschluß der linksmainischen Kanalisation an den Main als Vorfluter von der Staatsregierung solange nicht genehmigt werden, bis nicht eine ausreichende Reinigung der Abwässer durch die Stadt gewährleistet war. Trotzdem gelang es der Stadt Frankfurt am Main, mit ihrer Verzögerungstaktik einen Teilerfolg in der Abwasserfrage zu verbuchen: "Angesichts der Erklärung des Magistrats, daß er 'außer Stande sei, zur Zeit Rieselfelder anzulegen'" hielten es die Reichsbehörden 1882 erstmals für zulässig, "eine nach unserer Meinung allerdings nur provisorische und deshalb unverhältnismäßig kostspilige Einrichtung zu genehmigen, welche die jetzt bestehenden, in der That unerträglichen Zustände mildert und zugleich die Möglichkeit enthält, in eine Rieseleinrichtung übergeführt zu werden" (EULENBERG 1883, 66). Am 31.10.1882 stimmte schließlich die Staatsregierung in Wiesbaden als Genehmigungsbehörde dem Frankfurter Antrag auf eine mechanische Klärung - bei Zusatz von chemischen Fällungsmitteln - zu.

1883 wurde nach englischem Vorbild in Frankfurt am Main mit dem Bau des Klärwerkes[14] als erster Großkläranlage des Festlandes begonnen. Die Standortwahl für das Klärwerk in Niederrad erfolgte vor allem aus betriebstechnischen Gründen: Zum einen war durch das flußabwärts gelegene, städtische Gelände das natürliche Gefälle im gesamten Frankfurter Kanalisationssystem für den Abfluß der städtischen Abwässer ausreichend; zum anderen versprach der dortige Mainbogen mit dem Flußstrich vor dem Auslaß des Klärwerkes eine schnelle und weitgehende Dispersion des mechanisch gereinigten Wassers. Mit der Inbetriebnahme des Klärwerkes 1887 schien die Frankfurter Kanalisationsfrage in technischer und administrativer Hinsicht zu einem Endpunkt gekommen zu sein. Die diesbezüglichen Maßnahmen der kommenden Jahre (Abschaffung der chemischen Fällungsmittel 1902, Erweiterung der Anlage 1902-1904) sollten lediglich der Perfektionierung des eingeschlagenen Weges dienen. Wie zu zeigen sein wird, war dennoch im Falle Frankfurts auch nach über 30 Jahren lokalpolitischer Brisanz die Abwasserfrage nicht aus der kommunalpolitischen Diskussion verschwunden.

3.2. Die Maßnahmen zur Müllabfuhr und Straßenreinigung

Die Beseitigung der festen Abfallstoffe stellte sich für die gesamte Stadtentwicklung zunächst weit weniger problematisch als die Stadtentwässerung dar. Hier wurde bis zur Mitte des vorigen Jahrhunderts an der mittelalterlichen Praxis festgehalten, den Abfall und Kehricht der Haushalte einfach auf die Straße bzw. in die offenen Kanäle zu werfen, damit er von dort zur Verwertung von den Landwirten eingesammelt werde. Völlig beschwerdefrei funktionierte indes diese Form der Straßenreinigung und Müllabfuhr nicht, so daß 1855 die Hauseigentümer durch eine neue Straßenordnung (MPgV 16, 1854/55, 200) verpflichtet wurden, die Straßen bis zur Mitte sauber zu halten und den Kehricht sowie den Hausmüll zweimal wöchentlich dort aufzuhäufen. Im selben Jahr hatte die Stadt Frankfurt am Main einem sogenannten Kehrichtkonsortium die Rechte zur Abfuhr und Verwertung des Straßen- und Hauskehrichts sowie die Entleerung der Abtrittskübel gegen eine Jahrespauschale von 1500 Gulden überlassen. Die "Müllabfuhr" funktionierte also zunächst privatwirtschaftlich, die Stadt hatte lediglich ordnende Funktion.

Schon nach wenigen Jahren erwies sich die neue Regelung jedoch als unzureichend, immer wieder wurden Klagen bezüglich der Reinhaltung der Straßen laut: "Mit Recht ist es schon vielfach als ein Hauptmangel unserer Straßenreinigung erkannt worden, daß die Kehrichthaufen nicht sogleich fortgeschafft werden, sondern tagelang liegen bleiben, um dann, wie es Antragsteller neulich auf dem Roßmarkt mitangesehen, von einer Heerde vorübergehender Schweine wieder auseinandergeworfen zu werden." (Dr. Maiß in: MPgV 24, 1862/63, 493). Diesem Problem der mangelhaften Straßenreinigung versuchte die Stadtverwaltung zunächst mit einer wachsenden Zahl von städtischen Straßenkehrern zu begegnen. Es zeigte sich jedoch mehr und mehr, daß auch das Kehrichtkonsortium nicht mehr bereit war, seiner vertraglichen Verpflichtung zur Abfuhr der Abfallstoffe nachzukommen. Nach jahrelangen Klagen aus der Bevölkerung über die unzuverlässige und unvollständige Müllabfuhr - es wurden aus wirtschaftlichen Gründen von den privaten Unternehmen zunehmend nur noch die landwirtschaftlich verwertbaren Abfälle abtransportiert - kündigte das Kehrichtkonsortium seinerseits zum 31.3.1872 den mit der Stadt geschlossenen Vertrag.

Die anschließende öffentliche Ausschreibung der Abfuhr war zunächst trotz der schlechten Erfahrungen von der Hoffnung getragen, auch nach 1872 die Abfuhr durch einen oder mehrere Unternehmer für die Stadtverwaltung zumindest kostenlos vornehmen lassen zu können. Nach einem monatelangen Vertragspoker sah sich jedoch der Magistrat, der keine Entsorgungsalternative hatte, schließlich gezwungen, einer für die Stadt kostspieligen Lösung zuzustimmen: Vom 1.April 1872 an wurden die Arbeiten für 20.000 Gulden an das gleiche Konsortium, das vorher die Müllabfuhr unentgeldlich vorgenommen hatte, vergeben. Eine aufgrund dieser Erfahrung eingesetzte Kommission von Mitgliedern des Magistrats und der Stadtverordnetenversammlung empfahl noch im gleichen Jahr (SVA 631, "Bericht der gemischten Commission, die Kehrichtabfuhr betreffend" v. 4.9.1872) aus Kostenerwägungen, aber auch aus Gründen der Entsorgungssicherheit, die Hausmüll- und Kehrichtabfuhr künftig "nach dem Beispiele anderer Städte" in eigener Regie weiterzuführen. Schon im Herbst 1872 wurde die Einrichtung eines städtischen Fuhramtes beschlossen, vom 1. April 1873 an erfolgte die Müll- und Kehrichtabfuhr kostenlos für die Einwohner durch die Stadt. Die Müllabfuhr war per

Eigenverpflichtung der Stadt[15] erstmals explizit zur kommunalen Aufgabe geworden ("Geschäftsordnung der Deputation für das städtische Fuhrwesen (Fuhramt)" v. 10.12.1872. Abgedr. in OVEN 1872, I, 247 ff.).

In den folgenden Jahren mehrten sich indes die Klagen der Anlieger über Geruchs-, Lärm- und Staubbelästigungen durch die städtische Müllabfuhr. Da der Antrag des städtischen Fuhramts, die zur Behebung dieses Mißstandes erforderlichen gedeckten Wagen anzuschaffen, von der Stadtverordnetenversammlung nicht genehmigt wurde, ging 1892 die Stadt erneut dazu über, die gesamte Kehrichtabfuhr einem privaten Unternehmen zu übertragen. Gegen eine Bezahlung von 80.000 Mark wurde von nun an der Pächter des außerhalb der Stadt gelegenen Gutleuthofes verpflichtet, "den Hauskehricht aller innerhalb der Stadtmarkierung gelegenen Wohngebäude" (MA T2168, "Vertrag betr. die Übernahme der Hauskehrichtabfuhr" v. 12.2.1892, §2) abzufahren. Aufgrund der wachsenden Abfallmengen wurde nach zehn Jahren der Vertrag von Seiten des Fuhrunternehmers gekündigt, so daß die Stadt abermals die Müllabfuhr durch städtische Bedienstete vornehmen lassen mußte[16].

1902 wurde schließlich - nach 30-jährigem Hin und Her zwischen privatwirtschaftlicher und kommunalwirtschaftlicher Müllabfuhr - die Gründung eines städtischen Eigenbetriebes für das Straßenereinigungs- und Abfuhrwesen beschlossen. Zur Fundamentierung der geplanten öffentlichen Leistungserstellung wurden zwei wesentliche Verordnungen, die einen reibungslosen Betrieb der städtischen Müllabfuhr sicherstellen sollten, erlassen:
a) Mit der "Gebührenordnung betreffen die Kehrichtabfuhr" vom 19. Febuar 1904 rückte der Magistrat von seiner Vorstellung aus dem Jahre 1872 ab, daß die städtische Müllabfuhr für die Bürger kostenlos zu erfolgen habe. Eingebettet in eine allgemeine Reform der städtischen Finanzen wurde auf der Grundlage des § 4 des preußischen Kommunalabgabengesetzes von 1893 erstmals seit 1855 in Frankfurt am Main wieder eine Gebühr für die Müllabfuhr erhoben. Diese Gebühr bemaß sich nach dem Mietwert der Wohnungen, da es auf der Hand lag, "daß diese Gebühr den Mieter treffen muß, ... da er, und nicht der Vermieter oder Hausbesitzer als solcher, die Einrichtung benutzt." (MPSV 1903, 609, "Bericht des gemischten Ausschusses vom 14.12.1903, die Reform des städtischen Steuer- und Gebührenwesens betr.").
b) Mit dem wenig später erlassenen "Ortsstatut, betr. die Errichtung einer städtischen Abfuhranstalt" vom 29.4.1904 sowie der am 11.2.1905 vom Regierungs-

präsidenten genehmigten Polizeiverordnung wurde erstmals ein Anschluß- und Benutzungszwang der städtischen Müllabfuhr durch die Wohnungsinhaber vorgeschrieben. Die Kommune hatte somit das Entsorgungsmonopol für Hausmüll erlangt. Dies bedeutete, daß sich die Gebühren für Abfuhr und Beseitigung der Abfälle nicht mehr am Markt, d.h. der billigsten Entsorgungslösung, orientieren mußten. Prinzipiell hatte die Kommune durch diese Maßnahme einen erweiterten Handlungsspielraum für bspw. entsorgungssichere oder umweltgerechte Verfahren der Abfallbehandlung erhalten.

Zugleich wurde das gesamte Abfuhrwesen entsprechend den neuesten Erkenntnissen modernisiert:
1. Es wurde von nun an grundsätzlich zwischen Haus- und Gewerbemüll unterschieden (Die Behandlung und Beseitigung der gewerblichen Abfälle blieb weiterhin den privaten Unternehmen überlassen).
2. Die Hausmüllabfuhr erfolgte dreimal wöchentlich nachts in geschlossenen Fahrzeugen staub- und geruchsfrei.
3. Die Müllabfuhr arbeitete nach dem Gefäßumleersystem. Das bedeutete, daß den Haushalten die Benutzung genormter Müllbehältnisse zwingend vorgeschrieben war.

Mit dieser grundlegenden Neuordnung des gesamten Abfuhrwesens hatte Frankfurt am Main 1904 einen wichtigen Schritt zur "modernen Müllabfuhr" getan. Es war von nun an kommunale Aufgabe, nicht mehr nur für eine ordnungsgemäße Abfuhr des Hausmülls - durch wen auch immer - zu sorgen. Vielmehr übernahm die Stadtverwaltung von 1904 an die Verpflichtung, gegen Gebühr auch die tatsächliche Leistung der Müllabfuhr in eigener Regie zu erbringen: In der Frage der großstädtischen Entsorgung war ein weiterer, wichtiger Schritt des Übergangs von einer nur ordnenden Kommunalpolitik zur kommunalen Leistungsverwaltung getan.

3.3. Die Behandlung der kommunalen Abfälle

Seit Anfang des 20. Jahrhunderts besaß Frankfurt am Main mit der neugeordneten städtischen Müllabfuhr sowie dem im Stadtgebiet komplettierten Kanalnetz ein modernes Abfuhrsystem für die anfallenden kommunalen Abfälle; die rasche Entfernung der festen Abfälle - wie schon der flüssigen Abfallstoffe Jahre zuvor - aus dem Stadtgebiet funktionierte reibungslos. Nicht weniger modern als die praktizierten Lösungen waren indessen die neuen Probleme, mit denen sich die Stadt plötzlich konfrontiert sah: Der Abfallberg wuchs und bereitete ein zunehmendes Entsorgungsproblem vor den Toren der Stadt. Dies lag zum einen an den absolut steigenden Abwasser- und Müllmengen infolge der stark wachsenden Einwohnerzahl. Zum anderen war jedoch gleichzeitig mit der aus hygienischen Gründen möglichst raschen Abfuhr aller städtischen Abfälle und Abwässer auch das jahrhundertealte Beziehungsgeflecht von Entsorgung und Verwertung[17] zerstört worden.

Diese neue Problemlage stellte sich deutlich bei der Behandlung der menschlichen Fäkalien dar. Bis zur Einführung des Wasserklosetts hatte der Abtrittsgruben-, Tonnen- oder Kübelinhalt einen ökonomisch wertvollen Düngstoff mit starker Nachfrage gebildet, der vollständig von den Landwirten der Umgebung abgenommen und auf die Felder verteilt worden war. Die massenweise Abfuhr der Exkremente durch die neue Schwemmkanalisation führte nun zu einem stark verdünnten und zunehmend durch Fabrikabwässer verunreinigten städtischen Abwasser, das in seiner geringen Nährstoffkonzentration lediglich bei der sofortigen Ausbringung auf Rieselfeldern noch landwirtschaftlichen Nutzen besaß. Im Falle Frankfurts hatte man jedoch - wie gezeigt - von der Anlage von Rieselfeldern abgesehen, so daß die Abwässer in einem Klärwerk gereinigt werden mußten. Der hier anfallende Klärschlamm war zwar mit seinem hohen Nährstoffgehalt immer noch als Dünger prinzipiell in der Landwirtschaft gut verwertbar, doch konnte der Schlamm mit einem Wassergehalt von 90-95% nur schwer transportiert werden. In den ersten Betriebsjahren bereitete in Frankfurt am Main der Absatz der im Klärwerk anfallenden Rückstände kaum Schwierigkeiten. So wurde bis 1898 ein Großteil des Klärschlamms von dem Landwirt des rechtsmainischen Mönchhofs abgenommen, der den Schlamm sowohl zur Düngung wie zur Weiterverarbeitung mit Schiffen abfuhr. Die so absetzbaren Mengen waren jedoch deutlich limitiert, so daß bei den stark steigenden Klärschlammengen (vgl. Abb. 5) infolge der fortschreitenden Kanalisierung und der wachsenden Bevölkerungszahl Frankfurts andere Maßnahmen ergriffen werden mußten: Nach 1898 wurde daher der Klärschlamm unentgeltlich aus dem Klärwerk direkt zur Düngung auf die benachbarten Felder gepumpt und dort mit beweglichen Rohrleitungen verrieselt. 75-80% des Schlamms konnten so abgesetzt werden, die verbleibenden Rückstände von ca. 20-25% gelangten zunächst zur Drainage in Schlammkammern, von wo aus sie bei Stichfestigkeit von den weiter entfernten Landwirten abtransportiert wurden. Dieses System hatte sich schließlich so bewährt, daß in den Jahren 1898

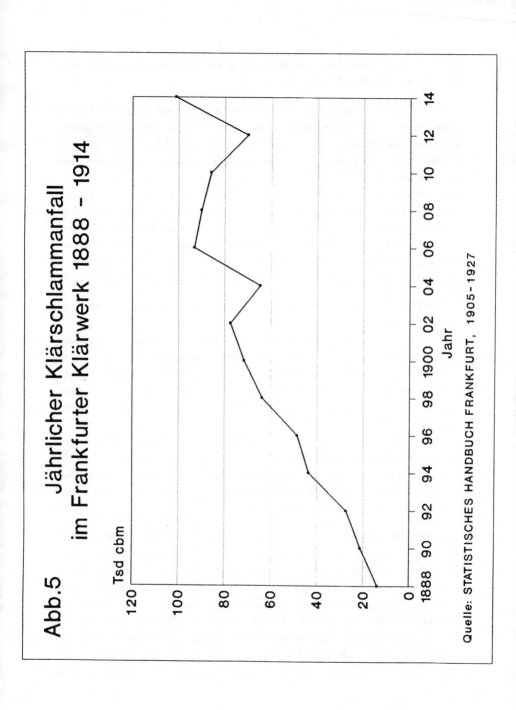

bis 1903 ein deutlicher Nachfrageüberhang nach Klärschlamm bestand (vgl. BERICHT DES MAGISTRATES 1898-1903).

1904 änderte sich jedoch die Situation schlagartig mit der längst überfälligen Erweiterung des Klärbetriebs sowie der gleichzeitigen Verweigerung einer ganzen Zahl von Landwirten, wie bisher den Klärschlamm auf ihre Felder aufzubringen. Die Verwertungsquote sank dadurch 1904 auf 52%, so daß sich die Lagerbestände bis 1906 auf 34.000 m^3 erhöhten und drohten, jährlich weitere 30-40.000 m^3 an Schlammlagervolumen zu verschlingen (MA T1817/VI, "Massregeln zur Beseitigung der Geruchsbelästigungen durch den Betrieb der Kläranlagen betr." v. 22.1.1907). Tatsächlich gelang es jedoch in den folgenden Jahren, das Volumen der Rückstandsmengen aus dem Klärwerk durch eine mechanische Schlammentwässerung zu verringern. Das Entsorgungsproblem konnte indessen durch diese Maßnahme lediglich hinausgezögert, nicht jedoch ursächlich gelöst werden.

Der Magistrat sah grundsätzlich drei Möglichkeiten zur Behebung dieses Entsorgungsengpasses:
1. Die Ausbringung des Klärschlamms auf weiter entfernt gelegenen landwirtschaftlichen Flächen; dieser Plan wurde aufgrund der zu hohen Kosten für die Pumpanlage sowie der zu geringen Entsorgungssicherheit nie ernsthaft erwogen.
2. Die Verarbeitung des Schlamms zu Poudrette (Trockendünger); auch diese Möglichkeit wurde wegen der hohen Betriebskosten einer solchen Poudrette-Anstalt, die in einem kurzen Versuch ermittelt wurden, fallen gelassen.
3. Die Verbrennung von Klärschlamm und Hausmüll in einer gemeinsamen Verbrennungsanlage; dieses Vorhaben wurde seit 1903 favorisiert (MA T1817/VI, "Geruchsbelästigungen durch die Schlammlager der Klärbeckenanlage bei Niederrad betr." v. 4.12.1903) und vor allem wegen der entstandenen Hausmüllproblematik schließlich realisiert (s.u.).

In der Tat war nämlich die Verwertung der festen Abfälle zu Beginn dieses Jahrhunderts weitgehend zum Erliegen gekommen. Noch bis ca. 1900 hatte es in Frankfurt am Main keine nennenswerten Mengen an Hausmüll im heutigen Sinne (als unverwertbare Abfälle) gegeben. Zwar klagten die Frankfurter Bürger schon Mitte der sechziger Jahre des vorigen Jahrhunderts darüber, daß häufig nur der "landwirthschaftlich verwendbare Unrath" (MPgV 24, 1862/63, 493) abgeholt werde, doch wurden die verbleibenden - anorganischen - Abfälle in der Regel zur Ausbesserung von Straßen und Wegen genutzt. Um die Jahrhundertwende rückte jedoch die immer weniger funktionierende Abfallverwertung zunehmend in den kommunalpolitischen Blickpunkt. Dies lag einmal daran, daß sich mit der Industrialisierung auch die Komposition des Hausmülls in landwirtschaftlich verwertbare und nichtverwertbare Fraktionen langsam geändert haben dürfte. Es war hier jedoch vor allem die angewandte Strategie einer möglichst raschen, massenweisen Abfuhr der Abfallstoffe (bei zugegebenermaßen massenweisem Anfall; vgl. Abb. 6), die neue Formen der Abfallverwertung erforderlich machte.

Die zunächst praktizierte Behandlung des Hausmülls orientierte sich indessen an den überkommenen Verfahrensweisen: Hausmüll und Straßenkehricht wurden unsortiert zu einer Vielzahl nahe der Stadt gelegener Kehrichtabladeplätze gebracht und dort - gegen Entgelt - an interessierte Landwirte als Dünger abgegeben. Es hatte sich jedoch schon vor 1900 gezeigt, daß bei dieser ungeordneten Abfallbewirtschaftung der Müllanfall die jährlichen Abnahmemengen weit überstieg. Seit 1901 verfolgte die Stadtregierung daher vehement Pläne zur Errichtung mehrerer Müllverbrennungsanlagen im Stadtgebiet.

In der Tat wurden im gesamten deutschen Reich um die Jahrhundertwende Müllverbrennungsanlagen als die Lösung des Entsorgungsproblems angesehen. Nachdem nach englischem Vorbild[18] in Hamburg 1896 die erste deutsche Müllverbrennungsanlage in Betrieb genommen worden war, folgten 1904 Beuthen, 1905 Kiel und Wiesbaden und wenig später weitere deutsche Großstädte (vgl. HÖSEL 1987) dem Beispiel einer "der glänzendsten Errungenschaften der modernen Gesundheitstechnik" (DENKSCHRIFT 1905, 121). So vertraute selbstverständlich auch die Stadt Frankfurt am Main, mit dem Bau der Kanalisation und der Errichtung des Klärwerks bis dahin Vorreiterin auf dem Gebiet der Entsorgungstechnik, einmal mehr dem großtechnologischen Lösungsansatz. Diese vorbehaltlose Akzeptanz der Müllverbrennung durch den Magistrat und weite Teile der Stadtverordnetenversammlung seit 1901 (vgl. MA T2169/I, "Bericht betr. die Neu-Regelung der Kehricht-Abfuhr" v. Aug. 1901) verhinderte, daß alternative Entsorgungskonzepte ernsthaft geprüft wurden. Zwar wurden aus den Reihen der Stadtverordneten immer wieder Anträge zur Müllsortierung mit dem Ziel einer weitgehenden Müllverwertung an den Magistrat herangetragen (vgl. MPSV 1905, 559), doch wurde von Seiten der Stadtverwaltung diese Lösung aus Platzgründen"bei der eigenartigen Lage von Frankfurt am Main ... ausgeschlossen" (MA T2170, Bericht v. 22.8.1905).

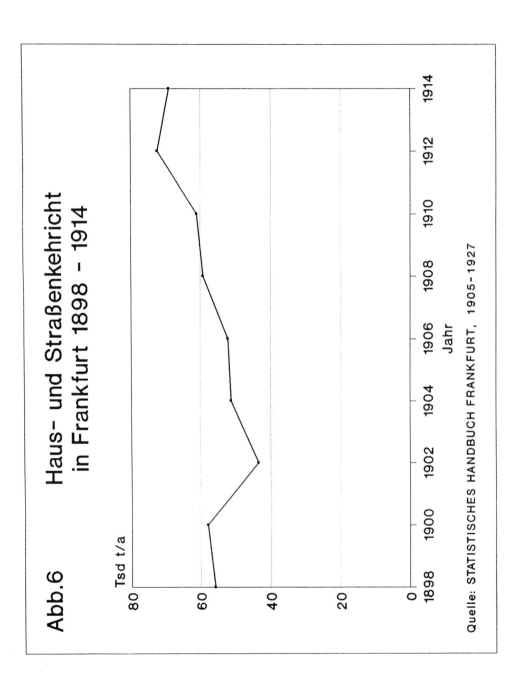

Gleichzeitig behinderte die Hoffnung auf den Bau einer Müllverbrennungsanlage auch durchgreifende Maßnahmen für eine geordnete Deponierung der Abfälle. Seit 1900 beklagten zwar die von den zahlreichen Deponien betroffenen Bürger - häufig in Form von Ortsvereinen als frühen Bürgerinitiativen - beständig die drohende Gesundheitsgefahr durch die Kehrichtabladeplätze nahe der Stadt; der Magistrat zeigte sich jedoch nicht bereit, neue Deponiekapazitäten anstelle der hygienisch bedenklichen Müllkippen auszuweisen, da "alle die durch Kehrichtablagerungen hervorgerufenen Unannehmlichkeiten aufhören werden, sobald die projektierte Kehrichtverbrennungsanstalt errichtet und in Betrieb genommen ist" (MA T2169/I, Bericht d. Tiefbauamtes v. 29.4.1907). Realiter wurde so in Frankfurt am Main ein - auch politischer - Müllnotstand geschaffen, dem tatsächlich nur mit dem Bau einer Müllverbrennungsanlage abzuhelfen war.

1905 wurde von der Stadtverordnetenversammlung die Errichtung einer kombinierten Müll- und Schlammverbrennungsanstalt - der ersten auf dem europäischen Kontinent (vgl. RÖDEL 1983, 73) - genehmigt, 1909 konnte die Anlage ihren Betrieb aufnehmen. Über den Standort der neuen Anlage in unmittelbarer Nähe des Klärwerkes in Niederrad bestand aus den betriebstechnischen Gründen der Klärschlammverbrennung schnell Einigkeit. In stadtplanerischer Hinsicht wurden die negativen Umwelt- und Umfeldauswirkungen eines solchen "Entsorgungsparks" zwar gesehen, doch war dies bei dem geplanten Standort von untergeordneter Bedeutung, da "sich die dortige Gegend zwischen dem Main und dem Walde wird auch niemals ... als Villengegend entwickeln können" (MA T1817/VI, Erwiderung d. Magistrats v. 17.3.1903). Neben den betriebsrationalen Erwägungen der Standortwahl wurde also bei der Ballung dieser kommunalen großtechnischen Infrastrukturbauten mit ihren negativen Umfeldauswirkungen - wie noch so oft - auch der Weg des geringsten Widerstandes gegangen. Der Bau der geplanten zweiten Müllverbrennungsanlage im Frankfurter Osthafengebiet wurde dagegen nicht realisiert. Das in Frankfurt am Main angestrebte Entsorgungskonzept einer vollständigen Müll- und Klärschlammverbrennung gelangte daher nie zur Umsetzung.

In den folgenden Jahren wurden jährlich etwa 40-45.000t (60%) des Frankfurter Hausmülls zur Verbrennungsanstalt gebracht und dort verbrannt (BERICHT DES MAGISTRATES 1910-1915), der Rest gelangte nach wie vor zur Deponierung. Nach 1910 erfolgte der Transport von einer Müllumladestation im Stadtgebiet per Schiff und nicht mehr über die Straße, da die Bewohner des zwischen Stadtzentrum und der Müllverbrennungsanlage gelegenen Villengebietes massiv gegen die Lärm- und Geruchsbelästigungen durch die Müllfahrzeuge protestierten. Bereits 1920 war jedoch infolge des Weltkrieges der Heizwert des Mülls soweit gesunken, daß die Anlage ihren Betrieb für sowohl die Abfall- als auch die Klärschlammverbrennung einstellte. Entgegen der hochgesteckten Erwartungen mußte das großstädtische Entsorgungsproblem also einmal mehr als ungelöste Zukunftsaufgabe erscheinen.

4. SCHLUSS

Mit dem Ende des Kaiserreichs waren in Deutschland auf kommunaler Ebene die organisatorischen Grundlagen der modernen großstädtischen Entsorgung, wie sie im wesentlichen bis heute Bestand haben, gelegt. Dies gilt sowohl für die Stadtentwässerung als auch für die Müllabfuhr:

- Die getrennte Beseitigung von einerseits Abwasser und Fäkalien sowie andererseits festem Hausmüll war bis 1914 in fast allen deutschen Großstädten vollzogen.
- Für die Abwasserbeseitigung war in einer bis dahin beispiellosen technischen Infrastrukturvorleistung von den Gemeinden mit dem Bau planvoller Kanalisationssysteme begonnen worden. Die Planung der Stadtentwässerung war als grundlegende Koordinationsaufgabe einer vorausschauenden Stadtentwicklungsplanung zur umfassenden kommunalen Aufgabe geworden.
- Zur gemeinsamen Abfuhr von Abwasser und Fäkalien hatte sich dabei das Prinzip der Kanalisation nach dem Mischverfahren gegenüber dem Trennsystem deutlich durchgesetzt. Eine getrennte Behandlung von Abwasser und Fäkalien war und ist somit praktisch nicht mehr möglich.
- Die städtische Müllabfuhr hatte sich ebenfalls als ein fester Bestandteil der kommunalen Leistungsverwaltung etabliert. Hier waren die privaten Abfuhrunternehmen in der Regel durch neugegründete städtische Regiebetriebe, die in den großen Städten eine entsorgungssichere und hygienisch einwandfreie Müllabfuhr garantieren sollten, abgelöst worden.
- Über die Einführung eines Anschluß- und Benutzungszwanges der kommunalen Entsorgungseinrichtungen für die Bürger waren die Kommunen nicht mehr nur entsorgungspflichtig, sondern auch allein entsorgungsberechtigt. Wenn auch erst mit der Deutschen Gemeindeordnung von 1935 endgültig der juristische Rahmen für einen von den Kommunen verfügbaren Anschluß- und Benutzungszwang be-

stand, so zeigt das Beispiel Frankfurt am Main, daß hier die rechtliche Monopolisierung der kommunalen Entsorgung faktisch schon 30 Jahre zuvor vollzogen war.

Aus der kommunalen Perspektive hatte mit diesen Maßnahmen ein wesentliches Ziel der Städtehygiene des 19. Jahrhunderts, die umfassende und rasche Städtereinigung, erreicht werden können. Die Verantwortung der Kommunen für die sanitären Verhältnisse in ihrem begrenzten Stadtgebiet hatte - wie das Beispiel Frankfurts beweist - die Stadtregierungen durchaus zu innovativen Maßnahmen greifen lassen, die teilweise bis heute bestehen. Für die Lösung des lokalen Entsorgungsproblems war die kommunale Selbstverwaltung die adäquate Organisationsform.

Tatsächlich zeigt das Beispiel Frankfurts darüber hinaus aber auch, daß schon im 19. Jahrhundert die ergriffenen "städtehygienischen" Maßnahmen gar nicht primär der Verbesserung der Umweltbedingungen dienen mußten: So entstanden hier die Kanalisationsbauten vor allem unter dem Druck der Bodenspekulanten zur Drainage ihres Baulandes; die verbesserten hygienischen Lebensbedingngen in den älteren Teilen der Stadt müssen dabei mit ihrer zeitlichen Verzögerung als Sekundärziel dieser "städtehygienischen" Maßnahme begriffen werden. Die "seuchenmedizinische Meisterleistung" der städtischen Kanalisationssysteme kann damit zumindest ihrem hehren Anspruch nach relativiert werden. Die neugeregelte städtische Entsorgung sollte von Beginn an vornehmlich einem reibungslosen Urbanisierungsprozeß dienen, der Schutz von Umwelt oder gar Ressourcen konnte sich dagegen - wie das Beispiel Frankfurt am Main zeigt - nur selten durchsetzen.

Infolge dieses räumlich wie inhaltlich beschränkten Problembewußtseins in den entsorgungspflichtigen Kommunen zeigte sich schon zum Ende des vorigen Jahrhunderts, daß die praktizierten Lösungsstrategien lediglich eine Verlagerung der Problematik möglichst nach außerhalb des kommunalen Kompetenz- und Betroffenheitsbereichs anstrebten. Dabei tritt deutlich die Reichweitenproblematik eines solchen umweltpolitischen Ansatzes in Erscheinung: Wurden nach Auflösung der ursprünglichen Verwertungsbeziehungen die kommunalen Abfälle zunächst vor den Toren der Stadt deponiert, so versuchten die Kommunen aufgrund des plötzlich massenweisen und konzentrierten Anfalls der festen und flüssigen Abfallmengen schließlich, die räumliche Konzentration der Schadstoffe über eine Dispersion der Schadstoffmengen in den Umweltmedien Wasser (Einleitung der nur unzureichend geklärten Abwasser in den nächsten Vorfluter) und Luft (Müllverbrennung) in eine gestreute Umweltbelastung überzuführen: Von Beginn an stand bei den Maßnahmen der großstädtischen Entsorgungspolitik nicht eine ursächliche Verringerung oder Wiederverwertung der Kommunalabfälle, sondern die Hoffnung auf deren scheinbare Vernichtung im Mittelpunkt.

Ein Wunsch, der auch heute noch weite Teile der kommunalen Entsorgungspolitik beeinflußt und Maßnahmen einer aktiven Umweltplanung auf kommunaler Ebene behindert.

5. ANMERKUNGEN

1) Kern der Miasmenlehre ist die Vorstellung, daß Erdausdünstungen und schließlich Gestank allgemein für Krankheiten und Seuchen verantwortlich seien. So galt bis in die siebziger Jahre des vergangenen Jahrhunderts das medizinische Augenmerk traditionell vor allem der geruchlich wahrnehmbaren Luftverschmutzung, doch reichte allein die Sinnesprüfung keinesfalls, um die gesamte Luftverschmutzung auch nur annähernd zu erfassen. Vgl. CORBIN 1984.

2) So läßt sich die Pflasterung der Straßen ursprünglich als Maßnahme gegen schädliche Erdausdünstungen erklären. Nicht also der Schutz des Bodens vor menschlicher Verschmutzung, sondern vielmehr der Schutz des Menschen vor der Natur stand hier im Mittelpunkt. Vgl. CORBIN 1984.

3) LIEBIG vertrat hier die These eines "Raubbaus" in der Landwirtschaft, wenn nicht die in den Ernten entzogenen Nährstoffe ("Bodenbestandteile") dem Boden wieder zugeführt würden. Diese drohende und für die Nationen existenzielle Verknappung der Düngstoffe sei allein über die landwirtschaftliche Nutzung der städtischen Abwässer zu vermeiden. Vgl. Justus von LIEBIG: "Landwirtschaftlicher Raubbau." In: SCHRAMM 1984, 117-118.

4) Profiliertester Vertreter dieser Theorie war Max von PETTENKOFER (vgl. PETTENKOFER 1869), der sich zunächst mit seinen Forderungen nach städtischen Kanalisationsbauten zur Verhinderung der Verseuchung des Bodens, die er als Cholera- und Typhus-Ursache ansah, einen Namen gemacht hatte.

5) Die "Bodentheoretiker" sahen die Hauptursache der Epidemien in einer Verseuchung des Bodens, die es durch den raschen Abtransport der Fäkalien zu verhindern gelte.

6) Einen bereits richtungsweisenden Ansatz bildete hier jedoch die 1907 gegründete Emschergenossenschaft. Vgl. WEY 1982, 77 ff.

7) Zur Entwicklung der Frankfurter Stadtentwässerung vor 1850 vgl. SCHAEFER 1951.

8) Mit Ausnahme der auf alten Kanälen stehenden Häuser, die mit dem sog. "Seßrecht" versehen auch ihre Fäkalien einleiten durften. Vgl. FRANKFURTER ARCHITEKTEN- UND INGENIEUR-VEREIN 1886, 482.

9) Mitglieder dieser Kommission waren die Ingenieure Lindley aus Hamburg und Blonden aus Lüttich, der Stadtbaudirektor Eichberg aus Dresden, der Baurat Wiebe aus Berlin sowie der Frankfurter Arzt Dr. Varrentrapp.

10) Vorgegebene Rahmengröße zur Dimensionierung des künftigen Kanalnetzes war dabei eine erwartete Bevölkerungszunahme von etwa 2000 Personen jährlich.

11) vgl. Anmerkung 3

12) Offiziell wurde jedoch von Seiten des Senats besonders die "Entwerthung der Düngstoffe" bemängelt sowie aus sozialen Erwägungen "die Einführung der Waterclosets in den von den minderbemittelten Klassen bewohnten Häusern nach den hiesigen örtlichen Verhältnissen geradezu als unausführbar erachtet" (MPgV, 25, 1863/4, 590).

13) Tatsächlich hatte das "Canalbau-Büreau" eigenmächtig in Einzelfällen bereits den Anschluß von WCs an das städtische Kanalnetz bewilligt.

14) zur Funktionsweise des Frankfurter Klärwerks UHLFELDER 1903; RÖDEL 1983.

15) dennoch erfolgte aufgrund von Kapazitätsengpässen des neuen städtischen Fuhrparks bis 1878 die Abfuhr teilweise noch durch Privatunternehmer, erst danach konnte die Abfuhr vollständig durch städtische Bedienstete vorgenommen werden. Vgl. BERICHT DES MAGISTRATES 1879, 26.

16) Ein besonderes Problem stellte jahrelang noch das überkommene System der Kübel- und Abtrittsgruben bei der Fäkalienabfuhr dar. Zwar war 1872 die Einleitung der Fäkalstoffe in das städtische Kanalnetz genehmigt worden, doch verfügte zu diesem Zeitpunkt keineswegs die ganze Stadt über eine funktionierende Schwemmkanalisation. So waren 1880 noch 2871 (ca. 35 % der Grundstücke und im Jahr 1900 immerhin noch 2300 (ca. 15 %) der Grundstücke in Frankfurt am Main auf ein Fäkalienabfuhrsystem angewiesen (BERICHT DES MAGISTRATES, 1881/2 und 1900). Die Abfuhr erfolgte ausnahmslos durch private Unternehmer, meist Landwirte. Trotz beständiger Klagen über die mangelhafte Hygiene bei der Lagerung und dem Abtransport der Fäkalien und die damit verbundene Choleragefahr (vgl. MA T1842 "Entleerung der Abtrittsgruben") zeigte die Stadt hier keinerlei Bereitschaft, in den schrumpfenden Markt der Fäkalienabfuhr "einzusteigen". Mit der Einführung eines Anschluß- und Benutzungszwanges des städtischen Kanalnetzes für die Grundeigentümer bei einem generellen Verbot der Abtrittsgruben ("Polizeiverordnung, Entwässerung in die Kanäle betreffend" vom 10.2.1888. Abgedr. in OVEN 1889, IV/3, 94 ff.) wurde 1888 schließlich die Lösung des Problems bis zur endgültigen Fertigstellung der Kanalisation in der Zukunft verlagert.

17) zur geschichtlichen Abfallverwertung vgl. HÖSEL 1987, 197-220.

18) hier waren 1896 bereits 70 städtische Müllverbrennungsanlagen in Betrieb. Vgl. DENKSCHRIFT 1905.

6. LITERATUR- UND QUELLENVERZEICHNIS

BERICHT DES MAGISTRATES an die Stadtverordnetenversammlung, versch. Jg., Frankfurt am Main.

BISCHOFSBERGER, W. 1985: Siedlungswasserwirtschaft im Wandel der Zeiten. = Berichte aus Wassergütewirtschaft und Gesundheitsingenieurwesen der Technischen Universität München, Nr.80.

CORBIN, A. 1984: Pesthauch und Blütenduft. Eine Geschichte des Geruchs. Berlin.

DENKSCHRIFT über den Bau einer Müllverbrennungsanstalt zur Unschädlichmachung der Hausabfälle und des Klärbeckenschlammes in Frankfurt am Main. 1905. In: MITTHEILUNGEN DES MAGISTRATS 1905, 36, S.104-125.

DIRLMEIER, U. 1981a: Umweltprobleme in deutschen Städten des Spätmittelalters. In: Technikgeschichte Bd. 48, Nr.3, S.191-205.

DIRLMEIER, U. 1981b: Die kommunalpolitischen Zuständigkeiten und Leistungen süddeutscher Städte im Spätmittelalter. In: SYDOW, J. (Hg.) 1981, S.113-150.

DÖBLER, H. 1973: Kultur- und Sittengeschichte der Welt - von Babylon bis New York, Gütersloh.

EHRHARD, H. 1968: "Die kommunale Müllbeseitigung seit der Jahrhundertwende." In: Der Städtetag 1968, 7, S.391ff.; 8, S.441ff.

ENGELS, F. 1845: Die Lage der arbeitenden Klasse in England. Berlin 1977.

EULENBERG, H. (Hg.) 1883: Gutachten der Königlich wissenschaftlichen Deputation für das Medicinalwesen in Preußen über die Canalisation der Städte.=Supplementhaft zu VfgMöS, XXXIX, Berlin.

FISCHER, A. 1933: Geschichte des deutschen Gesundheitswesens. Bd.II, Berlin.

FRANKFURTER ARCHITEKTEN- UND INGENIEUR-VEREIN (Hg.) 1910: Frankfurt am Main und seine Bauten 1886-1910. Ein Führer durch seine Bauten. Frankfurt am Main.

FRANKFURTER ARCHITEKTEN- UND INGENIEURVEREIN (Hg.) 1886: Frankfurt am Main und seine Bauten 1886. Frankfurt am Main.

GAFFGA, P. 1978: Anfänge des Umweltschutzes in Oberschlesien. In: GR 30, Heft 12, S.485-6.

GLEY, W. 1936: Grundriß und Wachstum der Stadt Frankfurt am Main am Main. Eine stadtgeographische und statistische Untersuchung. Frankfurt am Main.

GUTACHTEN ÜBER EIN ENTWÄSSERUNGSSYSTEM für die Freie Stadt Frankfurt am Main 1863: Erstattet am 17.August 1863 von einer Commission von Sachverständigen nebst dem für diese Begutachtung von dem Bauamte zugestellten Programm. Frankfurt am Main.

HÖSEL, G. 1987: Unser Abfall aller Zeiten. Eine Kulturgeschichte der Städtereinigung. München.

IMHOFF, K. R. 1979: Die Entwicklung der Abwasserreinigung und des Gewässerschutzees seit 1868. In: gwf-wasser/abwasser, 120, Heft 12, S.563-576.

von JACOBS, A. 1963: Der öffentlich rechtliche Benutzungszwang. Münster.

KLUGE, Th. u. E. SCHRAMM 1986: Wassernöte. Umwelt- und Sozialgeschichte des Trinkwassers. Aachen.

KRABBE, W. R. 1983: Die Entfaltung der kommunalen Leistungsverwaltung in deutschen Städten des des späten 19. Jahrhunderts. In: TEUTEBERG, H.-J. (Hg.) 1983: Urbanisierung im 19. und 20. Jahrhundert. Historische und geographische Aspekte, S.373-392. Köln.

MA = Akten des Magistrates in Frankfurt am Main. Angegeben ist der jeweilige Bestellmodus des Stadtarchivs der Stadt Frankfurt am Main.

MERCIER, L. S. 1782/3: Tableau de Paris. Dt.: Mein Bild von Paris. Frankfurt am Main 1979.

MIECK, I. 1981: Luftverunreinigung und Immissionsschutz in Frankreich und Preußen zur Zeit der frühen Industrialisierung. In: Technikgeschichte Bd.48, Nr.3, S.239-251.

MITTHEILUNGEN DES MAGISTRATS, versch. Jg. = Anhang der gedr. MPSV.

MPSV = Mittheilungen und Protokolle der Stadtverordnetenversammlung in Frankfurt am Main.

MPgV = Mittheilungen und Protokolle der gesetzgebenden Versammlung in Frankfurt am Main

von OVEN, A.H.E. 1870: Darstellung der alten Kanalisation Frankfurts im Verhältnis zu dem neuen Schwemmkanalsystem. In: DVföG, 1870, Bd. II, S.506-518.

von OVEN, A.H.E. (Hg.) 1872-1898: Neue Sammlung von Gesetzen, Statuten und Verordnungen für Frankfurt am Main, 10 Bde.. Frankfurt am Main.

von PETTENKOFER, M. 1869: Boden und Grundwasser in ihren Beziehungen zu Cholera und Typhus. Erwiderung auf Rudolph Virchow's hygienische Studie "Canalisation oder Abfuhr". München.

von PETTENKOFER, M. 1870: "Beantworung der Frage: ob nach Maßgabe der Frankfurter Lokalverhältnisse der Einführung der Abtrittstoffe in die neu erbauten Kanäle vom sanitären Standpunkt aus Bedenken entgegenstehen?" Gutachten erstattet an die Baudeputation in Frankfurt am Main In: DVföG, 1870, Bd. II, S.519-540.

REULECKE, J. 1985: Geschichte der Urbanisierung in Deutschland. Frankfurt am Main.

ROEHM, 1903: Das städtische Straßenreinigungs- und Abfuhrwesen. In: STADTGEMEINDE FRANKFURT AM MAIN, S.35-59.

RÖDEL, V. 1983: Ingenieurbaukunst in Frankfurt am Main 1806-1914. Frankfurt am Main.

SALOMON, H. 1906/1907: Die städtische Abwässerbeseitigung in Deutschland (Abwässer-Lexikon). Jena.

SCHAEFER, K. 1951: Straßenreinigung und Kanalisation in Frankfurt am Main vom frühesten Mittelalter bis zur Jetztzeit. Diss., Frankfurt am Main.

SCHOTT, D. u. H. SKROBLIES 1987: Die ursprüngliche Vernetzung. In: Die alte Stadt, Heft 1/87, S.72-99.

SCHRAMM, E. (Hg.), 1984: Ökologie-Lesebuch. Ausgewählte Texte zur Entwicklung ökologischen Denkens. Frankfurt am Main.

SCHUMACHER, F. (Hg.), 1977: Lesebuch für Baumeister: Äußerungen über Architektur und Städtebau. Braunschweig.

von SIMSON, J. 1978: Die Flußverunreinigungsfrage im 19. Jhdt. In: Vierteljahresschrift für Sozial- und Wirtschafts-geschichte 65, S.370-390.

von SIMSON, J. 1983: Kanalisation und Städtehygiene im 19. Jhdt. = Technikgeschichte in Einzeldarstellungen 39. Düsseldorf.

STADTGEMEINDE FRANKFURT AM MAIN 1903: Das städtische Tiefbauwesen in Frankfurt am Main. Frankfurt am Main.

STADTREINIGUNGSAMT FRANKFURT AM MAIN (Hg.) 1972: 100 Jahre Stadtreinigung Frankfurt am Main 1872-1972. Frankfurt am Main.

SVA = Akten der Stadtverordnetenversammlung in Frankfurt am Main. Angegeben ist der jeweilige Bestellmodus des Stadtarchivs der Stadt Frankfurt am Main.

SYDOW, J. (Hg.) 1981: Städtische Versorgung und Entsorgung im Wandel der Geschichte. Sigmaringen.

UHLFELDER, H. 1903: Die Kanalisation, Die Reinigung der städtischen Abwässer. In: STADTGEMEINDE FRANKFURT AM MAIN , S.60-128.

UHLFELDER, H. 1910: Abwässer und Müllbeseitigung. In: FRANKFURTER ARCHITEKTEN- UND INGENIEUR-VEREIN, 1910, S.219-233.

VARRENTRAPP, G. 1868: Über Entwässerung der Städte. Berlin.

WEY, K.-G. 1982: Umweltpolitik in Deutschland. Kurze Geschichte des Umweltschutzes in Deutschland seit 1900. Opladen.

WEYL, Th. (Hg.) 1912-1919: Handbuch der Hygiene, Bd.2. Leipzig.

WYSOCKI, J. 1983: Kommunale Interventionen und ihre Finanzierung in Deutschland 1850 bis 1914. In: RAUSCH, W. (Hg.) 1983: Die Städte Mitteleuropas im 19. Jahrhundert, S.165-180. Linz.

RENATE HOFRICHTER

"DIE FRESSGASS'"
(GROSSE BOCKENHEIMER STRASSE/KALBÄCHER GASSE).
ENTWICKLUNGEN, STRUKTUR UND FUNKTIONSWANDEL EINER
INNERSTÄDTISCHEN GESCHÄFTSSTRASSE IN FRANKFURT AM MAIN

AUS: FRANKFURT UND DAS RHEIN-MAIN-GEBIET. GEOGRAPHISCHE
BEITRÄGE AUS ANLASS DES 75-JÄHRIGEN BESTEHENS DER
J.W. GOETHE-UNIVERSITÄT FRANKFURT AM MAIN (1914-1989)
HERAUSGEGEBEN VON KLAUS WOLF UND FRANZ SCHYMIK
= RHEIN-MAINISCHE FORSCHUNGEN HEFT 107
FRANKFURT AM MAIN 1990

Der vorliegende Beitrag ist eine Zusammenfassung einer Diplomarbeit, die 1987 bei Herrn Prof. Dr. K. Wolf am Institut für Kulturgeographie der J. W. Goethe-Universität Frankfurt am Main abgeschlossen wurde.

Dipl.-Geogr. Renate Hofrichter
Zeuläckerstr. 10
6000 Frankfurt am Main

1. EINLEITUNG

Der vorliegende Beitrag stellt die Entwicklung einer innerstädtischen Geschäftsstraße Frankfurts, der Freßgass' (s. Kte. 1), dar, die vor rund zehn Jahren ihrer Funktion als Fußgängerzone übergeben wurde.

Vor dem Hintergrund allgemeiner Entwicklungstendenzen von Innenstadteinzelhandel und Fußgängerzonen werden jene Faktoren untersucht, die die jüngere Entwicklung dieser Straße mitbestimmt haben.

Der Einzelhandel, der für die Bedeutung der Stadtzentren eine bedeutende Rolle spielt, befindet sich seit Jahren in einem immer noch anhaltenden Strukturwandel (vgl. WIEDEMUTH u.a. 1983), der vor allem durch einen Verdrängungswettbewerb der Betriebsformen untereinander sowie durch einen Konzentrationsprozeß gekennzeichnet ist (s. Abb. 1 u. 2). Von besonderer Relevanz für den Innenstadteinzelhandel ist die seit einigen Jahren zu beobachtende Zunahme von nationalen und internationalen Filial- und Kettengeschäften vornehmlich in 1a-Geschäftslagen, zu denen in aller Regel auch Fußgängerzonen zu zählen sind (vgl. SCHENK 1984).

In den 70er Jahren wurden in vielen Städten der Bundesrepublik Deutschland zentrale Einkaufsstraßen in Fußgängerzonen umgestaltet. Verkehrskonflikte und Umweltbelastungen wurden vordergründig als Ziel für deren Errichtung angeführt (vgl. HEINZ 1977). Tatsächlich könnten Fußgängerzonen als Maßnahme angesehen werden, Kaufkraft in den wieder attraktiver gestalteten Innenstädten zu halten, die sonst in die ebenso zahlreich in peripherer Lage entstandenen Einkaufszentren und Verbrauchermärkten abzufließen drohte (vgl. MONHEIM 1977).

Die heutzutage immer deutlich sichtbar werdende Tendenz der Uniformität von Fußgängerzonen wird auf die, durch den immensen Wettbewerb um gute Lagen gestiegenen Miet- und Bodenpreise zurückgeführt (vgl. BUNDESTAGSDRUCKSACHE 10/5999 1986; HEINZ 1977; MONHEIM 1977). Diese Entwicklung vollzieht sich zu Lasten umsatzschwächerer Branchen und des Facheinzelhandels, der immer mehr in Randlagen verdrängt wird, sei es, daß diese Betriebe dem Trend des "Trading-up" (qualitative und quantitative Anhebung des Sortiments) nicht folgen oder den gestiegenen Mietanforderungen nicht nachkommen können.

Karte 1

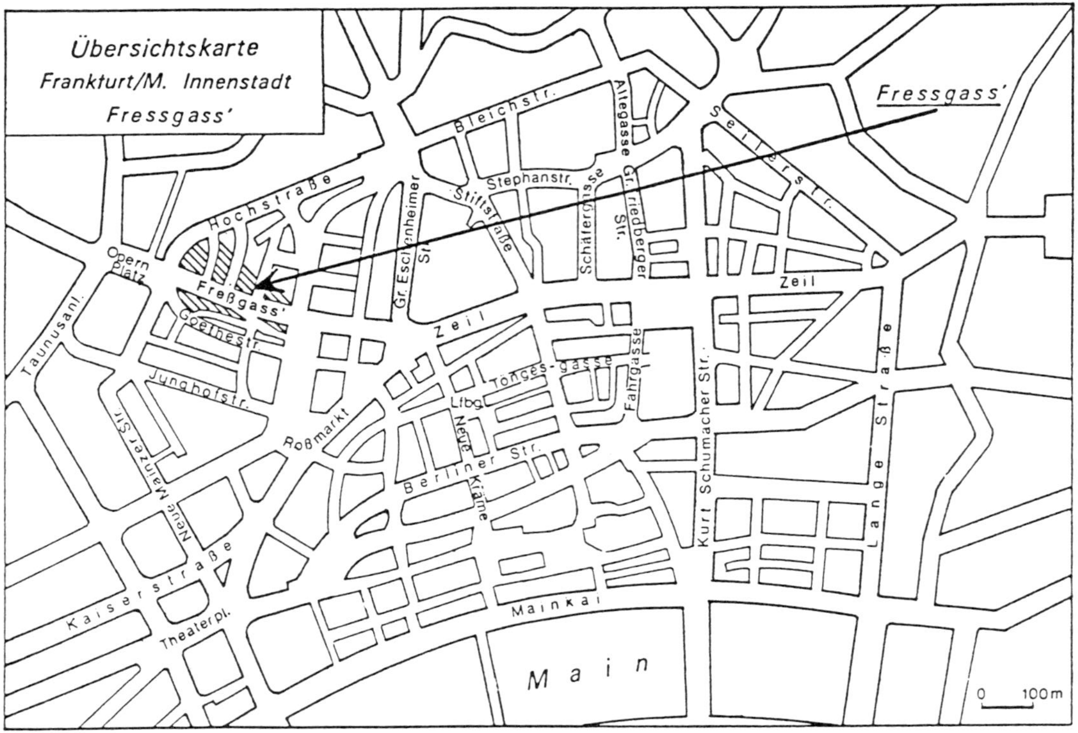

Übersichtskarte
Frankfurt/M. Innenstadt
Fressgass'
Fressgass'
Bleichstr.
Altegasse
Seilerstr.
Hochstraße
Stephanstr.
Stiftstraße
Schäfergasse
Gr. Friedberger Str.
Gr. Eschenheimer Str.
Opern Platz
Freßgass'
Goethestr.
Zeil
Zeil
Taunusanl.
Junghofstr.
Töngesgasse
Fahrgasse
Lfbg.
Neue Kräme
Kurt Schumacher Str.
Lange Straße
Roßmarkt
Berliner Str.
Neue Mainzer Str.
Kaiserstraße
Theaterpl.
Mainkai
Main
0 100m

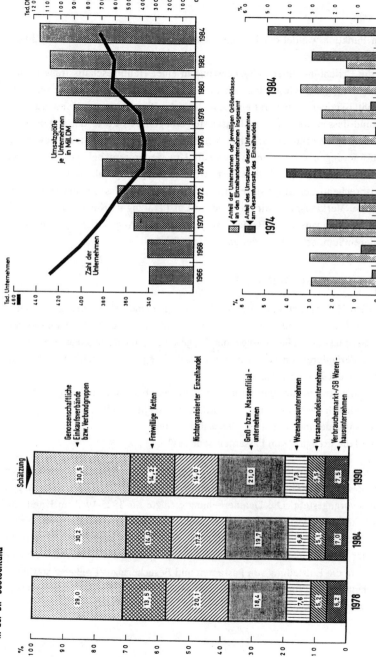

Abb. 1
Marktanteile der wichtigen Betriebsformen des Einzelhandels in der BR-Deutschland

Abb. 2
Unternehmens- und Umsatzkonzentration im Einzelhandel

Quelle: Ifo-Institut für Wirtschaftsforschung: ifo-Spiegel der Wirtschaft 1986/87; L6

Dem Funktionswandel der hier untersuchten Straße sei folgendes Kausalitätsprinzip unterstellt:
Durch die Errichtung einer Fußgängerzone in einer Hauptgeschäftsstraße erfolgt eine Aufwertung der Geschäftslagen in diesem Bereich. Die damit verbundene Attraktivitätssteigerung bewirkt eine Zunahme des Passanten- und Kundenstroms. Auf Grund dessen kommt es zu Umsatzsteigerungen. Als Folge der allgemeinen Lageverbesserung erhöhen sich die Nachfrage nach Geschäftsräumen sowie die Mietanforderungen seitens der Vermieter. Um weiter rentabel wirtschaften zu können, bleiben den Geschäftsinhabern zwei Handlungsmöglichkeiten:
1. Entsprechend der aufgewerteten Geschäftslage wird das Sortiment angehoben, der Verkaufsraum wird renoviert u.a.m. (Trading-up Konzept).
2. Das Geschäft wird unter Beibehaltung der gleichen Angebotsstruktur an einen anderen Standort verlegt oder ganz aufgegeben.

2. ZIELSETZUNG DER ARBEIT

Vor dem Hintergrund der kurz skizzierten allgemeinen Entwicklung des innerstädtischen Einzelhandels sowie struktureller Veränderungen in Fußgängerzonen soll am Beispiel der Freßgass' folgenden Fragestellungen nachgegangen werden:
- Welche Veränderungen hat es in der Freßgass' gegeben, insbesondere seit der Errichtung der Fußgängerzone?
- Hat sich die Struktur der dort ansässigen Geschäfte bzw. Branchen verändert?
- Wie haben sich die Mieten und Grundstückspreise entwickelt?
- Kam es zu Änderungen in der Bodenbesitzstruktur?
- Wie wird die Freßgass' von Passanten beurteilt?

Dabei wird der eingehenden Untersuchung des jüngeren Strukturwandels der Straße (Zeitraum 1977-87) eine Betrachtung von längerfristigen Veränderungen (1925-86) vorangestellt. Die Datenerhebung erfolgte für 1925-1982 an Hand von Adreßbüchern der Stadt Frankfurt am Main, für 1986 an Hand eigener Erhebungen. Die Daten für 1983-85 wurden durch Angaben des amtlichen Fernsprechbuches der Stadt Frankfurt am Main sowie durch Befragen der Geschäftsinhaber ergänzt. Um die Einstellung von Passanten und Besuchern zur Freßgass' sowie deren Verhaltensweise in dieser Fußgängerzone zu erfahren, wurden im September 1986 an zwei Tagen 300 Passanten interviewt.

3. HISTORISCHE ENTWICKLUNG DER FRESSGASS'

Die Entwicklung der Freßgass' zu ihrer heutigen Stellung als eine der bekanntesten Frankfurter Straßen ist eng mit der Entwicklung der Stadt Frankfurt am Main verbunden bzw. mit ihrer Lage innerhalb des Stadtgebietes.

3.1. Entwicklung bis zum 2. Weltkrieg

Bis zum 17. Jahrhundert war das Gebiet der Neustadt, das ist der Bereich innerhalb des Anlagenringes, halbkreisförmig um die Altstadt gelegen, in dem auch die Freßgass' verläuft, geprägt von Höfen, Gärten und Weingärten. Die Namen einiger dieser Höfe finden sich heute noch in Straßennamen wieder, z.B. Alte/Neue Rothofstraße und Junghofstraße.

Während die Bebauung in der Neustadt größtenteils noch sehr weitläufig war, ließ sich im westlichen Teil schon eine dichtere Bebauung feststellen, so zwischen der Bockenheimer und der Kalbächer Gasse (vgl. GLEY 1933), so daß nur hier und an wenigen anderen Stellen von Häuserblöcken gesprochen werden konnte.

Schon zu dieser Zeit war die Bockenheimer Straße in gewissem Sinne Geschäftsstraße. Hauptsächlich Handwerker waren hier angesiedelt, deren Gewerbe in der engen Altstadt zu gefährlich oder störend war. Aber auch Wirtshäuser, sog. Heckenwirte, befanden sich dort, die sich um das leibliche Wohl der durch das Bockenheimer Tor, am westlichen Ende der Bockenheimer Straße, in die Stadt kommenden Reisenden sorgten.

"Gegen Ende des 18. Jahrhunderts begann dann die Bockenheimer Straße als bessere Wohngegend geschätzt zu werden. - ... Die Bockenheimer Straße wurde 'Westend'" (LENHARDT 1957).

Mit dem Entstehen des heutigen Westends, das sich beiderseits der Bockenheimer Landstraße, der westlichen Verlängerung der Gr. Bockenheimer Straße, ausdehnt, als Wohngegend des wohlhabenden Bürgertums, begann für die Freßgass' die wohl prägendste Epoche. Rasch nahm in der Gr. Bockenheimer Straße und der Kalbächer Gasse die Zahl der Lebensmittelgeschäfte zu. Es kamen Metzger, Bäcker, Konditoren und Lebensmittelhändler aller Art. Die Sortimente der einzelnen Geschäfte waren so speziell (z.B. nur Rindswürste oder nur Kalbfleisch), daß jeder existieren konnte.

Ihre Glanzzeit hatte die Freßgass' in der Zeit vor dem ersten Weltkrieg. "Zweispännig fuhren die feinen Damen aus dem Westend vor.... Die Gnädigste kaufte ein, sie sah selbst nach den ersten Spargeln, nach den ersten Erdbeeren, nach dem ersten Pariser Kopfsalat. Das bekam man in der Freßgass', Monate bevor hierzulande diese Gemüse reif zur Ernte waren" (BECHTOLD 1956). Es ist zu vermuten, daß in dieser Zeit der volkstümliche Name der Straße (Freßgass') entstanden ist.

3.2. Nachkriegsentwicklung

Einen nachhaltigen Einschnitt in ihrer bislang eher ruhigen Entwicklung erfuhr die Freßgass' in den 50er Jahren, als aus Gründen der Verkehrsgerechtigkeit die Straße verbreitert wurde (s. Kte. 2). Gemäß den Vorstellungen der damaligen Stadt- und Verkehrsplanung sollte die gemächliche Einkaufsstraße in einen breiten Boulevard umgestaltet werden, denn der ständig wachsende Kraftverkehr sollte unter allen Umständen zügig bis in das Zentrum der Stadt hineinfließen können (vgl. FAZ v. 1.3.57).

Nachdem man in den 60er Jahren erkannt hatte, daß sich durch den Ausbau der autogerechten Stadt die Situation der Innenstadt und des Verkehrs, statt verbessert, noch verschlechtert hatte, besann man sich auf die Wiederbelebung des öffentlichen Personennahverkehrs. Der U-Bahnbau begann.

Von 1972 an war die Freßgass' für die Dauer von fünf Jahren für den Verkehr gesperrt und in ihrer gesamten Länge eine einzige Baustelle. Die Geschäfte waren teilweise nur durch ein Labyrinth von Bretterzäunen zu erreichen. Viele Betriebe sahen sich damals in ihrer Existenz bedroht. Aus dieser Situation heraus schlossen sich 1974 einige der betroffenen Geschäftsleute zusammen und gründeten die "Aktionsgemeinschaft rund um die Freßgass'", die heute noch unter dem Namen "Aktionsgemeinschaft Freßgass'" besteht. Die Ziele der Gemeinschaft waren damals gemeinsame Interessenvertretung gegenüber Behörden, Werbekampagnen u.a.m..

Im Sommer 1977 wurde nach langen Diskussionen zwischen Stadtplanungsamt, Geschäftsleuten und Anliegern um Gestalt und Funktion der Straße die Freßgass' als Fußgängerzone eingeweiht. Gemäß den stadtplanerischen Ansichten sollte sie sich zu einer Flanierzone, zu einem urbanen Erlebnisraum entwickeln (vgl. STADT FRANKFURT A.M. 1977).

Karte 2: Straßenverbreiterung der Freßgass'

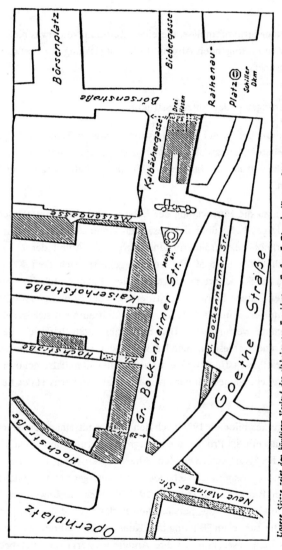

Quelle: Frankfurter Rundschau vom 22.1. 1954

4. DER FUNKTIONSWANDEL DER FRESSGASS'

4.1. Strukturanalyse der längerfristigen Veränderungen im Zeitraum von 1925 bis 1986

An Hand einer Strukturanalyse, die einen Zeitraum von etwas mehr als 60 Jahren umfaßt, wird im folgenden Abschnitt die Entwicklung der Freßgass' von 1925 bis 1986 untersucht.

4.1.1. Veränderungen in der Nutzungsstruktur

Die Veränderungen in der Nutzungsstruktur sind in Tabelle 1 dargestellt. Um die verschiedenen Nutzungsausprägungen besser miteinander vergleichen zu können, wurden die von Jahr zu Jahr unterschiedlichen Betriebszahlen in Anteilswerten angegeben.

Betrachtet man die Entwicklung der Lebens- und Genußmittelgeschäfte sowie der Bekleidungsgeschäfte über den gesamten Untersuchungszeitraum hinweg, so zeigen sich erhebliche Veränderungen. Betrug der Anteil der Lebensmittelgeschäfte im Jahr 1925 über 50 Prozent, so gehörte nach dem Krieg und dem Straßenumbau der 50er Jahre nur noch ein Viertel aller Geschäfte dieser Branche an. In absoluten Zahlen betrachtet, existierten in der Freßgass' 1960 2,5mal weniger Lebensmittelgeschäfte als 1925. In diesem Zeitraum hat sich die Zahl der Bekleidungsgeschäfte verfünffacht. Bis zum Jahr 1986 hat sich der jeweilige Entwicklungstrend fortgesetzt, d.h. Rückgang der Lebensmittelhändler und Zunahme der Textilgeschäfte. Rund ein Drittel aller Geschäfte gehören heute der Bekleidungsbranche an, jedoch nur etwas mehr als ein Sechstel der Lebensmittelbranche.

Die Handwerker bildeten 1925 nach den Lebensmittelhändlern (einschl. Metzger, Bäcker u.a.) mit 8,5 Prozent die zweitgrößte Berufsgruppe. Seit 1970 sind sie ganz von der Freßgass' verschwunden. Alle anderen Branchen spielten 1925 im Vergleich zum Lebensmitteleinzelhandel eine untergeordnete Rolle. Der Anteil einiger weniger Branchen hat sich von 1925 bis 1986 nur unwesentlich geändert. Das gilt für die Geschäfte des persönlichen Bedarfs sowie des Körperpflege- und Heilbedarfs. Die Branchen "Bildung und Kunst" sowie "Uhren und Schmuck" und vor allem das Bankwesen konnten ihre Anteile verstärkt seit 1970 bedeutend erweitern. Von da an haben die Friseure die Erdgeschoßgeschäftsflächen verlassen; sie sind heute meistens in den ersten Obergeschossen zu finden. Den Standort

Tab. 1: Die Veränderungen der Nutzungsstruktur in der Freßgass' (1925 -1986) in Prozent

	1925	1960	1970	1980	1986
Lebens- und Genußmittel	52,4	24,0	20,9	20,6	17,6
Tabakwaren	3,6	2,8	3,0	1,5	-
Gaststätten	4,9	11,3	15,0	13,2	11,7
Bekleidung, Schuhe	4,9	25,3	19,4	25,0	32,4
Hausrat- u. Wohnungseinrichtungsbedarf	6,1	5,6	9,0	3,0	3,0
Körperpflege- u. Heilbedarf	7,3	8,5	6,0	7,3	8,8
Friseur-, Kosmetiksalon	2,4	2,8	-	-	-
Bildung, Kunst	1,2	2,8	3,0	5,8	5,8
Uhren, Schmuck	-	1,4	6,0	5,8	5,8
Unterhaltungsbedarf, Persönlicher Bedarf	6,1	4,2	4,5	7,3	7,4
Kreditinstitute	-	1,4	3,0	4,5	5,8
Reisebüro	-	1,4	1,5	2,9	1,5
Dienstleistungen des Handwerks, z.B. Glaserei	8,5	1,4	-	-	-
Sonstiges (z.B. Zoohandl., Reinigung u.ä.)	2,4	7,0	9,0	2,9	-
Anzahl aller Betriebe	82	71	67	68	68

Quelle: Adreßbücher der Stadt Frankfurt am Main
Eigene Erhebungen

Freßgass' ganz aufgegeben haben die Glaser, Schreiner und andere Handwerker. Die letzte Tabakwarenhandlung schloß 1986.

Hervorzuheben sei an dieser Stelle, daß der einschneidenste Wandel in der Nutzungsstruktur der Freßgass' in der Zeit von 1925 bis 1960 stattgefunden hat. Schon im Jahr 1960 war die Struktur der Freßgass'-Geschäfte schon nicht mehr so "typisch", wie heute vielfach angenommen. Seit dieser Zeit fand jedoch eine zunehmende Verarmung des Branchenspektrums statt, wobei Bekleidungsgeschäfte i.w.S., Juweliere und Kreditinstitute zu den Gewinnern des Umstrukturierungsprozesses zu zählen sind.

4.1.2. Veränderungen in der Bodenbesitzstruktur

Bei der Analyse der Eigentumsverhältnisse nach Besitzertypen sind, ebenso wie bei der Nutzungsstruktur, erhebliche Veränderungen festzustellen (s. Tab. 2).

Am auffallendsten ist der enorme Rückgang der Hauseigentümer, die Geschäftsräume im Erdgeschoß bzw. Teile davon selbst nutzen. Im Jahr 1925 gehörte fast die Hälfte (46,6 Prozent) aller Hausbesitzer der Freßgass' dieser Gruppe an. Heute stellt die Gruppe der Eigentümer, die nicht im eigenen Haus wohnen, den größten Anteil. Diese Gruppe weist einen nicht unbedeutenden Anteil an Erbengemeinschaften auf. Auch der Anteil der Immobiliengesellschaften, Versicherungen und Firmen am Haus- und Grundbesitz in der Freßgass' hat sich von 1925 bis 1986 mehr als verdoppelt und belegt mit rund 38 Prozent (1986) die zweitstärkste Position.

Im Untersuchungsraum hat sich somit eine deutliche Trennung von Bodeneigentum und Bodennutzung vollzogen, wobei jedoch nach Besitzertypen zu unterscheiden ist. Im Jahr 1960 hat gegenüber 1925 zwischen den Besitzertypen B und D quasi ein Austausch der Anteile stattgefunden. Der Anteil der Hausbesitzer, die im Erdgeschoß ein eigenen Geschäft betrieben, hatte stark abgenommen. Gleichzeitig wohnte eine große Zahl der Eigentümer nicht mehr im eigenen Haus. "Der die Labilität eines Gebietes anzeigende Anteil an Immobiliengesellschaften und Erbengemeinschaften unter den Grundbesitzern" (THARUN 1986, 289) steigt seit 1960 an. Daraus jedoch eine wirtschaftliche Instabilität des Gebietes abzuleiten, wäre falsch. Das Gegenteil ist der Fall. Durch die nicht (mehr) vorhandene persönliche Bindung an das Haus seitens weit entfernt lebender Erben oder durch von Gewinndenken geleiteten Immobiliengesellschaften ist eine profitable Ver

Tab. 2: Die Entwicklung der Hausbesitzstruktur der Freßgass' von 1925 - 1986

	1925	1960	1970	1980	1986
Besitzertyp: A Immobiliengesellschaften, Banken, Vers., Firmen	15,5	23,5	23,5	38,1	38,1
Besitzertyp: B Eigentümer wohnt nicht im Haus	24,4	41,2	52,9	44,1	47,1
Besitzertyp: C Eigentümer wohnt im Haus, nutzt Erdgeschoß nicht	13,3	17,6	14,7	5,8	5,8
Besitzertyp: D Eigentümer ist identisch mit EG-Nutzer	46,6	17,6	8,8	11,7	8,8
Anzahl der Grundstücke	45	34	34	34	34

Quelle: Adreßbücher der Stadt Frankfurt am Main
Eigene Erhebungen

mietung an eine Boutique oder an eine Fast-Food-Kette viel wahrscheinlicher. Daher kann hier weniger von einer wirtschaftlichen Instabilität gesprochen werden, als vielmehr von einer Labilität, verursacht durch nicht existierende emotionale Bindung, die die Straßentradition bedroht (vgl. auch WOLF 1985).

Betrachtet man nun den Wandel der Nutzungsstruktur und der Bodenbesitzverhältnisse nebeneinander, so kommt man zu folgendem Ergebnis: In der "traditionellen" Zeit der Freßgass', als vorwiegend Lebensmittelgeschäfte aller Art das Bild der Straßen prägten, waren die Händler, Kaufleute und Gewerbetreibenden in den meisten Fällen Eigentümer der Häuser, in denen ihre Geschäfte lagen. Der Beginn des strukturellen Wandels, d.h. das Eindringen von Nicht-Lebensmittelgeschäften, insbesondere Bekleidungs- und Textilgeschäften, ist 1960 bzw. nach dem Krieg festzustellen. Gleichzeitig setzte auch die Trennung von Bodeneigentum und Bodennutzung ein, erkennbar an dem hohen Anteil der Eigentümer, die nicht mehr in ihrem Haus wohnten (41,2 Prozent), sowie Firmen- und Gesellschaftseigentum (23,5 Prozent).

4.1.3. Entwicklung der Wohnbevölkerung

Von entscheidender Bedeutung für die Überlebensfähigkeit eines Einzelhandelsgeschäftes ist ein ausreichendes Kundenpotential. Im Falle der Freßgass' mit seinen hauptsächlich auf die Versorgung des täglichen Bedarfs ausgerichteten Geschäften kam der Großteil der Kunden aus der näheren Umgebung, d.h. aus der Innen- und Altstadt und dem Westend.

Während vor dem Krieg in diesem Gebiet zusammen mehr als 80.000 Menschen lebten (s. Abb. 3), so wurde diese Zahl nach dem Krieg nicht mehr erreicht. Der höchste Stand der Nachkriegsbevölkerung betrug im Jahr 1960 rund 68.000 Bewohner. Gleichzeitig mit dem zu dieser Zeit einsetzenden Bevölkerungsrückgang in den betreffenden Gebieten, sank auch die Nachfrage nach Gütern des täglichen Bedarfs, die ja in der Freßgass' hauptsächlich angeboten wurden. Darin ist mit Sicherheit ein nicht unbedeutender Grund für den Rückgang der traditionellen Lebensmittelgeschäfte zu sehen.

Auch unterschied sich die Sozialstruktur der Westendbewohner nach dem Krieg wesentlich von der Vorkriegsbevölkerung, die sich größtenteils durch Wohlhabenheit auszeichnete. Verändertes Einkaufsverhalten, zunehmende Motorisierung u.a.m. trugen sicherlich ebenso dazu bei, daß der Standort Freßgass' von der

Abb.3: Entwicklung der Wohnbevölkerung im näheren Einzugsgebiet der Freßgass'

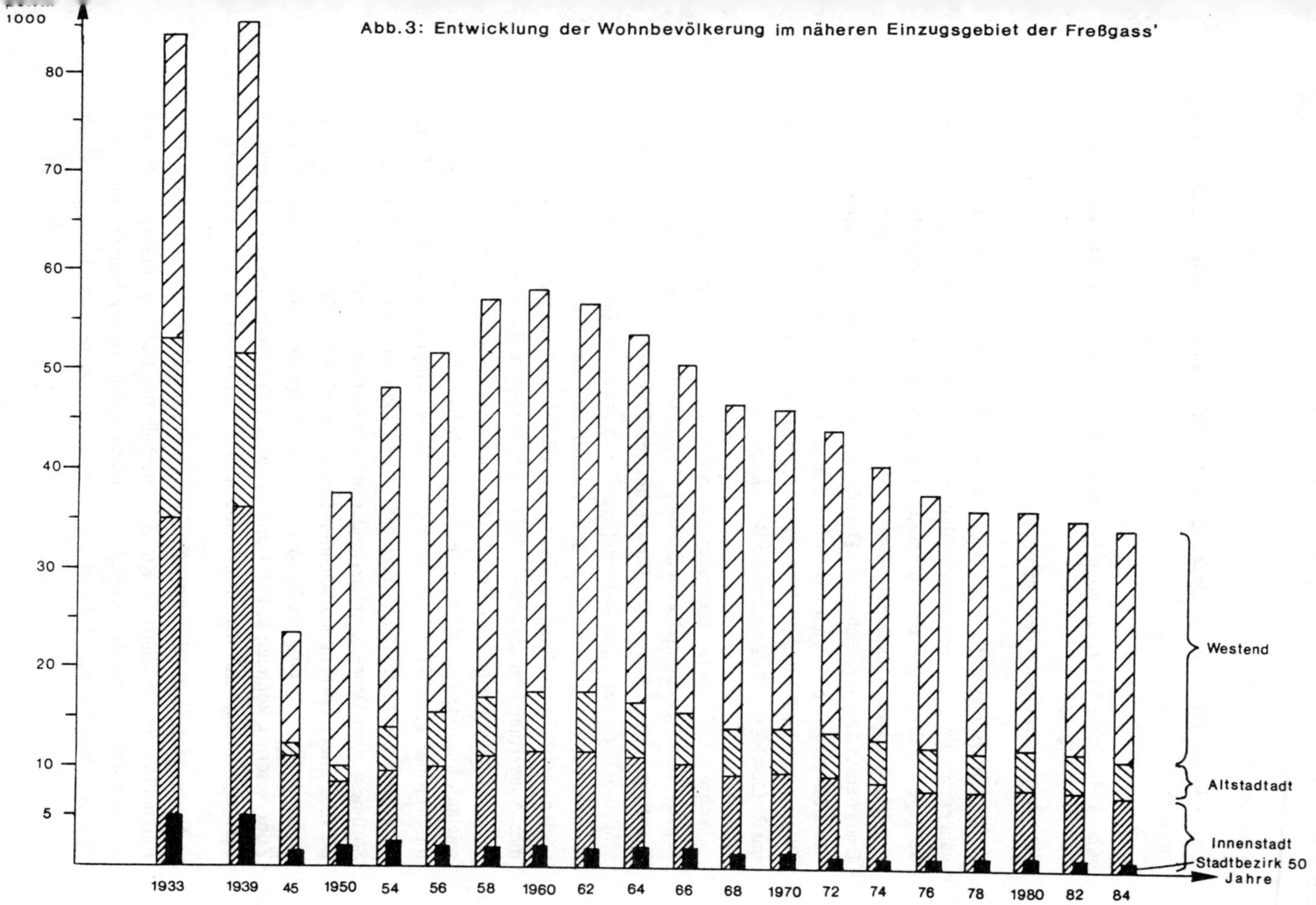

Quelle: Stat. Jahrbücher der Stadt Frankfurt a. M.

Nachkriegsbevölkerung zur Deckung des täglichen Bedarfs weniger stark aufgesucht wurde.

4.2. Zehn Jahre Fußgängerzone Freßgass': Darstellung des Strukturwandels von 1977 bis 1987

4.2.1. Veränderungen in der Nutzungsstruktur

Die Untersuchung der Entwicklung und Struktur der Nutzungsarten der Fußgängerzone Freßgass' verdeutlicht, daß seit dem Jahr 1977 entscheidende Veränderungen in der Angebotstruktur stattgefunden haben. Neben einer Reduzierung des Angebotsspektrums fand im Laufe der vergangenen zehn Jahre innerhalb der Branchenstruktur eine Schwerpunktsverlagerung statt (s. Tab. 3). Waren im Jahr der Eröffnung der Fußgängerzone die drei Branchen Lebens- und Genußmittel, Gaststätten und Bekleidung i.w.S. etwa gleich stark vertreten, so dominiert heute mit 27 Geschäften (31 Prozent) die Bekleidungsbranche.

Während die Zahl der Bekleidungsgeschäfte stetig zunahm, fand im Bereich der Lebens- und Genußmittelgeschäfte und Gaststätten eine Verringerung der Zahl der Betriebe statt. Betrachtet man die übrigen Branchen, so sind hier nur unwesentliche Veränderungen festzustellen. Die quantitative Zusammensetzung der Betriebe der Freßgass' und ihrer Seitenstraßen bzw. deren Veränderung kann jedoch nicht allein als Beleg für eine strukturelle Veränderung dienen. Hinzu kommen Aufwertungsbestrebungen vieler Geschäftsinhaber, die allerdings nur schwer zu quantifizieren sind. Als Kennzeichen dieses "trading-up" Prozesses sind beispielhaft folgende Merkmale zu nennen: Der Schaufensterbereich wird aufwendig mit Marmor gestaltet, zu beiden Seiten des Eingangs stehen Pflanzkübel, die Schaufensterdekoration geht über das bloße Ausstellen von Waren hinaus. Das Sortiment einer Drogerie unterscheidet sich nur marginal von dem einer Parfümerie. Sind anderenorts in den Schaufenstern der NORDSEE-Filialen Fischbrötchen und Kabeljaufilets ausgestellt, so liegen hier Langusten, Hummer und Kaviar. Zum Ausdruck kommen soll an Hand dieser Aufzählung der exklusive Charakter der meisten Geschäfte, der aus der bloßen Branchenstruktur nicht zu ersehen ist.

Ein weiteres Kennzeichen des Strukturwandels der Freßgass' ist die relativ hohe Fluktuation der Geschäfte (s. Kte. 3). Innerhalb des Untersuchungszeitraums ereigneten sich 45 Geschäftswechsel. Das bedeutet, daß von den heute existierenden 86 Geschäften mehr als jedes zweite innerhalb der letzten zehn Jahre gewechselt

Tab. 3: Veränderungen in der Nutzungsstruktur (1977 bis 1987)

Nutzungsart:	1977	1978	1979	1980	1981	1982	1983	1984	1985	1986	1987
Lebens- und Genußmittel einschl. Tabakwaren	20	19	19	20	20	18	18	18	17	15	15
Gaststätten	18	17	17	15	15	15	15	14	14	14	13
Bekleidung, Schuhe und Lederwaren	19	22	22	24	23	25	25	27	28	28	28
Körperpflege- und Heilbedarf	5	5	5	4	4	4	4	5	5	5	5
Friseur- und Kosmetiksalons	2	2	2	2	2	3	3	3	3	3	3
Bildung und Kunst	4	4	4	4	4	5	5	5	5	4	4
Wohnungseinrichtungsbedarf	4	4	3	3	2	2	2	2	2	2	2
Uhren und Schmuck	3	3	3	3	3	3	4	4	4	4	4
Persönlicher Bedarf[1]	5	5	5	5	6	6	5	6	6	6	7
Kreditinstitute	3	3	3	3	3	3	3	3	3	4	4
Reisebüros	1	1	1	1	1	1	1	1	1	1	1
Dienstleistungen des Handwerks (z.B. Glaserei)	2	2	1	1	1	1	1	1	1	-	-
Sonstige Nutzungen[2]	3	3	2	-	-	-	-	-	-	-	-
Geschäfte insgesamt	89	90	87	85	84	86	86	89	89	86	86
Filialunternehmen	9	9	12	12	14	14	15	17	17	19	19

[1] Photoartikel, Schallplatten, Geschenkartikel, Blumen
[2] Reinigung, Pudelsalon, Zoogeschäft

Quelle: Eigene Erhebungen

Karte 3

Geschäftswechsel im Zeitraum 1978 bis 1987

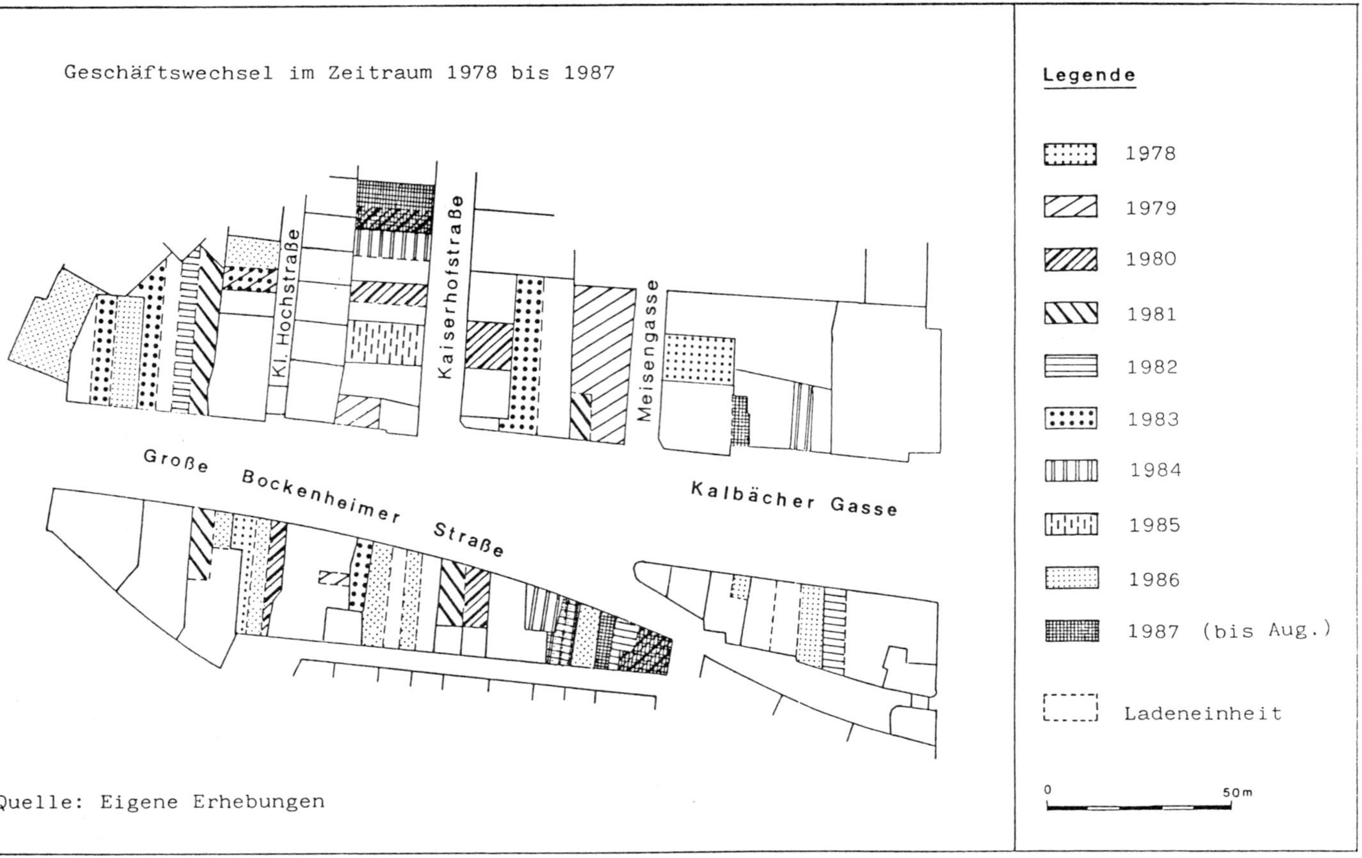

Kl. Hochstraße
Kaiserhofstraße
Meisengasse
Große Bockenheimer Straße
Kalbächer Gasse
Legende
1978
1979
1980
1981
1982
1983
1984
1985
1986
1987 (bis Aug.)
Ladeneinheit
0
50m

Quelle: Eigene Erhebungen

hat. In 14 Fällen fand ein Branchenwechsel statt. Allein 1986 ereigneten sich elf Geschäftswechsel, davon wechselte siebenmal die Branche. Dabei fanden in zwei Fällen Umbauten zur Vergrößerung der Verkaufsfläche statt, wobei zwei bzw. drei Ladenlokale vereinigt wurden (Pizza-Hut und Drogerie Albrecht). Spektakulär war auch das Weichen eines Buchladens zu Gunsten eines Geldautomaten. Geht man nun davon aus, daß bei jedem Geschäftswechsel mehr oder weniger nötige bzw. aufwendige Umbauten, auch im Außenbereich des Geschäfts, vorgenommen werden und weiterhin von einigen schon länger ansässigen Geschäftsleuten im Zuge der allgemeinen Aufwertung der Straße Renovierungsarbeiten durchgeführt worden sind, so ist schon allein hinsichtlich des äußeren Erscheinungsbildes der Straße ein nicht unerheblicher Wandel anzunehmen.

4.2.2. Die Bedeutung der Filialunternehmen

Die Ausbreitung und Zunahme von Filialunternehmen in der Freßgass' kann als ein weiterer Indikator für den Struktur- und Nutzungswandel dieser Straße angesehen werden. Die Zahl der dort niedergelassenen Filialbetriebe (berücksichtigt werden nur Unternehmen mit mehr als fünf Filialen) hat sich von 1977 bis 1987 mehr als verdoppelt (s. Tab. 3). Es sei jedoch darauf hingewiesen, daß drei Bank- bzw. Sparkassenfilialen in der Klassifikation enthalten sind, deren Zweigstellensystem quasi branchenimmanent ist. Der Anteil der 1977 vorhandenen Filialen an der Gesamtzahl aller Geschäfte war mit 8,9 Prozent recht gering. In ihrem Warenangebot fügten sich die Unternehmen NORDSEE, TCHIBO, das HAMBURGER KAFFEEGESCHÄFT und das Reformhaus FREYA gut in das traditionelle Freßgass' Angebot ein. Einzig die Verkaufsstelle der Firma SCHOLL (Fußpflege) gehörte neben den Bankfilialen zum Bereich der Nicht-Lebensmittelgeschäfte. 1987 beträgt der Filialisierungsgrad, das ist der Anteil der Filialbetriebe an der Gesamtzahl aller Betriebe der Straße, etwas unter 20 Prozent. Die Zahl der Filialunternehmen nahm im Verlauf der vergangenen zehn Jahre beständig zu (s. Tab. 3), wobei jedoch nach der Ausbreitungsintensität und -dichte einzelner Firmen unterschieden werden muß. Einige der in der Freßgass' niedergelassenen Filialen sind vielfach als solche wenig bekannt, wie z.B. SCHLEMMERMEYER (bayr. Wurst- und Schinkenspezialitäten) mit bundesweit ca. 20 Filialen oder BOUFFIER (Optiker) mit ca. fünf Filialen im Rhein-Main-Gebiet. Auf der anderen Seite sind aber auch Unternehmen vertreten, auf die "man an jeder Ecke trifft", wie z.B. BENETTON mit sieben Filialen allein in

Frankfurt oder PARFUMERIE DOUGLAS mit elf Verkaufsstellen in Frankfurt und 190 Filialen bundesweit (HOPPENSTEDT 1987).

Auch nationale und internationale Unternehmen der sogenannten System-Gastronomie, wie MAREDO (z.Z. bundesweit 14 Filialen) und PIZZA-HUT, sind seit jüngster Zeit in der Freßgass' vertreten. Die räumliche und zeitliche Verbreitung der Filialunternehmen ist aus Karte 4 zu ersehen. Unterscheidet man zwischen regionalen, nationalen und internationalen Filialunternehmen, so sind letztere in der Freßgass' im Vergleich zur benachbarten Goethestraße, die ein Standort führender internationaler Modehäuser ist, unterdurchschnittlich repräsentiert und im Gegensatz zu nationalen und regionalen Filialunternehmen auch erst seit kurzer Zeit anwesend. In Anzahl und Eröffnungszeitraum bestehen zwischen regionalen und nationalen Filialunternehmen keine wesentlichen Unterschiede.

Auffällig ist die räumliche Verteilung der Filialen insgesamt. Alle Filialen sind entlang der Freßgass' angesiedelt, mit Schwerpunkt in der Mitte der südlichen Häuserzeile, wo auch eine Konzentration von Geschäftswechseln festzustellen ist (s. Kte. 3). In welchem Zusammenhang die Entwicklung der Nutzungsstruktur zu sehen ist, wird im nächsten Abschnitt erörtert.

4.2.3. Veränderungen in der Bodenbesitzstruktur

Einen Überblick über die derzeitigen Eigentumsverhältnisse vermittelt Karte 5. Auffallend hoch ist der Anteil an privatem Grundbesitz. Das Dreieck, das von Hochstraße, Kaiserhofstraße und Großer Bockenheimer Straße umgrenzt wird, befindet sich bis auf wenige Ausnahmen in privater Hand. Auch die Häuser zu beiden Seiten der Kleinen Bockenheimer Straße sind zum Großteil Privateigentum. Im Übergangsbereich zum Bankenviertel, in der Junghof- und Neuen Mainzer Straße befinden sich die meisten Häuser und Grundstücke im Besitz von Banken, Immobiliengesellschaften bzw. in städtischem Eigentum.

Eine detaillierte Darstellung der zeitlichen Entwicklung des Grundbesitzes stellt Tabelle 4 dar. Im Untersuchungszeitraum verringert sich der Anteil des Privateigentums zu Gunsten des Nicht-Privateigentums um fünf Grundstücke. Gleichzeitig vollzieht sich innerhalb der Gruppe der Privateigentümer ein Trennungsprozeß zwischen Boden- bzw. Hauseigentum und -nutzung. In der Gruppe "Eigentümer wohnt nicht im Haus" findet eine Verlagerung von Einzeleigentümern zu Erbengemeinschaften statt, die sich überwiegend durch Erb

Karte 4

Räumliche und zeitliche Verbreitung
der Filialunternehmen (einschl. Kreditinstitute)

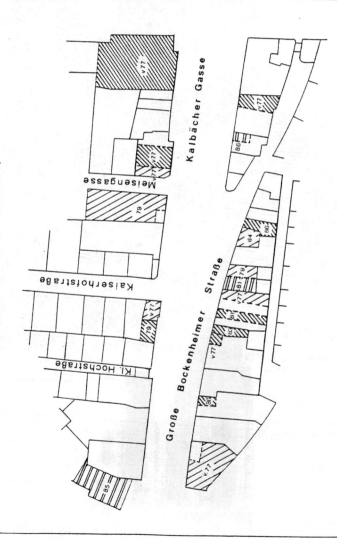

Quelle: Eigene Erhebungen

Karte 5
Eigentumsverhältnisse der Gebäude und Grundstücke nach Gruppen

::::::: Einzelpersonen und Ehepaare

::::::: Erbengemeinschaften und Personengruppen

⧖⧖⧖ Städtisches Eigentum

▨▨▨ Banken, Versicherungen und Vermögensverw.ges.

▨▨▨ Immobiliengesellschaften

▧▧▧ Firmen

● Sitz der Firma im Ausland

▲ unbebautes Grundstück

eigene Erhebung

Kartographie: R. Hofrichter

Tab. 4: Veränderungen in der Bodenbesitzstruktur der Freßgass' (1977-1987)

	1977	1978	1979	1980	1981	1982	1983	1984	1985	1986	1987
Banken, Versicherungen, Öffentliches Eigentum	8	8	8	8	8	9	9	9	9	10	10
Firmen	2	2	2	2	2	2	2	2	2	2	1
Immobilien- und Vermögensverwaltungsgesellschaften	-	-	-	2	2	3	3	4	4	4	5
Eigentümer wohnt nicht im Haus	27	27	27	25	26	24	25	25	25	25	25
davon: Einzeleigentümer / davon: Erbengemeinschaften	(23)(4)	(22)(5)	(22)(5)	(20)(5)	(21)(5)	(20)(4)	(19)(6)	(19)(6)	(19)(6)	(17)(8)	(17)(8)
Eigentümer wohnt im Haus, nutzt Erdgeschoß nicht	3	4	4	4	4	4	4	3	3	3	3
Eigentümer ist identisch mit Erdgeschoßnutzer	8	7	7	7	6	6	5	5	5	5	5
nicht feststellbar	1	1	1	1	1	1	1	1	1	-	-
Anzahl der Grundstücke	49	49	49	49	49	49	49	49	49	49	49

Quelle: Eigene Erhebung

gänge erklären läßt. Die geringe Zahl der Eigentümer, die entweder im eigenen Haus wohnen und/oder Geschäftsräume im Erdgeschoß selber nutzen, nimmt im Untersuchungszeitraum weiter ab. Die Gründe dafür können vielfältig sein. Infrage kämen z.b. Geschäftsaufgabe aus Altersgründen, profitable Verpachtung des Geschäfts, Verkauf des Hauses u.a.m..

Vergleicht man nun die räumliche Verteilung der Geschäftswechsel (s. Kte. 3) mit der Eigentümerstruktur (s. Kte. 5), so fällt ein bemerkenswerter Zusammenhang auf. Dort, wo Geschäftswechsel räumlich besonders konzentriert aufgetreten sind, wie in der südlichen Häuserzeile der Großen Bockenheimer Straße und auf der linken Seite der Kaiserhofstraße, befinden sich fast alle Häuser im Privatbesitz. Dabei ist es ohne Belang, ob es sich um Erbengemeinschaften oder Einzeleigentümer handelt. Bezieht man nun die räumliche Verteilung der Filialbetriebe (s. Kte. 4) in den Vergleich mit ein, so bestärkt sich die festgestellte Tendenz, d.h. in Häusern, die sich in privater Hand befinden, ereignen sich mehr Geschäftswechsel als in Häusern, die in Firmen- oder öffentlichem Eigentum stehen.

Bevor jedoch endgültige Schlußfolgerungen getroffen werden, sei im nächsten Abschnitt auf die Entwicklung der Boden- und Mietpreise eingegangen.

4.2.4. Die Entwicklung der Boden- und Mietpreise

Die Beschaffung von Daten über die Miethöhe einzelner Straßen bzw. Geschäfte gestaltete sich recht schwierig, da öffentlich zugängliche, exakte Daten nicht existieren. Die verfügbaren Daten sind geschätzte Werte, genaue Miet- und Grundstückspreise sind den öffentlichen Stellen unbekannt. Um dennoch einen Eindruck von der Entwicklung der Miet- und Bodenpreise zu bekommen, bieten sich die Statistiken des RDM (Ring Deutscher Markler) oder der Frankfurter Immobilienbörse an, deren Werte sich jedoch auf räumlich nur schwer abgrenzbare Gebiete beziehen. Ein anderer Weg der Datenbeschaffung bestand in der direkten Befragung der Geschäftsinhaber.

Die seit 1969 zunächst viermal, ab 1980 zweimal jährlich erscheinenden Marktberichte der Frankfurter Immobilienbörse verzeichnen für Ladengeschäfte in sehr guten Geschäftslagen (1a-Lagen) der Frankfurter Innenstadt in den 70er Jahren einen geringen Anstieg der Mietpreise (qm/Monat). Zu Beginn der 80er Jahre pendelt sich der durchschnittliche Mietpreis zwischen 80 und 120 DM ein. Für kleine Ladeneinheiten lagen die Mieten Anfang der 80er Jahre bei 150 DM/qm, seit 1985 werden vereinzelt Mieten bis zu 250 DM/qm bezahlt.

Im Vergleich zu anderen bundesdeutschen Großstädten liegt das Mietniveau Frankfurts relativ niedrig (s. Abb. 4). Eine Befragung der Geschäftsleute der Freßgass' im März/April 1987 bestätigt dieses Mietniveau. Entlang der Großen Bockenheimer Straße bewegen sich die Mieten im Durchschnitt zwischen 100 und 130 DM/qm, vereinzelt werden auch bis zu 180 DM/qm bezahlt. In den Seitenstraßen und in dem schmalen, östlichen Teil der Großen Bockenheimer Straße liegen die Mieten teilweise unter 70 DM/qm.

Da das Mietniveau aus den oben dargestellten Gründen nicht für den gesamten Untersuchungszeitraum in Erfahrung zu bringen war, die Mieten sich jedoch unmittelbar in den Grundstückspreisen widerspiegeln, wird im folgenden die Entwicklung der Grundstückspreise betrachtet. Zu diesem Zweck werden die Bodenrichtwerte des Gebietes um die Freßgass' mit Werten anderer Geschäftsstraßen Frankfurts verglichen. "Bodenrichtwerte sind durchschnittliche Lagewerte mit einer für den Bereich typischen Nutzung und Grundstücksgröße. Sie wurden ermittelt aus bereinigten Kaufpreisen der Grundstückskaufverträge des jeweiligen Jahres" (BODENRICHTWERTKARTEN, Legende). Sie stellen den Wert des unbebauten Grundstückes dar und sind somit keine Kauf- bzw. Verkaufspreise. Aus Abbildung 5 wird deutlich, daß die Freßgass' auch schon vor ihrem Umbau zur Fußgängerzone zusammen mit der Zeil (zwischen Haupt- und Konstabler Wache) zu den Standorten mit den höchsten Bodenpreisen zählte. Nach einem Preiseinbruch in der Mitte der 70er Jahre, stieg der Grundstückspreis von 3300 DM/qm (1977) auf 5000 DM/qm (1981). Seit Beginn der 80er Jahre hat sich das Preisniveau stabilisiert. Damit wird deutlich, daß sich die infolge der Errichtung als Fußgängerzone ergebene Attraktivitätssteigerung unmittelbar in den Grundstückspreisen niedergeschlagen hat.

4.3. Bewertung der Ergebnisse

Der Strukturwandel der Freßgass' ist, wie aus den vorangegangenen Untersuchungen zu ersehen, kein Phänomen der letzten fünf oder zehn Jahre.

Das ursprüngliche Nutzungsgefüge der Lebensmittel- und Delikatessgeschäfte erhielt sich bis in die dreißiger Jahre. Der zweite Weltkrieg stellte einen massiven Einschnitt in das Gefüge und in die Entwicklung der Straße dar. Die von den Zer

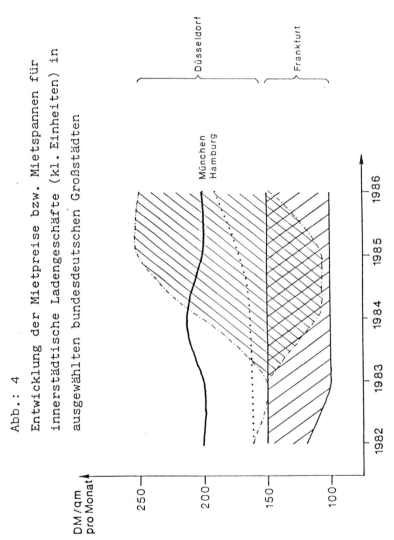

Abb.: 4
Entwicklung der Mietpreise bzw. Mietspannen für innerstädtische Ladengeschäfte (kl. Einheiten) in ausgewählten bundesdeutschen Großstädten

Quelle: Ring Deutscher Makler

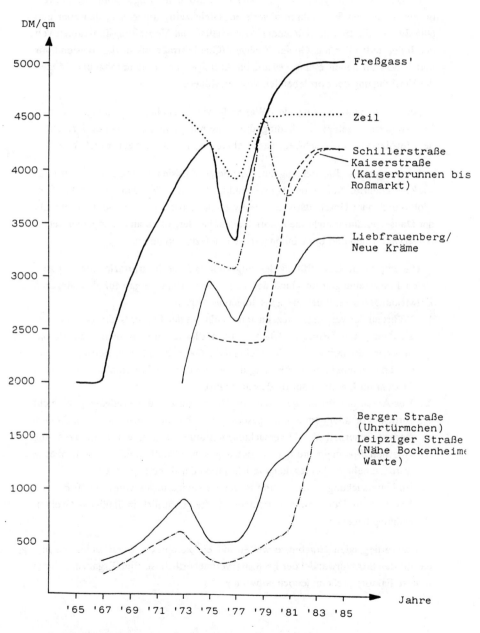

Abb.: 5
Bodenrichtwertentwicklung ausgewählter Standorträume Frankfurts

Quelle: Bodenrichtwertkarten 1965 - 1985

störungen verschont gebliebenen Gebäude wurden im Zuge einer Straßenverbreiterung in den 50er Jahren abgerissen. Gleichzeitig drangen in den 50er und 60er Jahren die sich ausdehnenden Wirtschafts- und Verwaltungsfunktionen von der Innenstadt über das Gebiet Freßgass'/Goethestraße bis in das Westend vor und bewirkten neben einem gewaltigen Ansteigen der Bodenpreise und Mieten die Verdrängung der dort lebenden Wohnbevölkerung.

Auch die Umwandlung des Westends vom gehobenen Wohngebiet zum Cityerweiterungsgebiet ließ, bedingt durch die nun geringere Zahl der dort lebenden Bevölkerung, die Nachfrage nach Lebensmittelgeschäften zurückgehen.

Die dargestellte Entwicklung hatte zur Folge, daß sich die Hausbesitzerstruktur stark veränderte. Nutzte der Hauseigentümer in den 20er Jahren sein Haus zu Wohn- und/oder Geschäftszwecken vorwiegend selbst, so lebt heute die Mehrzahl der Hauseigentümer nicht mehr dort. Zudem hat der Anteil an Erbengemeinschaften sowie Firmen und Immobiliengesellschaften zugenommen.

Die empirische Überprüfung des aufgestellten Kausalitätsprinzips und der zentralen Fragestellungen an Hand der verfügbaren Daten ergab für den jüngeren Entwicklungsabschnitt der Freßgass' folgendes Ergebnis:
1. Während der vergangenen zehn Jahre nahm in der Freßgass' die Zahl der Bekleidungs- und Textilgeschäfte zu Lasten aller anderen Branchen zu. Besonders der Lebensmitteleinzelhandel und die Gaststätten hatten Betriebsverluste zu verzeichnen. Gleichzeitig stieg der Anteil der Filialunternehmen von neun Prozent im Jahr 1977 auf rund zwanzig Prozent im Jahr 1987.
2. Der Anteil der Privateigentümer am Grundbesitz in der Freßgass' ging leicht zurück. Vor allem Immobiliengesellschaften konnten vermehrt Eigentum erwerben. Innerhalb des Untersuchungszeitraums verstärkte sich die Trennung zwischen Bodeneigentum und -nutzung, d.h. Grund- und Immobilienbesitz wurde zunehmend unter dem Gesichtspunkt der Rendite gesehen.
3. Im Untersuchungszeitraum sind Bodenpreissteigerungen von rund 50 Prozent festzustellen. Der Anstieg der Mieten dürfte vermutlich in ähnlicher Größenordnung liegen.

Die vorliegenden Ergebnisse weisen auf ein komplexes Ursachenbündel hin, das für den Strukturwandel der Freßgass' verantwortlich ist. Eine Ergänzung durch weitere Faktoren scheint jedoch notwendig.

Durch die Errichtung der Freßgass' zu einer Fußgängerzone fand eine allgemeine Aufwertung der Geschäftslage statt. Die Nachfrage nach Geschäftsräumen nahm zu. Den Regeln der Marktwirtschaft folgend erhöhten etliche, vor allem private Hausbesitzer ihre Mieten. Einige Geschäftsleute konnten die gestiegenen Mietpreise nicht erwirtschaften, sie verließen den Standort Freßgass'. Andere paßten sich durch Aufwertung ihres Angebots und Sortiments sowie durch Neugestaltung der Verkaufsräume etc. der neuen Situation an. "Die Zunahme von Geschäften mit höherwertigen, hochspezialisierten Gütern (wie z.b. Modefachgeschäfte, Parfümerien, Optiker u.s.w.) wird dadurch begünstigt, daß diese Güter eine ähnlich hohe Flächenproduktivität ermöglichen wie die Massengüter mit hoher Lagerumschlagsgeschwindigkeit" (BUNDESTAGSDRUCKSACHE 10/5999 1986, 116). Die "Textilisierung" und "Boutiquifikation" ganzer Straßenzüge ist somit eine Folge des hohen Mietniveaus. Filialunternehmen sind aufgrund ihrer Finanzkraft im Gegensatz zu Einzelunternehmen eher in der Lage diese Mieten zu zahlen. Dabei stellt sich die Frage, ob Filialbetriebe in den teuren Geschäftslagen überhaupt gewinnbringend wirtschaften. Anzunehmen wäre, daß manches Geschäft dort nur als Aushängeschild, als "Image-Filiale" steht, das von anderen Betrieben gleichen Namens an anderen Standorten getragen wird (vgl. FR 6.2.87 "Im Herz der Stadt sinkt das Niveau").

Der Grund für den Strukturwandel der Freßgass' sind jedoch nicht allein die hohen Mietanforderungen der Hausbesitzer. Die immer weiter zunehmende Konzentration im Handel führt zu einer verstärkten Konzentration des Kapitals und somit zu Herausbildungen von marktbeherrschenden Positionen von Filialunternehmen und Verbundsystemen, die den Wettbewerb um gute Standorte in Innenstadtlagen aufgrund ihrer wirtschaftlichen Stärke zunehmend gewinnen.

Nach SCHENK (1984, 243) stellen Fußgängerzonen ein typisches Beispiel für die Ursache-Wirkungs-Interdependenzen des Konzentrationsprozesses im Handel dar. Auf der einen Seite sind fast nur großbetriebliche Handelssysteme (Filialunternehmen, Franchise-Systeme, Kauf- und Warenhäuser) in der Lage die steigenden Mietpreise in den Fußgängerzonen zu zahlen. Auf der anderen Seite bewirkt die Ansiedlung dieser Betriebe in den aufgewerteten Fußgängebereichen eine Verdrängung kleiner, z.T. alteingesessener Geschäfte und somit eine Zunahme der Konzentration.

Der Strukturwandel der Freßgass' spielt sich folgedessen unter einem gewaltigen wirtschaftlichen Druck ab, wobei kapitalkräftige Interessenten das Mietniveau so weit angehoben haben, daß viele traditionelle Einzelhandelsgeschäfte die Freßgass' verlassen mußten. Den Hausbesitzern und Vermietern kann dabei zur Last gelegt werden, den finanziell überaus verlockenden Angeboten nachzugeben und ohne Verantwortungsgefühl an die Gesamtstruktur der traditionsreichen Straße zu denken. Schon 1975 vertraten Vermieter zu diesem Thema ihre eigenen Ansichten: "Es ist nicht unsere Aufgabe, sich über einen Strukturwandel der Freßgass' Gedanken zu machen" (FR 26.6.75 "Die Straße verändert ihr Gesicht").

5. ZUSAMMENFASSENDE DARSTELLUNG DER ERGEBNISSE DER GESCHÄFTSINHABER- UND DER PASSANTENBEFRAGUNG

Im Rahmen dieses kurzen Aufsatzes wird auf eine detaillierte Betrachtung von Einzelfragen der jeweiligen Interviews verzichtet, dargestellt werden die Gesamtergebnisse der beiden Befragungen.

Die Geschäftsinhaberbefragung erfolgte in den Monaten März/April 1987. Bei insgesamt 87 Geschäften auf der Freßgass' und in Teilen der Seitenstraßen wurden Fragebögen abgegeben. Von 53 Geschäftsinhabern wurden diese beantwortet und zurückgegeben. Somit betrug die Rücklaufquote 58,8 Prozent.

Ziel der Befragung war es, Informationen zu folgenden Fragestellungen zu bekommen: Dauer des Geschäftsbestehens, wirtschaftliche Struktur der Betriebe, Sortiments-, Verkaufsflächen und Mietentwicklung sowie Kundenstruktur.

Die Geschäftsstruktur der heute in der Freßgass' ansässigen Geschäfte läßt sich folgendermaßen darstellen.

Kennzeichen der relativ hohen Fluktuation der Geschäfte ist die verhältnismäßig große Zahl, erst wenige Jahre, hauptsächlich seit Mitte der 70er Jahre, ansässiger Betriebe, die, bis auf eine Ausnahme, der Bekleidungsbranche i.w.S. angehören. Die in der Freßgass' ansässigen Lebensmittelgeschäfte bestehen in aller Regel mehr als 25 Jahre.

Rund 75 Prozent aller Betriebe sind Einzel- oder Familienunternehmen, ein Viertel sind Filialunternehmen, womit der Filialisierungsgrad im Vergleich zu anderen Städten, z.B. Münchner Innenstadt 44 Prozent (vgl. HEINRITZ 1983), vergleichsweise niedrig ist.

Der überwiegende Teil der Geschäftsinhaber (74 Prozent) ist mit den erwirtschafteten Umsätzen zufrieden. Durch Sortimentsveränderungen und Flächenerweiterungen konnte der Kundenstamm, der sich hauptsächlich aus den Angestellten der umliegenden Büros und Bewohnern des Vordertaunus' zusammensetzt, zufriedengestellt werden.

Durchschnittlich 30 Prozent Mietsteigerung mußten Geschäftsleute in den letzten zwei Jahren teilweise hinnehmen. Daran läßt sich der wirtschaftliche Druck, dem die Geschäftsleute ausgesetzt sind, erahnen.

Die Befragung von 300 Passanten an zwei Wochentagen im September 1986 ergab eine überwiegend positive Einstellung der Besucher der Straße gegenüber der Erscheinung, der Atmosphäre und des Angebotsspektrums der Freßgass'. Besonders große Zustimmung (97 Prozent) fand die Freßgass' als Fußgängerzone bzw. die Tatsache, daß dort i.d.R. keine Autos fahren, wie auch die Straßenmöblierung, d.h. Sitzgruppen, Skulpturen, Baumreihen (86 Prozent).

Aus einer vorgegebenen Liste von fünf möglichen Aufenthaltsgründen wurden "Einkaufen" und "Schaufensterbummel" von rund 60 Prozent der Passanten genannt, wobei unter dem Begriff "Einkaufen" eher sog. Erlebniseinkauf bzw. "Shopping" zu verstehen ist, als die Tätigkeit des Einkaufens zu Versorgungszwecken. An Hand dieser Ergebnisse zeigt sich die hohe Akzeptanz der Straße bzw. deren Geschäfte bei den Passanten.

Die hohe Fluktuation der Geschäfte, das Verschwinden alteingesessener Betriebe und die Zunahme von Filialunternehmen wird dagegen überwiegend negativ bewertet. Die Freßgass' als traditioneller Standort von Lebensmittel- und Delikatessgeschäften, ist nur noch im Bewußtsein weniger, obwohl mehr als die Hälfte derjenigen, die angeben hier hin und wieder einzukaufen, Lebensmittel kaufen. Die Freßgass' ist in den Augen eines Großteils der Passanten vielmehr eine durch ihr vielfältiges Angebot zum Schaufensterbummel einladende Straße, die durch ihre Attraktivität und ihre besondere Atmosphäre als ein urbaner Erlebnisraum par excellence bezeichnet werden kann.

6. SCHLUSSBETRACHTUNG

Im vorliegenden Beitrag konnte gezeigt werden, daß es seit der Errichtung der Freßgass' als Fußgängerzone zu Veränderungen in der Geschäftsstruktur gekommen ist, die jedoch in ihren Ansätzen schon etliche Jahre früher festzustellen waren. Ob diese Veränderungen, Einzug von Filialunternehmen, Zunahme von Boutiquen, Miet- und Bodenpreissteigerungen u.s.w. allein typisch für Fußgängerzonen sind, kann hier nicht eindeutig beantwortet werden.

Da Filial- und "Kettenunternehmen" vornehmlich in Fußgängerzonen anzutreffen sind, diese jedoch meistens gleichzeitig auch innerstädtische 1a-Geschäftslagen und Haupteinkaufsstraßen darstellen, entsteht der Eindruck, Filialunternehmen bevorzugten Standorte in Fußgängerzonen. Wenn allerdings berücksichtigt wird, daß bis vor wenigen Jahren Fußgängerbereiche fast ausschließlich in den Hauptgeschäftslagen der Stadtzentren eingerichtet wurden, diese nahezu identisch sind, so müßte eigentlich von einem Strukturwandel des innerstädtischen Einzelhandels gesprochen werden, und nicht nur von Veränderungen in Teilbereichen bzw. Straßen der Innenstadt.

Hinsichtlich der Standortpräferenzen der Filialunternehmen wäre eine großräumliche Untersuchung, die die zeitliche und räumliche Ausbreitung einiger dieser Unternehmen untersucht, sicherlich aufschlußreich. Auch ein Vergleich zwischen einer Fußgängerzone und einer dem Verkehr noch zugänglichen innerstädtischen Geschäftsstraße in Bezug auf Sortimentsstruktur und Betriebsformen könnte möglicherweise weitere Erkenntnisse über die Entwicklungstendenzen beider Arten von Einkaufsstraßen bringen.

Im Falle der Freßgass' wird mit einer Zunahme von Filialgeschäften und Boutiquen zu rechnen sein müssen, wenn die Mietanforderungen der Hausbesitzer weiter ansteigen. Bei einem ähnlichen Verhalten vieler Vermieter sind für den einzelnen eventuell kurzfristige Profite zu erzielen, langfristig würde die Freßgass' von anderen Fußgängerzonen und Einkaufsstraßen nicht mehr zu unterscheiden sein, die Uniformität würde die Atmosphäre, den Charakter der Straße stark beeinträchtigen. Da heute schon eine Vielzahl von Passanten Mißfallen an der relativ hohen Geschäftsfluktuation und der Zunahme von Filialisten empfindet, würde die Beibehaltung der gegenwärtigen Entwicklungstendenz früher oder später zu einem "Umkippen" der Straße führen, d.h. bei einer zu einseitigen Nutzungsstruktur würde die Anziehungskraft der Straße zurückgehen und damit auch die Passanten- und Kundenzahlen. Mit einer Zunahme von Filialisten in der Freßgass', aber auch in der gesamten Innenstadt ist umso mehr zu rechnen, als die Mietpreise für Ladengeschäfte in Frankfurt am Main im Vergleich zu anderen bundesdeutschen Großstädten relativ niedrig sind.

Da Appelle an das Verantwortungsgefühl der Vermieter und Hausbesitzer in der Vergangenheit auf wenig fruchtbaren Boden gefallen sind, bleibt zum Schluß die Frage offen, in welcher Weise bzw. ob überhaupt in diesen Entwicklungsprozeß einzugreifen ist, denn "den eigentlich 'hochtourigen' Motor in der Stadtentwicklung bilden die ökonomischen Determinanten, bei denen sich technologische Fortschritte und Kapitalinvestitionen nicht nur auf der nationalen, sondern auch auf der internationalen Ebene abspielen" (LICHTENBERGER 1986, 206).

7. LITERATUR

BECHTOLD, A. 1956: Abschied von der Freßgass'. In: Frankfurter Neue Presse vom 21.1.1956.

BODENRICHTWERTKARTEN, o.J.: Legende, Frankfurt a.M..

BUNDESTAGSDRUCKSACHE 10/5999 1986: Städtebaulicher Bericht. Umwelt und Gewerbe in der Städtebaupolitik. Bonn.

FRANKFURTER ALLGEMEINE ZEITUNG vom 1.3.1957: Die kürzeste Frankfurter Prachtstraße.

FRANKFURTER RUNDSCHAU vom 26.6.1975: Die Straße verändert ihr Gesicht. Einzelhändler und Kommunalpolitiker sorgen sich um die Freßgass'.

FRANKFURTER RUNDSCHAU vom 6.2.1987: Im Herz der Stadt sinkt das Niveau.

GLEY, W. 1936: Grundriß und Wachstum der Stadt Frankfurt am Main. Eine stadtgeographische und statistische Untersuchung. In: Festschrift zur Hundertjahrfeier des Vereins für Geographie und Statistik (1836-1936), Frankfurt a.M..

HEINRITZ, G. 1983: Strukturwandel im Einzelhandel als raumrelevanter Prozeß. In: Forschungsstelle für den Handel (Hrsg.), FfH-Mitteilungen, H.7/8, S. 1-7, Berlin.

HEINZ, W. u.a. 1977: Sozioökonomische Aspekte der Errichtung von Fußgängerbereichen. In: Peters, P. (Hrsg.): Fußgängerstadt, S. 130-145, München.

HOPPENSTEDT 1987: Handbuch der Großunternehmen. Darmstadt.

LEHNHARDT, H. 1957: Synthese zwischen Verkehr und Verzehr. Der Werdegang einer alten Frankfurter Straße. In: FAZ vom 1.3.1957.

LICHTENBERGER, E. 1986: Stadtgeographie. Bd.1, Begriffe, Konzepte, Modelle, Prozesse, Stuttgart.

MONHEIM, H. 1977: Siedlungsstrukturelle Folgen der Errichtung verkehrsberuhigter Zonen in Kernbereichen. In: Peters, P. (Hrsg.): Fußgängerstadt, S. 125-129, München.

RING DEUTSCHER MARKLER (Hrsg.) versch. Jahrgänge: Mietpreisspiegel für gewerbliche Immobilien, o.O..

SCHENK, H.-O. 1984: Die Konzentration im Handel. Ursachen, Messung, Stand, Entwicklung und Auswirkungen der Konzentration im Handel und konzentrationspolitische Konsequenzen. = Schriftenreihe der Forschungsstelle für den Handel, 3. Folge, Nr. 9, Berlin.

STADT FRANKFURT AM MAIN (Hrsg.) 1977: Fußgängerbereiche. Frankfurt a.M..

THARUN, E. 1986: Stadtentwicklungspolitische Probleme von Binnenhäfen - Das Beispiel der öffentlichen Frankfurter Häfen. = Ber. z. dt. Landeskunde, Bd. 60, H. 2, S. 289-318, Trier.

WIEDEMUTH, J. u.a. 1983: Konzerne beherrschen den Handel. Rationalisierung und Gegenwehr. Frankfurt a.M..

WOLF, K. 1985: Die Töngesgasse in Frankfurt am Main - zwischen innenstädtischem Lebensraum und Geschäftsergänzungsgebiet. In: Klagenfurter Geographische Schriften, H. 6, S. 197-218.

MICHAEL BROSS

INNENSTADTNEBENSTRASSEN IM HAUPTGESCHÄFTSZENTRUM
VON FRANKFURT AM MAIN

AUS: FRANKFURT UND DAS RHEIN-MAIN-GEBIET. GEOGRAPHISCHE
BEITRÄGE AUS ANLASS DES 75-JÄHRIGEN BESTEHENS DER
J.W. GOETHE-UNIVERSITÄT FRANKFURT AM MAIN (1914-1989)
HERAUSGEGEBEN VON KLAUS WOLF UND FRANZ SCHYMIK
= RHEIN-MAINISCHE FORSCHUNGEN HEFT 107
FRANKFURT AM MAIN 1990

Der vorliegende Beitrag ist eine Zusammenfassung einer Diplomarbeit, die 1985 bei Herrn Prof. Dr. K. Wolf am Institut für Kulturgeographie der J. W. Goethe-Universität Frankfurt am Main abgeschlossen wurde.

Dipl.-Geogr. Michael Broß
Rückertstraße 53
6000 Frankfurt am Main

1. INNENSTADTNEBENSTRASSEN IM SYSTEM DER CITY

Bedeutung, Einzugsbereich und Image eines innerstädtischen Geschäftsgebietes werden nahezu ausschließlich durch einige wenige Hauptgeschäftsstraßen innerhalb des Areals bestimmt. Diese Haupteinkaufsstraßen sind nicht nur den Bewohnern am Ort, sondern auch denen des Umlandes bekannt und vertraut und ziehen die Menschen durch das Vorhandensein überlokaler Einkaufseinrichtungen an. Im Bewußtsein vieler Besucher des Geschäftszentrums reduziert sich die Vorstellung vom Geschäftsgebiet auf eben jene zwei oder drei Straßen - alles andere wird ausgeblendet, nicht wahrgenommen und nicht erinnert: die kürzeren, engeren oder randlich gelegenen Straßen eines Einkaufsgebietes.

Diese Innenstadtnebenstraßen, ihre Funktionen und Nutzungsstrukturen, das städtebauliche Erscheinungsbild und die Planvorstellungen, die sich mit diesen Straßen beschäftigen, sollen das Thema dieses Aufsatzes sein. Dabei lassen sich die Innenstadtnebenstraßen nicht als einheitliches Phänomen fassen. Je nachdem, welcher Funktionskreis der Innenstadt (Verkehr, Wohnen, Einkaufen oder Arbeiten) betrachtet wird, gelangt man zu ganz unterschiedlichen Auffassungen darüber, was jeweils Haupt- bzw. Nebenstraßen sind. Einige der Innenstadtnebenstraßen des Frankfurter Geschäftsgebietes dienen als Hauptverkehrsachsen - manche erst seit der Sperrung der Zeil für den Autoverkehr, andere schon länger. Legt man dagegen die Bedeutung als Einkaufsstandort und die Quantität und Qualität der Einkaufsgelegenheiten zugrunde, so stellen sich die Innenstadtnebenstraßen meist als Nebengeschäftsstraßen und damit als Teil des sogenannten "Ergänzungsgebietes" des Hauptgeschäftszentrums dar. In Frankfurt am Main gehören aber nicht einmal alle Nebenstraßen der City zum Ergänzungsgebiet. HILDEBRAND (1982) billigt den meisten den Rang einer Nebengeschäftsstraße nicht zu. In den Nebenstraßen finden sich darüber hinaus noch Wohnungen und private sowie öffentliche Verwaltungen, wenn auch in jeweils unterschiedlichem Ausmaß.

Die Nebenstraßen in der Innenstadt sind also multifunktional, vielleicht nicht jede einzelne von ihnen, aber in ihrer Gesamtheit sind sie es allemal. Im Ergänzungsgebiet um die Hauptgeschäftsstraße ist also jene Funktionsvielfalt noch vorhanden, die man allgemein im Stadtkern erwartet. Und darin liegt die besondere Bedeutung der Innenstadtnebenstraßen für die City: Das Nebeneinander der verschiedenen Nutzungsarten - die urbane Unordnung - dokumentiert hier noch etwas von der ursprünglichen städtischen Vielfalt einer älteren Epoche der kommerziellen Innenstadtentwickung.

Was die abgelaufenen und für die Zukunft erwarteten Strukturwandlungen in den Nebenstraßen angeht, so zeigt sich eine ausgeprägte Dualität. Einige Straßen haben von der massiven Konzentration von Kaufgelegenheiten und planerischem wie allgemeinem Interesse auf die Zeil durchaus profitiert, andere sind durch den zunehmenden Attraktivitätsverlust - sowohl absolut als auch besonders in Relation zur Hauptgeschäftsstraße - auf die Schattenseite der ökonomischen und sozialen Entwicklung geraten; unbeeinflußt aber ist keine geblieben. Zu den "Gewinnern" zählen jene Straßen, denen von der Stadtplanung besondere Aufmerksamkeit zuteil wurde, die zu Fußgängerzonen umgestaltet wurden, aber auch Straßen, die eine bevorzugte räumliche Lage aufweisen, nämlich in Richtung auf den innerstädtischen Entwicklungspol "Banken- und Büroviertel" hin verlaufen. Zu den "Verlierern" müssen die Nebenstraßen gerechnet werden, die ins räumliche Abseits der allgemeinen Stoßrichtung der Cityausbreitung gerieten: Straßen, die den Autoverkehr auffangen mußten, der aus den Fußgängerzonen verschwand, Straßen, denen die Stadtplanung keinen "verordneten" Entwicklungsanstoß gab.

Unproblematisch sind diese Funktionsdifferenzierungen nirgendwo, ohne Reibungsverlust laufen sie nicht ab. In den "bevorzugten" Straßen führen die Aufwertungen und Aufwärtsentwicklungen zu Miet- und Pachtverteuerungen. Alteingesessene, kleine, auch typische Läden mit Lokalkolorit werden nach und nach von den Filialen zahlungskräftiger Kettenunternehmen verdrängt. Aufwertung hat ihren Preis, und von der Frankfurter Öffentlichkeit wird er in zunehmendem Maße wahrgenommen und bedauert, wie die Diskussion auch in der Lokalpresse belegt. In den "benachteiligten" Straßen spielt sich etwas Gegenläufiges ab - nur eben still und weitgehend unbeachtet: Geschäfte geben auf, Läden stehen leer, die Nachfolger sind häufig qualitativ geringwertiger, die Nutzungszusammensetzung degeneriert.

Auf der einen Seite der City werden Wohnungen zu Büros umgewidmet, weil das für den Eigentümer profitabler erscheint. Diese Nebenstraßen des Hauptgeschäftszentrums werden zu Bürostandorten, wobei die Büroflächen häufig so deutlich dominieren, daß sich diese Straßenzüge berechtigterweise auch dem innerstädtischen Bürogebiet zuordnen lassen. Auf der anderen Seite verkommen Wohnungen und Gebäude, besetzen gewerbliche Kümmernutzungen zentral gelegene Areale.

Dieser Gegensatz zwischen bevorzugten und benachteiligten Straßen bietet sich dem Betrachter auch im Erscheinungsbild dar. Er zeigt sich im Ausmaß der Gestaltung des "öffentlichen Raums", für den die Stadt verantwortlich ist. Hier kann sie demonstrieren, ob die betreffende Straße zu jenen Straßenzügen zählt, die als "Orientierungsachsen" (vgl. SPEER 1984) aus dem allgemeinen Gesamtbild der Innenstadt herausgehoben werden sollen, wo man positive Veränderungen in den Nutzungsstrukturen durch gestalterische Attraktivitätssteigerungen induzieren oder flankieren möchte. Die anderen Straßen, die nicht in die "Aufwertungsachsen" fallen, werden sowohl relativ als auch absolut benachteiligt. Man begründet die Herausnahme aus dem Gestaltungskonzept allgemein damit, daß öffentlich betriebene Aufwertung einer Straße zu einem wachsenden Umnutzungsdruck führen müsse und daraus eine Verdrängung gewerblicher "Nischenfunktionen" und bestimmter Teile der Wohnbevölkerung resultiere, die in solchen Nebenstraßen der Innenstadt einen Platz gefunden hätten.

Das unterschiedliche Erscheinungsbild der Nebenstraßen zeigt sich natürlich auch im Zustand der Gebäude. Die funktionale Bedeutung und Stellung einer Straße im Citygefüge spiegelt sich im Erhaltungszustand der Häuser, denn private Eigner werden nur dort in eine Sanierung und Renovierung (auch der Fassaden) investieren, wo ein entsprechendes Nutzungspotential vermutet werden kann, das verspricht, die Investitionskosten durch gesteigerte Erträge aus Vermietung an besser zahlende Nutzer wieder hereinzubekommen.

Bevorzugte und benachteiligte Straßen manifestieren ihre jeweilige Bedeutung im Citygefüge und ihre Entwicklungschancen also auch in ihrem Erscheinungsbild. Unter diesen, nur knapp angerissenen Aspekten wurde in der Frankfurter Innenstadt ein Untersuchungspotential ausgewählt, das - nachfolgend als nördliche Innenstadt bezeichnet - einen Querschnitt durch alle Typen von hauptgeschäftszentrumsnahen Innenstadtnebenstraßen bietet (vgl. Abb. 1). Der Reigen spannt sich von einer zur Fußgängerzone umgestalteten Nebengeschäftsstraße bis zu fast reinen Wohnstraßen. Eine Hauptverkehrsstraße ist erfaßt, daneben aber auch Straßenzüge, die nur dem Zulieferverkehr und den Anliegern dienen. Nach der räumlichen Lage im Stadtzentrum lassen sich Straßen, die direkt an die Zeil anstoßen, von solchen unterscheiden, die gar keinen Kontakt zur Hauptgeschäftsstraße aufweisen, da sie in größerer Entfernung liegen - quasi "Nebenstraßen der Nebenstraßen".

Abb.1: ÜBERSICHTSKARTE

Die nördliche Innenstadt in Frankfurt am Main

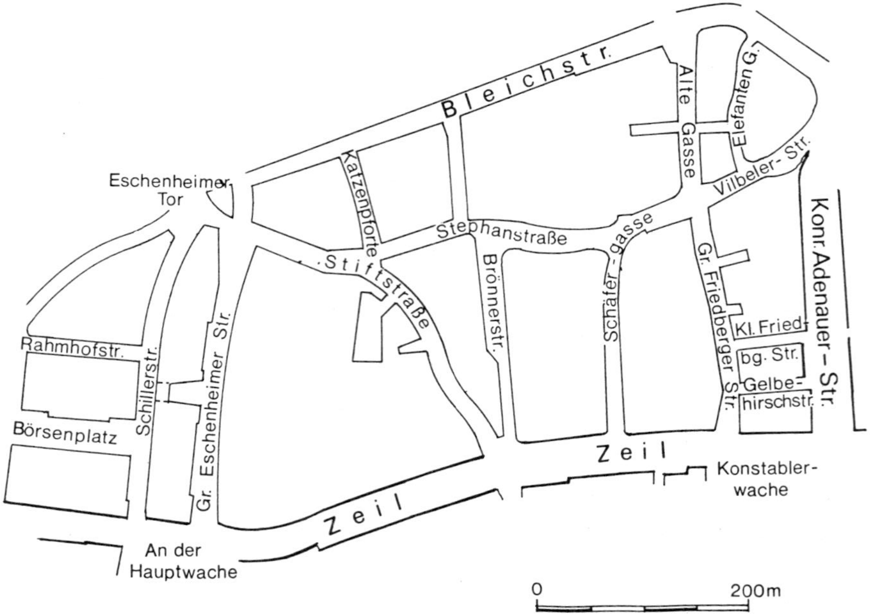

Man darf annehmen, daß das gewählte Untersuchungsgebiet einen zumindest halbwegs repräsentativen Eindruck von der Vielzahl der möglichen Typen von Nebenstraßen in der Stadtmitte vermittelt.

2. STRUKTURUNTERSUCHUNG DER NÖRDLICHEN INNENSTADT
2.1. Einige methodische Vorbemerkungen

Ein Ziel dieses Aufsatzes ist der Nachweis der Vielfalt möglicher Typen von Innenstadtnebenstraßen. Um ihre Stellung und Funktion im Gefüge des Stadtkerns nachzuweisen, müssen sinnvollerweise die Nutzungsstrukturen zugrundegelegt werden. In den in einer Straße vertretenen Nutzungen und in ihrem Zusammenwirken spiegelt sich die funktionale Stellung am ehesten wider. Gemeinhin werden der Einzelhandel, die Dienstleistungen sowie private und öffentliche Verwaltungen als für die Stadtmitte typisch angesehen; dazu tritt die Wohnfunktion.

In dem hier verfolgten Ansatz werden dementsprechend drei Nutzungsarten zugrundegelegt:

- Gewerbliche Einrichtungen
- Öffentliche Einrichtungen und öffentliche Verwaltungen
- Wohnungen.

Diese drei Nutzungsarten als höchste Aggregierungsstufen, die sinnvollerweise noch zulässig sein können, werden verwendet, um Straßentypen abzugrenzen. Für detaillierte Untersuchungen ist die Untergliederung der Nutzungsarten in feiner aufgeteilte Nutzungsguppen notwendig. Gliederndes Prinzip ist dabei jeweils die Publikumsintensität der Einrichtungen. Am Beispiel der gewerblichen Nutzungen wird dies deutlich: Einzelhandel und Dienstleistungen für private Haushalte repräsentieren die häufig besuchten Einrichtungen, die auf gut erreichbare, imagestarke Standorte angewiesen sind. Auf der gegenüberliegenden Seite der Gliederung finden sich die Büronutzungen, die sehr wenig Besuchsverkehr aufweisen und außerdem nur von Geschäftspartnern - und damit ebenfalls gewerblich Tätigen - aufgesucht werden. Die Einrichtungen der Nutzungsart "öffentliche Einrichtungen" ließen sich ebenfalls zwanglos nach dem Prinzip der Publikumsintensität gliedern. Beginnend mit Schulen, Kindergärten und anderen Einrichtungen für die Bürger als den nutzungsintensiven Formen, über die Dienststellen der öffentlichen Verwaltung - die zumindest zeitweise für das antragstellende Publikum offen sind - bis zu den technischen Verwaltungsstellen der kommunalen Versorgungsbetriebe, die überhaupt keinen Publikumsverkehr kennen (vgl. STADT FRANKFURT 1976).

Grundlagen der Strukturuntersuchung ist eine exakte Bestandsaufnahme der verschiedenen Nutzungen, einschließlich eines Maßes für den quantitativen Vergleich. Da die Geschoßflächen der Häuser nicht zur Verfügung stehen und somit keine Flächenzahlen oder -anteile für die Nutzungsgruppen angegeben werden können, werden im folgenden die Straßenfrontlängen (SFL) der Gebäude in Metern bzw. als Anteilswerte verwendet. Die Straßenfrontlängen gelten als ein Ersatzmaß für die Geschoßflächen (vgl. WOLF 1971).

2.2. Straßentypen in der nördlichen Innenstadt

Die verschiedenen Straßentypen, die sich für das Untersuchungsgebiet abgrenzen lassen, sind in der Abbildung 2 dargestellt. Gliederndes Prinzip sind die jeweiligen Verhältnisse der drei Nutzungsarten zueinander. Da jedem Typ mindestens zwei Straßen zugeordnet werden sollten, ergaben sich sechs Straßentypen:
- Gewerbestraßen
- überwiegend gewerblich genutzte Straßen
- gemischt genutzte Straßen
- überwiegend durch öffentliche Einrichtungen genutzte Straßen
- überwiegend durch Wohnnutzung gekennzeichnete Straßen.

2.2.1. Gewerbestraßen

Die von gewerblichen Einrichtungen dominierten Nebenstraßen finden sich überwiegend im Westen und Süden des Untersuchungsgebietes. Sie stoßen zumeist an den Zeil-Hauptwache-Bereich, das Haupteinkaufsareal also. Einzelhandel und Dienstleistungen für private Haushalte nehmen dabei breiten Raum ein. In der Schillerstraße, am Börsenplatz und in der Rahmhofstraße treten aber auch die Wirtschaftsbüros sowie die Einrichtungen von Verbänden und anderen Organisationen, Verwaltungsstellen von Banken und Versicherungen deutlich im Nutzungsbild hervor (vgl. Tab. 1). Gerade solche Einrichtungen gelten nach LICHTENBERGER (1972, 226) als "expansive Träger der Citybildung", somit als höherwertige Funktionen, als Indikatoren für die dynamische, attraktive Seite der Innenstadt. Ganz offensichtlich gehören gerade die Fußgängerzone Schillerstraße und der Börsenplatz zu den bevorzugten Nebenstraßen im Stadtkern.

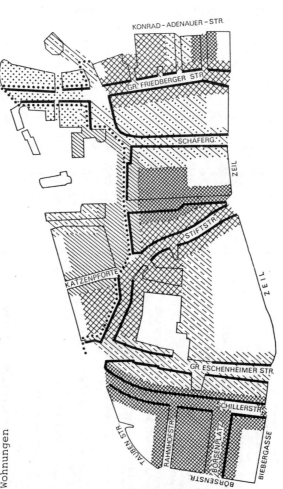

Abb. 2 STRASSENTYPEN IN DER NÖRDLICHEN INNENSTADT VON FRANKFURT AM MAIN 1984

Klassifiziert nach der anteilmäßigen Zusammensetzung der drei Nutzungsarten: Gewerbe, öffentliche Einrichtungen und Wohnungen

Tab. 1: Die Nutzungsstrukturen in der nördlichen Innenstadt 1984
Anteile der Nutzungsgruppen an den Straßenfrontlängen der einzelnen Straßen in %

	1	2	3	4	5	6	7	8	9	10	11	12	13	14	15	16	17	18
1. EINZELHANDEL	10,1	7,4	14,7	21,0	19,6	0,0	16,8	3,9	6,1	34,9	18,5	7,1	9,9	13,4	10,2	2,9	2,4	16,1
1.1 Bekleidung, Textilien, Schmuck	1,8	1,8	5,7	3,8	3,3	-	-	-	-	3,1	2,6	-	-	2,9	3,1	-	-	2,6
1.2 Wohnungseinrichtungsbedarf und Hausrat	4,8	5,6	4,5	3,9	1,9	-	3,7	1,8	3,0	5,2	11,6	-	9,9	8,7	3,2	-	-	4,6
1.3 Bildung, Kunst, Freizeit- und Unterhaltungsbedarf	3,5	-	1,4	0,7	0,9	-	-	2,1	2,3	0,4	3,0	6,1	-	-	2,3	2,9	2,4	1,5
1.4 sonstiger Einzelhandel	-	-	-	1,3	4,2	-	0,9	-	0,9	2,6	1,3	1,0	-	1,9	1,6	-	-	1,7
1.5 Kauf- und Warenhäuser	-	-	3,1	11,3	9,3	-	12,2	-	-	23,6	-	-	-	-	-	-	-	5,7
2. DIENSTLEISTUNGEN FÜR PRIVATE HAUSHALTE	1,0	11,1	19,6	3,9	5,2	6,3	18,3	3,4	3,9	17,8	10,4	35,8	7,5	13,0	9,1	37,5	37,6	11,2
2.1 Gaststätten, Beherbergungs- und Unterhaltungsbetriebe	-	8,1	6,2	1,3	3,0	-	4,1	-	0,6	13,7	4,1	34,9	-	9,3	5,5	30,9	33,3	5,7
2.2 Reisedienste	-	3,0	3,9	0,7	0,4	-	2,5	-	2,7	-	-	-	-	-	-	-	-	1,1
2.3 Dienstleistungen des Handwerks	0,5	-	0,9	0,8	0,6	-	1,4	-	-	0,8	3,4	0,9	7,5	1,3	1,5	-	1,4	1,2
2.4 Gesundheitswesen	0,5	-	4,4	0,3	1,1	-	5,4	3,4	-	2,0	1,5	-	-	-	-	-	-	1,5
2.5 sonstige Dienstleistungen	-	-	4,2	0,8	0,1	6,3	4,9	-	0,6	1,3	1,4	-	-	2,5	2,1	6,6	2,9	1,7
3. DIENSTLEISTUNGEN FÜR PRIVATE HAUSHALTE UND GEWERBLICHE NACHFRAGER	23,8	8,3	16,3	1,9	5,7	0,0	3,1	2,9	3,9	2,8	4,7	0,0	0,0	3,9	2,2	5,8	0,0	5,6
3.1 Kredit- und Versicherungsgewerbe	22,8	-	13,7	0,8	1,6	-	2,2	-	2,5	2,1	3,1	-	-	1,3	-	-	-	3,7
3.2 Rechtswesen	1,0	8,3	2,6	1,1	4,1	-	0,9	2,9	1,4	0,7	1,6	-	-	2,6	2,2	5,8	-	1,9
4. BÜRONUTZUNGEN (vornehmlich Wirtschaftsbüros)	43,9	73,2	26,1	16,3	22,0	21,2	24,8	7,5	5,3	5,2	10,2	0,0	19,3	3,9	5,2	0,0	0,0	16,5
4.1 Handels- und Industriebüros	5,1	3,0	4,6	0,6	4,7	18,9	9,7	3,9	2,2	2,0	5,7	-	13,1	1,3	1,2	-	-	4,1
4.2 Wirtschaftsdienste, Verlage, Immobilien- und Bauwesen	2,8	3,5	9,9	14,0	17,3	2,3	10,7	1,8	3,1	2,2	4,5	-	6,2	1,3	3,6	-	-	7,6
4.3 sonstige Büronutzungen	36,0	66,7	11,6	1,7	-	-	4,4	1,8	-	1,0	-	-	-	1,3	0,4	-	-	4,8
5. SONSTIGE GEWERBLICHE RÄUME	1,9	0,0	10,4	5,2	5,1	3,2	33,3	0,0	23,4	4,6	28,8	57,1	35,8	13,7	9,2	0,0	0,0	13,5
5.1 nicht genutzte (gewerbliche) Räume	-	-	3,0	1,1	4,2	3,2	1,5	-	23,4	2,8	14,5	6,1	13,1	2,6	3,1	-	-	5,8
5.2 Lagerräume	1,9	-	7,4	4,1	0,9	-	6,4	-	-	1,8	14,3	51,0	22,7	11,1	6,1	-	-	6,1
5.3 Parkhaus	-	-	-	-	-	-	25,4	-	-	-	-	-	-	-	-	-	-	1,6
6. ÖFFENTLICHE EINRICHTUNGEN UND VERWALTUNG	17,1	0,0	0,0	42,8	26,5	69,4	0,0	33,8	54,8	0,0	16,1	0,0	0,0	41,3	5,7	0,0	0,0	21,4
7. WOHNUNGEN	1,7	0,0	13,1	8,8	15,9	0,0	3,8	48,6	2,8	34,8	11,4	0,0	27,4	10,7	58,4	53,8	60,0	16,0

1 = Börsenplatz 2 = Rahmhofstraße 3 = Schillerstraße 4 = Gr. Eschenheimer Straße 5 = Stiftstraße 6 = Katzenpforte 7 = Brönnerstraße (Südteil) 8 = Brönnerstraße (Nordteil) 9 = Stephanstraße
10 = Schäfergasse 11 = Gr. Friedberger Straße 12 = Gelbhirschstraße 13 = Kleine Friedberger Straße 14 = Vilbeler Straße 15 = Alte Gasse 16 = Rosenbergerstraße 17 = Elefantengasse
18 = Untersuchungsgebiet insgesamt

Quelle: Eigene Erhebungen

Betrachtet man nun speziell den Einzelhandel und die Dienstleistungen, die ihm vergleichbar in Ladengeschäften angeboten werden, so zeigt sich, daß nicht alle Nebenstraßen in der nördlichen Innenstadt zum Ergänzungsgebiet der Haupteinkaufsstraße gehören. Die Katzenpforte, die nördiche Brönnerstraße, die Rosenbergerstraße und die Elefantengasse zeigen keine oder nur noch sehr lückenhaft Einzelhandelsgeschäfte. Somit kann man sagen, daß die Nordgrenze des Frankfurter Einkaufsgebietes vom Eschenheimer Tor durch die nördliche Stiftsstraße, die Stephanstraße, die nördliche Schäfergasse zur Vilbeler Straße verläuft. Nur am Eschenheimer Tor und in der Alten Gasse wird diese Linie nach Norden hin überschritten. Bei diesen beiden Straßen handelt es sich aber auch um Fußgängerzugangswege aus den nördlich angrenzenden Wohngebieten in den Einkaufsdistrikt.

Es fehlt nicht an Versuchen, für den Einzelhandel funkionale Viertel, i.S. von Ballungen miteinander konkurrierender Anbieter (= Konkurrenzagglomeration), nachzuweisen. Diesbezüglich läßt sich für die nördliche Innenstadt zeigen, daß solche funktional homogenen Areale - in denen also eine bestimmte Nutzungsgruppe derart dominiert, daß alle anderen auftretenden Branchen als unbedeutend angesehen werden können - nicht existieren. Selbst die Gr. Friedberger Straße, die gern als Beispiel für eine Möbeleinkaufsstraße angeführt wird, zeigt eine sehr heterogene Einzelhandelszusammensetzung, wenn auch Möbelgeschäfte großen Raum einnehmen (vgl. Tab. 2).

Vielmehr scheint sich eine Aufgliederung nach qualitativ homogenen Quartieren zu ergeben. Preislagen, Qualitätsstandards und die Exklusivität der angebotenen Sortimente sind wohl in der Schillerstraße am höchsten und nehmen tendenziell nach Osten hin ab. Besonders deutlich scheint dieses Gefälle bei den Anbietern von Damenoberbekleidung zu sein, wo sich ein Wandel von modisch-aktuellen zu mehr traditionellen Sortimenten bzw. eine Spezialisierung auf Übergrößen (Nischenfunktion) andeutet. Ein weiterer Hinweis auf die qualitativ höherwertige Stellung der westlich gelegenen Straßen ist das Auftreten von Reisebüros und Fremdenverkehrsämtern, sowie Zweigstellen von Geldinstituten und in gewissem Umfang von Ärzten und Zahnärzten.

Tab. 2: Nachweis funktionaler Viertel in der nördlichen Innenstadt 1984
Berechnung des "Kombinationsindex" der Nutzungszusammensetzung nach HAGGETT (1973)
für die Straßen des Untersuchungsgebietes.

Straße	Geschoß[1]	Anzahl NG in Real-[2] situation	Modell-situation	Angleichungs-grad in %[3]	Nutzungszusammensetzung der Modellkombination Folgende Nutzungsgruppen[4] reichen zur Beschreibung der Nutzungsstruktur aus:
Börsenplatz	EG	7	4	86,0	4.3 - 1.3 - 3.1 - 1.1
	OG	9	3	80,6	4.3 - 3.1 - 6
Rahmhof-straße	EG	3	2	88,6	2.1 - 1.2
	OG	4	1	79,5	4.3
Schiller-straße	EG	9	5	85,9	1.1 - 1.2 - 1.4 - 2.1 - 3.1
	OG	16	9	85,8	7 - 3.1 - 4.3 - 4.2 - 5.2 - 4.1 - 2.4 - 2.1 - 2.5
Gr. Eschen-heimer Str.	EG	11	6	93,2	6 - 1.1 - 1.2 - 1.5 - 1.4 - 2.1
	OG	17	4	83,2	6 - 4.2 - 1.5 - 7
Stift-straße	EG	14	9	90,9	1.4 - 1.1 - 6 - 2.1 - 1.5 - 1.2 - 5.1 - 4.2 - 1.3
	OG	12	4	79,9	6 - 4.2 - 7 - 1.5
Katzen-pforte	EG	2	1	88,7	6
	OG	4	2	88,2	6 - 4.1
Brönner-straße (Süd)	EG	10	7	87,8	1.2 - 1.5 - 2.1 - 5.3 - 5.2 - 1.4 - 5.1
	OG	15	9	90,2	5.3 - 4.2 - 4.1 - 1.5 - 2.4 - 5.2 - 2.5 - 4.3 - 7
Brönner-straße (Nord)	EG	6	2	78,3	6 - 7
	OG	7	2	83,9	7 - 6
Stephan-straße	EG	7	4	86,8	6 - 1.2 - 2.2 - 3.1
	OG	10	2	82,4	6 - 5.1
Schäfer-gasse	EG	10	5	86,1	1.5 - 1.2 - 2.1 - 1.1 - 1.4
	OG	16	3	79,4	7 - 1.5 - 2.1
Gr. Fried-berger Str.	EG	9	7	94,6	1.2 - 2.1 - 5.1 - 5.2 - 2.3 - 1.4 - 1.1
	OG	16	7	83,1	6 - 5.1 - 5.2 - 7 - 4.1 - 4.2 - 1.2
Gelbhirsch-straße	EG	5	3	90,1	5.2 - 2.1 - 1.3
	OG	4	2	88,8	5.2 - 2.1
Kl. Fried-berger Str.	EG	3	2	84,0	1.2 - 5.2
	OG	6	4	87,0	7 - 5.2 - 5.1 - 4.1
Vilbeler Straße	EG	5	5	100,0	6 - 1.2 - 1.1 - 2.1 - 1.4
	OG	12	5	83,0	6 - 5.2 - 7 - 2.1 - 1.2
Alte Gasse	EG	12	9	91,0	2.1 - 1.2 - 1.1 - 1.3 - 4.2 - 1.4 - 2.3 - 5.1 - 7
	OG	9	1	73,9	7
Rosenberger-straße	EG	3	1	77,6	2.1
	OG	3	1	70,4	7
Elefanten-gasse	EG	5	3	83,7	2.1 - 7 - 1.2
	OG	2	2	100,0	7 - 2.1

Quelle: Eigene Erhebungen

1) EG = Erdgeschoß, OG = alle Obergeschosse zusammen
2) siehe Tabelle 1
3) Angleichungsgrad. Es werden die in Tabelle 1 ausgewiesenen Anteile der Nutzungsgruppen, die in der Modellkombination ermittelt wurden, aufaddiert
4) Die Zahlenkombinationen beziehen sich auf Tabelle 1

2.2.2. Innenstadtnebenstraßen als Standorte von Nischenfunktionen

Auf das Phänomen der sog. "Nischen" oder "Nischenfunktionen" wurde bereits kurz hingewiesen: Von der Stadtplanung wird der Schutz ihrer Existenz als Begründung dafür verwendet, bestimmte Areale aus dem Gestaltungskonzept für die Innenstadt herauszunehmen. Bleibt die Frage, ob Innenstadtnebenstraßen die bevorzugten Standorte solcher Nischenfunktionen sind?

Zuvor sollte aber eine Definition von "Nischen" erfolgen. Im funktionalen Sinne wären solche Einrichtungen als Nischen anzusehen, die sich auf einen Bereich des wirtschaftlichen oder gesellschaftlichen Leistungssytems spezialisiert haben, der von anderen Einrichtungen nur unzureichend abgedeckt wird, oder die eine bestimmte Leistung in einer Art erbringen, die als "untypisch" betrachtet werden muß. In dieser Verwendung ähnelt der Begriff dem der Marktlücke, ohne aber auf gewerbliche Einrichtungen beschränkt zu sein und ohne den Beiklang von innovatorisch-aggresivem Marktverhalten.

Diese funktionale Nische kann also definiert werden als ein in irgendeiner Weise (Art, Ausmaß, Aufmachung oder Sortiment des Angebots) vom - für den jeweiligen Zeitpunkt und die jeweilige Bedarfsstufe - "gängigen", "normalen" und durchschnittlichen Standard abweichender Anbieter von Gütern und Diensten.

Eine so definierte funktionale Nische kann kaum "absolut" dargestellt und nachgewiesen werden. Vielmehr muß die Darstellung eine relative Einordnung im Verhältnis zum "Durchschnitts-"Angehörigen der Bedarfsstufe und Gütergruppe liefern. Geschäfte, die als Nischen anzusprechen sind, müßten sich durch deutlich abweichende Merkmalsausprägungen von den jeweiligen "Normalanbietern" (als den häufigsten, eben durchschnittlichen Anbietern) ihrer Branche abheben.

Will man Nischen isolieren, muß man zunächst einmal die Einrichtungen ausscheiden, die ein standardisiertes Massenangebot führen. Es verbleiben dann noch hochrangige Spezialfunktionen und eben Nischenfunktionen im Netz. Durch eine Charakterisierung der jeweils angesprochenen Kundenkreise, durch den Vergleich der angebotenen Güter und Leistungen, sodann durch die Ermittlung der Bezugsquellen kann man sich langsam dahin vortasten, Nischen zu finden.

Eine entsprechende Befragung von Einzelhandelsgeschäften in der nördlichen Innenstadt war wegen der mangelnden Antwortbereitschaft so wenig aussagekräftig, daß auf eine Darstellung der Ergebnisse verzichtet wird. Statt dessen möchte ich nur einige Fälle nennen, die wahrscheinlich als funktionale Nischen gelten können, wenn ich auch den Beweis schuldig bleiben muß. Da sind zunächst die schon erwähnten Bekleidungsgeschäfte, die sich auf Übergrößen spezialisiert haben, ein Laden für gebrauchte Werkzeuge, ein Spielzeugladen, der ausschließlich Holzspielzeug führt, sodann ein Geschäft, das gebrauchtes Spielzeug aufkauft und an Sammler weiterveräußert. Ein Knopfladen oder der Tante-Emma-Laden an der Ecke sind weitere Beispiele.

An dieser kleinen Beispielsammlung wird auch deutlich, warum man nicht einfach "Nische" und "Marktlücke" gleichsetzen kann und warum der Zeitpunkt der Betrachtung wichtig ist. Ein Teil der Läden - z.B. die Second-Hand-Shops - hat sicherlich Marktlücken entdeckt; der Tante-Emma-Laden dagegen ist ein Relikt einer ehemals üblichen, und damals auch "normalen" Verkaufsform im Einzelhandel. Erst die Ausbreitung von Supermärkten hat diese kleinen Läden zu Überbleibseln einer älteren Generation von kommerziellen Einrichtungen degradiert.

2.2.3. Wohnnutzung in den Innenstadtnebenstraßen

Die Wohnnutzung in der nördlichen Innenstadt konzentriert sich im wesentlichen auf die nördlichen Abschnitte. Der Nordteil der Brönnerstraße, die Schäfergasse sowie die Alte Gasse und ihre Seitenstraßen weisen erhebliche Anteile an Wohnungen an der Gebäudenutzung auf. Rings um die Alte Gasse liegen die eigentlichen Wohnstraßen (vgl. Abb. 2 u. Abb. 3). Dieser Typ von Innenstadtnebenstraßen kann als ein Indikator dafür angesehen werden, daß das betreffende Areal zu den rückwärtigen Gebieten der City zählt (vgl. VORLAUFER 1981). Büronutzungen sind selten, die Obergeschosse sind dementsprechend überwiegend oder sogar ausschließlich durch Wohnungen belegt.

Die Wohnbevölkerung läßt sich mit wenigen Sätzen charakterisieren (vgl. auch Tab. 3 und Abb. 4): Die Innenstadt gilt allgemein als ein Domizil der wirtschaftlich aktiven Jahrgänge. Die Alterspyramide (vgl. Abb. 4) belegt dies ganz deutlich. Zudem zeigt sich ein deutlicher Männerüberschuß in diesen Jahrgängen, der hauptsächlich auf den hohen Anteil von ausländischen Männern zurückzuführen ist. Der Ausländeranteil liegt mit 49,7 % nur knapp unter dem Durchschnitt der gesamten Innenstadt (50,8 %, nach Angaben des Statistischen Amtes der Stadt). Die im Durchschnitt geringe mittlere Wohndauer von etwa 7 1/2 Jahren - mit einer Spannbreite von knapp 4 Jahren bis über 17 Jahren - kann wohl als Beleg dafür

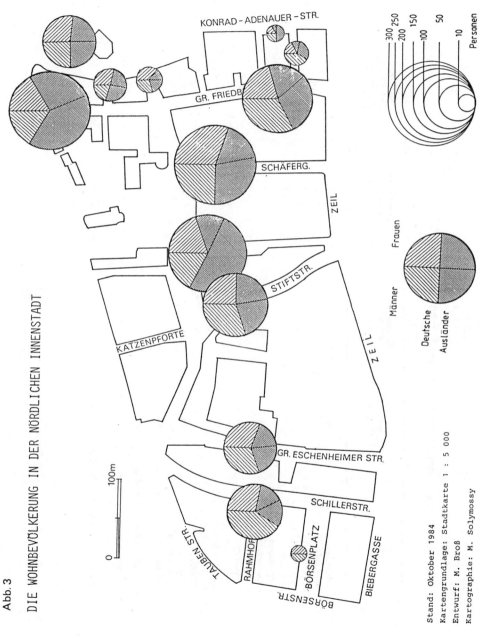

Abb. 3 DIE WOHNBEVÖLKERUNG IN DER NÖRDLICHEN INNENSTADT

Stand: Oktober 1984
Kartengrundlage: Stadtkarte 1 : 5 000
Entwurf: M. Broß
Kartographie: M. Solymossy

Tab. 3: Die Wohnbevölkerung in den Straßen der nördlichen Innenstadt 1984

	Zahl der gemeldeten Personen	davon Ausländer abs.	in %	Geschlechterproportion Männer pro 100 Frauen	mittlere Wohndauer in Jahren
Börsenplatz	10	0	0	100,0	17,4
Rahmhofstraße	0	-	-	-	-
Schillerstraße	125	39	31,2	135,8	7,7
Gr. Eschenheimer Str.	117	46	39,3	132,6	9,0
Stiftstraße	182	81	44,5	114,1	9,2
Katzenpforte	0	-	-	-	-
Brönnerstraße	231	145	62,8	216,4	5,9
Stephanstraße	0	-	-	-	-
Schäfergasse	270	121	44,8	116,0	7,4
Gr. Friedberger Str.	186	87	46,8	162,0	7,9
Gelbehirschstraße	22	9	40,9	266,7	3,8
Kl. Friedberger Str.	12	7	58,3	300,0	10,8
Vilbeler Str.	28	10	35,7	75,0	9,0
Alte Gasse	248	168	67,7	129,6	5,4
Rosenbergstraße	45	23	51,1	87,5	6,8
Elefantengasse	133	54	47,8	98,2	7,7
Gesamtes Untersuchungsgebiet	1589	790	49,7	133,0	7,3

Quelle: Stadt Frankfurt/Main - Einwohnermeldeamt

Abb. 4

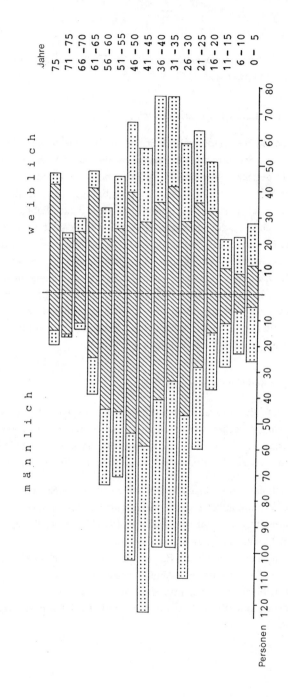

DIE ALTERSZUSAMMENSETZUNG DER WOHNBEVÖLKERUNG IM UNTERSUCHUNGSGEBIET 1984

Quelle: Einwohnermeldeamt der Stadt Frankfurt am Main

gelten, daß die Innenstadtnebenstraßen für die Menschen nur eine "Durchgangsstation" als Wohnplatz sind.

2.2.4. Die Standorte öffentlicher Einrichtungen

Die Nutzungen, die hier zusammengefaßt sind, stellen eine ziemlich heterogene Gruppe dar, was ihre Standortanforderungen bzw. die Berechtigung eines zentralen Standortes in der Stadtmitte angeht. Neben den nutzungsintensiven Einrichtungen, wie eine Schule und Kindergärten, die dorthin gehören, wo die entsprechenden Nachfrager leben, stehen Verwaltungen ohne jeglichen Publikumsverkehr (z.B. Fernmeldehochhaus), die einen so zentralen Standort eigentlich nicht benötigen. Gerade die Post ist in den Nutzungsstrukturen auffallend stark vertreten. In der Großen Eschenheimer Straße, in der nördlichen Brönnerstraße, der Stephanstraße und der Katzenpforte nimmt sie einen Großteil der Gebäude in Anspruch. Entsprechend dem hohen Anteil der Nutzungsart "öffentliche Einrichtungen" gehören diese Straßen zum durch öffentliche Einrichtungen dominierten Typ oder können - wie im Fall der Großen Eschenheimer Straße und der nördlichen Brönnerstraße - als Mischtyp klassifiziert werden (vgl. Abb. 2).

2.2.5. Straßentypen und Nutzungswandel

Als Ergebnis läßt sich feststellen, daß die Innenstadtnebenstraßen teilweise als Einkaufsstraßen angesprochen werden können. Dabei läßt sich aber keine funktionale, branchenspezifische Sortierung der Geschäfte nachweisen, wohl aber eine qualitative, auf die angestrebte Kundschaft ausgerichtete Differenzierung.

Außer der Einteilung in Einkaufsstraßen und Nicht-Einkaufsstraßen lassen sich Typen ähnlicher Zusammensetzung der Nutzungsstrukturen ausgliedern. Je nach dem Ausmaß des Auftretens der drei Nutzungsarten Gewerbe, Wohnungen und öffentliche Einrichtungen lassen sich unterscheiden:
- Gewerbestraßen, in denen vor allem Büronutzungen, aber auch Dienstleistungen, Einzelhandel und Lagerräume hohe Anteile aufweisen;
- Wohnstraßen, in denen die Wohnnutzung dominiert, und
- Straßen, in denen öffentliche Einrichtungen und die öffentliche Verwaltung dominant sind.

Die Abfolge der Straßentypen spiegelt dabei ein Süd-Nord-Gefälle und eine überlagerndes West-Ost-Gefälle wider. Das Süd-Nord-Gefälle läßt sich dabei als der zentral-periphere Nutzungswandel vom Kern des Geschäftsgebietes zu seinem Rand und darüber hinaus, in die transitorische Umgebung des Kerns, interpretieren. Die Unterschiede in West-Ost-Richtung sind ein Ausdruck der die gesamte Innenstadt beherrschenden Asymmetrie in Funktion, Entwicklungsdynamik, Verwertungspotential und Lagequalitäten.

3. DAS ERSCHEINUNGSBILD - MEHR ALS NUR DER SCHÖNE SCHEIN

3.1. Orientierungsmöglichkeit als Grundbedürfnis der Menschen

Über die Bedeutung des Erscheinungsbildes einer Straße ist schon einiges gesagt worden. Ganz allgemein kann man vermuten, daß seine Qualität von ebenso großer Bedeutung sein kann, wie die durch Läden, Büros, Wohnungen und sonstige Einrichtungen gegebene "Benutzbarkeit" des Raumes. Gerade die Physiognomie eines Stadtteiles oder einer Straße, das spezifische Straßenbild mit seiner Fülle - oder dem Mangel - an visuellen Reizen ist mitentscheidend für das Wohlbefinden der Menschen in der Stadt.

Auch die Stadtplaner haben erkannt, daß die Gestaltung des öffentlichen Raumes, sei es durch private oder öffentliche Baumaßnahmen, ein integraler Bestandteil jeder ernsthaft betriebenen Stadtplanung sein muß. Für Frankfurt am Main wurde im Stadtteilentwicklungsplan Innenstadt der Versuch unternommen, die "Grundbedürfnisse eines Stadt-'Benutzers' an seine Umwelt" zu definieren und die städtischen Räume daraufhin "abzuklopfen", ob sie diese Bedürfnisse nach Orientierung, Abwechslung und Anregung, Schönheit sowie emotionaler Beziehung zur gebauten Umwelt erfüllen und erfüllen können (vgl. STADT FRANKFURT 1976, 85). Auch wurde hier versucht, das Zusammenfallen von Räumen, in denen sich ein intensives städtisches Leben entwickelt hat, mit ansprechend gestalteten Arealen zu überprüfen.

Das Urteil war vernichtend: So wurde weiten Teilen der Innenstadt "der eigenartige Eindruck eines pulsierenden Stadtkerns ohne entsprechende bauliche Ordnung und Orientierungsmöglichkeit" (STADT FRANKFURT 1976, 95) bescheinigt. Die Feststellung, "Ein Durchschreiten vermittelt bei aller Hektik des Geschehens eine gewisse Art von baulicher Spannungslosigkeit, die rasch ermüdet"

(STADT FRANKFURT 1976, 95), gilt weitgehend auch heute noch. Trotz aller gestalterischen Maßnahmen, durch die Teile des Einkaufsgebietes in den letzten Jahren "verschönert" wurden, stellt sich nach Geschäftsschluß - wenn die Menschen schlagartig aus diesem Gebiet hinausdiffundieren - beim Betrachter das Unbehagen mit Architektur und Gestaltung der Einkaufsstraßen immer noch ein. Es verwundert daher nicht, daß der Leitplan für die Innenstadt von Frankfurt (vgl. STADT FRANKFURT 1983; vgl. auch SPEER 1984) der "Leitvorstellung Orientierbarkeit" relativ breiten Raum widmet. Orientierbarkeit ist nur ein Synonym für "städtebauliche Gestaltung", denn Orientierbarkeit in der Stadtmitte soll den Menschen durch eine entsprechend gestaltete bauliche Umwelt erleichtert oder überhaupt erst ermöglicht werden.

Die Ideen der Stadtplanung für die Nebenstraßen im Stadtkern werden noch einmal aufgegriffen, im folgenden soll nun eine Stadtbildanalyse entwickelt und für das Untersuchungsgebiet durchgeführt werden.

3.2. Stadtbildanalyse - Inventarisierung des Untersuchungsgebietes

Schon bei einer oberflächlichen Betrachtung der Erscheinungsbilder der Straßen in der nördlichen Innenstadt - etwa im Rahmen einer Begehung - zeigt sich ein vielfältiges, uneinheitliches Bild. Neben Räumen mit einer gelungenen, ansprechenden Gestaltung stehen solche mit mehr oder weniger gravierenden Gestaltungsmängeln - Mängeln, die sich mit den Vorstellungen vom Stadtkern als der repräsentativen Mitte der Stadt kaum vereinbaren lassen.

Einen ersten Überblick über die wesentlichen Gestaltungsdefizite bietet die Abbildung 5. Mit Hilfe einer einfachen Stadtbildanalyse werden die wichtigsten Komponenten des Stadtbilds und seine schwerwiegendsten Störungen inventarisiert. Die Darstellung lehnt sich in der Methode an die vom Bundesministerium für Raumordnung, Bauwesen und Städtebau herausgegebene Studie "STADTBILD UND GESTALTUNG. Modellvorhaben Hameln" (1983) an.

Die wichtigsten Mängel des Erscheinungsbildes lassen sich rasch aufzählen: Es fehlen im östlichen Teil des Untersuchungsgebietes großräumig die raumbildenden Wände, was auch als Indikator für die geringere Wertigkeit dieses Areals angesehen werden kann. Eine gestörte räumliche Begrenzung geht in der Regel einher mit dem Vorhandensein von ungeordneten Bereichen, die sich dem Auge dann besonders schonungslos präsentieren. Daneben existieren zahlreiche und meist

Abb. 5
STADTBILDANALYSE
DER NÖRDLICHEN INNENSTADT 1984

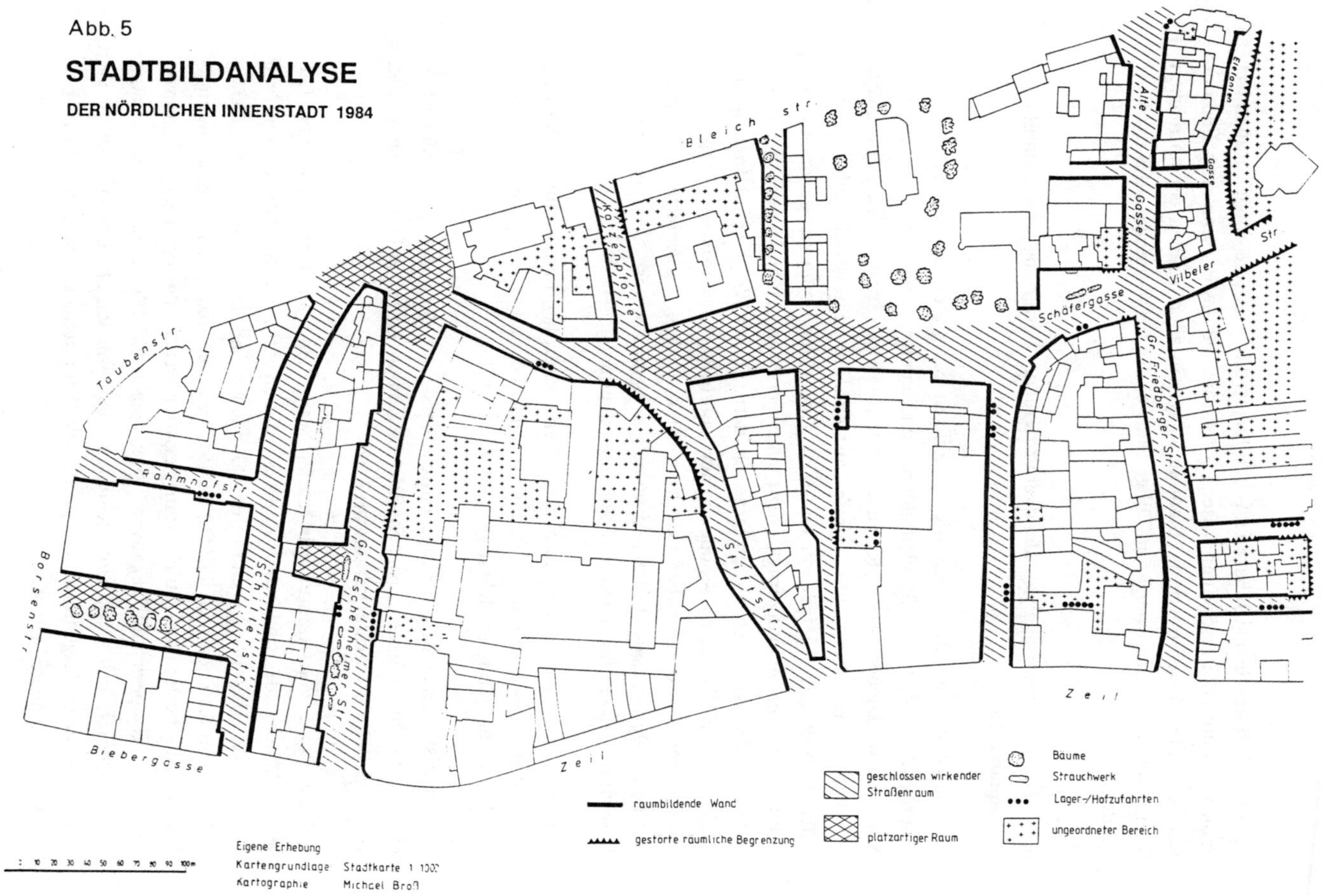

auch ziemlich deutlich sichtbare Hof- und Lagereinfahrten, die einige Straßen wie häßliche Hinterhöfe erscheinen lassen. Mit Ausnahme des Börsenplatzes und der Schillerstraße können durch die Stadtbildanalyse in allen Straßen der nördlichen Innenstadt mehr oder weniger auffällige Mängel des Erscheinungsbildes markiert werden.

3.3. Die Aspektwertanalyse als quantifizierende Bewertung von Anmutungsqualitäten

Es stellt sich nun die Frage, wie es gelingen kann, diese auf den ersten Blick chaotische Vielfalt von Straßenbildern miteinander vergleichbar zu machen. Natürlich wird jeder Betrachter zu einer ihm eigenen, persönlichen Hierarchie kommen. Es geht aber nicht darum festzustellen, diese Straße sei "schön", jene sei "häßlich" oder "diese gefällt mir besser als jene". Wenn man nur genügend viele Leute nach ihrer Meinung fragt, erhält man irgendwann einen Überblick über die Ansichten der Menschen zu den Straßenbildern. Dieser Weg einer Befragung der Anlieger und Passanten - oder einer sonstwie ausgewählten Gruppe von "Testpersonen" - soll hier aber nicht beschritten werden. Das Anliegen ist, vermittels einer Methode, die leicht und schnell zu handhaben ist, eine vergleichende Bewertung der verschiedenen Straßenbilder zu ermöglichen.

Eine solche - aufgrund eines einheitlichen und explizit dargestellten Schlüssels gewonnene - Bewertung soll auch die Gegenüberstellung von Nutzungsstrukturen und Erscheinungsbild erleichtern.

Zunächst einmal ist die Frage entscheidend, was denn das Erscheinungsbild eines städtischen Raumes ausmacht. Welche Komponenten sind ursächlich für den Eindruck beim Betrachter verantwortlich?

Eine Reihe von Autoren gibt darauf weitgehend ähnliche Antworten: Die Grundelemente des städtischen Raumes - die eigentlichen "Kernstrukturen" (vgl. SCHIRMACHER 1975) - sind in den Gebäuden und den zwischengebäudlichen Flächen und Räumen (vgl. TEMLITZ 1975) zu identifizieren. Das Erscheinungsbild der Stadt oder einer Straße kann begriffen werden aus der Komposition von "positiven" Körpern und "negativem" (von "positiven" Elementen freiem) Raum (vgl. TANGHE 1976). Die Unterschiede in den visuellen Qualitäten einer Straße werden durch die Eigenschaften - primär die Anordnung zueinander - dieser beiden Grundelemente bewirkt.

Damit überhaupt der Eindruck eines (städtischen) Raumes entsteht, müssen die Gebäude - zwischen denen er besteht - raumbildend sein. Die Baumassen müssen sich so anordnen, daß sie den Raum umgrenzen, begrenzen, also definieren. Die Anordnung der Gebäude zueinander entscheidet darüber, ob ein Raum "geschaffen" wird und wie er beschaffen ist, welche Form er besitzt und wie deutlich er sich dem Auge des Betrachters darbietet.

Die erlebbare Erscheinungsform eines städtischen Teilgebietes kann als eine Gestalt (i.S. der Gestaltpsychologie) begriffen werden. Die Grundelemente, aus denen sich solche Gestalten aufbauen, wurden in den städtischen Räumen und den Baukörpern identifiziert. Daneben existieren natürlich weitere Elemente, die die Gestalt zwar nicht grundlegend aufbauen, wohl aber zu ihrem jeweils spezifischen Charakter beitragen.

Die Wahrnehmung von Gestalten kann als Informationsprozeß interpretiert werden. Die Elemente, aus denen sich eine Gestalt oder ein Gestaltkomplex aufbauen, fungieren dabei als Informationsträger. Die Informationsmenge, die für den Betrachter wirksam wird, hängt dann von der Zahl und den Anordnungseigenschaften der wahrgenommenen Elemente ab. Die Morphologie der Stadt kann in diesem Sinne als "Informationspotential für das sinnliche Erleben" (GEYER 1983, 262) verstanden werden.

Mit Hilfe von Zahlenwerten soll für die einzelnen Teilgebiete des Untersuchungsraumes eben dieses Informationspotential bestimmt und eine vergleichende Betrachtung der Gestaltungsqualitäten erleichtert werden. Dabei wird die vielfältigste Raumausstattung den höchsten Zahlenwert, die undifferenzierteste den niedrigsten erhalten.

GEYER (1983) entwickelte ein Verfahren zur Bestimmung des Informationsgehalts von Naturlandschaften. Diese Methode soll dahingehend modifiziert werden, daß sie auf "Stadtlandschaften" oder allgemeiner auf die durch den Menschen geschaffenen und geformten Räume angewendet werden kann. Bei seiner Analyse der Eindruckswirkung von Naturlandschaften arbeitete GEYER mit zwei Hauptdimensionen und einer Anzahl von sekundären (akzessorischen) Merkmalen. Entsprechend wird auch hier mit zwei Hauptdimensionen - Raumorganisation und gestalterische Organisation - und jeweils den beiden Hauptdimensionen zugeordneten Gruppen von akzessorischen Elementen gearbeitet (vgl. Tab. 4 u. Tab. 5).

Die Hauptdimension "Räumliche Organisation" umfaßt dabei das "Produkt", das durch die Anordnung der Elemente (Baukörper) entsteht. In der "gestalterischen Organisation" soll das Informationspotential der Fassadengestaltung erfaßt werden. Jedoch werden hier nicht einzelne Fassaden betrachtet, sondern die Gesamtheit der Fassaden in dem entsprechenden Raum.

Die akzessorischen Elemente beider Hauptdimensionen (vgl. Tab. 5) wurden empirisch ermittelt und stellen eine Aufzählung dessen dar, was in dem Untersuchungsgebiet registriert wurde. Bei ihrer Bewertung wird innerhalb jeder Reihe nur das jeweils höchstwertige Element in die Zählung aufgenommen, sofern sich nicht die einzelnen Glieder der Reihe von selbst gegenseitig ausschließen. Die Intensitätsstufung wird dabei so gewählt, daß auffälligere, das Stadtbild stärker prägende Elementausbildungen mit höheren Werten belegt werden.

Hieraus werden die sogenannten Aspektwerte (A) berechnet, und zwar nach folgender Formel:

$$A = \prod_{i=1}^{2} \left(H_i + \sum_{j=1}^{n} e_{ij} \right)$$

mit: H_i = Intensität der jeweiligen Hauptdimension
e_{ij} = Intensitätswerte der akzessorischen Elemente der jeweiligen Hauptdimension

Die Aspektwerte städtischer Räume können zwischen 1 und 506 liegen. Der Wert 1 kennzeichnet dabei einen aufgelöst erscheinenden Bereich ohne städtebauliche Raumorganisation mit Gebäuden, die keine Abwechslung und Gestaltung an den Fassaden zeigen. Er ist überdies völlig frei von akzessorischen Gestaltungselementen.

Von der Hauptdimension "Raumorganisation" her gehören die meisten Einheiten dem Typ C3 (= normale Straße mit Blockrandbebauung) an, was bei ihrer Lage in der Innenstadt nicht verwundert. Die Hauptdimension "gestalterische Organisation" spiegelt durch das dominante Auftreten der Typen D2 und F2 sehr deutlich die bauliche Heterogenität und das Fehlen wirklich geschlossener Areale

Tab. 4: Hauptdimensionen der Aspektwertanalyse

1. Räumliche Organisation

A4: vollständiger Platz mit klar definierten platzbildenden Wänden, Zugänge nicht auffallend, fast "innenhofartig";

A3: normaler Platz mit klar definierten Wänden, Zugangswege deutlich sichtbar, teilweise Durchblick in andere Areale;

A2: angedeutete Platzbildung, teilweise unklar definierte Platzwände, Platzcharakter primär durch Geometrie der Bodenfläche erzeugt;

B1: aufgelöster Raum, keine klar definierten Wände, Vieldeutigkeit der Wandrichtungen

C2: angedeutete Straßenbildung, langgestreckter, ordnender Effekt primär durch die Fahrbahn/Gehwege erzeugt;

C3: normale Straße mit Blockrandbebauung;

C4: enge, verwinkelte "Altstadtstraße".

2. Gestalterische Organisation

D4: avantgardistisches, ausdrucksvolles Neubauensemble;

D3: Neubau-Ensemble, aufeinander abgestimmte Häuser mit typischen Zügen für Neubauten;

D2: stillose Neubauten mit vereinzelten Altbauten;

E1: langgestreckte, monotone Einheitsfassaden;

F2: Altbauten, bei denen keine Ensemble-Wirkung mehr zustande kommt, stillose Neubauten stören den Eindruck

F3: Altbau-Ensemble;

F4: repräsentatives Altbau-Ensemble.

Tab. 5: Die akzessorischen Elemente der Gestaltanalyse

1. Akzessorische Elemente der Raumorganisation
   a1: einzelne Bäume - a2: geschlossene Baumreihe - a3: Park oder Anlage
   b1: Bänke oder Blumenkübel im Straßenraum - b2: beides
   c1: Straßencafé, Marktstand, Verkaufsbude - c2: Kombination von Elementen unter c1
   d1: bes. gestaltete Laternen, Statuen oder Brunnen - d2: Kombination aus zwei Elementen
   d3: Kombination aus allen Elementen
   e1: Litfaßsäule oder Telephonzelle - e2: beides
   f1: leicht gekrümmter Raumverlauf - f2: stark gekrümmter Raumverlauf (nur bei Straßen C2 bis C4)
   g1: parkende Autos - g2: fahrende Autos
   h1: verweilende Menschen - h2: Passanten

2. Akzessorische Elemente der gestalterischen Organisation
   aa1: einfache Schriftreklame oder Aushänger - aa2: beleuchtete Schriftreklame oder Neonaushänger
   aa3: Kombination aus allen Elementen
   bb1: einzelne Schaufenster - bb2: unterbrochene Schaufensterfront
   bb3: geschlossene Schaufensterfront
   cc2: Passagen
   dd1: Markisen - dd2: Vordächer - dd3: Arkaden
   ee1: Blumenkästen am Haus - ee2: kleine Balkons oder Erker - ee3: große Balkons, Erker oder Loggien
   ff2: mehrere auffallend gestaltete, in sich abwechslungsreiche Fassaden
   gg2: vom Raumanspruch her dominantes Gebäude in der Straßen- oder Platzwand
   gg3: wie gg2; jedoch mit besonders auffallender Gestaltung

Abb. 6

DAS ERSCHEINUNGSBILD DER STRASSEN IN DER NÖRDLICHEN INNENSTADT VON FRANKFURT AM MAIN DARGESTELLT ANHAND VON ASPEKTWERTEN

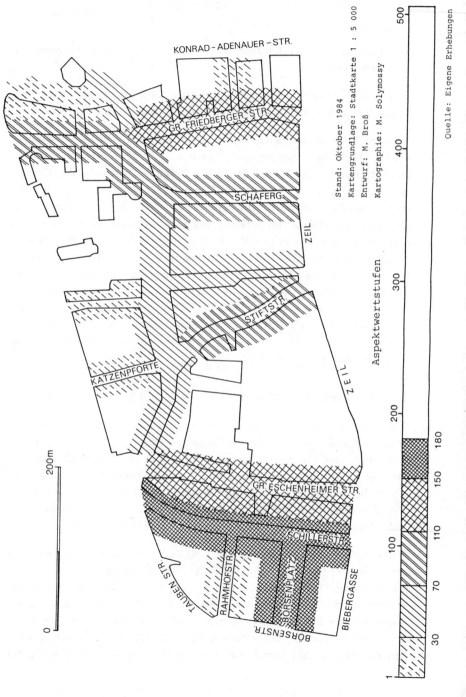

mit einer gleichartigen, aufeinander abgestimmten (konzeptionell zusammenhängenden) Bebauung.

Die Unterschiede in den Aspektwerten gehen damit hauptsächlich auf Unterschiede bei der Ausstattung mit akzessorischen Elementen zurück (vgl. Abb. 6).

Generell läßt sich festhalten, daß die Aspektwerte von West nach Ost kleiner werden. Desgleichen fallen sie von Süd nach Nord hin ab. Kurze Straßen weisen geringere Werte auf als längere. Das liegt z.T. natürlich daran, daß die "Chance" einer langen Straße, in ihrem Verlauf verschiedene gestaltbildende Elemente aufzuweisen, die in die Berechnung eingehen, größer ist. Die Aspektwerte spiegeln aber auch die (funktionale) Arbeitsteilung zwischen den Straßen. Gebiete, in denen der Einzelhandel keine oder nur eine geringe Rolle spielt, weisen zwangsläufig niedrigere Aspektwerte auf, da hier eine Reihe von akzessorischen Elementen (z.B. Schaufenster, Reklame) auf alle Fälle entfällt. Wohnstraßen erreichen damit von vornherein nur geringe Aspektwerte, d.h. ihr Informationspotential ist geringer als das von Geschäftsstraßen. Ebenfalls durch niedrige Aspektwerte gekennzeichnet sind solche Straßen, die von publikumsextensiven öffentlichen Verwaltungen dominiert werden. Auch hier entfallen die akzessorischen Elemente nahezu vollständig.

4. DIE INNENSTADTNEBENSTRASSEN IN DER STADTPLANUNG

Im 1. Kapitel dieses Aufsatzes wurde bereits angedeutet, daß die Innenstadtnebenstraßen auch ein Thema für die Stadtplaner darstellen. Zwangsläufig - muß man sagen, denn eine Planung ausschließlich für die Hauptlagen ist wegen der funktionalen Interdependenz aller Teilgebiete im Stadtkern nicht möglich. Aber gibt es auch Ideen und Vorstellungen, die sich direkt mit diesen Nebenstraßen befassen? Welche Ideen sind das? Wie muß man solche Ansätze werten und wie wahrscheinlich ist es, daß sich die Vorstellungen verwirklichen lassen?

Das neueste vorliegende Planungswerk der Stadt Frankfurt ist der Leitplan vom Dezember 1983 (vgl. STADT FRANKFURT 1983), der in groben Zügen die Entwicklungsideen für die Innenstadt und die benachbarten Stadtteile vorstellt. Die Straßen der nördlichen Innenstadt werden im Leitplan als "Mischgebiet" ausgewiesen. Einzelne Straßen erscheinen zudem noch als Bereiche des "regionalen und städtischen Einkaufens", wobei diese Kategorie auffallend mit den schon bestehenden Einkaufsstraßen übereinstimmt. Daraus kann man den Schluß ziehen, daß

Veränderungen bei den Einkaufsstraßen nicht erwartet und auch nicht gewünscht werden.

Gegenüber dem wesentlich detaillierteren Stadtteilentwicklungsplan Innenstadt (vgl. STADT FRANKFURT 1976) verzichtet der Leitplan auf eine kleinräumige Festschreibung bestimmter Nutzungen und ist durch eine deutliche Abstinenz in den Aussagen über die funktionelle Arbeitsteilung im eigentlichen Stadtkern gekennzeichnet. Ein solches Fehlen von genaueren Aussagen über die Entwicklung hat den Vorteil, von der realen Entwicklung nur schwer widerlegt werden zu können, wie das dem Stadtteilentwicklungsplan hinsichtlich der Entwicklung der Alten Gasse wiederfuhr. 1976 wurde noch erwartet, daß sich das City-Geschehen und somit auch der Einzelhandel in den "peripheren Raum" der Alten Gasse ausweiten würde - statt dessen ist das Gegenteil eingetreten: Das City-Geschehen hat sich aus der Alten Gasse weiter zurückgezogen, die Nutzungsstrukturen degenerieren zunehmend.

Aber zurück zu den Vorstellungen und Ideen des Leitplanes. Wie wird ein innenstädtisches Mischgebiet beschrieben? Der Leitplan fordert, "...die allgemeine Funktionsfähigkeit des engeren Kernstadtbereiches zu verbessern. ...es besteht eine Funktionsvielfalt, die als Ausdruck urbaner Attraktivität erhalten und verstärkt werden muß. Deshalb soll die Büronutzung gekoppelt werden mit Funktionen wie Wohnen, öffentlichen Einrichtungen, privaten und öffentlichen Dienstleistungen, Angeboten der täglichen Bedarfsdeckung und der Freizeit" (STADT FRANKFURT 1983, 23). Dies stellt sicherlich eine knappe und (zumindest zur Zeit noch) zutreffende Beschreibung des Status Quo dar, sofern man das Areal als Ganzes zusammen betrachtet und Abweichungen von dieser "Durchschnittsbeschreibung" in einzelnen Straßen außer acht läßt.

Leider enthält der Leitplan keine konkreten Aussagen darüber, welches Ausmaß von Nutzungsmischung besonders wünschenswert erscheint. Außerdem ließe sich eine Abweichung einzelner Straßen von dem geforderten Ideal der Funktionsmischung immer noch damit abtun, daß nur für das Gebiet als Ganzes, nicht jedoch für einzelne Straßen eine vielfältige Mischung gefordert ist. Eine weitere räumliche Differenzierung, die sich in der fortschreitenden räumlichen Trennung von Funkionen und der Verdrängung von ökonomisch schwächeren Nutzungen ausdrücken wird, ist offensichtlich nicht zu vermeiden. Deshalb unterbleiben auch (überflüssige, weil von der Realität sowieso irgendwann überrollte) Vorschläge, wie man die Entwicklung steuern könnte.

Befragt man die zuständigen Planer im Amt für kommunale Gesamtentwicklung und Stadtplanung und beim Planungsbüro Speerplan nach ihren Ideen für die Straßen in der nördlichen Innenstadt, so zeigt sich, daß die Ausweisung als Mischgebiet als das Eingeständnis zu werten ist, daß eine vorausschauende Festschreibung der Nutzung oder der Funktionen des Gebietes nicht möglich erscheint. Ist also die Dynamik der Innenstadtentwicklung den Planern immer einen Schritt voraus? Wahrscheinlich schon, obwohl man gerechterweise einräumen muß, daß die kleinteilige Strukturierung der betroffenen Straßen für die heutigen, großzügigen und großvolumigen Bauvorhaben besonders im Bürogebäudesektor nicht die geeignete "Unterlage" bietet.

Somit verbleiben die Straßen und die Gebäude der nördlichen Innenstadt als "Reserveflächen für die Cityentwicklung". Die Aktivierung des guten Lagepotentials durch planerische Initiativen der Stadt ist nicht vorgesehen. Dabei muß man natürlich berücksichtigen, daß einzelne Straßen, wie die Schillerstraße, bereits ihren Anteil am Kuchen des Stadtumbaus abbekommen haben. Die anderen Straßen - besonders im Osten und Norden - werden wohl nur von Fall zu Fall und dann auch nur für "kleinere" Projekte (jedenfalls im Frankfurter Rahmen) als Standorte in Frage kommen.

Als Problemgebiet der nördlichen Innenstadt lassen sich die östlichen und nördlichen Bereiche ansehen. Hier zeigt sich im kleinen, was die Innenstadt als Ganzes prägt, was auch im Leitplan durchaus angesprochen wird: "das historisch bedingte, funktionelle und substantielle Qualitätsgefälle von Westen nach Osten" (STADT FRANKFURT 1983, 16), das zu beheben der Leitplan angetreten ist.

Die Problematik insbesondere des Ostens (also um die Gr. Friedberger Straße und die Alte Gasse) wird durchaus gesehen - die Folgen, die sich aus der zunehmenden Konzentration des Einzelhandelsgeschehens auf die Zeil und dem Niedergang der "Möbelstraße" Gr. Friedberger Straße ergeben, werden mit einer gewissen Resignation als kaum abwendbar oder nicht steuerbar hingenommen. Inwieweit sich das Bauvorhaben zwischen der Konrad-Adenauer-Straße und der Gr. Friedberger Straße, wo z.Z. ein Büro-Hotel-Komplex mit Einkaufspassagen entsteht, positiv, also urbanitäts- und attraktivitätsfördernd, auswirken wird, bleibt abzuwarten.

Die Alte Gasse, eine vernachlässigte Nebenlage mit "transitorischem Charakter", wird als eine "Schwächezone innerhalb der Innenstadt" akzeptiert, die Nutzungsmischung aus Kneipen, Bars, Nischenfunktionen und Ausländerwohngebiet als ein Anzeichen "disponibler Flächen im Innenstadtbereich" verstanden.

Gerade als Standort für Nischenfunktionen - als eine Art "Schutzlage", was aus dem geringeren Verwertungsdruck und einem geringeren Lagepotential resultiert - kommt der Alten Gasse und ähnlichen Straßen in der Innenstadt eine gewisse Bedeutung zu. Die Alte Gasse soll bei den attraktivitätsfördernden Gestaltungsmaßnahmen im Stadtkern bewußt übergangen werden, um den der gestalterischen Aufwertung folgenden Umnutzungsdruck zu vermeiden, der eben die Nischenfunktionen und Teile der Wohnbevölkerung vertreiben würde. Ob der Niedergang dieser Straße damit aufgehalten werden kann, muß bezweifelt werden. Die Einzelhändler in der Alten Gasse sind jedenfalls ziemlich pessimistisch, was die Zukunft ihrer Straße angeht.

Breiten Raum nehmen im Leitplan die Vorstellungen zum Thema "Orientierbarkeit" in der Innenstadt ein. Dabei sollen unterschiedliche Nutzungsbereiche durch unterschiedliche Gestaltung hervorgehoben werden. Die drei vorgeschlagenen Areale (Zeil - Freßgasse - Opernplatz; Eschenheimer Tor - Wache - Roßmarkt - Kaiserstraße - Hauptbahnhof; Eschenheimer Tor - Hauptwache - Paulsplatz - Römerberg - Main) orientieren sich eindeutig nach Westen, während weite Teile der nördlichen und östlichen Innenstadt übergangen werden. Ein genaues Konzept, wie die einzelnen Bereiche gestaltet werden sollen, existiert noch nicht; auch hier hat der Leitplan also eher "Aufforderungscharakter".

Von den Gestaltungsideen, wenn sie denn verwirklicht werden sollten, profitieren lediglich die Nebengeschäftsstraßen Schillerstraße und Gr. Eschenheimer Straße - zwei Straßen also, die ohnehin zu den bevorzugten gehören. SPEER (1984) unterstellt einzig diesen beiden Nebenstraßen im nördlichen Citybereich positive Veränderungen in Form einer "sich ausweitenden Attraktivität" (SPEER 1984, 38). Allerdings muß man sich fragen, ob es wirklich notwendig ist, diesen bereits ablaufenden Prozeß noch durch öffentlich finanzierte Gestaltungsmaßnahmen zu unterstützen. Die vorgeschlagenen Maßnahmen im Bereich "Orientierbarkeit" favorisieren jedenfalls ziemlich eindeutig den Westen und damit auch die westlichen Teilbereiche der nördlichen Innenstadt.

Natürlich ist Gestaltung nicht alles, entscheidet nicht allein das Ausmaß der Gestaltungsqualitäten über die Entwicklungschancen einer Straße. Betrachtet man die anderen Komponenten, die das Lagepotential einer Straße bestimmen, so kommt man zu folgenden Einschätzungen:

Das Ausmaß und die Qualität des Raumangebotes in den Gebäuden sowie das äußere Erscheinungsbild bevorzugen das Areal Schillerstraße/Gr. Eschenheimer Straße. Dasselbe gilt für die Verkehrsführung. Beide genannten Straßen verfügen über Zugänge zur S- und U-Bahn-Station Hauptwache und zur U-Bahn-Station Eschenheimer Tor; die Schillerstraße ist Fußgängerzone, die Gr. Eschenheimer Straße Hauptverkehrsachse und Zugangsweg für Fußgänger aus dem Norden. Die bestehenden Nutzungen, die immer einen Einfluß auf die zukünftige Entwicklung ausüben - sei es durch Agglomerationseffekte, sei es durch ein positives Image oder umgekehrt durch Unverträglichkeiten und Beeinträchtigungen der Umgebung - bieten dem Westen die besseren Zukunftsperspektiven.

Diese besseren Chancen sind auch eine Folge der räumlichen Einordnung in das System der City. Die Schillerstraße, der Börsenplatz und die Gr. Eschenheimer Straße liegen den Entwicklungsschwerpunkten der Innenstadt und des Westends bedeutend näher als Alte Gasse und Gr. Friedberger Straße. Dementsprechend sind die kleinräumige Erreichbarkeit und die Zugänglichkeit von den Entwicklungspolen aus - wo schließlich die meisten Arbeitsplätze in der Innenstadt existieren und damit ein entsprechend großes Konsumentenpotential - wesentlich besser.

Insgesamt gesehen besteht ein funktionales, strukturelles und gestalterisches Gefälle von West nach Ost, das sich auch in Zukunft erhalten und wahrscheinlich verschärfen dürfte. Wenig Chancen also für die benachteiligten Nebenstraßen in der Innenstadt? Angesichts der nicht überwältigenden Situation im Einzelhandel, des immer schärfer werdenden Drucks auf die Kauf- und Warenhäuser durch die peripheren Einkaufszentren und der nach wie vor anhaltenden Westexpansion des City-Geschehens in Frankfurt muß man diese Frage wohl bejahen. Die Polarisierung zwischen bevorzugten und benachteiligten Nebenstraßen wird sich in den nächsten Jahren weiterhin verstärken - der Entwicklungsunterschied also immer größer werden.

5. LITERATUR

AKADEMIE FÜR RAUMFORSCHUNG UND LANDESPLANUNG (Hrsg.) 1983: Grundriß der Stadtplanung. Hannover.

ALBERS, G. 1986: Der Städtebau seit 1945. In: Juckel, L. (Hrsg.): Haus Wohnung Stadt. Beiträge zum Wohnungs- und Städtebau 1945 - 1985. Hamburg, S. 25-40.

ALBERS, G. 1983: Städtebauliche Konzepte für die achtziger Jahre. In: Landes-, Regional- und Stadtplanung der 80er Jahre. = Schriftenreihe Landes- und Stadtentwicklungsforschung des Landes Nordrhein-Westfalen: Stadtentwicklung - Städtebau Bd. 2.044, S. 94-106.

BROSS, M. 1987: Stadtbildanalyse. Zwei Verfahren zur Begutachtung des Erscheinungsbildes von Straßenzügen - dargestellt an einem Beispiel der Innenstadt von Frankfurt am Main. In: Dela, Nr. 5, S. 175-188, Ljubljana.

BUTTIMER, A. 1984: Raumbezogene Wahrnehmung: Forschungsstand und Perspektiven - Spiegel, Masken und verschiedene Milieus. In: Münchner Geographische Hefte 51, Kallmünz/Regensburg.

CONZEN, M.P. 1978: Analytical Approaches to the Urban Landscape. In: The University of Chicago, Departement of Geography, Research Papers, Nr. 186, S. 128-165, Chicago.

DANIELS, P.W. (Hrsg.) 1979: Spatial Patterns of Office Growth and Location. Chicester u.a..

FRANKE, J., BAUER, F. u. T.M. KÜHLMANN 1983: Zur Prognostizierbarkeit der Eindruckswirkung von Wohnquartieren. In: Landschaft + Stadt, 15. Jg., H. 2, S. 72-79.

FRIEDRICHS, J. 1981: Stadtanalyse. 2. Aufl., Opladen.

FUCHS, M., NEBEN, V. u. H. TODT 1985: Regelmäßigkeiten der innerstädtischen Bodennutzung - das Beispiel Hamburgs. In: Geographische Zeitschrift, 73. Jg., H. 2, S. 63-80.

GAD, G. 1968: Büros im Stadtzentrum von Nürnberg. Ein Beitrag zur City-Forschung. = Erlanger Geographische Arbeiten, H. 23, Erlangen.

GEYER, M. 1983: Eine Methode zur Gestaltdifferenzierung von Landschaften als Hilfsmittel zu Bestimmung ihres Informationspotentials. In: Petermanns Geographische Mitteilungen, 127. Jg., H. 4, S. 261-271.

HAGGETT, P. 1973: Einführung in die kultur- und sozialgeographische Regionalanalyse. Berlin u.a..

HEINEBERG, H. 1977: Zentren in West- und Ost-Berlin. Untersuchungen zum Problem der Erfassung und Bewertung großstädtischer funktionaler Zentrenausstattung in beiden Wirtschafts- und Gesellschaftssystemen Deutschlands. = Bochumer Geographische Arbeiten, Sonderreihe Bd. 9, Paderborn.

HEINEBERG, H. u. G. HEINRITZ 1983: Beiträge zur empirischen Bürostandortforschung. = Münchner Geographische Hefte, H. 50, Kallmünz/Regensburg.

HEINEBERG, H. u. N. deLANGE 1983: Die Cityentwicklung in Münster und Dortmund seit der Vorkriegszeit - unter besonderer Berücksichtigung des Standortverhaltens quartärer Dienstleistungsgruppen. In: Münstersche Geographische Arbeiten, H. 15, S. 221-285, Paderborn.

HEINRITZ, H. u. E. LICHTENBERGER 1984: Wien und München. Ein stadtgeographischer Vergleich. In: Berichte zur deutschen Landeskunde, Bd. 58, H. 1, S. 55-95.

HEUER, H. 1977: Sozioökonomische Bestimmungsfaktoren der Standortentwicklung. = Schriften des Deutschen Instituts für Urbanistik, Bd. 50, 2. erg. Aufl., Stuttgart u.a..

HILDEBRAND, L.-A. 1982: Der Frankfurter Einzelhandel. In: Frankfurter Statistische Berichte 3/82, S. 61-70.

KRÄTKE, S. 1980: Grundrentenbildung und Stadtstruktur. In: Mehrwert, Nr. 21, S. 105-132.

KRAUSE, K.-J. 1974: Stadtgestalt und Stadterneuerung. Bonn.

LICHTENBERGER, E. 1972: Ökonomische und nichtökonomische Variablen kontinentaleuropäischer Citybildung. In: Die Erde, 103. Jg., H. 3/4, S. 216-262.

MEYNEN, A. 1975: Großstadtgeschäftszentren - Köln als Beispiel. Eine Bestandsanalyse. Wiesbaden.

MONHEIN, R. 1980: Fußgängerbereiche und Fußgängerverkehr in Stadtzentren in der Bundesrepublik Deutschland. = Bonner Geographische Abhandlungen, H. 64, Bonn.

MURPHY, R.E. 1971: The Central Business District. London.

POSCHWATTA, W. 1977: Wohnen in der Innenstadt. Strukturen, neue Entwicklungen, Verhaltensweisen, dargestellt am Beispiel der Stadt Augsburg. = Augsburger Sozialgeographische Hefte, H. 1, Neusäß/Augsburg.

RÜPPEL, W. 1982: Die City als Einzelhandelsstandort. = Deutsches Institut für Urbanistik; Räumliche Entwicklungsplanung Teil 2: Auswertung H. 5, Berlin.

SCHIRMACHER, E. 1975: Der Gestaltkern. Eine Möglichkeit, die Stadtgestalt zu begreifen. In: Stadtbauwelt, H. 48, S. 243-246.

SPEER, A. 1984: Veränderung eines Stadt-Image oder die Wiederentdeckung des 'Genius Loci'? Frankfurts Ansätze für die Stadtentwicklung der 90er Jahre. In: Stadt, 31. Jg., H. 2, S. 30-39.

STADT FRANKFURT AM MAIN (Hrsg.) 1976: Stadtteilentwicklungsplan Innenstadt. Frankfurt/Main.

STADT FRANKFURT AM MAIN (Hrsg.) 1983: Frankfurt am Main: Leitplan. Frankfurt/Main.

STADTBILD UND GESTALTUNG 1983: Stadtbild und Gestaltung. Modellvorhaben Hameln. Stadtbildanalyse und daraus abgeleitete Entwicklungsmaßnahmen für den historischen Altstadtbereich. Empfehlungen zur Kontinuität und Innovation in der Stadtgestalt. = Schriftenreihe des Bundesministers für Raumordnung, Bauwesen und Städtebau: Stadtentwicklung 02.033, Bonn.

STÖBER, G. 1964: Das Standortgefüge der Großstadtmitte. = Wege zur neuen Stadt, Bd. 3, Frankfurt/Main.

TANGHE, J. 1976: The Identity of the City and its Capacity for Change. In: Laconte, P. (Hrsg.): The Environment of Human Settlements. Human Wellbeing in Cities. Oxford u.a..

TEMLITZ, K. 1975: Aaseestadt und Neu-Coerde. Bildstrukturen neuer Wohnsiedlungen in Münster und ihre Bedeutung. = Landeskundliche Karten und Hefte der geographischen Kommission für Westfalen. Reihe Siedlung und Landschaft in Westfalen. Münster.

VORLAUFER, K. 1981: Die Frankfurter City. Entwicklung - Funktion - Struktur. In: Frankfurter Beiträge zur Didaktik der Geographie, Bd. 4, S. 106-139, Frankfurt/Main.

WHITEHAND, J.W.R. 1984: Urban Geography: the internal structure of cities. In: Progress in Human Geography, Bd. 8, H. 1, S. 95-104.

WOLF, K. 1971: Geschäftszentren. Nutzung und Intensität als Maß städtischer Größenordnung. = Rhein-Mainische Forschungen H. 72, Frankfurt/Main.

Wolf, K. 1985: Die Töngesgasse in Frankfurt am Main - zwischen innenstädtischem Lebensraum und Geschäfts-Ergängzungsgebiet. In: Klagenfurter Geographische Schriften, H. 6, S. 197-218, Klagenfurt.

WOLF, K. 1986: Das Siedlungssystem des Rhein-Main-Gebietes. Ansätze zu seiner regionalpolitisch orientierten Analyse. In: Frankfurter Geographische Hefte, H. 55, S. 121-165, Frankfurt/Main.

KLAUS WOLF

DOKUMENTATION DER KOMMUNALWAHLEN IN FRANKFURT AM MAIN
1985 UND 1989

AUS: FRANKFURT UND DAS RHEIN-MAIN-GEBIET. GEOGRAPHISCHE
BEITRÄGE AUS ANLASS DES 75-JÄHRIGEN BESTEHENS DER
J.W. GOETHE-UNIVERSITÄT FRANKFURT AM MAIN (1914-1989)
HERAUSGEGEBEN VON KLAUS WOLF UND FRANZ SCHYMIK
= RHEIN-MAINISCHE FORSCHUNGEN HEFT 107
FRANKFURT AM MAIN 1990

Prof. Dr. Klaus Wolf
Institut für Kulturgeographie, Stadt- und Regionalforschung
d. J.W. Goethe-Universität Frankfurt am Main
Senckenberganlage 36
6000 Frankfurt am Main 1

In Sonderveröffentlichungen gibt das Frankfurter Amt für Statistik, Wahlen und Einwohnerwesen die Ergebnisse der wichtigen Wahlen in Frankfurt am Main bekannt, zuletzt die Ergebnisse der Kommunalwahlen vom 12. März 1989. Während die Wahlergebnisse tabellarisch nach Wahlbezirken aufbereitet sind, finden sich in den Veröffentlichungen kartographische Auswertungen nur nach Ortsteilen. Außerdem sind die Daten jeweils nur für den Wahltermin kartographisch erfaßt, die Kartogramme lassen keine zeitlichen Vergleiche zu.

Die hier beigefügten Kartogramme sollen die Veröffentlichungen des Amtes für Statistik, Wahlen und Einwohnerwesen ergänzen, indem sie für die beiden jüngsten Kommunalwahlen die Veränderungen der prozentualen Stimmenanteile nach Parteien und Wahlbezirken dokumentieren.

Zur Darstellung der Veränderungen der Stimmenanteile wurde das Verfahren der Standardabweichung vom arithmetischen Mittelwert gewählt und es wurden vier Klassen (jeweils zwei Klassen unterhalb und zwei Klassen oberhalb des arithmetischen Mittels) gebildet.

Die Farben sind folgendermaßen zu lesen: Dunkles Rot bedeutet hohe überdurchschnittliche positive Entwicklung, dunkles Blau stark überdurchschnittlich negative Entwicklung.

Es ist allerdings zu bedenken, daß positiv bzw. negativ im gemeinten Sinn nicht gleichbedeutend ist mit Gewinn oder Verlust, sondern nur eine Veränderung im positiven oder negativen Sinn zum arithmetischen Mittel aller Wahlbezirke.

Es werden 467 Wahlbezirke dargestellt. Es ist darauf hinzuweisen, daß in Bergen-Enkheim eine Veränderung des räumlichen Zuschnitts der Wahlbezirke stattgefunden hat, so daß die Ergebnisse nur vorsichtig zu interpretieren sind.

Ein nicht zu unterschätzender Mangel der Auswertung besteht außerdem darin, daß die Briefwähler bei der Zuordnung zu den 467 Wahlbezirken fehlen, sie werden in 84 Briefwahlbezirken ausgezählt. Da der Anteil der Briefwähler inzwischen 13,1% beträgt, ist zu fragen, ob sie nicht auch in den Wahlbezirken ausgezählt werden müßten.

Die Interpretation der Verteilung der Stimmenanteile der gewählten Parteien nach Wahlbezirken und die Veränderungen zwischen 1985 und 1989 soll dem Benutzer der Kartogramme vorbehalten bleiben.

Ohne genaue Kenntnis von sozialen, demographischen und ökonomischen Indikatoren würde eine Interpretation spekulativ oder gar ideologisch geprägt sein.

Der Versuch, anhand von zugegebenermaßen recht groben sozio-demographischen Daten (z.b. Alter, Ausländer usw.) nach Ortsteilen weitergehende Aussagen zu machen, brachte Ergebnisse, die bei einer Veröffentlichung - z.t. zumindest - Gefahr liefen, Vorurteilen Vorschub zu leisten.

Daß sehr viele differenzierende Indikatoren anhand von Befragungen für analytische Aussagen herangezogen werden müssen, sagt etwa die umfangreiche Untersuchung von SCHACHT (1986) gerade am Beispiel Frankfurts.

Hier geht es darum, EDV-gestützt kartographisch umgesetzte Wahlergebnisdaten zu dokumentieren und - in späteren Veröffentlichungen - fortzuschreiben.

KOMMUNALWAHLEN AM 12. MÄRZ 1989 IN FRANKFURT AM MAIN.
  = Frankfurter Statistische Berichte, Sonderausgabe, Frankfurt am Main 1989.

SCHACHT, Konrad 1986: Wahlentscheidung im Dienstleistungszentrum. Analysen zur Frankfurter Kommunalwahl vom 22. März 1981. = Beiträge der sozialwissenschaftlichen Forschung, Band 91.

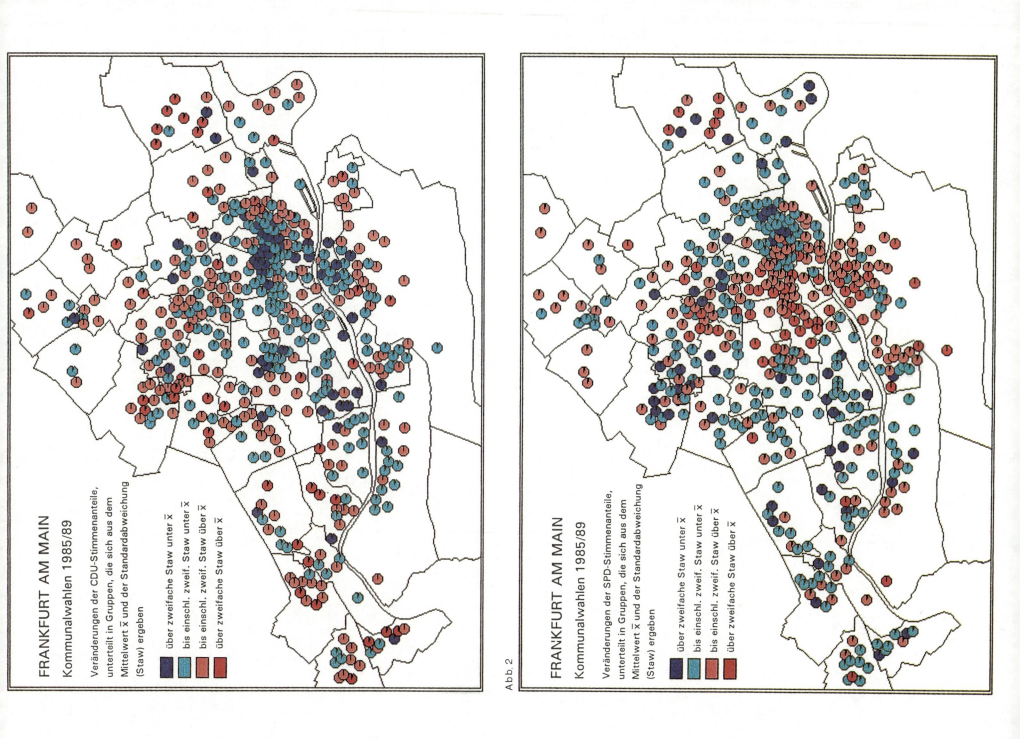

Abb. 2

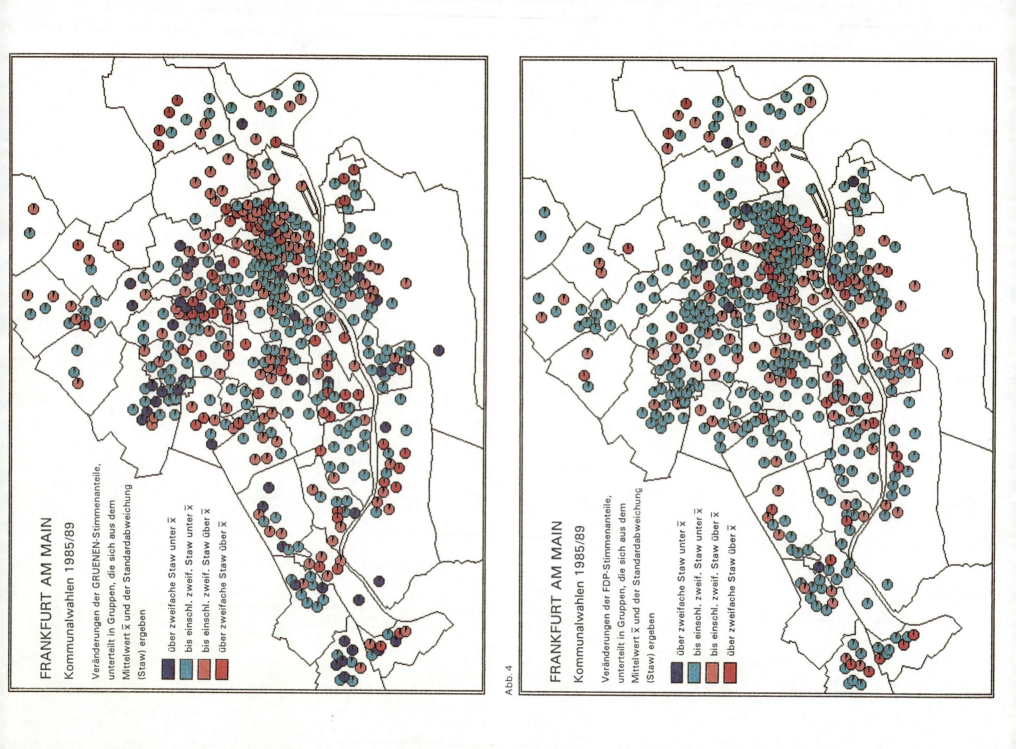

Abb. 4

STEPHAN KRITZINGER

KOMMUNALPOLITISCHE ENTSCHEIDUNGSPROZESSE BEI DER PLANUNG DES ÖFFENTLICHEN PERSONENNAHVERKEHRS IN FRANKFURT AM MAIN VON 1872-1914

AUS: FRANKFURT UND DAS RHEIN-MAIN-GEBIET. GEOGRAPHISCHE BEITRÄGE AUS ANLASS DES 75-JÄHRIGEN BESTEHENS DER J.W. GOETHE-UNIVERSITÄT FRANKFURT AM MAIN (1914-1989) HERAUSGEGEBEN VON KLAUS WOLF UND FRANZ SCHYMIK = RHEIN-MAINISCHE FORSCHUNGEN HEFT 107 FRANKFURT AM MAIN 1990

Dieser Beitrag entstand im Rahmen eines Forschungsvorhabens (Leitung: Prof. Dr. E. Tharun) "Kommunale Infrastruktur und Stadtentwicklungsplanung" des DFG-Schwerpunktprogramms "Die Stadt als Dienstleistungszentrum - Zusammenhänge zwischen Infrastruktur, Dienstleistungen und sozialer Daseinsvorsorge im 19. und 20. Jahrhundert".

Dipl.-Geogr. Stephan Kritzinger
Römerstraße 15
7840 Müllheim 11

1. PROBLEMSTELLUNG

Der öffentliche Personennahverkehr (ÖPNV) hat seit seiner Entstehung Mitte des 19. Jahrhunderts hinsichtlich der Technik und Organisation erhebliche Veränderungen erfahren. Straßenbahn-, U-Bahn- und S- Bahn-Netze wurden ausgebaut, Infrastrukturen und Fahrzeuge konnten hinsichtlich ihrer Leistungsfähigkeit nach und nach verbessert werden. Häufig wechselten die Trägerschaften von privater in öffentliche Hand. Schließlich unterlag das Tarifsystem zahlreichen Modifikationen, die von der Einführung sog. "Arbeiter-Monatskarten" bis zu regionalen Tarifverbünden reichen. Ein weiterer und in diesem Aufsatz zu behandelnder Aspekt sind die kommunalpolitischen Entscheidungsprozesse, die dem Ausbau des ÖPNV in seiner Entstehungsphase zugrunde lagen. Diese Vorgänge sind deshalb so bedeutsam, da sich hier die Entwicklung einer administrativ formalisierten Verkehrsplanung nachvollziehen läßt. Außerdem interessieren aus der Sicht der heutigen Stadtplanung die historischen Planungsprozesse, weil verschiedene Infrastrukturen aus der Entstehungsphase des vorigen Jahrhunderts in ihrer räumlichen Lage noch bestehen (S- und U-Bahnen in verschiedenen europäischen Großstädten: Berlin, Paris, London). Vor diesem Hintergrund sind die damaligen Planungsprozesse nach wie vor Bestandteil aktueller Verkehrsplanungen.

Dieser Aufsatz analysiert in groben Zügen die wesentlichen kommunalpolitischen Entscheidungsprozesse, die zur Planung und zum Bau von Straßenbahnen in Frankfurt am Main aus den Akten des Stadtarchivs Frankfurt am Main nachweisbar sind. Dabei werden folgende für das Verständnis historischer Planungs- und Entscheidungsprozesse wichtige Fragen beantwortet:
- Wer war an der Planung des ÖPNV beteiligt?
- Gab es in Frankfurt am Main Verkehrskonzepte zum ÖPNV?
- Welche Interessen und Strategien verfolgten die Beteiligten?

Der Untersuchungszeitraum setzt mit dem Auftreten der ersten Pferdebahn 1871 an und endet 1914, als durch den Ersten Weltkrieg eine Zäsur erfolgte.

Dieser Zeitraum fällt - wie in vielen anderen deutschen Städten auch - in die Phase der Kommunalisierung zahlreicher Versorgungs- und Leistungseinrichtungen[1]. Im Mittelpunkt der städtischen Bestrebungen, private Dienstleistungen zu übernehmen, standen die Straßenbahnen, die Gas- und Elektrizitätsversorgung, die Entsorgung sowie Teile des Wohnungsbaus (hier in Form von halbstädtischen Trägergesellschaften). Diese kommunalpolitischen Rahmenbedingungen sind deshalb für das Verständnis der Planungsprozesse im ÖPNV eine wichtige Grundlage. Der Ausbau der Frankfurter Straßenbahnen kann nicht nur aus sich heraus erklärt werden, sondern ist im Zusammenhang mit den übrigen kommunalen Infrastrukturen zu sehen. Es würde jedoch den Umfang dieses Aufsatzes sprengen, wenn alle "Querverbindungen" einbezogen würden. Dennoch werden hier Anknüpfungspunkte für eine übergreifende Analyse der Kommunalisierung gegeben.

2. ENTSCHEIDUNGSTRÄGER UND PLANUNGSBETEILIGTE DES ÖFFENTLICHEN PERSONENNAHVERKEHRS

Die Initiative zur Errichtung eines schienengebundenen städtischen Personenbeförderungsmittels[2] kam - wie auch bei den Eisenbahnen und Pferdeomnibussen - in Frankfurt am Main von privaten Unternehmen. Der Bedarf nach öffentlichen Verkehrsmitteln entstand als Folge des Eisenbahnverkehrs, der in den Städten zu größeren Zubringer- und Verteilverkehren zu und von den Bahnhöfen führte. Schon vor der ersten Straßenbahn gab es seit 1839 einen regelmäßigen innerstädtischen Droschkenverkehr, der die einzelnen Bahnhöfe mit dem Westend und der noch selbständigen Gemeinde Bornheim verband[3].

Die passive Haltung der Stadt bei der Lösung der wachsenden städtischen Verkehrsprobleme entsprach der damaligen Auffassung, daß sich die öffentliche Hand aus allen gewinnbringenden Erwerbszweigen - zu denen Verkehrsbetriebe zweifellos zählten - heraushalten sollte. Es waren englische, schweizerische und belgische Unternehmer, die sich nach positiven Erfahrungen mit "Pferde- Straßenbahnen" im Ausland als erste um Konzessionen für schienengebundene Verkehrsmittel in Frankfurt am Main bewarben. Der Magistrat als Vertragspartner vergab von 1870 bis 1889 an vier private Unternehmen Konzessionen zum Bau und Betrieb von Straßen- und Vorortbahnen. Diese vier Unternehmen waren alleinige Betreiber der öffentlichen Straßenbahnen bis zu ihrer Übernahme durch die Stadt Frankfurt am Main von 1898 bis 1904. Zu nennen sind:

Die Frankfurter Trambahn-Gesellschaft (FTG)

(Société anonyme des Tramways de Francfort s.M.), die im Oktober 1880 aus der Personengesellschaft DE LA HAULT & Comp., Brüssel, hervorging und seitdem eine Filiale in Frankfurt am Main unterhielt. Die FTG nahm am 19.5.1872 als erstes Unternehmen in Frankfurt am Main einen schienengebundenen ÖPN-Verkehr vom Schönhof in der damals selbständigen Stadt Bockenheim zur Hauptwache auf. Bis zum Übergang der ausschließlich mit Pferden betriebenen

Straßenbahn in städtisches Eigentum am 1.1.1898 (mit Ausnahme der Strecke Bockenheimer Warte - Rödelheim, die erst am 1.8.1900 zur Stadt kam) wurden insgesamt 30,46 km Gleise verlegt. An diesem Tag wurde für 2 1/4 Jahre die Betriebsführung und Verwaltung den Firmen Siemens & Halske und Brown, Boveri & Cie. übertragen, deren Hauptaufgabe jedoch darin bestand, die Pferdebahn in eine elektrische Straßenbahn umzuwandeln. Ab 1.4.1900 fuhr die Staßenbahn in städtischer Regie.

Die Frankfurt-Offenbacher Trambahngesellschaft (FOTG)

die aus einem Konsortium Offenbacher Bürger (Kommerzienrat WEINTRAUT, Bankhaus MERZBACH, Bankier WEIMANN) bestand, erhielt am 12.6.1882 eine Konzession für eine elektrische Trambahn zwischen Offenbach (Mathildenplatz) und Frankfurt am Main (Alte Brücke). Mit einem Aktienkapital von 750.000 Mark (Mk), das 1890 auf 500.000 Mk herabgesetzt wurde, nahm die Gesellschaft am 10.4.1884 den ersten elektrischen Straßenbahnbetrieb in Frankfurt am Main auf. Zum 1.7.1904 wurde die Bahn von der Stadt Frankfurt am Main aufgekauft, die das technisch veraltete Betriebssystem 1906 dem städtischen Betrieb anglich (Umspurung von 1 Meter auf die Standardbreite von 1,435 Meter, verbessertes Stromzuführungssystem).

Die Frankfurter Waldbahn-Gesellschaft AG (FWG)

ging am 1. Juli 1889 aus der Localbahn Bau- und Betriebsgesellschaft Hostmann & Cie. in Hannover hervor, die am 6.9.1887 vom Königlichen Regierungspräsidenten zu Wiesbaden eine Konzession für Bau und Betrieb einer Dampfbahn von Sachsenhausen nach Schwanheim mit zwei Abzweigungen nach Niederrad und Neu-Isenburg erhalten hatte. Die Gesellschaft, die ab dem 18.4.1889 auf allen 3 Strecken einen populären und rentablen Bahnbetrieb abwickelte, wurde schon am 1.1.1899 von der Stadt Frankfurt am Main aufgekauft. Die ließ die Bahn zunächst als eigenen Betriebszweig bestehen und gliederte sie 1920 in den städtischen Straßenbahnbetrieb ein. 1929 wurde schließlich der Dampfbetrieb durch elektrische Straßenbahnen ersetzt.

Die Frankfurter Lokalbahn AG (FLAG)

wurde von Dr. Julius KOLLMANN ins Leben gerufen und finanziell vom Bankhaus ERLANGER und Söhne in Frankfurt am Main unterstützt. Gründung der AG am 5.4.1888 mit einem Aktienkapital von 300.000 Mk. Nach verschiedenen nicht genehmigten Projekten weit in das nördliche Frankfurter Umland wurde zunächst am 12.5.1888 eine Pferdebahn vom Eschenheimer Tor zum Weißen Stein eröffnet. Umstellung auf Dampfbetrieb am 1.9.1888. Diese Strecke kaufte die Stadt am 1.1.1901 zusammen mit dem Bockenheimer Elektrizitätswerk. Zum 1.3.1908 ging die Vorortbahn in die Verwaltung der Betriebsdirektion der Straßenbahn über; bis dahin wurde sie mit der Waldbahn als eigener Betriebszweig geführt. Die FLAG, die als Gesellschaft bis 1955 bestand, baute und betrieb die Anschlußstrecken von Heddernheim nach Bad Homburg und Oberursel in eigener Regie weiter.

Vertragspartner der privaten Verkehrsunternehmen waren die Kommunen, durch deren Gemeindegebiet die geplanten Strecken verlaufen sollten. Für die Stadt Frankfurt am Main verhandelte der Magistrat bzw. der zuständige Stadtrat mit den jeweiligen Verkehrsunternehmen. Ergebnis der häufig langwierigen Ver-

handlungen waren die Konzessionsbedingungen, in denen folgende Punkte geregelt wurden:
- Dauer der Betriebsgenehmigung, die für das Unternehmen gleichzeitig eine Betriebsführungspflicht bedeutete. Fixiert wurden Zeiträume von 19 - 35 Jahren.
- Festlegung der zu bauenden und zu betreibenden Strecken, wobei keine Zeitpläne erstellt wurden.
- Verpflichtung des Unternehmens, nach Vertragsablauf nach Aufforderung des Magistrats die Gleise aus den Straßen zu entfernen.
- Höhe der an die Stadt zu entrichtenden Abgabe, meist ein Fixbetrag zuzüglich eines Anteils der Bruttoeinnahmen.
- Tarif- und Fahrplangestaltung.
- Verpflichtung der Stadt, keine Konzessionen an Dritte zu vergeben, wenn diese Konkurrenzstrecken planten.

Bei den Konzessionsbedingungen handelte es sich um ein umfangreiches Vertragswerk, in das - wie weiter unten zu zeigen sein wird - erste verkehrsplanerische Überlegungen eingeflossen sein müssen. Der Grund für die lange Verhandlungsdauer (z.T. mehrere Jahre) lag in der sehr gegensätzlichen Interessenslage. So waren die privaten Verkehrsunternehmer an einer möglichst langen, unkündbaren Vertragsdauer interessiert, während der sie die auf ihre Kosten errichtete Infrastruktur abschreiben konnten. Der Magistrat seinerseits stand, was den ersten Vertrag mit den belgischen Unternehmern betraf, den neuen Pferdebahnen skeptisch gegenüber und befürchtete verkehrstechnische Probleme in den engen Straßen der Altstadt[4]. Er versuchte, in den Verhandlungen eine überschaubare Konzessionsdauer zu erreichen. Hinter dieser Position verbarg sich zum einen die Auffassung, den öffentlichen Straßenraum von privaten, langfristigen Nutzungsrechten freizuhalten, zum anderen fehlte noch eine eindeutige Meinung zum Verkehrswert von Straßenbahnen generell.

Der Einigung von Magistrat und Verkehrsunternehmen waren schließlich noch zwei weitere Genehmigungen und Zustimmungen nachgeschaltet. Die Stadtverordneten-Versammlung, nach der preußischen Annexion 1866 auch in Frankfurt am Main institutionalisiert, hatte als Kontrollorgan des Magistrats dessen Beschlüsse zu billigen oder zur Revision zurückzugeben. Außerdem hatte dieses Gremium das Recht, mit Anträgen an den Magistrat selbst die Initiative zu ergreifen. Schon im ersten Jahrzehnt des Pferdebahnbetriebs wurden besonders in den Fachausschüssen der Stadtverordneten-Versammlung Anträge formuliert, die für die spätere Entwicklung des Staßenbahnnetzes richtungsweisend waren. Unter den Stadtverordneten hatten sich rasch einige Persönlichkeiten zu engagierten und sachkundigen Experten für Trambahnfragen profiliert. Etwa bis zur Jahrhundertwende spielten die Stadtverordneten einen aktiven Part in der politischen Diskussion von innerstädtischen Verkehrsfragen. Mit der Kommunalisierung verlagerte sich die Initiative auf den Stadtrat und das ihm unterstellte "Städtische Elektrizitäts- und Bahnamt" (EBA) als Betriebsführerin der Straßenbahnen.

Nach dem politischen Konsens zwischen Magistrat und Stadtverordneten-Versammlung mußte noch die baurechtliche Genehmigung vom Königlichen Polizeipräsidenten eingeholt werden. Dort wurde - zumeist routinemäßig - geprüft, ob die eingereichten Baugesuche mit dem allgemeinen öffentlichen Verkehr verträglich waren. Eine Schlüsselfunktion kam der staatlichen Administration in dem Fall zu, als ein erster Antrag für eine kommunale Straßenbahn (1886) zur Entscheidung anstand. Zu diesem Zweck mußte sich der Polizeipräsident eine - quasi abschlägige - Ministerentscheidung aus Berlin einholen.

Von städtischer Seite wurde vereinzelt das Tiefbauamt in die Planungsvorgänge eingeschaltet. Dort wurden freilich keine Verkehrspläne entworfen, sondern entsprechend den politischen Entscheidungen die bautechnischen Detailplanungen vorgenommen. Diese Aufgabe nahm das Amt vor allem nach der Kommunalisierung wahr.

Zum Kreis derer, die auf die Planung von Straßenbahnen Einfluß nahmen, gehörten die Bewohner verschiedener Stadtteile. Sie richteten Petitionen an die Stadtverordneten-Versammlung oder den Magistrat, um ihren Standpunkten zum Ausbau der Straßenbahnen Nachdruck zu verleihen. Im Nordend und Ostend waren die "Bürger-" und "Bezirks-Vereine" das Sprachrohr der Bewohner, wobei im Nordend der Vorsitzende des "West- und nordwestlichen Bezirks-Vereins", WEDEL, gleichzeitig Mitglied der Stadtverordneten-Versammlung war. Das Engagement der Bürger zu den Verkehrsfragen rührte zum einen aus ihrer Lage als Stadtteilbewohner mit längeren Wegen in die Innenstadt, zum anderen genoß - vor allem bis zur Kommunalisierung - die Pferdebahn als Sinnbild urbanen Fortschritts in der politischen Diskussion eine große öffentliche Aufmerksamkeit. Nach der Jahrhundertwende nahm das Interesse der Frankfurter Bürger an der Planung ab, weil das Straßenbahnnetz beinahe flächendeckend das Stadtgebiet erschloß. Außerdem wurde die Abstinenz durch die organisatorische Bündelung von Planung und Betriebsführung beim EBA verstärkt: Das Sich-Einmischen, wie es in dem komplizierten und instabilen Interessensgeflecht von privaten Unternehmen, Magistrat und Stadtverordneten-Versammlung von Bürgern erfolgreich praktiziert wurde, unterband nun eine institutionalisierte Fachadministration. Verkehrsplanung wurde zum politischen Alltagsgeschäft.

Bis zur Kommunalisierung stellte sich die Planung des ÖPNV in Frankfurt am Main als ein offener, nichtformalisierter Diskussionsprozess dar, an dem sich im wesentlichen die sechs aufgeführten Gruppen und Gremien beteiligten:
- Private Verkehrsunternehmen
- Magistrat
- Stadtverordneten-Versammlung
- Königlicher Polizeipräsident
- Tiefbauamt
- Bürger

In Einzelfällen wurden noch andere Behörden in die Planung einbezogen. Sie werden - sofern sie relevant sind - weiter unten erwähnt.

Nach der Kommunalisierung 1905 reduzierte sich der Kreis der Beteiligten um die privaten Verkehrsunternehmen und zum Teil auch um die Bürger. Neu erscheint das EBA als städtisches Amt für die Straßen- und Vorortbahnen.

3. VERKEHRSKONZEPTE ZUM STRASSENBAHNVERKEHR IN FRANKFURT AM MAIN

Schon wenige Jahre nach der Inbetriebnahme der ersten Pferde-Straßenbahn von Bockenheim zur Hauptwache 1872 entstand zwischen den Bürgern, dem Magistrat, der Stadtverordneten-Versammlung und den Verkehrsunternehmen eine kontroverse Diskussion über den Zeitpunkt und die Streckenführung neu zu bauender Straßenbahnen. Auslöser dieser Diskussionen, die von den Verkehrsunternehmen und dem Magistrat vermutlich nicht gewollt waren, war schlichtweg der Erfolg der Straßenbahn als innerstädtisches Verkehrsmittel. Die Konzessionsverträge, die innerhalb ihrer Laufzeit nur eine bestimmte Anzahl von Strecken verbindlich zum Bau vorsahen, enthielten keine Regelung, wenn über das vereinbarte Kontingent weitere Strecken gebaut werden sollten.

Für das Verkehrsunternehmen - in diesen Fällen ausschließlich die FTG - bedeutete der Bau neuer, nicht vereinbarter Linien ein unternehmerisches Risiko, da in der Restlaufzeit die neuen Strecken nicht zu amortisieren waren. Der erste Konzessionsvertrag mit einer Laufzeit von 19 1/2 Jahren sah nämlich vor, nach Ablauf entweder der Stadt das gesamte bewegliche und unbewegliche Material zu überlassen oder die Gleise kostenfrei aus dem Straßenplanum zu entfernen. Insofern war die Weigerung der FTG verständlich, unter alten Vertragsbedingungen neue Strecken zu errichten.

In solchen Situationen geriet der Magistrat wegen seiner fehlenden Durchsetzungskraft gegenüber den Verkehrsunternehmen unter den Druck der Öffentlichkeit, aber auch die FTG hatte Kritiken hinzunehmen. Die Lösung dieser Planungskonflikte - nachgewiesen für 1879 und Mitte der achtziger Jahre - bestand in der Bereitschaft beider Vertragspartner, über einen neuen Konzessionsvertrag vor Ablauf des bestehenden zu verhandeln. Die Initiative hierzu ging zweimal, 1879 und 1886 von der Stadtverordneten-Versammlung aus, die die Auseinandersetzungen zum Anlaß nahm, über allgemein verbindliche Grundsätze zur innerstädtischen Verkehrspolitik nachzudenken. Die Stellungnahmen der Stadtverordneten-Versammlung, die übrigens in Ausschüssen erarbeitet wurden, enthielten die ersten Verkehrskonzepte. Wesentliche Elemente des ersten Konzepts von 1879 lauteten[5]:

- Strecken sollten dort angelegt werden, wo bereits eine ausreichende Nachfrage bestand.
- Alle Strecken sollten radial von den Vororten und Wohngebieten in das Stadtzentrum geführt werden.
- In der Neu- und Altstadt sollte nur in den Straßen eine Pferdebahn verkehren, in denen eine ausreichende Straßenbreite (10 Meter) gegeben war.

Diese Ausbaurichtlinien fanden in dem zweiten Vertrag mit der FTG von 1880 implizit ihren Niederschlag[6]. Allerdings wurden, wie schon im ersten Vertrag, die zu bauenden Straßenbahnstrecken in ihrem Verlauf verbindlich fixiert. Sie entsprachen jedoch den Ausbaurichtlinien. Mitte der achtziger Jahre zeichnete sich bereits ab, daß auch der zweite Vertrag mit der enormen baulichen und demographischen Entwicklung Frankfurts nicht Schritt halten konnte. So forderten die Bewohner des Nordends den Bau einer zusätzlichen Strecke in die Innenstadt. Die Auseinandersetzung um diese Linie beschäftigte Bürger, Stadtverordnete, Magistrat und die FTG. Die Weigerung der Trambahngesellschaft, diese Strecke einzurichten, belebte die Diskussion von Planungsleitlinien beim Straßenbahnbau. Zur Frage der Trassierung dieser Strecke wurde erstmals auf die unterschiedlichen Funktionen von Verkehrs- und Wohnstraßen verwiesen. Bürger aus der Leerbachstraße argumentierten in ihrer Eingabe an die Stadtverordneten-Versammlung vom 23.7.1886 folgendermaßen[7]: "Die Pferdebahnen gehören in die Verkehrs- und nicht in die Straßen, welche uns zum ruhigen Wohnen und ihrer Lage nach nicht zum Betreiben von Geschäften bestimmt sind. Der Charakter unserer schönen Außenstadt mit Häusern allseitig von Gärten umgeben .... geht durch eine geräuschvolle Pferdebahn verloren ...."

Der Streit um die Trassierung dieser zusätzlichen Straßenbahn, die rechtlich schwache Position des Magistrats gegenüber der FTG und das Kompetenzgerangel um die fachliche Planungslegitimation beklagte die "Ingenieur-Kommission", ein Ausschuß der Stadtverordneten-Versammlung, in einem 26seitigen Bericht[8] an den Magistrat. In diesem Bericht wurde der Magistrat aufgefordert, seine Interessen - vor allem die Planungsbefugnisse - gegenüber der FTG durchzusetzen. Die Stadtverordneten leisteten zu einem Verkehrskonzept keinen weiteren Beitrag. Sie beschränkten sich auf eine Liste von 10 zu bauenden Linien, die aber wie in der Vergangenheit die bestehende Bebauungsgrenze nicht überschritten.

Während der Ausbau des Straßenbahnnetzes Mitte der achtziger Jahre wegen der Meinungsunterschiede zwischen FTG, Magistrat, Stadtverordneten-Versammlung und Bürger zum Erliegen kam, genehmigte der Magistrat den Bau von drei in unterschiedlichem Eigentum befindlichen Vorortbahnen. Hintergrund der Konzessionsgesuche war in erster Linie die Verlegung und Zusammenfassung der drei Westbahnhöfe an der Gallusanlage 900 Meter westlich zu einem Zentralbahnhof. Die damals periphere Lage des neuen Bahnhofs bedeutete für Händler, Arbeiter und Bauern aus dem Umland einen weiteren Fußweg in das Stadtzentrum[9]. Die beiden beinahe zeitgleich mit der Einweihung des Hauptbahnhofs eröffneten dampfbetriebenen Vorortbahnen (Eschersheim - Eschenheimer Tor; Neu-Isenburg - Sachsenhausen und Schwanheim - Niederrad - Sachsenhausen) schufen für diese Bevölkerungskreise einen adäquaten Ersatz.

Erwähnung findet in diesem Zusammenhang das ambitionierte Konzept, das dem Bau der Lokalbahn von Eschersheim nach Frankfurt am Main zugrunde lag, aber nicht verwirklicht wurde. Der Ingenieur und zugleich Gesellschaftsmitglied der Frankfurter Lokalbahn AG, Dr. Julius KOLLMANN, verstand es, unternehmerische Ziele mit sinnvollen Lösungen von Stadtentwicklungsproblemen konzeptionell in Einklang zu bringen. Er muß einer der weitblickendsten Verkehrsunternehmer seiner Zeit in Frankfurt am Main gewesen sein. 1886 warb er bei den Stadträten um eine städtische finanzielle Beteiligung an einer gemeinnützigen Bahn- und Wohnungsbaugesellschaft[10]. Da Frankfurt am Main für die zugewanderten Arbeiter dringend billige und zeitgemäße Wohnungen brauchte, sollte das gedachte Unternehmen wegen des Widerstandes der Frankfurter Bürgerschaft gegen die Ansiedlung von Arbeitern im Stadtgebiet die erforderlichen Wohneinheiten in den selbständigen Vororten errichten. Ein zusätzlicher Standortvorteil der nördlichen Gemeinden waren die niedrigen Bodenpreise und die unmittelbare Nähe zu Ziegeleien. Für die Beförderung der Arbeiter zu ihren im nördlichen Stadtgebiet gelegenen Betrieben sah KOLLMANN eine schmalspurige Dampfstraßenbahn vor. Geplant war eine Strecke vom Eschenheimer Tor bis etwa zum Dornbusch. Dort sollte sich die Bahn gabeln: Eine westliche Trasse über Ginnheim, Eschersheim nach Heddernheim und eine östliche Strecke über Eckenheim, Preungesheim, Bonames und Ober-Eschbach bis nach Bad Homburg.

Der Magistrat und die Königliche Eisenbahndirektion, die wegen der Überquerung der Main-Weser-Bahn genehmigungspflichtig geworden war, lehnten das umfangreiche Vorhaben vordergründig aus technischen und rechtlichen Schwierigkeiten ab. Tatsächlich war die Stadt nicht an einem Zuschuß, sondern an einer Gewinnbeteiligung interessiert, die Eisenbahndirektion befürchtete ihrerseits Konkurrenz im Nahverkehr nach Bad Homburg. Die nach langen Verhandlungen 1887 genehmigte Lokalbahn war - gemessen an den Plänen - ein dürftiger Kompromiß: Weder wurden die Arbeiterwohnungen gebaut, noch gab es einen Anschluß für die nördlichen Vorortgemeinden. Realisiert wurde eine normalspurige eingleisige Pferdebahn, die nur zwischen dem Eschenheimer Tor und dem Weißen Stein auf der Eschersheimer Landstraße verkehren durfte.

Ende der achtziger Jahre, als der Ausbau der innerstädtischen Straßenbahn quasi zum Erliegen kam, wurde innerhalb der städtischen Gremien intensiv über einen kommunalen Regiebetrieb diskutiert (Einzelheiten im folgenden Kapitel). Trotz starker Bestrebungen für ein städtisches Trambahnunternehmen kam 1891 ein dritter Vertrag mit der FTG zustande[11]. Dieser letzte mit dem belgischen Unternehmen abgeschlossene Konzessionsvertrag mit einer Laufzeit von 25 Jahren unterschied sich von den beiden vorherigen vor allem durch seine Flexibilität hinsichtlich der Netzerweiterung. So wurde die FTG verpflichtet, während der Laufzeit nach Aufforderung des Magistrates bis zu 18 km neue Strecken zu bauen

und zu betreiben. Der Magistrat allein hatte über die Führung der Strecken zu entscheiden. Außerdem wurde ein Passus eingefügt, der den künftigen städtebaulichen und demographischen Entwicklungen Rechnung tragen sollte (§4 des Vertrages):
"Sollte die Bevölkerung der Stadt Frankfurt a.M. und ihrer Gemarkung durch Zuwachs oder durch Eingemeindung sich so vermehren, dass nach Herstellung der 18 Kilometer neue Strecken jeweils nicht mindestens 1 Kilometer Trambahnstrecke der Gesellschaft für je 10.000 Einwohner nach den jährlichen Berichten des statistischen Amtes vorhanden ist, so ist die Stadt berechtigt, unter den für die gegenwärtig vorgesehenen 18 Kilometer stipulierten Bedingungen dieses Vertrages den Bau und Betrieb weiterer Strecken von der Gesellschaft zu verlangen bis zu einer Gesamtlänge, welche obiges Verhältnis von 1 Kilometer Trambahnstrecke der Gesellschaft auf je 10.000 Einwohner herstellt."

Darüber hinaus wurden Regelungen aufgenommen, mit denen die ursprüngliche unternehmerische Freiheit der FTG eingeschränkt wurde. Neu waren in dem Vertrag:
- Zwei Rückkaufstermine (zum 1.1.1898 oder zum 1.1.1906) während der Laufzeit, an denen die Stadt mit einjähriger Kündigungsfrist das gesamte Unternehmen zum Zeitwert übernehmen konnte.
- Das Recht der Stadt, den zweigleisigen Ausbau bestehender Trambahnlinien zu verlangen.
- Die Verpflichtung der FTG, die Benutzung der eigenen Gleisanlagen Dritten (gedacht war an die 3 Vorortbahnen) zu gestatten.
- Steigende fixe Abgaben zugunsten der Stadt während der Laufzeit.

Die dynamischen Vereinbarungen bezüglich der neuen Strecken und der Abgaben sollten bei weiter steigenden Bevölkerungszahlen eine vorzeitige Vertragsauflösung - wie bereits zweimals geschehen - vermeiden. Die Abgaben, die an die Stadt Frankfurt am Main zu entrichten waren, waren die höchsten, die der Magistrat in ähnlichen Verträgen aushandeln konnte; sie sind Ausdruck des wirtschaftlichen Erfolges der Trambahn in Frankfurt am Main.

Der Magistrat machte bereits am ersten Termin von seinem Rückkaufsrecht Gebrauch. Ab dem 1.1.1898 war nun die Stadt Eigentümerin des Straßenbahnunternehmens. Auslöser der Kommunalisierung (wogegen sich die FTG mit neuen Angeboten erfolglos wehrte) war die verkehrstechnische Notwendigkeit, den Trambahnbetrieb zu elektrifizieren. Die Einsicht in diese Maßnahme entstand nicht bei der Betriebsführerin, der FTG, sondern bei dem mehr und mehr an verkehrsplanerischer Kompetenz gewinnenden Magistrat. Die fachliche Kompetenz wurde insbesondere durch den unter Oberbürgermeister ADICKES tätigen

Stadtbaurat RIESE[12] verkörpert, der als erfahrener Eisenbahningenieur im April 1896 auf Vorschlag ADICKES vom Eisenbahndienst in den Magistrat wechselte.

RIESE verwies in einer Denkschrift des gleichen Jahres auf den Zusammenhang von Stadterweiterung und Verkehrssystem[13]. Sein Anliegen war es, die inzwischen veraltete Pfederbahn in einen leistungsfähigen elektrischen Straßenbahnbetrieb umzuwandeln. Die elektrische Traktion bei Straßenbahnen wurde bereits 1879 auf der Berliner Gewerbe-Ausstellung der Öffentlichkeit vorgestellt; ab 1881 verkehrte diese Bahn von Lichterfelde (Berlin) in die Innenstadt. Hauptproblem bei der Entwicklung der neuen Technik war die Stromzuführung: Es wurden in den folgenden Jahren oberirdische und unterirdische Stromversorgungssysteme wie auch Akkumulatoren erprobt. Erst 10 Jahre später, 1891 nämlich, begann die flächendeckende Einführung des elektrischen Straßenbahnbetriebes in Halle, wobei sich die oberirdische Stromzuführung durchgesetzt hatte. 1892 folgten Breslau und Bremen, 1894 stellte Hamburg seinen Pferdebahnbetrieb um. Die wesentlichen Vorteile der elektrischen Traktion bestanden in
- höheren Geschwindigkeiten,
- grösseren Transportkapazitäten (längere Züge, Taktverdichtung),
- Schonung des Straßenpflasters (Hufschlag, Pferdemist),
- höhere Erlöse durch Betriebskostenersparnisse.

Bei den bestehenden Eigentumsverhältnissen hätte die Elektrifizierung einen weiteren Vertragspartner ins Spiel gebracht: Die privaten Elektrizitätswerke. Hatten die tiefgreifenden Interessensgegensätze zwischen FTG und Magistrat den Ausbau der Straßenbahnen zeitweise erheblich gestört, so drohte mit einem oder mehreren privaten Elektrizitätsunternehmen die gerade gewonnene Handlungsfähigkeit wieder erheblich zu leiden. RIESE zog daraus den Schluß, die Elektrizitäts- und Verkehrsunternehmen zusammen in städtisches Eigentum und kommunale Regie zu überführen.

Bevor die Kommunalisierung der privaten Frankfurter Verkehrsbetriebe mit der Übernahme der Frankfurt-Offenbacher Trambahngesellschaft (FOTG) am 1.7.1904 abgeschlossen war, entwarf RIESE im August 1900 kurz vor seinem Ausscheiden aus dem Magistrat ein "Strategiepapier" zur weiteren Entwicklung der Vorortbahnen. Diese Denkschrift[14], die in einem Erläuterungsbericht zum Vertragsentwurf zur Übernahme der Eschersheimer Lokalbahn zu finden ist, behandelt mit für diese Zeit überraschend guter theoretischer Grundlage die Frage,

nach welchen Grundsätzen die verkehrliche Anbindung des Frankfurter Umlands geplant und durchgeführt werden sollte:
"Jede Stadt stellt ein Verkehrszentrum dar, nach welchem der Verkehr aus der Umgebung strömt. Jede Großstadt zieht aber nicht nur diesen lokalen Verkehr ihrer nächsten Umgebung an sich, sondern in gewissem Umfange auch den der umliegenden kleineren Städte, sie hat daher ein engeres und ein weiteres Verkehrsgebiet. (...) Die dem engeren Verkehrsgebiet Frankfurt angehörenden Gemeinden (entsprach dem damaligen Landkreis Frankfurt, d.V.) werden über kurz oder lang in Frankfurt aufgehen, und es erscheint deshalb auch nicht rätlich, ihnen jetzt auch noch erheblichen Einfluß auf die Gestaltung der Vorortbahnen einzuräumen, ..."

Für Bahnen im "weiteren Verkehrsgebiet", das an den Eckpunkten durch die Städte Bad Homburg, Hanau, Darmstadt und Mainz-Kastel begrenzt wird (maximal eine Stunde Fahrzeit) propagierte RIESE eine Verbindung der interessierten öffentlichen Verbände und Gemeinden, die mit kommunalen oder gemischt-öffentlichen Unternehmen die Bahnen erbauen und betreiben sollten.

Zum ersten Mal in der Frankfurter Verkehrsplanung wird die Erschließungsfunktion eines modernen Vorortbahnsystems hervorgehoben:
"Gut gebaute und betriebene Vorortbahnen ... erweitern ... die Kreise, innerhalb welchen günstige Erwerbsverhältnisse mit gesunden und billigen Wohnungen vereinbar sind; sie machen häufig eine Bebauung der Vorortgebiete erst möglich, ..."

Die Ausführungen von RIESE mündeten in "5 Grundsätze(n) für die künftige Behandlung der Vorortbahnfrage:"

"1. Die Stadt wird in ihrem engeren Verkehrsgebiet - im wesentlichen den Landkreis umfassend - alleinige Trägerin aller Kleinbahnkonzessionen, Erbauerin, Eigentümerin und Betriebsführerin aller Kleinbahnen. Die außerhalb dieses Gebietes - in der Außenzone - nötigen Bahnen überlässt sie im wesentlichen Privatunternehmern oder den beteiligten kommunalen Verbänden.

2. Die Bahnen der Außenzone werden, soweit erforderlich, an die städtischen Bahnen angeschlossen. Zur Regelung des durchgehenden Verkehrs werden Betriebsverträge mit den betreffenden Bahneigentümern geschlossen.

3. Die städtischen Vorortbahnen, wie auch die der Außenzone, werden in tunlichst weitem Umfange auf eigenen Bahnkörper hergestellt; zu diesem Zweck ist schon bei Aufstellung der Bebauungspläne für die äußeren Stadtbezirke und für die Vororte auf die spätere Anlage der Vorortbahnen Rücksicht zu nehmen.

4. Mit der Ausführung der städtischen Vorortbahnen ist insoweit vorzugehen, als ein entschiedenes Bedürfnis anzuerkennen ist.

5. Als erste in Gemeinschaft mit Privaten herzustellende grössere Hauptlinie ist eine solche nach Oberursel und Homburg in Aussicht zu nehmen".

Die Denkschrift, die als Teil des Übernahmevertrages der FLAG am 9. Oktober 1900 von den Stadtverordneten gebilligt wurde, muß als das theoretisch fundierteste Verkehrskonzept in Frankfurt am Main bis zum Ersten Weltkrieg angesehen werden. Nicht zu klären ist, welche planerische Bindungswirkung die RIESEschen Grundsätze für alle nachfolgenden Verkehrsmaßnahmen hatte. In den weiteren Diskussionen um neue Straßen- und Vorortbahnen ist - aus der Aktenlage - ein Bezug auf RIESE nicht erkennbar. Allerdings spricht für die Relevanz seiner Denkschrift, daß der größte Teil der unter städtischer Regie geplanten Bahnen mit den Grundsätzen vereinbar war.

RIESE, der bereits zum 1.10.1900 aus seinem Amt ausschied, hatte als Ingenieur und Verkehrsplaner den Frankfurter öffentlichen Personennahverkehr modernisiert und zugleich konzeptionell geprägt. Übergeordnetes Ziel seiner Aktivitäten war das Heranführen der Stadt zum alleinigen Träger verschiedener kommunaler Dienstleistungen. Die Kommunalisierung der Verkehrsbetriebe mußte dabei - wie RIESE selbst argumentierte - nicht zuletzt der Prüfung standhalten, ob ein unter kommunaler Regie geführtes Verkehrsunternehmen Gewinne erwirtschaften konnte und für die strategischen Optionen der Stadtentwicklung (besonders bei der bevorstehenden Eingemeindung) einsetzbar war. RIESESs Verdienst für die Stadt bestand schließlich darin, diese doppelte Bedeutung des öffentlichen Personennahverkehrs erkannt und kraft seines Amtes umgesetzt zu haben.

Nachfolger von RIESE als Stadtrat und Leiter des neugegründeten "Städtischen Elektrizitäts- und Bahn-Amtes" (EBA)[15] wurde HIN[16], der ebenfalls in der Eisenbahnverwaltung tätig gewesen war. Seine Tätigkeit konzentrierte sich darauf, die als eigene Betriebszweige weitergeführten ehemaligen privaten Verkehrsunternehmen organisatorisch und wirtschaftlich in einem städtischen Regiebetrieb zusammenzufassen. Außerdem war das Streckennetz laufend den baulichen und flächenmäßigen Entwicklungen der Stadt anzupassen. Im Gegensatz zu RIESE sind für HIN keine Verkehrsplanungskonzepte nachweisbar. Aus den Stadtverordnetenprotokollen erschließt sich ein Bild, in dem die ökonomische Effektivität der städtischen Straßenbahnen als oberster Grundsatz seiner Tätigkeit erscheint.

In der letzten hier analysierten Dekade des Frankfurter öffentlichen Personennahverkehrs lassen sich die geplanten und ausgeführten Strecken nach den Motiven des Magistrats eindeutig gliedern:
a) Nachfrageorientierter Ausbau bei innerstädtischen Erweiterungs- und Ergänzungslinien
b) Vorortstraßenbahnen, die als Gegenleistung der Eingemeindungen von 1910 errichtet wurden
c) Straßenbahnstrecken mit stadtplanerischer Strategiefunktion zur Erschließung von Bauland.

Innerstädtische Ergänzungslinien innerhalb vorhandener Bebauungsgrenzen kamen erst dann in Planung, wenn eine wirtschaftlich lohnende Nachfrage gesichert schien. Ausbaubedarf gab es in Sachsenhausen, Bornheim und im Nordend. Stellvertretend werden die Ausführungen des EBA zum Bau der Strecke vom Wendelsplatz zum Südfriedhof vom 10.5.1909 zitiert[17]: "Der Verkehr in dem zum Sachsenhäuser Berg hinaufführenden Teil der Darmstädter Landstr., insbesondere nach den dort liegenden Brauereien und dem Sachsenhäuser Friedhof hat sich in den letzten Jahren stetig gehoben, so daß die Herstellung einer Straßenbahnlinie nunmehr als Bedürfnis anerkannt werden muß...."

Auch bei der Bebauungserschließung im südlichen Bornheim favorisierte HIN den Verlauf einer neuen Strecke durch die bereits bebaute Wittelsbacher Allee. Zwei Architekten hatten - sicherlich nicht uneigennützig - für eine Trasse durch die Rhönstraße plädiert, die das Segment zwischen Röderbergweg und Rhönstraße als Wohngebiet erschlossen hätte. Schließlich wurden beide Strecken gebaut: Auf der bedarfssicheren Route durch die Wittelsbacher Allee wurde zum 1.9.1908 der Betrieb aufgenommen, die südliche Parallelstrecke bis zum Röderbergweg wurde erst am 4.1.1913 dem Verkehr übergeben.

Das EBA und mit ihm der Magistrat war offensichtlich weit davon entfernt, die Projektierung innerstädtischer Straßenbahnlinien unter anderen als wirtschaftlichen Aspekten vorzunehmen. Daß bei geringer Fahrgastfrequenz das EBA sogar den Betrieb einstellte und die Gleise entfernen ließ, zeigt der Fall der Linie 6A, die als Kuriosum in die Frankfurter Straßenbahngeschichte eingegangen ist. Sie fuhr als kürzeste Linie überhaupt von der Zeil über die Stiftstraße, Eschenheimer Landstraße und den Grüneburgweg bis zum Reuterweg und wurde bereits nach 3 Jahren, am 2.8.1914, wegen fehlender Nachfrage eingestellt. HIN glaubte jedenfalls bei der Diskussion um den Bau dieser Linie in der Stadtverordneten-Versammlung[18] "einem seit Jahren, insbesondere seitens der für diese Linie in Betracht kommenden Stadtteile geäußerten Wunsch" (zu entsprechen). Tatsächlich wurde diese Linie in der Mehrzahl nur vom Dienstpersonal der Westendbewohner benutzt. Das Verfahren bei dieser kurzen, kostenseitig sicherlich unbedeutenden, sozial aber möglicherweise wichtigen Linie unterstreicht die gewinnorientierte Haltung des EBA beim Ausbau des Straßenbahnnetzes[19].

Im Rahmen der Eingemeindungen[20] von 1910 verpflichtete sich die Stadt neben dem Bau einer Kanalisation, der Pflasterung von Straßen, der Errichtung von Schulen und der Stromversorgung, die neuen Vororte an das Frankfurter Straßenbahnnetz anzuschließen. Das EBA mußte unter Termindruck für die neuen Stadtteile, die noch ohne Straßenbahn waren (Berkersheim, Ginnheim, Hausen, Praunheim und Preungesheim), die entsprechenden Pläne ausarbeiten und vom Magistrat und von den Stadtverordneten genehmigen lassen. Aus den Erläuterungsberichten zu den Streckenvorschlägen geht hervor, daß bei der Wahl der Trassen die Verfügbarkeit des Straßenraumes die entscheidende Rolle spielte. Dabei bestand die Möglichkeit, bei erforderlichen Enteignungsverfahren den vertraglich vereinbarten Fertigstellungstermin zu verschieben. Die aus Anlaß der Eingemeindungen realisierten Strecken stellten zwar die gewünschten Verbindungen in die Innenstadt her, wiesen aber auch verschiedene Mängel auf. So wurden nur in wenigen Fällen die bebauten Bereiche der neuen Vororte erreicht; wo das der Fall war, hatten bereits vor den Eingemeindungsverhandlungen Strecken bestanden (Rödelheim, Eckenheim). In der Mehrzahl lagen die Haltestellen auf dem freien Feld (Hausen, Berkesheim), bzw. die Endstationen vor der Bebauungsgrenze (Ginnheim, Praunheim, Preungesheim, Seckbach).

Die Analyse aller Eingemeindungslinien führt zu dem Ergebnis, daß die Stadt offensichtlich die formale Vertragserfüllung unter möglichst niederigen Kosten priorisierte. Hintergrund dieser Strategie waren möglicherweise die Erfahrungen in Seckbach. Dort wurde mit der Eingemeindung (am 1.4.1900) eine Straßenbahnstrecke gebaut, die sich betriebswirtschaftlich nicht rechnete, da das Fahrgastaufkommen zu schwach war[21]. Auch von den neuen Strecken versprach sich das EBA keine Gewinne, so daß wegen der ohnehin knappen Planungs- und Bauzeiten (zwischen einem und zweieinhalb Jahren) auf umfangreiche Planungen und hohe Grunderwerbskosten vorab verzichtet wurde. Insgesamt brachten die Vorortstraßenbahnen den neuen Frankfurter Bürgern trotz partieller Mängel die wichtige Verkehrsverbindung in die Stadt.

Im Gegensatz zu den nachfragesicheren, zumeist innerstädtischen Straßenbahnlinien und den vertraglich vereinbarten Eingemeindungsverbindungen betrieb der Magistrat den Netzausbau außerdem unter ökonomisch durchsetzten Aspekten der gestaltenden Stadtentwicklung. Dieses Motiv wurde deutlich, als im Zuge der industriellen Inwertsetzung des Frankfurter Ostens (Eröffnung des Osthafens, Umbau des Ostbahnhofs, Erschließung des Industriegeländes entlang der Hanauer Landstr.) die Straßenbahn vom alten Ostbahnhof an der Zobelstraße bis kurz vor den Kaiserleikreisel verlängert werden sollte[22]: "Es erscheint zweckmäßig, den Bau dieser Bahnlinie möglichst frühzeitig in die Wege zu leiten, weil dadurch der Verkauf des Hafengeländes, insbesondere an der Hanauer Landstraße beeinflußt wird."

In der Stadtverordneten-Versammlung wurde von dem sozialdemokratischen Abgeordneten QUARK[23] der Ausbau dieser Linie[24] "begrüßt, weil der Magistrat endlich den Anfang macht, Straßenbahnlinien in Stadtteile zu bauen, in denen bisher solche überhaupt nicht vorhanden waren und die dadurch erst gefördert werden sollen." Dieses "Prinzip" mahnte der Abgeordnete auch für reine Wohngebiete an und empfahl, die Strecke bald in die selbständige Gemeinde Fechenheim zu verlängern. Schon zwei Jahre nach dem Beschluß, am 23.5.1910, fuhren die ersten Straßenbahnen bis zu den Riederhöfen, kurz vor dem heutigen Kaiserleikreisel. Die Verlängerung nach Fechenheim kam jedoch erst mit der Eingemeindung am 29.10.1928 zustande.

Die einzige Straßenbahnlinie, die nicht der gewerblichen Baulanderschließung, sondern als wichtiger Beitrag zur Ausweisung eines reinen Siedlungsgebietes konzipiert war, wurde vom EBA 1910 vom Marbachweg in die selbständige Gemeinde Bergen projektiert. Während bei den zeitgleich laufenden Planungen zum Straßenbahnbau in die eingemeindeten Vororten jeweils die kostengünstigsten Varianten gewählt wurden, überrascht das aktive Interesse des Magistrats an dieser vergleichsweise teuren Verbindung (1,64 Mio Mark) nach Bergen. In der Stadtverordneten-Versammlung erklärte ADICKES, daß diese Strecke den "schönsten Teil Frankfurts für wohlhabende Leute" als Wohngebiet erschließen würde[25]. Erklärtes Ziel des Magistrats war es also, den bereits einsetzenden Wegzug gutsituierter (und steuerkräftiger) Brüger in den Taunus durch ein attraktives Baugebiet zwischen Eckenheim und Bergen zu stoppen. Die Stadtverordneten erteilten dem Vorhaben aus finanziellen Erwägungen eine Absage, zumal eine Nachfrage nach Bauland noch gar nicht nachweisbar bzw. mit der anlaufenden Erschließung

Abb. 1 Entwicklung des Straßenbahnnetzes in Frankfurt am Main von 1870 bis 1914

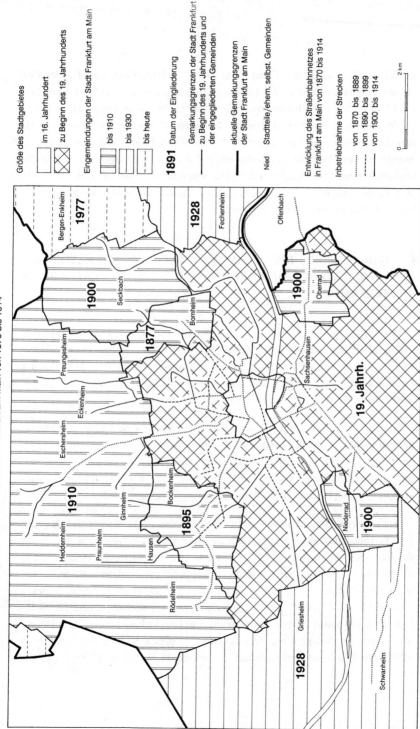

Kartengrundlage: Bestands- und Planungsatlas der Stadt Frankfurt am Main: Entwicklung des Stadtgebietes (Stand: 1985)

des Villengebietes auf der "Ginnheimer Höhe" zu befriedigen war. Da der Gemeinde Bergen im Rahmen des Gasversorgungsvertrages mit der Stadt Frankfurt am Main (1907) die Einrichtung einer Straßenbahnlinie zugesagt worden war, wurde später vom Riederwald über die Gwinnerstraße die Strecke bis an die westliche Bebauungsgrenze Bergens geführt. Dieser Verlauf war stadtplanerisch und finanziell weniger spektakulär als der erste Vorschlag des Magistrats, da die Erschließung eines hochwertigen Wohngebiets entlang der Strecke nicht mehr verfolgt wurde. Angebunden wurde einzig das im Aufbau befindliche Gewerbegebiet Seckbach-Süd entlang der Gwinnerstraße.

4. DER AUSBAU DES STRASSENNETZES IM INTERESSENSGEFLECHT VON STADT, BÜRGERN UND PRIVATEN VERKEHRSUNTERNEHMEN

Der Aufbau des Frankfurter Straßenbahnnetzes vollzog sich unter besonders intensiver Beteiligung der Bürger, wobei das neue Verkehrsmittel in der Bürgerschaft nicht nur ungeteilte Zustimmung genoss. Die vielen vor allem vor der Kommunalisierung verfassten Petitionen spiegeln die sozialen und wirtschaftlichen Verhältnisse der sich entwickelnden neuen Quartiere.

So gab es einerseits Stadtteile, die sich für eine rasche Erschließung mit Pferdebahnen einsetzten. Hierzu zählten Bornheim und das Nordend, dessen Interessen der "West- und Nordwestliche Bezirksverein" vertrat. Ebenso forderten Industrie- und Gewerbebetriebe entlang der Gutleut- und Kleyerstraße eine Verkehrsverbindung für ihre in der Stadt wohnenden Arbeiter[26].

Andererseits sind die Bewohnergruppen zu nennen, die sich energisch gegen eine Pferdebahn in ihren Stadtvierteln aussprachen. Diese Position ist bereits für das Jahr 1883 nachweisbar, als die gutsituierten Bürger der Neuen Mainzer Straße die im Bau befindliche Pferdebahn durch ihre Straße verhindern wollten[27]. Hinter dieser Haltung, die für die geplanten und z.T. verzögert gebauten Strecken durch die Leerbachstraße, Feuerbachstraße[28] und vor allem durch die Taunusanlage sowie die Mainzer Landstraße dokumentiert ist, verbarg sich die Befürchtung, "daß durch die Anlage einer Trambahnlinie in diesen Straßen der ganze herrschaftliche Charakter derselben auf das empfindlichste beeinträchtigt und die herrlichen Bauten in diesen Straßen nicht nur in ihrer äußeren Erscheinung, sondern auch in ihrem Werte eine beträchtliche Einbuße erleiden würden."

Bemerkenswerterweise stellte sich der Magistrat bei diesen Ablehnungsgesuchen meistens hinter die Bürger, konnte aber den Bau dieser Strecken allenfalls kurzfristig verhindern, da die Stadtverordneten den Änderungswünschen des Magistrats die Zustimmung versagten. Die interessentengebunde Haltung des Magistrats in den Trassierungsfragen brachte dieses Gremium gerade während der Anfangsphase des ÖPNV in Argumentationsnöte gegenüber den Stadtverordneten. Zugleich führte diese Verkehrspolitik zur Verhandlungsschwäche gegenüber der FTG. Zur Stärkung der eigenen Position schlug der Magistrat aus Anlaß der ersten Vertragsrevision 1880 den Stadtverordneten vor, eine "gemischte Kommission", die aus Vertretern des Magistrats und der Stadtverordneten bestehen sollte, einzusetzen. Die gemischte Kommission hatte nicht nur die Aufgabe, eine gemeinsame Interessenslage herbeizuführen, sondern auch das Mandat für direkte Verhandlungen mit den Verkehrsunternehmen[29].

Für den Erfolg der gemischten Kommission spricht, daß sie auch bei der Aushandlung des letzten Vertrages mit der FTG 1890/91 und während der Kommunalisierung gebildet wurden. Mit der Gründung des "Trambahn-Amtes" 1897 und dessen Umwandlung in das "Elektrizitäts- und Bahn-Amt" im Jahr 1899 wurde diese Konstellation institutionalisiert. Die Amtsleitung bestand aus drei Magistratsmitgliedern, von denen einer der Vorsitzende war, und bis zu vier Stadtverordneten. Allerdings hat mit der Ämtergründung die Bedeutung der gemischten Kommission deutlich abgenommen, da von da an der Vorsitzende alleine in der Stadtverordneten-Versammlung sein Amt vertrat. Während den Vertragsverhandlungen mit der FTG, insbesondere 1890/91, war die gemischte Kommission hochrangig besetzt (MIQUEL, zwei Stadträte und drei Stadtverordnete) und auch nicht frei von Meinungsverschiedenheiten, die sogar in einem "Mehrheits-" und "Minderheits- Kommissionsbericht" mündeten[30].

Innerhalb der gemischten Kommission reifte im Laufe ihrer Arbeit die fachliche Kompetenz, aus der sich nach anfänglichen Berührungsängsten der politische Wille zu einem kommunalen Verkehrsunternehmen entwickelte. 1888 holte sich die Kommission beim Frankfurter Stadtbaurat LINDLEY und der Grossen Berliner Pferdebahn-Gesellschaft, vertreten durch BÜSING, gutachterlichen Rat über die künftige wirtschaftliche Ertragskraft der FTG ein[31]. Schon zu diesem Zeitpunkt stand die Kommunalisierung zur Debatte, weil ein kommunaler Regiebetrieb der Stadt höhere Einnahmen versprach als ein privates Unternehmen, das nur einen Teil des Gewinnes abführen mußte. Doch die allgemeinen politischen Rahmenbedingungen und die Sparsamkeit MIQUELs standen der Übernahme entgegen[32].

Erst mit den Elektrifizierungsplänen und der Persönlichkeit RIESE unter dem neuen Oberbürgermeister ADICKES wurde die Kommunalisierung zielstrebig angegangen. Dabei war man sich innerhalb des Magistrats noch nicht im klaren, wie der Pferdebahnbetrieb elektrifiziert und zugleich kommunalisiert werden könnte. Es wurden Vorschläge gemacht, mit denen die Stadt zwar Eigentümerin, aber nicht Betriebsführerin des Verkehrsunternehmens werden sollte. Zunächst sprach dafür, eine Gesellschaft mit beschränkter Haftung aus den Mitteln der mildtätigen Stiftungen (15 Mio Mk verfügbares Kapital) zu gründen, die unter kaufmännischen Gesichtspunkten den Betrieb leiten sollten. Die Lösung bestand schließlich darin, in einer öffentlichen Ausschreibung ein Unternehmen zu suchen, das für die Dauer der Elektrifizierungsarbeiten auch die Betriebsleitung übernehmen mußte, da der Magistrat für durch Umbauarbeiten hervorgerufene Betriebsstörungen nicht zuständig sein wollte[33]. Von insgesamt 7 Angeboten erhielt die Unternehmensgruppe Siemens & Halske und BBC den Zuschlag. Obwohl die Stadt zum 1.1.1898 Eigentümerin der von der FTG betriebenen Pferdebahnen geworden war, trat sie erst nach Abschluß der Elektrifizierung in die Betriebsverantwortung ein.

So zögerlich der Magistrat war, direkt unternehmerisch tätig zu werden, so zielstrebig waren seine Strategien, die privaten Verkehrsunternehmen zu erwerben. Grundsätzlich waren die Unternehmen nicht interessiert, ihre Betriebe an die Stadt zu veräußern. Trotz der fixen und variablen Abgaben an die Stadt konnte in der Gewinnzone gewirtschaftet werden[34]. Da bei den drei Vorortbahngesellschaften (FLAG, FWG, FTOG) keine vorzeitigen Kündigungstermine vorgesehen waren, hätte das bis 1920 ein Nebeneinander von städtischen und privaten Bahnen bedeuten können.

Der Magistrat veranlaßte die Frankfurter Waldbahn zum Verkauf ihres Unternehmens durch die Planung einer Straßenbahnlinie von der Friedensbrücke zum Sandhof (4.1.1898), die für die bestehende Strecke der FWG vom Oberforsthaus nach Sachsenhausen Konkurrenz bedeutete. In diesem Fall war der FWG - laut Konzessionsvertrag - ein Ausführungsrecht für die neue Strecke vorbehalten, auf das sie aber wegen den hohen Investitionskosten erwartungsgemäß verzichten mußte. Um die FWG zum Verkauf zu bewegen, reichte dem Magistrat lediglich ein grundsätzlicher Entscheid der Stadtverordneten-Versammlung für den Bau der Strecke. Das Terrain um die spätere Paul-Ehrlich-Straße, durch die die Strecke führen sollte, hatte nämlich weder Gas-, Wasser- und Kanalisationsleitungen, so daß die Stadtverordneten zunächst Bedenken wegen der Eile und Reihenfolge der Erschließungsmaßnahmen äußerten, dem Planungsantrag aber doch zustimmten[35]. Die FWG entschloß sich nach Bekanntwerden des Beschlußes schon im Juli 1898 zum Verkauf ihrer Bahn, bevor durch die Konkurrenzlage die Ertragskraft des Unternehmens und damit der Verkaufswert gesunken wäre.

Die gleiche Strategie wurde schon 10 Jahre vorher entwickelt, als die FTG kurz vor Abschluß des letzten Vertrages in der Innenstadt keine Strecken mehr baute, der Bedarf aber weiter wuchs. Zu diesem Zeitpunkt plante der Magistrat mit Zustimmung der Stadtverordneten-Versammlung zwei kommunale Pferdebahnlinien:
- vom Hauptbahnhof über die Berger Straße nach Bornheim
- vom Schillerplatz durch das Nordend zum Hauptfriedhof.

Mit beiden Linien sollten nicht nur die Verkehrsbedürfnisse der Bewohner aus dem Nordend und aus Bornheim befriedigt werden, sondern die Stadt suchte bewußt die Konkurrenz zu den Linien der FTG[36], "um zu bewirken, daß die Einnahmen der FTG in den bei der Übernahme in Betracht kommenden Jahre vom 6.10.1889 bis 6.10.1892 (entsprechend des zweiten Vertrages von 1880, d.V.) nicht zu hoch sind und der Ankaufspreis des Unternehmens zu Gunsten der Stadt herabgesetzt wird."

Die beiden ersten kommunalen Strecken in Frankfurt am Main scheiterten schließlich am Polizeipräsidenten, der eigentlich nur die baurechtliche Konzession zu erteilen hatte. Er schaltete, weil er den Vorgang von grundsätzlicher Bedeutung hielt, seinen Ressortminister in Berlin ein. Der genehmigte zwar, knüpfte aber noch verschiedene Bedingungen an das Vorhaben, die die Pläne praktisch zum Fall brachten. Die Stadt verzichtete daraufhin auf die Ausführung der Strecken[37].

Die Übernahme der Strecke vom Eschenheimer Turm zum Weißen Stein der FLAG gestaltete sich für die Stadt etwas schwieriger. Die FLAG bot ihre verkehrstechnisch wenig befriedigende Strecke zusammen mit dem Bockenheimer Elektrizitätswerk, um dessen Erwerb die Stadt sich RIESEschen Grundsätzen folgend ebenfalls bemühte, in einem "Verkaufspaket" an. Danach konnte der Magistrat nicht mehr einzeln verhandlen, sondern mußte sich mit einer potenten

Verkäufergemeinschaft auseinandersetzen. Obwohl wegen des hohen Gesamtpreises aus den Reihen der Stadtverordneten Bedenken laut wurden, kam der Vertrag zustande. Auf diese Weise erhielt die FLAG für ihre Strecke 500.000 Mark anstelle von 391.100 Mk (Zeitwert)[38].

Auch für den Kauf der letzten Vorortbahn in Frankfurt am Main, der FTOG, mußte die Stadt wesentlich mehr als den Zeitwert der gesamten Anlage bezahlen. Hierbei kam der Gesellschaft, die als einzige in Frankfurt am Main zeitweise Verluste produzierte, das für die Bahnstromerzeugung erforderliche Elektrizitätswerk in Oberrad zugute. Während die Konzession für den Straßenbahnbetrieb ohnehin 1908 auslief, bestand für das Elektrizitätswerk ein "lästiges Monopol" (HIN in der Stadtverordneten-Versammlung am 16.8.1904) bis 1932. Magistrat und Stadtverordnete akzeptierten den Preis von 530.000 Mk, der fast das Doppelte des Zeitwertes betrug, unter Hinweis auf den Abschluß der Kommunalisierung der Verkehrsbetriebe in Frankfurt am Main[39]: "Die einzige fremde Bahn, welche noch über städtische Straßen führt, wird beseitigt. Das ganze Gebiet von Oberrad wird für weitere Linien frei, die uns sonst vor 1932 zu bauen unmöglich gewesen wären, und die Zuführung von elektrischer Energie geschieht durch die Stadt mit Nutzen für die Allgemeinheit, und nicht von einer privaten Gesellschaft, auf deren Leistungsfähigkeit und Preisbildung uns jeder Einfluß fehlt."

5. SCHLUSS

Den Bürgern und der Stadt Frankfurt am Main stand zu Beginn des 20. Jahrhunderts ein zeitgemäßes ÖPNV-System zur Verfügung, das aus vier eigenständigen privaten Unternehmen hervorgegangen ist. Diese Entwicklung wurde bemerkenswerter Weise nicht von den Unternehmen selbst herbeigeführt, sondern vom Magistrat und von den Stadtverordneten ab 1895 mit Nachdruck betrieben. Vorausgegangen war ein rund 25jähriger "Reifungsprozeß", in dem sich die Verantwortlichen in der Politik die planerische Kompetenz angeeignet hatten. In dieser Anfangsphase hatten die Bürger mit ihren verschiedenen Petitionen an den Magistrat und die Stadtverordneten-Versammlung eine Katalysatorrolle übernommen. Denn die teils widersprüchlichen Partikularinteressen zwangen den Magistrat zu eigenen Verkehrskonzepten, wenn er nicht zum bloßen Vermittler zwischen Verkehrsunternehmen und Bürgern werden wollte. Mit der Bildung der "gemischten Kommissionen" wurden die Stadtverordneten in alle wesentlichen

Vorgänge eingebunden, so daß mögliche Gegensätze zwischen Magistrat und Stadtverordneten im Vorfeld zu Tage traten. Trotzdem war die Stadtverordneten-Versammlung mehr als eine Zustimmungsinstanz. Aus ihren Reihen kamen die ersten Verkehrskonzepte, die freilich nicht viel mehr als eine Auflistung von Straßenbahnlinien waren. Auffallend ist hierbei, daß es in den politischen Diskussionen immer nur um Straßenbahnlinien ging und nicht um ein Netz. Erst RIESE führte mit seinen verschiedenen Denkschriften diese Sichtweise - allerdings nur implizit - ein. Der Bau von Straßenbahnen wurde dennoch unter städtischer Regie weiterhin linienweise durchgeführt und nicht als Teil eines geplanten Gesamtnetzes gesehen.

Aus der Vielzahl nachfrageorientiert geplanter Straßenbahnstrecken ragen einige konzeptionell andersartige Projekte heraus, die jedoch aus unterschiedlichen Gründen nicht realisiert wurden. Häufig litten diese Vorhaben (Eschersheimer Lokalbahn mit dem Bau von Arbeiterwohnungen, Vorortbahn nach Bergen) unter den jeweiligen politischen und gesellschaftlichen Gegebenheiten, die derartige Massnahmen als inopportun erscheinen ließen. Es kennzeichnet diese in jeder Hinsicht dynamische Zeit vor und nach der Jahrhundertwende, daß die Gründe für das Scheitern der Straßen- und Vorortbahnen mit Erschließungsfunktionen in jeweils unterschiedlichen Instanzen zu finden sind. Bremste in der Phase vor der Kommunalisierung die öffentliche Hand "übereifrige" private Verkehrs unternehmen, so fehlte den gleichen Unternehmen kurze Zeit später die Phantasie, über ihren ursprünglichen Geschäftszweck hinaus beispielsweise innovativ eine private "Verkehrsunternehmer-Gemeinschaft" zu gründen. Die Frage, warum angesichts hoher Gewinne die Frankfurter Verkehrsunternehmen ihre Betriebe lediglich bestmöglichst veräußerten und nicht ein überzeugendes Konzept für die Fortführung des privaten Betriebs vorgelegt haben, muß weitgehend unbeantwortet bleiben. Jedenfalls erleichterten sie mit ihrer passiven Haltung dem Magistrat den Zugang zum eigenen kommunalen Verkehrsunternehmen.

Andererseits, und das wurde deutlich, hat die Stadt nach einer Phase abwartender Distanz die Bedeutung des ÖPNV für die Stadtentwicklung im weitesten Sinne erkannt. Die stetig gewachsene Bereitschaft, selbst in die unternehmerische Verantwortung zu treten, wurde durch drei Motive getragen:
- Befriedigung der rapide zugenommenen Verkehrsnachfrage aufgrund von Stadterweiterungen, Bevölkerungszunahmen und gestiegener Mobilität
- Einnahmequelle für den Stadt-Haushalt

- Strategische Bedeutung bei der Eingemeindung sowie der Erschließung von Industrie- und Wohngebieten.

Hinter der Durchsetzungskraft, mit der dann in relativ kuzer Zeit die Stadtregierung die Verkehrsbetriebe übernahm, steckte das erklärte Ziel, die Versorgungs- und Dienstleistungsfunktionen in kommunaler Hand zu konzentrieren. Die Entwicklung in Frankfurt am Main fügt sich dabei in das Geschehen in anderen deutschen Großstädten ein. Frankfurt am Main war dabei weder in technischer noch in organisatorisch-institutioneller Sicht Vorreiter in Deutschland, sondern folgte einer allgemeinen Gesamtentwicklung.

6. ANMERKUNGEN

1) Siehe hierzu REULECKE (1985)

2) Zu den schienengebundenen städtischen Personenbeförderungsmittel zählen im Rahmen dieser Untersuchung ausschließlich Straßenbahnen. Die im Text verwendeten Begriffe wie Pferdebahn, Trambahn und Vorortbahn sind Synonyme und heben eine bestimmte Eigenschaft der betreffenden Straßenbahn hervor. Das Wort "Tram" kommt aus dem Englischen und wurde vor allem im letzten Jahrhundert gebraucht (tramway = Schienenbahn).

3) Vgl. WIEDENBAUER; HOYER (1968), S. 6-21 und MICHELKE; JEAN-MAIRE (1972), S. 5-7.

4) Vgl. RÖNNEBECK (1971), S. 15-18.

5) Vgl. SVA 1102, S. 222-230.

6) Dieser Vertrag ist nachzulesen in: SVA 1102, S. 251-262/2.

7) Vgl. SVA 1102, S. 340/2-341/1.

8) Vgl. Ebenda, S. 342-354/2.

9) Vgl. KYRIELEIS (1985), S. 342.

10) Vgl. MA 1820/I, S. 2-16. Außerdem beantragte KOLLMANN eine rechtsmainische Verbindung vom Ostbahnhof über Fechenheim nach Offenbach, die vom Tiefbauamt mit Rücksicht auf zwei bestehende Bahnen (FOTG und Offenbacher Lokalbahn) und aus technischen Gründen (Spurweite 1 Meter) abgelehnt wurde. Siehe auch MA 1839.

11) Vgl. SVA 1090, S. 119-129.

12) Dr. Otto RIESE, geb. 1850, gest. 1939. Vor seiner Berufung in den Magistrat als Regierungsbaurat bei der Eisenbahndirektion Frankfurt tätig. Nach seinem Ausscheiden aus dem Magistrat zum 30.9.1900 Vorstandsmitglied der Philipp Holzmann AG. Leitete in dieser Funktion den Bau türkischer Eisenbahnen (insbesondere der sog. Bagdad-Bahn).

13) Vgl. SVA 1091, S. 26-33/1.

14) Vgl. SVA 1089, S. 79/1-82/1.

15) Der Gründung des "Trambahn-Amtes" am 7.12.1897 (also wenige Wochen vor der Übernahme der FTG durch die Stadt) folgte am 6.9.1899 die Umbenennung in "Städtisches Elektrizitäts- und Bahn-Amt", so daß die Stromversorgung und die Betriebsführung der Straßenbahnen zusammengefasst waren.

16) Paul HIN, geb. 1850, gest. 1927, Regierungs- und Baurat, Eisenbahnbau- und Betriebsinspektor im Ministerium der öffentlichen Arbeiten, Mitglied der Eisenbahndirektion Köln. Stadtrat in Frankfurt ab 26.6.1900, Leiter des EBA bis zu seinem Ruhestand 1921.

17) Vgl. SVA 1092, S. 217/3.

18) Vgl. Ebenda, S. 267/1.

19) Die Linie wurde umgangssprachlich deshalb auch als "Dienstmädchenlinie" bezeichnet. Vgl. auch HÖLTGE/KÖHLER (1984), S. 69.

20) Zur Eingemeindung siehe: REBENTISCH (1971) und die Quellen des Stadtarchivs
- TAA 138;
- Magistrat der Stadt Frankfurt a.M. (1960).

21) Vgl. SVA 1092, S. 175-176.

22) Ebenda, S. 186/1.

23) Max QUARK, geb. 1860, gest. 1930. Promovierter Jurist, Entlassung aus dem Staatsdienst wegen "Beteiligung an Umsturzbestrebungen", 1887 - 1891 Redakteur und L. SONNEMANN bei der Frankfurter Zeitung. Stadtverordneter von 1901 - 1919, ab 1919 in der Weimarer Nationalversammlung.

24) Vgl. SVA 1092, S. 187/1.

25) Vgl. SVA 1101, o.S. (13.12.1910).

26) Vgl. SVA 1091, S. 272-292.

27) Vgl. SVA 1102, S. 294/2.

28) Vgl. SVA 1090, S. 190/1.

29) Vgl. SVA 1102, S. 238/2.

30) Vgl. SVA 1090, S. 104-107.

31) Vgl. SVA 1102, S. 404-431.

32) Zu den Frankfurter Oberbürgermeistern aus dieser Zeit (MUMM, MIQUEL, ADICKES) siehe: VARRENTRAPP (1915).

33) Vgl. SVA 1091, S. 101-104/1.

34) Zur Ertragssituation der vier Unternehmen liegen zahlreiche Geschäftsberichte vor. Siehe dazu folgende Akten:
    - FTG : Magistratsberichte von 1890 - 1914
    - FOTG: MA 1816
    - FWG : SVA 1088
    - FLAG: SVA 1089

35) Vgl. Mitteilungen aus den Protokollen der Stadtverordneten-Versammlung (1898), S. 161.

36) Vgl. SVA 1079, S. 44/1-45/1.

37) Ebenda, S. 46 ff.

38) Vgl. Mitteilungen aus den Protokollen der Stadtverordneten-Versammlung (1900), S. 464.

39) Vgl. Mitteilungen aus den Protokollen der Stadtverordneten-Versammlung (1904), S. 460.

7. LITERATUR- UND QUELLENVERZEICHNIS

BANGERT, W. 1937: Baupolitik und Stadtgestaltung in Frankfurt a.M. Ein Beitrag zur Entwicklungsgeschichte des deutschen Städtebaues in den letzten 100 Jahren

BERICHT DES MAGISTRATES an die Stadtverordnetenversammlung, versch. Jg., Frankfurt a.M.

DIRLMEIER, U. 1981: Die kommunalpolitischen Zuständigkeiten und Leistungen süddeutscher Städte im Spätmittelalter. In: SYDOW, J. (Hg.), 1981: Städtische Versorgung und Entsorgung im Wandel der Geschichte, S. 113-150. Sigmaringen.

FLEISCHER, M. 1907: Das Frankfurter Stadtparlament, Frankfurt a.M.

FRANKFURTER ARCHITEKTEN- UND INGENIEUR-VEREIN (Hrsg.) 1986: Frankfurt a.M. und seine Bauten 1886. Frankfurt a.M.

HISTORISCHES MUSEUM FRANKFURT (Hrsg.) 1986: Die zweite industrielle Revolution. Frankfurt und die Elektrizität 1800 - 1914. = Kleine Schriften des Historischen Museums, Band 13.

HÖLTGE, D. u. G. H. KÖHLER 1984: Straßen- und Stadtbahnen in Deutschland, Band Hessen. Freiburg.

JENS, W. 1976: Zehn Pfennig bis Endstation. Der öffentliche Personenverkehr in Geschichte und Gegenwart. In: Republikanische Reden, S. 160-176. München.

KRABBE, W. R. 1983: Die Entfaltung der kommunalen Leistungsverwaltung in deutschen Städten des späten 19. Jahrhunderts. In: TEUTEBERG, H.-J. (Hrsg.), 1983: Urbanisierung im 19. und 20. Jahrhundert. Historische und geographische Aspekte, S. 373-392. Köln.

KYRIELEIS, G. 1985: Großstadt-Heimat: Der Frankfurter Hauptbahnhof. In: Zug der Zeit - Zeit der Züge, Deutsche Eisenbahn 1835 - 1885, Bd. 1, S. 342. Berlin 1985.

MA = Acten des Magistrats der Stadt Frankfurt a.M. Angegeben ist der Bestellmodus des Stadtarchivs der Stadt Frankfurt.

MAGISTRAT DER STADT FRENKFURT a.M. (Hrsg.) 1960: Eingemeindungsverträge der Stadt Frankfurt a.M. Frankfurt.

MAYENSCHEIN, H. 1972: Altes und neues Niederrad. Frankfurt.

MICHELKE, H. u. C. JEAN MAIRE 1972: Hundert Jahre Frankfurter Straßenbahnen 1872 - 1972. Villigen.

MITTEILUNGEN AUS DEN PROTOKOLLEN DER STADTVERORDNETEN-VERSAMMLUNG: Verschiedene Jahrgänge, Frankfurt a.M.

OVEN, A.H.E. von (Hrsg.): Neue Sammlung von Gesetzen, Statuten und Verordnungen für Frankfurt a.M., 10 Bde. Frankfurt a.M. 1872 - 1898.

RAA = Akten des Rechner-Amtes-Steuer-Verwaltung: Angegeben ist der Bestellmodus des Stadtarchivs der Stadt Frankfurt.

REULECKE, J. 1978: Die deutsche Stadt im Industriezeitalter. Beiträge zur modernen Stadtgeschichte. Wuppertal.

REULECKE, J. 1985: Geschichte der Urbanisierung in Deutschland. Frankfurt a.M.

RÖNNEBECK, Th. 1971: Stadterweiterung und Verkehr im 19. Jahrhundert. Schriftenreihe der Institute für Städtebau der Technischen Hochschulen und Universitäten, Heft 5. Stuttgart/Bern.

SEEGER, W. 1982: Reichsbahndirektion Frankfurt/Main und Vorbehörden. Streckenplanung, Grunderwerb, Bauwesen 1846 - 1928. Wiesbaden, Hess. Hauptstaatsarchiv.

SCHOMANN, H. 1983: Der Frankfurter Hauptbahnhof. 150 Jahre Eisenbahngeschichte und Stadtentwicklung (1838 - 1988). Stuttgart.

SCHUBERT, W. u. P. HOMMELHOFF 1985: Hundert Jahre modernes Aktienrecht. Berlin.

STADT FRANKFURT/M. - STRASSENBAHN (Hrsg.) 1959: 60 Jahre städtische elektrische Straßenbahnen in Frankfurt/M. Frankfurt.

STADTGEMEINDE FRANKFURT/M. 1903: Das städtische Tiefbauwesen in Frankfurt/M. Frankfurt a.M.

STÄDTISCHES ELEKTRIZITÄTS- UND BAHNAMT IN FRANKFURT/M. - BETRIEBSDIREKTION (Hrsg.) 1905: Die Städtischen Straßenbahnen Frankfurt a.M. Frankfurt.

STADTVERWALTUNGEN VON OFFENBACH UND FRANKFURT (Hrsg.) 1948: 100 Jahre Lokalbahn Offenbach - Frankfurt a.m. Offenbach.

SVA = Akten der Stadtverordneten-Versammlung in Frankfurt a.M. Angegeben ist der Bestellmodus des Stadtarchivs der Stadt Frankfurt.

VARRENTRAPP, A. 1915: Drei Oberbürgermeister von Frankfurt/M. Frankfurt.

WIEDENBAUER, A. u. H.-J. HOYER 1968: Fahrt in die Zukunft - Die Geschichte der Frankfurter Straßenbahn. Frankfurt.

BODO FREUND

STEINBACH AM TAUNUS.
ZEITGESCHICHTLICHE UND SIEDLUNGSGEOGRAPHISCHE ASPEKTE
DER ENTWICKLUNG EINER HESSEN-DARMSTÄDTISCHEN EXKLAVE
IM VORFELD DER STADT FRANKFURT AM MAIN

AUS: FRANKFURT UND DAS RHEIN-MAIN-GEBIET. GEOGRAPHISCHE
BEITRÄGE AUS ANLASS DES 75-JÄHRIGEN BESTEHENS DER
J.W. GOETHE-UNIVERSITÄT FRANKFURT AM MAIN (1914-1989)
HERAUSGEGEBEN VON KLAUS WOLF UND FRANZ SCHYMIK
= RHEIN-MAINISCHE FORSCHUNGEN HEFT 107
FRANKFURT AM MAIN 1990

Professor Dr. Bodo Freund
Institut für Kulturgeographie, Stadt- und Regionalforschung
der J. W. Goethe-Universität Frankfurt am Main
Senckenberganlage 36
6000 Frankfurt am Main 1

1. DIE TERRITORIALGESCHICHTLICHE ISOLATION UND IHRE NACHWIRKUNGEN

Am 14.09.789 wurde Steinbach am Taunus erstmals in einer Urkunde des Klosters Lorsch erwähnt, so daß die Gemeinde 1989 ihr 1200-jähriges Bestehen feiern konnte. Im Taunusvorland inmitten fruchtbaren, leicht welligen Geländes (Ertragsmeßzahl 68, 170 m NN) zwischen den bewaldeten Berghängen und der Autobahn am Frankfurter Stadtrand gelegen, hat das Dorf niemals überörtliche Bedeutung erlangt. Ein jahrhundertelanges Entwicklungshemmnis war seine Isolation als kleine Exklave größerer Territorien, deren Verwaltungssitze in erheblicher Distanz lagen. Von 1578 bis 1806 war dies Hanau, ab 1810 Darmstadt als Hauptstadt des neuen Großherzogtums Hessen. Bei diesem verblieb Steinbach aufgrund eigener Petition auch, nachdem Preußen 1866 sein ganzes Umfeld annektiert hatte, nämlich das Großherzogtum Nassau, die Landgrafschaft Hessen-Homburg und die Freie Reichsstadt Frankfurt. Bis 1933 standen am Bahnhof Weißkirchen und an der Straße nach Eschborn Grenzpfähle, die den Übergang von Hessen nach Preußen anzeigten (PAULI 1966, 38). Von 1874 bis 1945, juristisch sogar bis Ende März 1947, fungierte das 21 km entfernte, jenseits von Frankfurt am Main gelegene Offenbach als Kreisstadt für diese winzige hessen-darmstädtische Enklave innerhalb des preußischen Regierungsbezirkes Wiesbaden.

Diese Sonderstellung erwies sich für die Gemeindeentwicklung als nachteilig. Die Kreisstadt war zwar von Anfang an mit öffentlichen Verkehrsmitteln zu erreichen, lag doch am Gemarkungsrand in einer Viertelstunde Wegzeit vom Dorfkern der Bahnhof Weißkirchen der 1860 eröffneten "Homburger Bahn", mit der man nach Frankfurt am Main und von dort aus mit der Eisenbahn und ab 1884 sogar mit der ersten deutschen Straßenbahn nach Offenbach fahren konnte. Aber aus Offenbacher Perspektive lag das unbedeutende Dorf weit ab. Außerdem waren für Steinbach neben Offenbach je nach Sachbereich und Instanz sonstige weit verstreute Ämter sowohl im Hessischen als auch im Preußischen zuständig. Sie lagen einerseits in Darmstadt, Bad Vilbel, Groß-Umstadt, Heusenstamm, Neu-Isenburg und Obereschbach, andererseits in Bad Homburg, Frankfurt am Main, Kassel, Kronberg und Oberursel.

1919 strebte Steinbach eine Eingemeindung nach Frankfurt am Main an, mit dem es sozio-ökonomisch schon engstens verbunden war. Dabei haben Überlegungen zu einem möglichen Wechsel von der französischen Besatzungszone mit der Last von Naturalabgaben zur neutralen Zone eine Rolle gespielt (HUNDT u.

PULVER 1978, 37). Die Aufforderung des Frankfurter Stadtrates Zielowsky, vor Verhandlungsbeginn die - wohl schlechten - wirtschaftlichen Verhältnisse der Gemeinde offenzulegen, ließen das Projekt im Keim ersticken.

Ein Anschluß an Frankfurt am Main wäre technisch ein leichtes gewesen. Als 1932 die Frankfurter Straßenbahn bis zur Heerstraße in Praunheim geführt wurde, gab es Überlegungen zur Verlängerung um 3,6 km über die Endstation hinaus bis Steinbach. Vom hessischen Minister Leuschner ist eine direkte Straßenverbindung durch Weiterbau der Ludwig Landmann-Straße im Rahmen von Notstandsmaßnahmen vorgeschlagen worden. Das Projekt taucht in den Generalverkehrsplänen von 1962 und 1976 wieder auf, ist aber 1979 aus den Planungen des Bundes gestrichen und auch vom Land nicht weiter verfolgt worden. Die Vorkehrungen sind bis heute an zwei Stellen zu erkennen, nämlich der befremdlich großen, nur durch einen Feldweg genutzten Autobahn-Unterführung bei Praunheim und einem scheinbar grundlosen Streifen Ackerland zwischen dem Steinbacher Wohn- und Gewerbegebiet, der für die Trassenführung der Straße freigehalten blieb (vgl. Abb. 4).

Ein weiterer Versuch im Jahre 1928, den Kreis Offenbach zu verlassen und sich dem damaligen Obertaunuskreis (Bad Homburg) anzuschließen, scheiterte in dieser politisch bewegten Notzeit daran, daß man sich in Offenbach mit diesem Anliegen nicht befaßte und Minister Leuschner auf die beabsichtigte Generalbereinigung Deutschlands verwies (PAULI 1966, 36-37; HUNDT 1983, 20).

Als 1945 Steinbachs Verbindung zur Kreisstadt besonders schwierig war, wurde die Gemeinde von der amerikanischen Besatzungsmacht der Verwaltung des Obertaunuskreises unterstellt, der diese Aufgabe zunächst komissarisch wahrnahm (PAULI 1966, 41). Zum 1. April 1947 ist dann der Wechsel der Kreiszugehörigkeit auch per Gesetz vollzogen worden.

Die lange verwaltungsmäßige Isolation hat die Kommunalentwicklung deutlich behindert, und zwar bis über diesen Zeitpunkt hinaus. Schon im vergangenen Jahrhundert sind die Landstraßen von den benachbarten Dörfern Eschborn, Stierstadt und Niederhöchstadt aus finanziert worden, wurden dann aber außerordentlich schlecht unterhalten. Bis 1954 besaß Steinbach noch keine öffentliche Wasserleitung, und erst ab 1962 wurde die Befestigung der innerörtlichen Straßen planmäßig verfolgt. Im öffentlichen Personennahverkehr läuft noch heute die wichtigste Verbindung mit Frankfurt am Main über die Oberurseler Bahnstation

Weißkirchen, die in 1,3 km Distanz von der "Stadtmitte" liegt, und auch mit dem Auto ist die benachbarte Großstadt nur über Eschborn oder Weißkirchen zu erreichen.

2. ARBEITERWOHNDORF OHNE DYNAMIK (BIS 1960)

Trotz dieser aktuellen verkehrstechnischen Defizite darf nicht verkannt werden, daß schon vor mehr als hundert Jahren Frankfurt (11 km) und dessen westliche Industrievororte Bockenheim (9 km) und Rödelheim (6 km) relativ leicht zu erreichen waren, und zwar über den "Steinbacher Stadtweg" (Praunheim) oder die bei Eschborn vorbeiziehende alte Landstraße. Auch die Farbwerke in Höchst (9 km) zogen früh Steinbacher Arbeiter an. Zu Beginn der Industrialisierung war es durchaus üblich, solche Strecken als Tages- oder Wochenpendler zu laufen.

So kann es nicht verwundern, daß Steinbach schon in der Frühphase der Industrialisierung des Rhein-Main-Gebietes den Charakter eines Bauerndorfes verloren hat. 1861 gehört nur noch die Hälfte der Bevölkerung (50,7 %) dem Agrarsektor an. Nach mündlicher Tradition arbeitete vor der Jahrhundertwende ein Drittel der Erwerbstätigen in den Metallbetrieben von Rödelheim (Torpedo, Merz) und Bockenheim (Günther & Kleinmond, Moenus, Pokorny & Wittekind), ein zweites Drittel auf Baustellen in Frankfurt am Main. Bis 1907 sank die Agrarquote auf 22,9 % (Landwirtschaftliches Gemeindelexikon 1909, S. 24; HUNDT 1980, Vorwort). Etwa seit der Jahrhundertwende konnten sich Arbeiter eine Dauerkarte der Reichsbahn leisten, und etwa ab 1910 reichten zwei Wochenlöhne für ein Fahrrad. Damit war der Zugang zu den wichtigsten Arbeitsstätten wesentlich erleichtert.

Die Daten der Erwerbsstruktur belegen - selbst wenn die Vergleichbarkeit mit den Statistiken der Vorkriegszeit aus methodischen Gründen eingeschränkt ist - eine lange anhaltende Fixierung der Steinbacher Erwerbsbevölkerung auf das produzierende Gewerbe bis in die sechziger Jahre (vgl. Tab. 1).

Vor Ort wurden kaum Arbeitsplätze angeboten: 1933 gab es nach den Mitteilungen des Hessischen Landesstatistischen Amtes (1934, Nr. 2) in Steinbach nur 84 Arbeitsplätze in Produktion, Handel und Verkehr, und der mit Abstand größte Betrieb hatte 12 Beschäftigte. Dagegen pendelten 242 Erwerbstätige "normalerweise" nach Frankfurt am Main, davon waren damals allerdings 113 arbeitslos. 1950 kamen auf 667 Erwerbstätige nur 174 Arbeitsplätze, und bei leicht gestiegenen

Tab. 1: Steinbach am Taunus.
Erwerbstätige nach Wirtschaftsbereichen (1933 - 1987)

	1933	1950	1961	1970	1987
Land- und Forstwirtschaft	126 11,6 %	112 16,8 %	67 7,6 %	35 1,2 %	24 0,5 %
Produzierendes Gewerbe	675 61,9 %	363 54,4 %	519 58,6 %	1.262 44,0 %	1.580 32,0 %
Tertiärer Sektor	? (25,5 %)	192 28,8 %	300 33,9 %	1.569 54,8 %	3.325 67,5 %
Erwerbstätige	667 (691)		886	2.866	4.929

Anmerkung: 1933: "Berufszugehörige Personen"

Quellen: Hessische Zentrale für die Landesstatistik (Hg.):
Endgültige Einwohnerzahlen und Berufsgliederung der Gemeinden nach der Volks- und Berufszählung vom 16.6.1933; = Mitteilungen des Hessischen Landesstatistischen Amtes, Bd. 64. Nr. 1,. Darmstadt 1934
Hessisches Statistisches Landesamt (Hg.):
Ausgewählte Strukturdaten über Bevölkerungs und Erwerbstätigkeit ind den hessischen Gemeinden 1950, 1961 und 1970. Statistische Berichte, AO/VZ 1987/S-1, H. 1, S. 81. Wiesbaden 1988
Hessisches Statistisches Landesamt (Hg.):
Ausgewählte Strukturdaten über die Bevölkerung am 25.05.1987 nach Gemeinden und Gemeindeteilen; = AO/VZ 1987-4, H. 4, S. 20-25. Wiesbaden 1989

Absolutwerten verbesserte sich das Verhältnis bis 1961 nicht: Dreiviertel der Erwerbstätigen mußte auspendeln (vgl. Tab. 2).

Die Linie der Bevölkerungsentwicklung verdeutlicht, daß Steinbach vom Beginn des industriegesellschaftlichen Wandels bis zum Zweiten Weltkrieg nur sehr langsam wuchs (vgl. Abb. 1). Der Mangel an lokalen Arbeitsplätzen, aber auch die Mängel der öffentlichen Verkehrsanbindung und der örtlichen Infrastruktur ließen den Ort wenig attraktiv erscheinen.

Auch in den ersten Nachkriegsjahren zeigte sich keine beachtliche Änderung. Gegenüber der letzten Zählung 1939 hatte sich die Steinbacher Bevölkerung bis 1950 zwar um 27,4 % erhöht, aber überwiegend (18,5 %) durch eingewiesene Heimatvertriebene. In Anbetracht des hessischen Bevölkerungswachstums von 24,3 % (darin 21,1 % Heimatvertriebene) ist der Unterschied nicht erheblich. Nach den Kriegsauswirkungen tritt in den fünfziger Jahren wieder relative Stagnation ein, steigt doch die Einwohnerzahl trotz der Lage direkt vor der Grenze der wirtschaftlich aufblühenden Großstadt Frankfurt am Main nur um 17 % (Hessen 11 %). Dem örtlichen Wachstum scheint man in der Kommunalpolitik, die seit 1946 durch eine stark dominierende SPD und ab 1956 durch eine Freie Wählergemeinschaft bestimmt war, keine Impulse gegeben zu haben. Dies spiegelt sich auch in der stagnierenden Bauentwicklung: Das Luftbild von 1953 zeigt fast keine Ausweitung gegenüber der Katasterkarte von 1922, und auch bis zum Ende der fünfziger Jahre sind kaum neue Straßen entstanden. Den Zustand des Ortes vor der nachfolgenden Expansion dokumentierte JAKOB SCHMIDT durch eine sehr differenziert vorgenommene farbige Kartierung von Nutzung, Typ und Alter der Gebäude zum Jahreswechsel 1959/60. Aus drucktechnischen Gründen kann in Abbildung 2 nur eine stark vereinfachte Version wiedergegeben werden, wobei die Erläuterung auf der Originaldarstellung basiert.

Von den rund 490 Gebäuden haben fast Dreiviertel Wohnfunktion; davon stammen wiederum Dreiviertel aus der Vorkriegszeit. An kleineren Mehrfamilienhäusern gibt es erst ein gutes Dutzend, unauffällig verstreut auf eher randliche Lagen. Unter den vierundsechzig registrierten gewerblichen Nutzungen dominieren in erstaunlichem Umfang die achtunddreißig Handwerksbetriebe, die über die gesamte Ortslage streuen. Rein kommerzielle Einrichtungen dagegen liegen überwiegend entlang der Durchgangsstraße mit der Ausbuchtung zum ehemaligen Dorfplatz, dem früheren "Dalles" oder "Freien Platz" und heutigen Pijnacker-Platz, benannt nach der niederländischen Partnerstadt. Von den achtzehn Geschäften

Tab. 2: Steinbach am Taunus.
Nichtlandwirtschaftliche Arbeitsstätten und Beschäftigte
1950 - 1987

Nachweisung	1950	1961	1970	1977/78	1987
Arbeitsstätten	70	88	142	219	274
Beschäftigte nach Wirtschaftsabteilungen:					
Verarbeitendes Gewerbe	79	84	102	240	442
Baugewerbe	16	29	33	56	115
Handel		52	143	320	517
Verkehr/Nachrichtenwesen	51		20	55	117
Kreditinstitute/Versicherungen			20	26	28
Dienstleistungen		52	103	194	329
Organisationen o.Erwerbscharakter	28		3	41	2
Gebietskörperschaften, Sozialvers.			53	65	88
Beschäftigte Insgesamt:	174	217	477	1.001	1.640
Beschäftigte /100 Einwohner	12	13	7	10	17

Quellen: Hessisches Statistisches Landesamt (Hg.):
Hessische Gemeindestatistik 1950, H. 3, Arbeitsstätten, Beschäftigte, S. 102, Wiesbaden 1952; dgl. 1960/61, H. 3, S. 82-83, Wiesbaden 1963; dgl. 1970, H. 3, S. 34-35, Wiesbaden 1972
Regionale Planungsgemeinschaft Untermain/Umlandverband Frankfurt: Die Entwicklung von Arbeitsstätten und Beschäftigten. Ergebnisse der Arbeitsstättenzählung 1977/78; = Arbeitsbericht Nr. 2, Frankfurt 1980
Hessisches Statistisches Landesamt (Hg.): Ausgewählte Strukturdaten über Arbeitsstätten und Beschäftigte in den hessischen Gemeinden am 25.05.1987. = Do/AZ 1987-3, H. 1. Wiesbaden 1989

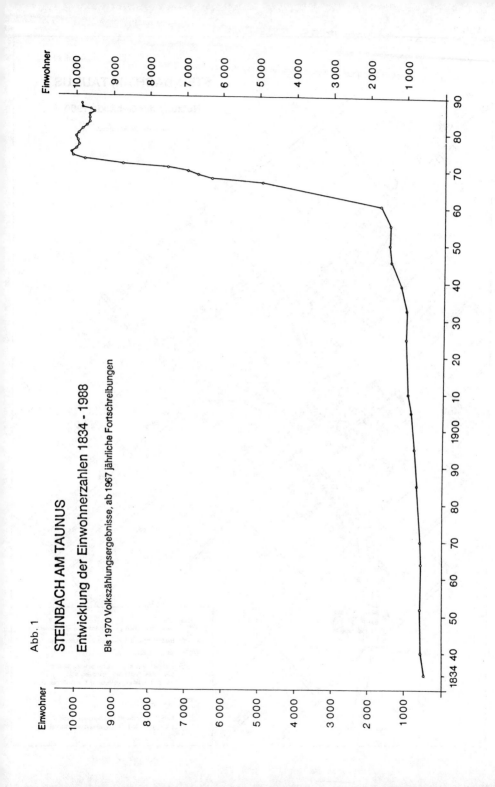

Abb. 1

STEINBACH AM TAUNUS

Entwicklung der Einwohnerzahlen 1834 - 1988

Bis 1970 Volkszählungsergebnisse, ab 1967 jährliche Fortschreibungen

Abb. 2

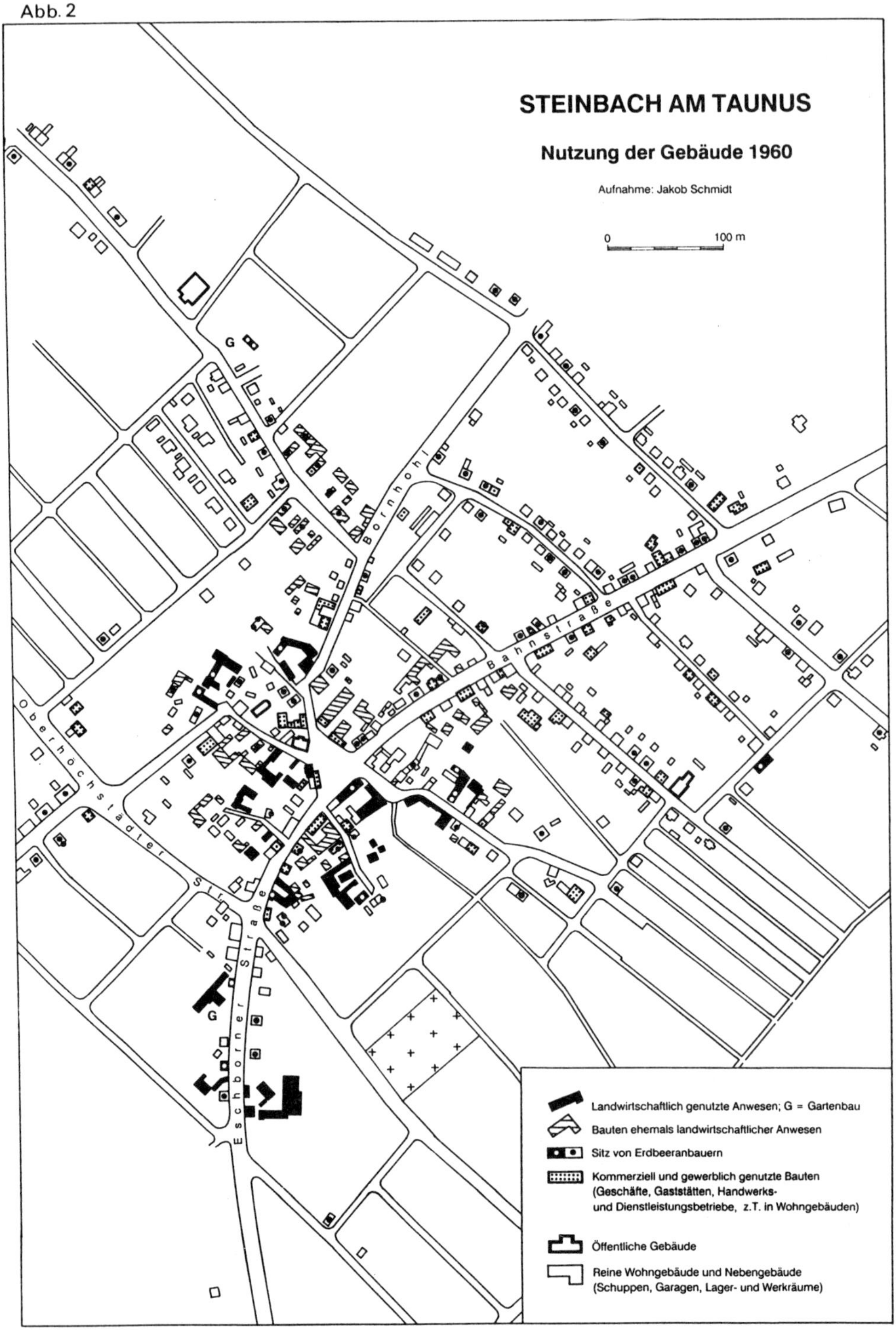
STEINBACH AM TAUNUS
Nutzung der Gebäude 1960
Aufnahme: Jakob Schmidt
0
100 m
Bornhohl
Bahnstraße
Oberhöchstädter Str.
Eschborner Straße
G
G
Landwirtschaftlich genutzte Anwesen; G = Gartenbau
Bauten ehemals landwirtschaftlicher Anwesen
Sitz von Erdbeeranbauern
Kommerziell und gewerblich genutzte Bauten (Geschäfte, Gaststätten, Handwerks- und Dienstleistungsbetriebe, z.T. in Wohngebäuden)
Öffentliche Gebäude
Reine Wohngebäude und Nebengebäude (Schuppen, Garagen, Lager- und Werkräume)

sind elf auf Nahrungsmittel ausgerichtet; hinzu kommen drei Gaststätten. Weiter sind zwei Sparkassenniederlassungen, in der Ortsmitte eine Tankstelle und in Randlagen drei Ärzte bzw. Homöopathen zu finden. Als Gebäude öffentlichen Charakters gibt es die evangelische Kirche und die zum Rathaus umgebaute alte Schule in der Dorfmitte, am Ostrand die 1966 zum jetzigen Rathaus umgebaute Schule von 1910, und schließlich zwei Saalbauten. Derjenige an der Bahnstraße gehörte bis 1946 zur damals aufgegebenen Gaststätte "Darmstädtet Hof", einem Zentrum der Steinbacher Arbeiterbewegung (HUNDT 1982, 7). Nach Abriß und Neubau (1981) sowie Namenswechsel ("Alt Steinbach") wird die territorial- und sozialgeschichtliche Erinnerung durch nichts mehr wachgehalten.

In einem Umkreis von 150 m um die Dorfmitte konzentrieren sich die weitaus meisten "Bauernhöfe", von denen neunzehn noch bewirtschaftet werden, während siebenundzwanzig außer Funktion sind. Deren ehemalige Wirtschaftsgebäude sind teilweise schon zu Wohn- und Gewerbezwecken umgebaut worden. Als "landwirtschaftliche" Elemente kommen noch drei Gärtnereien in Randlagen hinzu, weiterhin 98 Erdbeeranbauer. Diese wohnen über den ganzen Ort verstreut in Bauten jeglichen Alters und Typs - einschließlich Mehrfamilienhäusern - was auf Übernahme dieses Nebenerwerbs auch durch Neubürger deutet.

3. IM BAUBOOM ZUR GROSSEN WOHNGEMEINDE (1962-1977)

Das Kreisbauamt hatte 1958 der Gemeinde vorgeschlagen, Wohnungsbaumittel für Flüchtlinge aus der Sowjetischen Besatzungszone zu nutzen, wobei ein Drittel der entstehenden Wohnungen an örtliche Nachfrager vergeben werden könnte, die z. T. noch in Notunterkünften hausten. Beziehungen des späteren Bürgermeisters Herbst zum Chef des Frankfurter "Volks-Bau- und Sparvereins" (MdB Georg Stierle), einer politisch "tiefroten" Genossenschaft, bewirkten, daß dieses Unternehmen bzw. seine Steinbacher Tochtergesellschaft (Umland-Wohnungsbau GmbH) die Bautätigkeit einleitete und bis heute mehr als die Hälfte der fast 1700 Sozialbauwohnungen besitzt.

Gegen Ende des Jahres 1962 werden die ersten Blocks der "Neuen Wohnstadt", heute "Steinbach Süd", bezogen. Dieses Ereignis markiert zugleich eine schlagartige und tiefgreifende Änderung der Kommunalentwicklung. Neue Zielvorstellungen in der Lokalpolitik einerseits und für die Entwicklung des Frankfurter Raumes andererseits treffen von jetzt an zusammen und ergänzen sich. Dabei kommt der lokalen Initiative sowohl zeitlich als auch bedeutungsmäßig die Priorität zu.

Der aus Frankfurt-Bockenheim stammende Walter Herbst, bis dahin Gewerkschaftssekretär in der Mainmetropole und in Bad Homburg, Gründer der örtlichen Jungsozialisten und seit 1959 Vorsitzender der Steinbacher SPD, wird 1962 zum hauptamtlichen Bürgermeister gewählt und kann 1985 seine vierte Wiederwahl erleben. In seine lange Amtszeit fällt der umfassende Strukturwandel Steinbachs vom stadtnahen Wohndorf zu einer suburbanen Großsiedlung mit guter kommunaler Infrastruktur, aber auch befriedigender Ausstattung mit privatwirtschaftlichen Dienstleistungsbetrieben. Die Zeit von 1962 bis 1992 wird deshalb als "Ära Herbst" in die Lokalgeschichte eingehen.

Der neue Bürgermeister betrieb das Wachstum als Wohnort, setzte sich dann auch für die Gewerbeansiedlung ein und stattete die stark gewachsene Gemeinde ab 1969 reichlich mit Sportstätten und kommunalen Sozialeinrichtungen aus. Die erreichte Größe und Ausstattung rechtfertigte 1972 die Ernennung zur Stadt durch den hessischen Ministerpräsidenten Albert Oswald; diese Vergünstigung wiederum erleichtert es, durch die Zeit der hessischen Gemeindegebietsreform (1968-1976) hindurch auch ohne weitere "Stadtteile" den Status einer unabhängigen Kommune zu wahren.

Sicher haben die Umstände im Verdichtungsraum Rhein-Main das spektakuläre Wachstum begünstigt. Durch den schnellen Wiederaufbau von Frankfurt am Main war in der Region Zuwanderungs- und Suburbanisierungsdruck entstanden, den es nach allgemeiner Auffassung zu kanalisieren galt, um eine "Zersiedelung" zu vermeiden. Als Folge dieser Bestrebung wurde 1962 die "Gesellschaft für regionale Raumordnung im engeren Rhein-Main-Gebiet" gegründet, aus der 1965 die "Regionale Planungsgemeinschaft Untermain" (RPU) hervorging. In deren Verbandsversammlung war Walter Herbst zunächst einer der 77 Abgeordneten; nach der Wahl 1977 war er bis 1981 stellvertrender Vorsitzender des Planungsausschusses, des Haupt- und Finanzausschusses sowie des Umwelt- und Gesundheitsausschusses. Im heutigen "Umlandverband Frankfurt" (UVF), der 1981 die teilweise Nachfolge der RPU angetreten hat, übernahm Herbst bis 1983 den stellvertretenden Vorsitz des Verfassungs- und Rechtsausschusses.

In der Annahme eines längerfristig anhaltenden starken Bevölkerungswachstums im RPU-Gebiet war es von 1962 an das Ziel des leitenden Planers, das

Siedlungswachstum an ausgewählten Schwerpunkten zu konzentrieren. Wichtige Kriterien sollten die Lage an leistungsfähigen Verkehrswegen, außerhalb von Störbereichen und zusammenhängender Waldfläche sowie auf geringwertigen Böden sein. Der "Wortmann-Plan", vorerst nur Entwurf, wurde 1967 überarbeitet, im folgenden Jahr als Regionaler Raumordnungsplan (RROP) aufgestellt und 1971 von der Verbandsversammlung beschlossen. Wie die meisten Bürgermeister jener Zeit setzte auch der von Steinbach auf "Wachstum". Allerdings hatte er eine außergewöhnlich hohe Durchsetzungskraft als Fraktionsvorsitzender im Kreistag und Stellvertretender Fraktionsvorsitzender in der Verbandsversammlung. Steinbach kam unter die ursprünglich ausgewiesenen achtzehn Siedlungsschwerpunkte, wenn auch als derjenige mit den demographisch und verkehrsmäßig geringsten Voraussetzungen. Nun sah es so aus, daß das lange vergessene Dorf durch Konzentration von Wohnbevölkerung zu einer gewissen überörtlichen Bedeutung aufsteigen würde. Ein Grund für seine Berücksichtigung dürfte die Lage nahe der Regionalbahn von Frankfurt über Oberursel nach Bad Homburg gewesen sein, die später auf S-Bahn-Betrieb umgestellt werden sollte (S 5 ab Sommer 1978). Auch war im Entwurf des RROP noch die Verlängerung der Ludwig Landmann-Straße als regionale Hauptverkehrsstraße von Frankfurt-Praunheim am östlichen Ortsrand von Steinbach vorbei bis zur B 455 zwischen Oberursel und Kronberg vorgesehen (vgl. RPU S. 23).

Nach 1963 wurde allerdings im Laufe der Jahre immer deutlicher, daß das starke Bevölkerungswachstum sich nicht wie angenommen fortsetzen würde. In einem regionalpolitischen "Kraftakt" mit den beteiligten Landräten wurde beschlossen, im Hinblick auf die Wirksamkeit die Zahl der Schwerpunkte auf die Hälfte zu beschränken. Es entfielen zumeist solche, über die schon keine Grundlagenarbeiten und vertieften Untersuchungen durchgeführt worden waren, so auch Steinbach (vgl. RPU, Kartenbeilage). Dabei blieb es auch in der rechtswirksamen Feststellung des RROP durch die Landesregierung 1972.

Auf den Ausbau zum Siedlungsschwerpunkt hat Bürgermeister Herbst nach eigenem Bekunden freiwillig verzichtet, da die geplante Größe von mindestens 20.000 Einwohnern die fast gänzliche Überbauung der kleinen Steinbacher Gemarkung zur Folge gehabt hätte. Die Gemeinde selbst habe nur ein Größe von 12.000 Einwohnern angestrebt, um die nötige Bevölkerungsmenge zum selbständigen Unterhalt moderner Infrastruktur zu haben.

Es ist hier nicht weiter wichtig, daß die RPU später (1978) das Programm der Siedlungsschwerpunkte überhaupt aufgegeben hat, weil die erwartete Bevölkerungszunahme ausblieb. Von Bedeutung erscheint, daß für die bauliche Expansion Steinbachs die planerischen Absichten den geeigneten Hintergrund abgegeben haben. Offenbar in Erwartung einer späteren Rechtskraft des regionalplanerischen Entwurfes ist hier schon ab 1962 die Siedlungsexpansion betrieben bzw. zugelassen worden. In vereinfachter Form zeigt dies auch das Säulendiagramm der Katasterhauptabschlüsse seit 1954: Die Siedlungsfläche (Haus und Hof, Verkehrs-, Gewerbe-, Sport-, Friedhofs- und andere Flächen) expandierte auf Kosten der Agrarflächen, die sich nur einmal bei der Gemeindegebietsreform (1971) durch Übernahme des Weißkirchener Gemarkungsteiles westlich der Bahntrasse kurzzeitig ausdehnten. Das geringe Waldareal blieb in seiner Ausdehnung unangetastet; allerdings erhielt es den Status eines Erholungswaldes und ist mit Sport- und Freizeiteinrichtungen durchsetzt (vgl. Abb. 3). Nebenbei sei angemerkt, daß die Gemeinde Steinbach als juristische Person seit der Aufteilung der "Kronberger Mark" (1809/1810) ein 89 ha großes Waldgrundstück besaß, das kommunalrechtlich bei Kronberg blieb. Auf diesem 1979 verkauften Flecken liegt der Gipfel des 798 m hohen Altkönigs, der damit der höchste Berg des Großherzogtums und späteren Volksstaates Hessen war.

In wenigen Jahren, etwa von 1965 bis 1970, wurden im Geist der Zeit Gruppen von Wohnhochhäusern südlich, nördlich und westlich der bisherigen Ortslage errichtet, gleichsam als Eckpfeiler der modernen Entwicklung. Der anhaltend starke Bevölkerungszustrom war möglich, weil die Stadt Frankfurt am Main ihre Wohnungsbaumittel innerhalb der Stadtgrenzen nicht verbauen konnte und deshalb einen Transfer an nahegelegene Vororte betrieb - neben Steinbach z. B. auch nach Schwalbach (Limesstadt) und (Maintal-)Dörnigheim. Mit den Investitionen erhielten diese Gemeinden allerdings zugleich auch manche Sozialgruppen, deren Integrationsprobleme nicht allein mit den Umständen schnell gewachsener Großwohngebiete zusammenhingen.

Der etwa fünfzehnjährige Bauboom reichte bis zur Feststellung des Bebauungsplanes Süd III im Jahre 1977. In dieser kurzen Zeit sind fast 74 % der Steinbacher Häuser und 85 % der Wohnungen erstellt worden (vgl. Tab. 3). Seither ist nur noch eine eher schleppende Entwicklung zu konstatieren: mit Reihenhäusern werden kleinere Arrondierungen (Praunheimer Weg) vorgenommen oder Übergänge von Hochhauskomplexen zur offenen Flur geschaffen. Im letzten großen Bauge

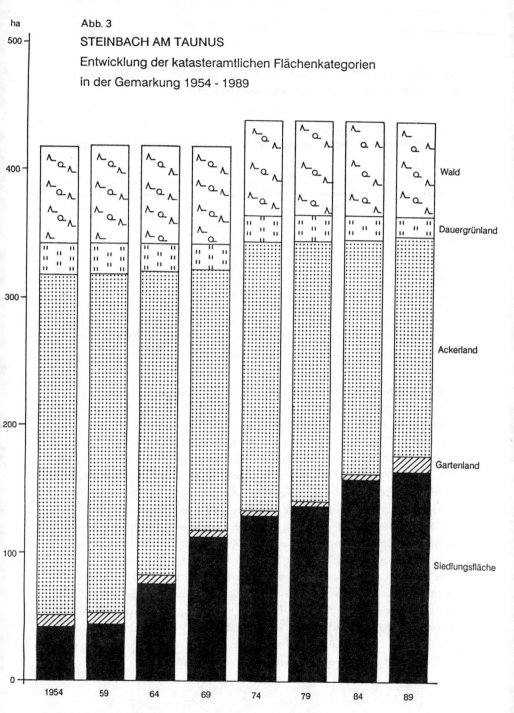

biet, Süd III, harren noch im Jahre 1990 Ödlandflächen der Nutzung, die sich fast ganz im Eigentum der "Nassauischen Heimstätte" befinden.

Tab. 3: Steinbach am Taunus.
Gebäude und Wohnungen nach Altersklassen, Funktion und Finanzierung 1987

Baualter	Wohngebäude im engen Sinne	Wohnungen	davon öffentlich gefördert	Sonstige Gebäude mit Wohnraum
bis 1918	87	155	-	4
1919-1948	52	81	-	-
1949-1957	63	113	16	1
1958-1968	587	1.698	859	2
1969-1978	391	1.977	454	12
1979-1987	140	279	60	4
Insgesamt	1.320	4.303	1.390	23

Quelle: Hessisches Statistisches Landesamt (Hg.): Gemeindeblatt der Gebäude- und Wohnungszählung 1987. Wiesbaden 1990

Ein städtebauliches Merkmal der Steinbacher Expansion ist der geringe Anteil individuell gestalteter Eigenheime am neuen Wohnungsbestand. Sukzessive erstellten große Bauträger einheitlich konzipierte Abschnitte (vgl. Abb. 4). Als wichtigster öffentlicher Bauträger erscheint die Frankfurter "Umland-Wohnungsbau GmbH", die in Steinbach Süd (1962), in der "Wohnstadt" Nord (1964) und Am Wingertsberg II (1973) tätig wurde; an zweiter Stelle steht die "Nassauische Heimstätte" mit Wohnungen in den Baugebieten Süd I (Hessenring, Stettiner Straße, 1966), Süd II (Berliner und Frankfurter Straße, 1966), Am Wingertsberg II (1973) und Süd III (1977); relativ gering ist der Wohnungsbestand der deutschen Bundesbahn (216). Größere Privatfirmen erstellten Reihenhäuser und Reihenbungalows, z. B. im Gebiet "Am Schießberg" (Wüstenrot 1963), in der "Brummermann-Siedlung" (Just & Co. 1965), an der Kronberger Straße (Südheimbau 1971) und im Bereich des Praunheimer Weges (Investbau 1976). Nur einmal, wenn auch in auffälliger Lage an der Ortseinfahrt von Eschborn her, ließen Privatinvestoren (Mink, Rubinstein, Schwarz und Sznap) einen Komplex von fünf Wohnhochhäusern (1970) bauen, die zeitweilig stark von Amerikanern bewohnt wurden und die seit einigen Jahren in Form von Eigentumswohnungen verkauft werden.

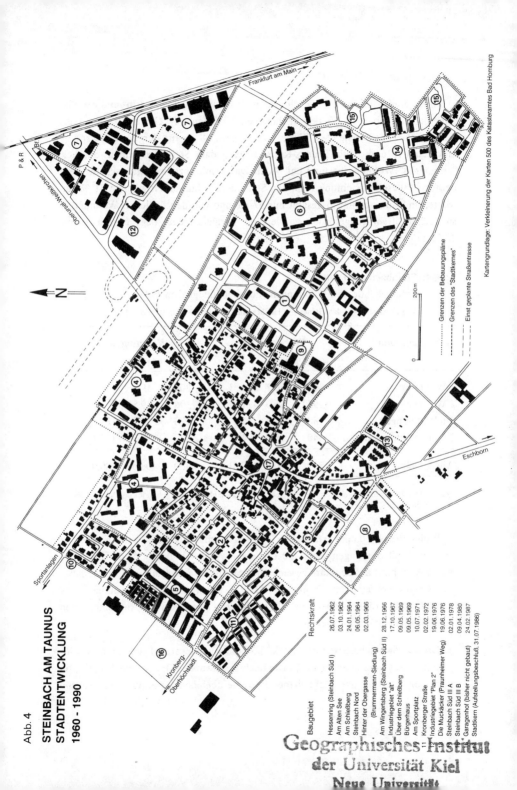

Abb. 4 STEINBACH AM TAUNUS STADTENTWICKLUNG 1960 - 1990

Im Ergebnis sind zwar 76 % aller Steinbacher Wohngebäude Ein- und Zweifamilienhäuser, aber 71 % der Wohnungen entfallen auf Geschoßbauten (vgl. Tab. 4). Die entsprechenden Werte von 85 bzw. 48 % für den Vergleichsraum Hochtaunus- und Main-Taunus-Kreis zeigen, daß Steinbach einen deutlich "urbaneren" Wohnungsbestand hat. Auch Daten mit sozialindikatorischem Wert deuten in dieselbe Richtung: Von den Steinbacher Haushalten wohnen 71 % zur Miete, im Taunusgebiet insgesamt nur 57 %, und von den örtlichen Wohnungen sind 32 % öffentlich gefördert worden, im Vergleichsraum dagegen nur knapp 13 %.

Tab. 4: Steinbach am Taunus.
Wohngebäude und Wohnungen nach Gebäudegrößen 1987
Vergleichswerte für das Gebiet von Hochtaunus- und Main-Taunuskreis in []

Gebäudegrößen	Wohngebäude			Wohnungen		
	absolut	prozentual		absolut	prozentual	
1 Wohnung	801	60,7	[63,5]	801	19,3	[30,9]
2 Wohnungen	198	15,0	[21,2]	396	9,5	[20,6]
3-6 Wohnungen	180	13,7	[11,1]	778	18,7	[21,4]
7 u.m. Wohnungen	140	10,6	[4,2]	2.185	52,5	[27,1]
Alle Größen	1.319	100,0	[100,0]	4.160	100,0	[100,0]

Quelle: Hessisches Statistisches Landesamt (Hg.): Gemeindeblätter der Gebäude- und Wohnungszählung 1987. Wiesbaden 1990

Wohin dieser Wandel geführt hat, läßt sich durch den Vergleich der Kartierung von 1990 mit derjenigen von 1960 erkennen: Auch Abbildung 5, die nur noch einen Ausschnitt aus der stark gewachsenen Siedlung wiedergibt, mußte gegenüber der Originalvorlage von Frank BÖTZL aus drucktechnischen Gründen stark vereinfacht werden, wobei vor allem die stockwerkmäßige Anordnung von Nutzungen nicht differenziert ist.

Die Landwirtschaft ist trotz der kartographisch schweren Darstellung physiognomisch aus dem ehemaligen Dorfbereich geschwunden. Es ist sehr fraglich, ob auch nur einer der drei verbliebenen Betriebe über den Generationswechsel hin

Abb. 5

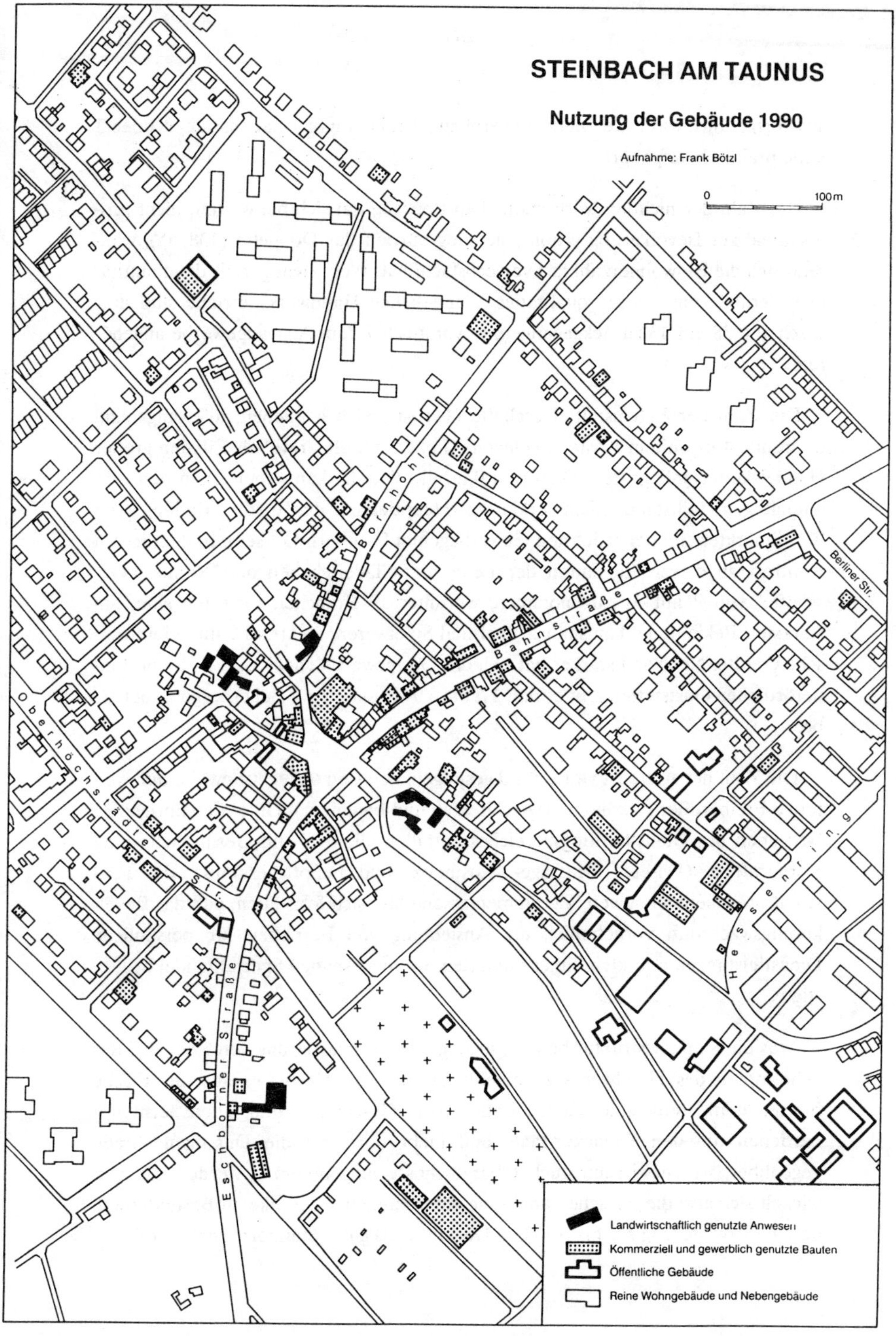

STEINBACH AM TAUNUS

Nutzung der Gebäude 1990

Aufnahme: Frank Bötzl

0 — 100 m

- Landwirtschaftlich genutzte Anwesen
- Kommerziell und gewerblich genutzte Bauten
- Öffentliche Gebäude
- Reine Wohngebäude und Nebengebäude

aus fortgeführt wird. Der nebenerwerbliche Erdbeeranbau hat bis auf 2 oder 3 Fälle praktisch aufgehört.

Die Zahl der nichtlandwirtschaftlichen Betriebe hat sich bei weitem nicht proportional zur Bevölkerung erhöht; sie stieg nur auf das Doppelte (138/65), während sich die Einwohnerzahl fast versechsfacht hat. Weit wichtiger als die quantitative Veränderung ist der qualitative Wandel: Die Handwerksbetriebe sind drastisch von 38 auf 13 zurückgegangen, wovon noch 7 dem Ausbaugewerbe angehören.

Die Zahl der Lebensmittelgeschäfte (11) ist gleich geblieben; allerdings sind darin nun 4 in weitem Abstand gelegene "Lebensmittelmärkte" als Filialen großer Handelsketten inbegriffen. Dieser strukturelle Wandel kann aber allein den zahlenmäßigen Stillstand nicht erklären; Hauptfaktor dürfte die Ballung von "Großmärkten" im benachbarten Gewerbegebiet Eschborn-Ost sein. In deutlichem Kontrast zu dieser Stagnation der Lebensmittelläden haben die "Nonfood-Geschäfte" von 7 auf 31 zugenommen, worunter 19 Branchen vertreten sind, am stärksten Bekleidung, Haushaltsartikel und Spielwaren, elektrische und elektronische Geräte. Noch viel stärker hat sich das Gastgewerbe entwickelt: statt der 3 innerörtlichen Gaststätten gibt es nun 11, dazu 9 Kioske und 4 Beherbergungsbetriebe.

Die Zahl der Ärzte ist von 2 auf 9 gestiegen; neu sind 6 Rechtsanwälte und weitere 6 Freiberufler (Ökonomen, Architekten und Ingenieur). Unter den übrigen 31 Betrieben des Dienstleistungsbereiches entfallen allein 15 auf Gesundheits- und Körperpflege (Friseur-, Massage-, Kosmetik- und Fußpflegesalons), der Rest streut branchenmäßig weit. Zusammenfassend läßt sich feststellen, daß das Bevölkerungswachstum vornehmlich die Ansiedlung von Betrieben für persönliche Dienstleistungen und kleindimensionierten, wohnungsnahen Spezialhandel begünstigte.

Was die Standortstruktur betrifft, so zeigt die Nachkartierung von 1990, daß das Schrumpfen des Handwerks zu einem Rückzug des Gewerbes aus der Fläche führte; dem steht eine Zentralisation von Geschäften und Dienstleistungsbetrieben um den Pijnacker-Platz und mehr noch auf die Durchgangsstraße gegenüber, wo inzwischen auch Obergeschosse eingenommen werden. Es entwickelt sich also die typische bandartige Anordnung mit der lokalen Besonderheit, daß die Erweiterung zur historischen Dorfmitte als guter Standort erhalten blieb.

Die rapide Expansion mit Hilfe des öffentlich geförderten Wohnungsbaues bewirkte auch sozialstrukturelle Langzeitwirkungen. Die Eltern und Kindergeneration aus der Zeit des Baubooms war bei der Volkszählung 1987 zum großen Teil noch am Ort und zeigt sich in leicht überproportionalen Bevölkerungsanteilen in den Altersklassen 40-55 und 15-25 Jahre, wenn man den Altersaufbau im Taunusgebiet zum Vergleich heranzieht (26,6/24,0 bzw. 16,1/14,7 %). Wo sich Sozialbauwohnungen konzentrieren, sind erfahrungsgemäß die Ausländerquoten gering; so wies Steinbach nur knapp 9 % auf, nicht mehr als das "wohlhabende" Taunusgebiet insgesamt (9 %), aber bedeutend weniger als Frankfurt am Main (20,3 %). Allerdings sind dabei die Mitglieder der amerikanischen Stationierungskräfte und deren Angehörige nicht erfaßt, wovon es in Steinbach schätzungsweise 400 gibt.

Mit dem Zuzug hatte sich schon in den sechziger Jahren die Zahl der Erwerbstätigen mehr als verdreifacht; seither sind nochmals rund 2.000 dazugekommen, jetzt teilweise bedingt durch das Hineinwachsen der Kinder ins erwerbsfähige Alter. Dabei hat sich die Erwerbsstruktur durch Verschiebung zum tertiären Sektor grundlegend gewandelt (vgl. Tab. 5).

Tab. 5: Steinbach am Taunus.
Struktur der Erwerbsbevölkerung nach Wirtschaftsabteilungen und Stellung im Beruf 1987

Nachweisung	Absolut	Prozentual
Wohnbevölkerung	9.769	-
Erwerbstätige(Erwerbsquote)	4.929	(60,5)
Land- und Forstwirtschaft	24	0,5
Produzierendes Gewerbe	1.580	32,0
Handel, Verkehr, Nachrichten	1.310	26,6
Übrige Wirtschaftsbereiche	2.015	40,9
Selbständige	374	7,6
Beamte, Angestellte, Richter	3.403	69,0
Arbeiter	1.152	23,4
Schüler und Studierende	1.498	

Quelle: Hessisches Statistisches Landesamt (Hg.): Ausgewählte Strukturdaten über die Bevölkerung am 25.05.1987 nach Gemeinden und Gemeindeteilen. AO/VZ 1987 -4, H. 4, S. 20-25. Wiesbaden 1989

Das lokale Angebot an Arbeitsplätzen ist dieser Entwicklung keineswegs gefolgt. Das ab 1967 erschlossene und 1976 erweiterte Gewerbegebiet (15 ha) ist zwar weitgehend belegt, bietet allerdings nur gut tausend Arbeitsplätze; davon wird wiederum ein erheblicher Teil von Einpendlern zu den aus Frankfurt an Main verlegten Betrieben eingenommen. Schon rein rechnerisch kam 1987 auf drei Erwerbstätige in Steinbach nur ein Arbeitsplatz; tatsächlich pendelten sogar gut 80 % der Erwerbstätigen aus, rund 53 % allein nach Frankfurt am Main. Dagegen sind Oberursel, Eschborn, Bad Homburg und Kronberg schon von sehr geringer Bedeutung. So ist Steinbach deutlich als Wohngemeinde charakterisiert, fast als "Schlafstadt" in engster Verflechtung mit Frankfurt am Main. Städtebaulich kommt dies allerdings nicht so deutlich zum Ausdruck, weil die Gesamtkonzeption eines Großwohngebietes, wie beispielsweise in Schwalbach-Limes, hier fehlt und allenfalls in Steinbach-Süd ansatzweise entwickelt ist.

4. DIE FLUR IN DER EPOCHE NEBENERWERBLICHER INTENSIVIERUNG (1920-1960)

Wendet man sich dem Wandel der Freiflächennutzung zu, so muß als erstes die frühe sozialstrukturelle Transformation zum Arbeiterbauerndorf in Erinnerung gerufen werden. Darauf deuten nicht nur die schon erwähnten stark rückläufigen Agrarquoten, sondern auch die Angaben zur landwirtschaftlichen Betriebsstruktur von 1907 und zur Bodennutzung von 1913 (vgl. Tab. 6, 7).

Schon im 19. Jahrhundert hat die Nähe der schnell wachsenden Großstadt eine Ausrichtung der Steinbacher Landwirte auf die Erzeugung transportempfindlicher Güter begünstigt. Bis zum Ersten Weltkrieg sammelten zwei örtliche Händler Milch, um sie tagsdarauf mit Pferdewagen direkt an Frankfurter Privathaushalte abzusetzen (LOREY 1982, 10-13).

Die Daten der Landwirtschaftsstatistik des Volksstaates Hessen von 1925 akzentuieren die arbeiterbäuerliche Struktur: Damals betrieben von 266 Haushaltungen noch 34 eine kleinbäuerliche Landwirtschaft mit 2 bis 10 ha Nutzfläche, weitere 147 Haushalte waren durch die Bewirtschaftung von Flächen unter 2 ha bodenverbunden, und nur 84 Haushalte (23 %) - darunter sicher einige von alten Leuten - bewirtschaften keinerlei Land. Da es allerdings mehr "landwirtschaftliche Betriebe" im weiten Sinne als bewohnte Häuser gab (182:171), kann man annehmen, daß auf fast allen Hausgrundstücken ein agrarisches Relikt zu finden war;

Tab. 6: Steinbach am Taunus.
Entwicklung der Betriebsgrößenstruktur in der Landwirtschaft 1907-1989

Betriebe nach Größenklassen in ha

Jahr	2-5	5-10	10-20	20-30	>30	>2	<2	insgesamt
1907	25	11	3	-	-	39	(116)	(155)
1925	<---34--->	-	-	-	34	(147)	(181)	
1942	11	13	4	-	-	28	(141)	(169)
1949	10	<---16--->	-	-	26	(41)	(59)	
1960	4	7	8	-	-	19	(24)	(43)
1971	1	3	5	1	-	10	(6)	(16)
1979	1	2	4	2	-	9	(4)	(13)
1983	1	2	5	1	-	9	(2)	(11)
1989	1	1	3	1	2	8	(1)	(9)

Anmerkung:

Die Zahl der Kleinstbetriebe und der Betriebe insgesamt ist zwischen den Erhebungsjahren nicht vergleichbar, da die Untergrenze der Erfassung oft und erheblich verändert wurde.

Quellen:

Zentralstelle für die Landesstatistik (Hg.): Landwirtschaftliches Gemeindelexikon für das Großherzogtum Hessen. Darmstadt 1909

Zentralstelle für die Landesstatistik (Hg.): Die Landwirtschaft im Volksstaat Hessen dargestellt insbesondere nach den Ergebnissen der landwirtschaftlichen Betriebszählung vom 16. Juni 1925. Darmstadt 1928

Hessisches Statistisches Landesamt (Hg.): Hessische Gemeindestatistik für 1950, 1960/61 und 1970, jeweils Band 4, Wiesbaden 1952, 1963 und 1972/1974

Hessisches Statistisches Landesamt (Hg.): Landwirtschaftszählung 1979, Totaler Teil, Gemeindestatistik T. 1: Betriebsgrößenstruktur, Bodennutzung und Viehhaltung; = Statistische Berichte C IV-9/1979-1. Wiesbaden 1982

Eigene Erhebung für 1989

Tab. 7: Steinbach am Taunus.
Landwirtschaftlich genutzte Fläche (LF) der Betriebe nach Kultur- und
Fruchtarten in ha, 1913-1989, sowie landwirtschaftliche Nutzfläche in der Gemarkung 1989

	Landwirtschaftlich genutzte Fläche (LF)							LN
Nachweisung	1913	1938	1949	1960	1971	1987	1989	1989
Getreide, Hülsenfr.	135	109	88	95	79	93	101	
Hackfrüchte	90	?	67	50	15	9	10	
Feldfutter	38	?	42	19	11	2	5	
Ackerfläche insges.	263	245	198	168	106	105	123	167
Dauergrünland	35	31	28	25	19	20	36	16
Sonstiges	6	?	10	6	4	2	2	17
Insgesamt	304	>275	236	199	129	125	162	200

Anmerkung:
Die "landwirtschaftlich genutzte Fläche" (LF) wird bei den örtlichen Betrieben erhoben und muß nicht nur in der eigenen Gemarkung liegen. Die "landwirtschaftliche Nutzfläche" (LN) ist diejenige Fläche, die innerhalb der Gemarkung liegt und für die am Katasteramt diese Widmung eingetragen ist, unabhängig von der tatsächlichen aktuellen Nutzung bzw. Nichtnutzung. Die Differenz zwischen der Summe der Fruchtarten und der Ackerfläche insgesamt ergibt sich aus dem Ausmaß des Anbaues von Handelsgewächsen, Feldgemüse und Ölfrüchten (Raps 1989).

Quellen:
Großherzogliche Zentralstelle für die Landesstatistik (Hg.): Die Bodenbenutzung und der landwirtschaftliche Anbau 1913; in: Beiträge zur Statistik des Großherzogtums Hessen, 63. Band, 5. Heft. Darmstadt 1914

Hessisches Landesstatistisches Amt (Hg.): Die Bodenbenutzungsaufnahme vom 14. Juni 1938 in Hessen; in: Mitteilungen des Hessischen Landesstatistischen Amtes, 69. Band Nr. 1, Jg. 1939, Darmstadt 1940

Hessische Gemeindestatistik 1950, Bd. 4, 1960/61, Bd. 4, 1970 Bd. 4, T. 1. Wiesbaden 1972, T. 2, Wiesbaden 1974

Oberfinanzdirektion Frankfurt: Flächen der gesetzlichen Klassifizierung, Land- und forstwirtschaftliches Vermögen (unveröffentlicht)

Landwirtschaftlich genutzte Flächen (LF) 1989 nach eigener Erhebung

darauf deutet auch die verbreitete Haltung von Geflügel (1823 Tiere), Schweinen (168) und - was ganz typisch war - von Ziegen (232).

Die Volkszählung von 1933 ergab in Steinbach 126 Personen an "land- und forstwirtschaftlicher Bevölkerung", d. h. Erwerbspersonen dieser Wirtschaftsabteilung und deren Angehörige ohne Hauptberuf. Somit hatte sich die Lebensgrundlage der 1.091 Einwohner deutlich weiter zum nichtagrarischen Bereich verschoben, was aber noch nicht die Entfremdung von der Landwirtschaft implizierte.

Die erhaltene Affinität hatte sich nämlich während der Inflation (1923) und dann während der Weltwirtschaftskrise (1932) bewährt, als 70 oder gar 80 % der Steinbacher Erwerbspersonen arbeitslos geworden waren (KRAUSE 1989, 154). Viele davon wandten sich damals (wieder) ihren ererbten Parzellen zu, um sie intensiv zu nutzen. Dies geschah einerseits - wie schon vor dem Ersten Weltkrieg - durch Kartoffelanbau zur Selbstversorgung, nun aber auch zusätzlich durch die Anlage von Sonderkulturen. Nach der mündlichen Tradition war dies im Rhein-Main-Gebiet ein verbreitetes Phänomen, wenn auch dieser Zusammenhang in der einschlägigen Literatur nicht erkannt oder - wie bei ERNST 1961 - nicht weiter verfolgt wird.

Bekanntlich waren Baumkulturen in den Orten vor dem Taunuskamm eine alte Tradition. Darauf deuteten in Steinbach 1932 noch fast 3000 traditionelle Hochstämme für "Wirtschaftsobst" (= Kelteräpfel). In den ehemaligen Wingerten am südwestexponierten Hang des Steinbachtales entfernten sich die alten Bestände am weitesten von der Ortslage. Seit der Zählung von 1904 hatte sich der Obstbaumbestand insgesamt nur mäßig von 6.618 auf 8.107 Bäume erweitert (22,5 %). Allerdings verwiesen 2.600 noch nicht tragende Bäume auf ausgedehnte rezente Neupflanzungen. Dieser Prozeß der Expansion setzte sich verstärkt fort, zumal ein örtlicher Gärtner und Obsthändler (Ferdinand Brandel) stark animierend wirkte, die Kronberger Genossenschaft eine Annahmestelle eröffnet hatte und der Obstbau öffentliche Förderung erhielt. So kam es, daß sich der Baumbestand bis 1951 mehr als verdoppelte (vgl. Tab. 8).

Tab. 8: Steinbach am Taunus.
Obstbaumbestände 1932 und 1951. Ertragsfähige Bäume in ()

Arten	1932		1951	
Äpfel	5.105	(3.396)	8.870	(7.610)
Birnen	960	(772)	1.600	(1.351)
Mirabellen	754	(432)	4.410	(2.391)
Zwetschen	859	(687)	?	(1.312)
Süßkirschen	195	(82)	?	(387)
Sauerkirschen	55	(36)	?	(645)
Sonstige	179	(82)	?	(272)
Obstbäume	8.107	(5.487)	16.438	(13.968)

Quellen: Die Ergebnisse der Obstbaumzählung vom November 1932 im Volksstaat Hessen; Mitteilungen des Hessischen Landesstatistischen Amtes, Bd. 63. Darmstadt 1934

Hessische Gemeindestatistik 1950; Heft 4: Landwirtschaftliche Betriebe - Bodennutzung - Viehbestand. Wiesbaden 1952. Dazu unveröffentlichte Tabellen des Hessischen Statistischen Landesamtes (459/53)

Damit ging ein deutlicher Strukturwandel einher: Relativ am stärksten wurden Mirabellenbäume gepflanzt, wovon es zuvor schon in Kronberg und Oberursel Anbauschwerpunkte gab. Außerdem sind in dieser Zeit über 3.000 Apfel- und Birnbäume in Busch-, Spindel- oder Spalierform in die Ertragsfähigkeit gewachsen. Zusammen mit der Einrichtung reiner Obstanlagen - die es 1927 noch nicht, 1941 hingegen schon in 39 Betrieben gab - deutet das auf eine grundlegende Neuorientierung zur modernen Erzeugung von Tafelobst. Dafür konnten Steinbacher Produzenten auf Gartenbauausstellungen sogar höchste Bundesauszeichnungen erringen (PAULI 1966, 117).

Charakteristischerweise waren die Träger des Obstbaues nach Angaben aus der Mitte der fünfziger Jahre überwiegend Arbeiter, aber auch Hausfrauen, Handwerker, Rentner, Angestellte und Beamte. Daneben nennt PAULI die Gärtner und 25 Landwirte, für die Obstbau lediglich ein Nebenbetriebszweig war, und schließlich nur drei Haupterwerbs-Obstanbauer. Diese mangelnde Professionalität läßt bei aller Expansion die strukturelle Schwäche erkennen.

Ein Luftbild von 1953 zeigt, daß die Obstbaumbestände die Ortslage etwa in 400 m Breite fast vollkommen einhüllten, wobei nur die Wiesensenken freiblieben.

Damit man sich die Verhältnisse besser vorstellen kann, ist daran zu erinnern, daß der Ort von 1922 bis in die frühen fünfziger Jahre kaum gewachsen war. Er umfaßte im wesentlichen noch den "historischen Kern" mit sechs alten Gassen und der Durchgangsstraße "von Höchst nach Homburg"; Garten-, Fuchstanz- und Altkönigstraße waren jeweils nur im ersten Abschnitt und eher lückenhaft bebaut. Aus diesen Gegebenheiten wird verständlich, daß die baumbestandene Fläche etwa achtmal so groß war wie die Ortslage.

Neben den Baumkulturen war in den zwanziger Jahren in Steinbach auch der feldmäßige Anbau von Erdbeeren aufgekommen, indem man diese Neuerung vermutlich vom alten Zentrum Kronberg übernommen hat. Starke Impulse gingen von zwei Brüdern aus einer kinderreichen Bauernfamilie aus. Philipp Lorey, anfangs Werksschreiner und Nebenerwerbslandwirt, stieg zum haupterwerblichen Erdbeerbauer und saisonalen Arbeitgeber ("Erdbeerkönig") auf; sein Bruder Peter hatte eine Banklehre absolviert, dann die örtliche Milchsammelstelle übernommen sowie in der Steinbacher Annahmestelle der Kronberger Obstbauerngenossenschaft das Rechnungswesen geführt und wurde ebenfalls haupterwerblicher Obstbauer. PAULI (1966, 117) übertrieb allerdings sehr mit der Behauptung, daß man in der besten Zeit "wohl jeden dritten Acker als Erdbeeracker ansprechen" konnte. Leider läßt sich nicht rekonstruieren, ob der Erdbeeranbau, der mit Kriegsende zurückgegangen war, sein Maximum vor 1945 oder in den fünfziger Jahren gehabt hat. Immerhin bildete Steinbach 1955 mit rund 10 ha Erdbeerfläche gemeinsam mit Niederhöchstadt und Kronberg (zusammen 17 ha) einen Anbauschwerpunkt im Taunusvorland, wenn auch in deutlichem Abstand hinter Kriftel (vgl. auch KULS und TISOWSKY 1961, 15). In der Aufbauzeit nach dem Kriege suchten viele Haushalte im nebenerwerblichen Erdbeeranbau ein Zusatzeinkommen. Wie die Ortskartierung von 1959 zeigte, waren es damals noch fast hundert Erzeuger.

5. LANDWIRTSCHAFTICHE FLÄCHENNUTZUNG UNTER DEM DRUCK DER URBANISIERUNG (1960-1990)

Die Bodennutzungskartierung von 1964 zeigt, daß die Ortsfläche sich in kurzer Zeit erheblich ausgeweitet, ja fast verdoppelt hat (vgl. Abb. 6). An der Stelle von Obstbaumbeständen sind nordwestlich und südöstlich der alten Dorflage Neubaugebiete entstanden. Im übrigen ist ein großer Teil der ortsnahen Parzellen als Gartenland oder unter dem Sammelbegriff "Sonderkulturen" kartiert worden. Darun-

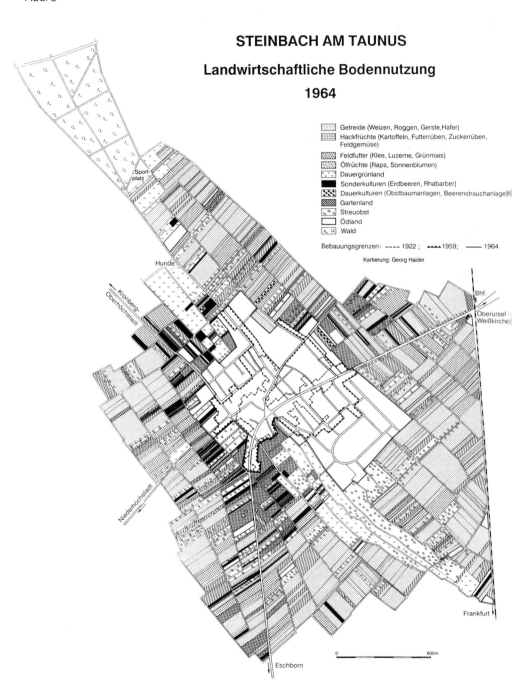

ter sind im allgemeinen Erdbeeren zu verstehen, wofür Steinbach inzwischen bekannt geworden war.

Eine hier nicht wiedergegebene Nachkartierung von 1974 zeigt, daß in den folgenden zehn Jahren einerseits am Rand der Gemarkung Agrarflächen für ein Gewerbegebiet und ein großes Sportzentrum umgewidmet wurden, andererseits in Ortsnähe die Hälfte des Sonderkultur- und Gartenlandes überbaut wurde (Brummermann-Siedlung, Niederhöchstädter und Königsteiner Straße). Darüber hinaus haben sich anstelle der vormaligen Erdbeerfelder normale Ackerkulturen, Kleingärten und etwas (Spekulations-)Brache ausgebreitet, während Erdbeer-Neuanlagen ganz selten sind. Das zeigt, daß die Baulandexpansion Anlaß, aber nicht Ursache des Schwundes an Sonderkulturen war; bei stark vollerwerblichem Anbau sind sie andernorts (z. B. in Kriftel) durch Verlagerung erhalten geblieben. Mit dem Erlangen einer gewissen Saturiertheit, wozu auch Baulandverkäufe beitrugen, löste sich hier wie an vielen Stellen des Rhein-Main-Gebietes die Freizeitlandwirtschaft auf (vgl. auch TISOWSKY 1961, 38).

Bis 1989 ist durch den dritten Bauabschnitt von Steinbach Süd - trotz schleppender Bebauung - wieder eine große Agrarfläche verschwunden, und das Gewerbegebiet dehnt sich nach einer Änderung der Gemarkungsgrenze (1971) im Zuge der Gebietsreform nun bis zur Bahnlinie aus (vgl. Abb. 7).

Der längerfristige Vergleich mit Hilfe der Karten von 1964 und 1989 läßt als erstes den enormen Verlust an landwirtschaftlicher Nutzfläche erkennen, dann aber auch den Schwund an Vielfalt in der Agrarlandschaft. Dies ist einerseits durch die Vergrößerung der Nutzungsparzellen bedingt, andererseits durch die Konzentration des Anbaues auf hochgradig mechanisierungsfähige Ackerfrüchte. Die einzelnen Kulturen sind in den handkolorierten Originalkarten fein differenziert, können aber aus drucktechnischen Gründen hier nur zusammengefaßt wiedergegeben werden.

Die Steinbacher Landwirte haben sich weitaus stärker, als es der allgemeinen Tendenz entspricht, auf den Getreidebau beschränkt, und dafür die Flächen von Kartoffeln, Futter- und Zuckerrüben (= Hackfrüchten) minimiert; ebenso schränkten sie den Feldfutterbau ein, der einst vor allem Klee und Luzerne umfaßte, jetzt überwiegend durch Mais bestimmt ist (vgl. auch Tab. 7).

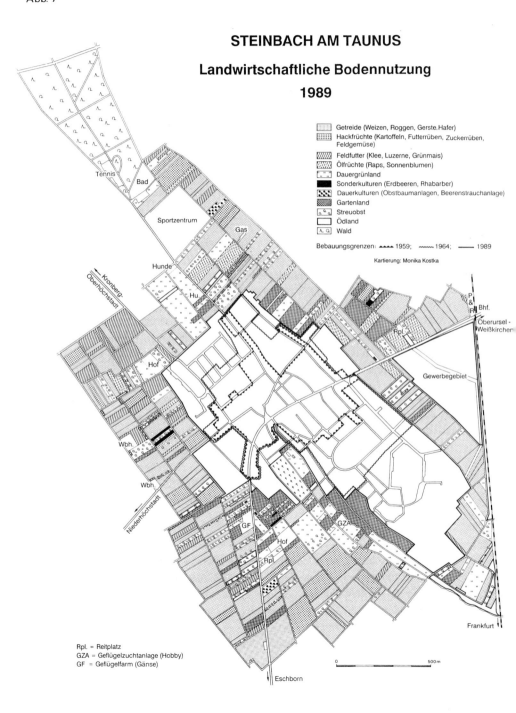

Die Nutzung des Grünlandes wurde vor allem wegen der Bedürfnisse der Reitpferdehaltung wieder ausgedehnt, vornehmlich außerhalb der eigenen Gemarkung. "Sonstiges", vermutlich auch früher überwiegend Baum- und Strauchkulturen als Hauptnutzung, ist zur Bedeutungslosigkeit geschrumpft.

In der Karte von 1989 erscheinen die Obstbäume auf den ersten Blick noch recht zahlreich, da sie wegen des gewachsenen Interesses jetzt mit mehr Akribie als 1964 aufgenommen wurden. Tatsächlich ist aber auf der Agrarfläche von 1989 der überwiegende Teil der Bäume in den letzten Jahrzehnten schon zwecks leichteren Maschineneinsatzes im Feldbau gerodet worden. BREIMHORST und RADZUWEIT zählten 1983 außerhalb des Gartenlandes nur noch 885 meist überalterte Bäume. Heute sind vornehmlich abgängige und lückenhafte Bestände verblieben, und zwar dort, wo die Grundstückseigentümer noch eine Restnutzung für den Eigenbedarf (Kelteräpfel) treiben oder einer Rodung durch Pächter nicht zustimmen; Ödland bzw. Dauergrünland bilden dann den typischen Unterwuchs. Nach dem altersbedingten Abgang der Bäume (und der Eigentümer) dürften sich langfristig auch auf diesen Parzellen freie Ackerflächen ausdehnen.

Soweit nicht relikthafte Baumbestände entgegenstehen, ist auf der landwirtschaftlich genutzten Fläche durch Betriebsaufgaben einerseits, durch Zupacht und Nutzungstausch andererseits der Effekt einer Zusammenlegung eingetreten. Beschränkt man den Vergleich auf die Flur in ihrer Ausdehnung von 1989, so hat sich die Zahl der Nutzungsparzellen gegenüber 1964 und 1974 von 619 über 484 auf 399 (= 64,5 %) verringert. Ende 1989 war die Auflösung eines Betriebes der Anlaß zu einer generellen Umverteilung der Parzellen unter den verbliebenen Landwirten, so daß auch ohne amtliche Flurbereinigung der Zusammenlegungsgrad deutlich voranschreitet.

Unter dem zunehmend weitflächigen Muster landschaftlich sichtbarer Nutzung verbirgt sich allerdings - lange nach Abschluß der "Konsolidation" im Jahre 1906 - eine feingliedrige Struktur von Katasterparzellen mit komplizierten Eigentumsverhältnissen.

Die landwirtschaftlich genutzte Fläche erscheint nach fünfundzwanzig Jahren nicht nur erheblich kleiner und von Bäumen entleert; sie wird inzwischen auch weitaus öfter durch nichtagrarische Einrichtungen unterbrochen, wie sie für das Stadtumland typisch sind. Es handelt sich um Sport- und Freizeitanlagen von Gemeinde, Vereinen und Privatpersonen (Sportzentrum, Schwimmbad, Bolzplatz,

Grillplatz; Hundedressurplätze, Kleintieranlage; Reitplätze), außerdem um Versorgungsinfrastruktur (Wasserbehälter, Erdgaspumpstation).

Selbst wenn nur noch knapp 0,5 % der Steinbacher Erwerbspersonen auf die Landwirtschaft entfallen, sollte man im Zusammenhang mit der Flurnutzung einen Blick auf die örtliche "Agrarstruktur" werfen. Die Zahl der Betriebe ist stark geschrumpft, und die verbliebenen haben sich in sehr unterschiedlicher Richtung spezialisiert; beides ist für stadtnahe Standorte typisch.

Nur zwei Landwirte haben auf die Baulandexpansion mit Aussiedlung (1963, 1969) ohne Flurbereinigungsverfahren reagiert, sind aber kurz danach von der Neubaufront fast wieder eingeholt worden. Es handelt sich um einen - ursprünglich auf Bullenmast konzipierten - großen Reiterhof nahe der Eschborner Straße und einen Milchviehbetrieb am Nordrand des Ortes. Daneben gibt es noch zwei kleine (Nebenerwerbs-)Obstanbauer, wovon einer ein älteres Haus in Flurlage besitzt. Von den verbliebenen beiden "Bauern" in der alten Ortslage hat sich neuerdings einer auf biologischen Anbau spezialisiert. Schließlich existiert noch ein kleiner viehloser Betrieb in Verbindung mit einem Nahrungsmittelgeschäft auf dem Höchster Markt und mit Verkauf ab Hof. Alle Landwirte haben sich durch Direktabsatz bzw. Dienstleistung auf das sozio-ökonomische Umfeld eingestellt. Nach den innerbetrieblichen Verhältnissen zu schließen, dürften allenfalls die beiden Aussiedlerbetriebe noch längerfristig weitergeführt werden.

6. VON DER SUBURBANISIERUNG ZUR KONSOLIDIERUNG

Unter den hessischen Gemeinden hatte Steinbach seit 1950 das stärkste Bevölkerungswachstum; die heutige Stadt liegt in dieser Hinsicht vor Schwalbach, Dietzenbach, Liederbach, Eschborn und Taunusstein.

In den letzten dreißig Jahren zeigt Steinbach sowohl in der Ortslage als auch in der Flur mit besonderer Intensität die Effekte der Suburbanisierung. In Anbetracht der Territorialgeschichte könnte man fast vermuten, hier sei nach Jahrzehnten der Vernachlässigung Überkompensation getrieben worden. Aus dem Arbeiterwohndorf mit vielen Freizeitlandwirten ist ein hochgradig verdichteter großer Wohnvorort Frankfurts geworden. Gemeinsam mit dem nahe gelegenen Schwalbach zeichnet er sich durch überaus hohe Bevölkerungsdichte (2.220/qkm) aus, weist aber nicht dessen auffälligen städtebaulichen Dualismus durch ein einheitlich konzipiertes Großwohngebiet (Limes) auf. Das macht Steinbach siedlungsgeographisch weniger interessant, unter sozialen und sozialpsychologischen Aspekten allerdings wohl auch weniger problembeladen.

Die schnell und in großen Abschnitten erstellten Neubaugebiete mögen in der Gemeinde zuerst Stolz auf die gewonnene "Modernität" und "Urbanität" erzeugt haben; schon in geringem zeitlichem Abstand fällt heute eher ihre Schlichtheit, Uniformität oder übermäßige Verdichtung auf. Andererseits ist der alten Bausubstanz im Ortskern und der Gestaltung der Flur zu wenig Interesse geschenkt worden, so daß dort erheblicher planerischer Nachholbedarf besteht.

Jetzt, da für den inneren Ortsbereich drei Bebauungspläne aufgestellt werden sollen, sind dort keine dörflichen Ensembles mehr zu bewahren, allenfalls einzelne Gebäude in Wert zu setzen. Eine wichtige Verbesserung wäre die Beruhigung durch Umleitung des Durchgangsverkehrs von Oberursel-Weißkirchen zu den stark frequentierten Gewerbegebieten von Eschborn und dem Frankfurter Nordwestkreuz. Über die Trassenführung dieser Umgehungsstraße wird seit 1965 diskutiert, besonders seit die Verlängerung der Ludwig Landmann-Straße Ende der siebziger Jahre planerisch aufgegeben wurde. Gegen Ende 1990 soll das Planfeststellungsverfahren für den Verlauf östlich der Bahnlinie eingeleitet werden, wobei eine Anbindung an das Steinbacher Gewerbegebiet und die "Wohnstadt Süd" vorgesehen ist. Die lange Verzögerung und die Nachricht von einer eventuellen Terminverschiebung auf 1992 hat 1990 zur Reaktivierung einer Bürgerinitiative gegen die innerstädtische Verkehrsbelastung geführt.

Die Steinbacher Flur wurde übermäßig reduziert, selbst wenn dies wegen der verbliebenen Distanz zu den benachbarten Siedlungen in der Landschaft nicht auffällt. Die Enge der Steinbacher Gemarkung und die Dichte der Bevölkerung machen es schwer, die restlichen Freiflächen noch sinnvoll zu gestalten, z. B. mit jederzeit begehbaren (Rund-)Wegen, störungsfreien Feldgehölzen, unzerstörten Bachläufen und Feldrandstreifen. Agrarökologische Einheiten von landschaftsästhetischem Reiz, wie die flache Wiesenmulde nordwestlich der Bebauungsgrenze und das Wiesental des Steinbaches, das von Südosten fast bis zum alten Ortskern hochreichte, sind durch Hundedressurplätze und einzelne Gärten entstellt bzw. durch eine geschlossene Kleingartenanlage verbaut worden.

Die bauliche Expansion der Stadt kann zumindest mittelfristig als abgeschlossen gelten, wie der 1987 in Kraft getretene Flächennutzungsplan des Umlandverbandes Frankfurt zeigt. Dort ist nur noch der letzte, abrundende Bauabschnitt der

"Wohnstadt Süd" gesichert ausgewiesen (vgl. Abb. 4). Für eine erwogene Ausdehnung des Wohngebietes westlich der Eschborner Straße - ohnehin erst nach 1995 realisierbar - ist bei Beschlußfassung über den regionalen Raumordnungsplan für den Regierungsbezirk Darmstadt schon Ende 1986 die Genehmigung verwehrt worden. Seither hat sich die RPU in diesem Abweichungsfall auch nicht für das Wohngebiet eingesetzt. Seitens der Gemeinde besteht inzwischen vorrangiges Interesse daran, das Gewerbegebiet auf die Nordseite der Bahnstraße auszudehnen; es ist aber sehr fraglich, ob der Umlandverband Frankfurt den Flächennutzungsplan zu diesem Zweck zu ändern bereit wäre.

Am schnellsten könnte sich erstaunlicherweise ein Bauvorhaben in der Flur verwirklichen lassen: Rechts der Waldstraße, die zum großen Sportgelände führt, war an der Kreuzung mit dem Neuwiesenweg (Tennishalle) 1976 Fläche für eine große Gesamtschule ausgewiesen worden, die aber nicht gebaut wurde. Gleichwohl ist im 1985 beschlossenen Flächennutzungsplan des Umlandverbandes Frankfurt diese Widmung nicht rückgängig gemacht worden. Nun sollen die Wiesen und Äcker dieses "Schulgeländes" dem Bau einer Bildungsstätte der Industriegewerkschaft Bau-Steine-Erden dienen, die eine entsprechende Einrichtung im benachbarten Schwalbach aufgibt.

Steinbach hat, gemeinsam mit den übrigen Gemeinden des UVF, die Flächennutzungsplanung als wichtigste Voraussetzung der Kommunalentwicklung an den Verband abgegeben. Über diese und einige andere Verpflichtungen hinaus will es allerdings keineswegs auf seine kommunale Eigenständigkeit verzichten. Die infrastrukturelle Entwicklung früher nach Frankfurt am Main eingemeindeter Orte blieb deutlich hinter vertraglichen Zusagen der Stadt und auch hinter derjenigen benachbarter Umlandgemeinden zurück, und dies wird allgemein als Warnung verstanden. In der Zeit der hessischen Gebietsreform, als auch der nach dem damaligen Oberbürgermeister benannte "Möller-Plan" einer Regionalstadt Frankfurt diskutiert wurde, hat das Steinbacher Gemeindeparlament dem Votum einer Bürgerversammlung folgend im Frühjahr 1970 einen Anschluß an die Großstadt einstimmig abgelehnt. Als im Januar 1990 der Frankfurter Planungsdezernent Wentz den Gedanken an eine Ausweitung des Stadtgebietes äußerte, hat der Bürgermeister von Steinbach heftiger als alle Amtskollegen gegen jede denkbare Eingemeindung reagiert.

ANHANG

Statistiken

GROßHERZOGLICHE HESSISCHE ZENTRALSTELLE FÜR DIE LANDESSTATISTIK (Hg.) 1909: Landwirtschaftliches Gemeindelexikon für das Großherzogtum Hessen. Bearbeitet von L. Knöpfel und O. Meller. Darmstadt;

GROßHERZOGLICH HESSISCHE ZENTRALSTELLE FÜR DIE LANDESSTATISTIK (Hg.) 1913/14: Die Bodenbenutzung und der landwirtschaftliche Anbau 1913; in: Beiträge zur Statistik des Großherzogtums Hessen, Band 63, 5. Heft, S. 1-68. Darmstadt;

HESSISCHE ZENTRALSTELLE FÜR DIE LANDESSTATISTIK (Hg.) 1928: Die Landwirtschaft im Volksstaat Hessen. Landwirtschaftliche Betriebszählung vom 16.06.1925. Darmstadt;

HESSISCHE ZENTRALSTELLE FÜR DIE LANDESSTATISTIK (Hg.) 1928: Die Anbauflächenerhebung im Jahre 1927; in: Beiträge zur Statistik des Volksstaates Hessen, 67. Band, 1. Heft. Darmstadt;

HESSISCHE ZENTRALSTELLE FÜR DIE LANDESSTATISTIK (Hg.) 1928: Die Anbauflächen im Jahre 1928; in: Beiträge zur Statistik des Volksstaates Hessen, 67. Band, 1. Heft. Darmstadt;

HESSISCHE ZENTRALSTELLE FÜR DIE LANDESSTATISTIK (Hg.) 1934: Die Ergebnisse der Obstbaumzählung vom November 1932 im Volksstaat; in: Mitteilungen des Hessischen Landesstatistischen Amtes, 63. Band, Nr. 2. Darmstadt;

HESSISCHE ZENTRALSTELLE FÜR DIE LANDESSTATISTIK (Hg.) 1934: Endgültige Einwohnerzahl und Berufsgliederung der Gemeinden nach der Volks- und Berufszählung vom 16.6.1933; in: Mitteilungen des Hessischen Landesstatistischen Amtes, 64. Band, Nr. 1. Darmstadt;

HESSISCHE ZENTRALSTELLE FÜR DIE LANDESSTATISTIK (Hg.) 1934: Das Gewerbe in den einzelnen hessischen Kreisen nach der gewerblichen Betriebszählung vom 16. Juni 1933; in: Mitteilungen des Hessischen Landesstatistischen Amtes, 64. Band, Nr. 2. Darmstadt;

HESSISCHE ZENTRALSTELLE FÜR DIE LANDESSTATISTIK (Hg.) 1934: Gemeindeweise Landwirtschaftsstatistik; in: Mitteilungen des Hessischen Landesstatistischen Amtes, 64. Band, Nr. 4. Darmstadt;

HESSISCHE ZENTRALSTELLE FÜR DIE LANDESSTATISTIK (Hg.) 1934: Die Obstbaumzählung im September 1934 in Hessen; in: Mitteilungen des Hessischen Landesstatistischen Amtes, 64. Band, Nr. 9. Darmstadt;

HESSISCHE ZENTRALSTELLE FÜR DIE LANDESSTATISTIK (Hg.) 1936: Die Pendelwanderung in Hessen nach den Ergebnissen der Berufszählung vom 16. Juni 1933; in: Mitteilungen des Hessischen Landesstatistischen Amtes, 66. Band, Nr. 1. Darmstadt;

HESSISCHES LANDESSTATISTISCHES AMT (Hg.) 1940: Die Bodenbenutzungsaufnahme vom 14. Juni 1938 in Hessen; in: Mitteilungen des Hessischen Landesstatistischen Amtes, 69. Band, Jg. 1939, Nr. 1. Darmstadt;

HESSISCHES LANDESSTATISTISCHES AMT (Hg.) 1940: Die Obstbaumzählung in Hessen 1938; in: Mitteilungen des Hessischen Landesstatistischen Amtes, 69. Band, Jg. 1939, Nr. 2. Darmstadt;

HESSISCHES LANDESSTATISTISCHES AMT (Hg.) 1941: Endgültige Einwohnerzahlen der Gemeinden Hessens am 17.5.1939; in: Mitteilungen des Hessischen Landesstatistischen Amtes, 70. Band (1940), Nr. 2. Darmstadt;

HESSISCHES LANDESSTATISTISCHES AMT (Hg.) 1942: Die Haushaltungen in den Gemeinden Hessens nach Art, Größe und Zusammensetzung; in: Mitteilungen des Hessischen Landesstatistischen Amtes, 71. Band (1941), Nr. 5. Darmstadt;

HESSISCHES LANDESSTATISTISCHES AMT (Hg.) 1942: Gemeindeweise Landwirtschaftsstatistik; in: Mitteilungen des Hessischen Landesstatistischen Amtes, 71. Band (1941), Nr. 2. Darmstadt;

STATISTIK DES DEUTSCHEN REICHES (1935), Band 456, 33, Berufszählung - Die berufliche und soziale Gliederung der Bevölkerung in den Ländern und Landesteilen 1933. H. 33, Land Hessen. Berlin;

HESSISCHES STATISTISCHES LANDESAMT (Hg.) 1968: Historisches Gemeindeverzeichnis für Hessen. H. 1 - Die Bevölkerung der Gemeinden 1834 bis 1967. Wiesbaden;

HESSISCHES STATISTISCHES LANDESAMT (Hg.): Hessische Gemeindestatistik 1950, 4 Bände, Wiesbaden 1952;

HESSISCHES STATISTISCHES LANDESAMT (Hg.): Hessische Gemeindestatistik 1960/1961, 4 Bände, Wiesbaden 1963-1964;

HESSISCHES STATISTISCHES LANDESAMT (Hg.): Hessische Gemeindestatikstik 1970, 5 Bände, Wiesbaden 1970-1974;

HESSISCHES STATISTISCHES LANDESAMT (Hg.): Gemeindestatistiken, jährlich fortlaufend ab 1980;

HESSISCHES STATISTISCHES LANDESAMT (Hg.) 1989: Ausgewählte Strukturdaten über die Bevölkerung am 25. Mai 1987 nach Gemeinden und Gemeindeteilen. H. 4, Hochtaunuskreis und Main-Taunus-Kreis. = Statistische Berichte, AO/VZ 1987-4, H. 4. Wiesbaden;

HESSISCHES STATISTISCHES LANDESAMT (Hg.) 1989: Berufsauspendler am 25. Mai 1987 nach Wohnsitzgemeinden und ausgewählten Zielgemeinden - Ergebnisse der Volkszählung 1987. H. 1, Regierungsbezirk Darmstadt. = Statistische Berichte, AO/VZ 1987-5, H. 1. Wiesbaden;

Literaturverzeichnis

ANKEL, Otto: Die Besitz- und Rechtsverhältnisse auf dem Altkönig; in: Alt-Frankfurt. Vierteljahresschrift für seine Geschichte und Kunst, Jg. V (1913) H. 2, S. 48-50;

DER HESSISCHE MINISTERPRÄSIDENT - STAATSKANZLEI: Regionaler Raumordnungsplan Südhessen 1986. Wiesbaden o. J.;

ERNST, E. 1959: Die Obstbaumlandschaft des Vordertaunus und der südlichen Wetterau; = Rhein-Mainische Forschungen, H. 46. Frankfurt;

HUNDT, M. 1980: Steinbach am Taunus in alten Ansichten. Zaltbommel (Niederlande);

HUNDT, M. 1981: Steinbacher Vereine, Verbände und Parteien im 19. und 20. Jahrhundert; = Steinbacher Hefte, Nr. 15. Steinbach;

HUNDT, M. 1982: Steinbach (Taunus) in Stichworten. Steinbach;

HUNDT, M. 1983: Seit Alaholf in Steinbach lebte. Ein Gang durch die Jahrhunderte; = Steinbacher Hefte Nr. 18. Steinbach;

HUNDT, M. u. H. PULVER 1978: Steinbach, die junge Stadt am Taunus; = Steinbacher Hefte, Nr. 9. Steinbach;

KRAUSE, F. 1988: 1200 Jahre Steinbach (Taunus). Hg. v. Magistrat der Stadt Steinbach (Taunus). Steinbach;

KULS, W. u. K. TISOWSKY 1961: Standortfragen einiger Spezialkulturen im Rhein-Main-Gebiet; in: Wolfgang Kuls (Hg.): Geographische Studien aus dem Rhein-Mainischen Raum, 9-30; = Rhein-Mainische Forschungen, H. 50. Frankfurt;

LOREY, A. 1982: Kindheitserinnerungen an Steinbach; = Steinbacher Heft, Nr. 16. Steinbach;

PAULI, H. 1966: Steinbach am Taunus. Herausgegeben von dem Gemeindevorstand. Steinbach;

REGIONALE PLANUNGSGEMEINSCHAFT UNTERMAIN (Hrsg.) 1972: 1965-1970 (Tätigkeitsbericht). o. O., o. J. Frankfurt;

TISOWSKY, K. 1961: Freizeitlandwirte im Einflußbereich der rhein-mainischen Industriezentren; in: Wolfgang Kuls (Hg.): Geographische Studien aus dem Rhein-Mainischen Raum, 31-44; = Rhein-Mainische Forschungen, H. 50. Frankfurt;

UMLANDVERBAND FRANKFURT 1984: Landschaftsplan. Erläuterungen für den Gesamtraum. Stand 1984. Frankfurt;

UMLANDVERBAND FRANKFURT 1984: Flächennutzungsplan. Entwurf zum Erläuterungsbericht für die öffentliche Auslegung. Stand: März 1984. Band II - Erläuterungen zu den Städten und Gemeinden. Frankfurt;

UMLANDVERBAND FRANKFURT 1988: Flächennutzungsplan (Kartenwerk);

Ungedruckte farbige Kartierungen im Geographischen Institut der Universität Frankfurt

BÖTZL, F.: Steinbach am Taunus. Kartierung der Gebäudefunktion 1990. 1:1000. (Signatur: F I 1 - b 424);

BREIMHORST, D. u. R. RADZUWAIT 1984: Kartierung der landwirtschaftlichen Bodennutzung und der Obstbäume in der Flur. Steinbach am Taunus. (Signatur: F I 1 - a 357);

FREUND, B.: Landwirtschaftliche Bodennutzung in Steinbach am Taunus 1974. (Signatur: F I 1 - a 356);

HAIDER, G. 1964: Anbaukartierung der Gemeinden Steinbach und Weißkirchen. 1:5000. (Signatur: F I 1 - a 332);

KOSTKA, M.: Landwirtschaftliche Bodennutzung in Steinbach am Taunus 1989. (Signatur: F I 1 - a 358);

SCHMIDT, J.: WS 1959/1960: Steinbach, Kreis Obertaunus. Kartierung der Gebäudefunktion und des Alters der Wohngebäude. 1:1000. (Signatur: F I 1 - b 354).

GUDRUN OTTO

AUSWIRKUNGEN DER HESSISCHEN TERRITORIAL- UND FUNKTIONAL-REFORM. DARGESTELLT AM BEISPIEL DER STADT USINGEN

AUS: FRANKFURT UND DAS RHEIN-MAIN-GEBIET. GEOGRAPHISCHE BEITRÄGE AUS ANLASS DES 75-JÄHRIGEN BESTEHENS DER J.W. GOETHE-UNIVERSITÄT FRANKFURT AM MAIN (1914-1989) HERAUSGEGEBEN VON KLAUS WOLF UND FRANZ SCHYMIK = RHEIN-MAINISCHE FORSCHUNGEN HEFT 107 FRANKFURT AM MAIN 1990

Der vorliegende Beitrag ist eine Zusammenfassung einer Diplomarbeit, die 1986 bei Herrn Prof. Dr. K. Wolf am Institut für Kulturgeographie der J. W. Goethe-Universität Frankfurt am Main abgeschlossen wurde.

Dipl-Geogr. Gudrun Otto
Zitzergasse 19a
6390 Usingen 1

1. EINLEITUNG

Im Rahmen dieser Untersuchung, die als Fallstudie ohne Anspruch auf Repräsentativität konzipiert ist, soll der Versuch unternommen werden, positive und negative Auswirkungen der hessischen Reformen unter verschiedenen Gesichtspunkten zu analysieren und zu bewerten.

Zielsetzung der Arbeit ist nicht die Effizienzmessung der Reformen, da hierfür Paralleluntersuchungen auf der Basis vergleichender Komponenten notwendig wären, sondern die Darstellung der Komplexität möglicher Reformauswirkungen bzw. deren r a u m p r ä g e n d e r Kraft.

Gegenstand der Untersuchung ist die Stadt Usingen, die im Zuge der Territorialreform durch Eingemeindungen um sechs Stadtteile vergrößert wurde und aufgrund des Zusammenschlusses der Kreise Obertaunus und Usingen zum Hochtaunuskreis ihre Kreisstadtfunktion verlor. Die Funktionalreform erweiterte in Verbindung mit dem eingemeindungsbedingten Bevölkerungszuwachs den Aufgabenbereich der Stadtverwaltung.

Zur besseren Übersicht soll im folgenden kurz das methodische Verfahren der Untersuchung erläutert werden.

Nach einer Erörterung der Problematik dieser Arbeit werden Ausgangssituation, Zielvorstellungen und Ablauf der hessischen Reformen skizziert, um Aufschlüsse über deren Spezifika zu gewinnen. Danach folgt eine Begründung für die Wahl des Untersuchungsraumes bzw. -zeitraumes sowie eine Kurzbeschreibung der Stadt Usingen.

Den Kern der Arbeit bildet ein in sechs Kapitel geteilter Kriterienkatalog, anhand dessen mögliche Reformauswirkungen auf die Untersuchungsgemeinde überprüft werden sollen.

Für jeden Teil des Kriterienkataloges, dessen Reihenfolge keine Wertung beinhaltet, werden unter Berücksichtigung der mit den Reformen verbundenen Zielsetzungen Fragestellungen formuliert, deren Klärung auf verschiedenen Wegen erfolgt:
a) durch Auswertung der vorhandenen Literatur
b) durch Auswertung zahlreicher Statistiken

(u.a. Haushaltspläne der Gemeinde Usingen, des Hochtaunuskreises und, soweit vorhanden, der jeweiligen Rechtsvorgänger)
c) durch Auswertung unstrukturierter Gespräche, die mit Experten der Verwaltung geführt wurden.

Zwischen den Einflußfaktoren der Funktional- sowie der Gemeinde- und Kreisgebietsreform sind eine Reihe von Interdependenzen zu vermuten. Aus diesem Grund wird auf eine Einteilung der Kriterien in drei entsprechende Untersuchungsbereiche verzichtet und einer recht unorthodoxen Einflechtung der Aspekte der verschiedenen Reformarten in den Kriterienkatalog der Vorzug gegeben.

Abschließend erfolgt der Versuch einer Beurteilung der Reformauswirkungen.

Die Schwierigkeiten, die bei der Vorbereitung und Durchführung der einzelnen Arbeitsschritte evident wurden, lassen sich wie folgt zusammenfassen:
a) die vorhandene Literatur ist geprägt von zahlreichen subjektiven Stellungnahmen und leider nur wenigen objektiven Untersuchungen,
b) durch die Tatsache, daß ein Großteil der Unterlagen der Verwaltungen nach einer zehnjährigen Aufbewahrungszeit vernichtet bzw. ausgelagert werden, entstehen schwerwiegende Materiallücken, die zudem noch durch die nicht erfolgte Übergabe von Dokumenten der Rechtsvorgänger an die neuen Verwaltungen erheblich verstärkt werden,
c) die verfügbaren statistischen Angaben können häufig nicht die erforderlichen Auskünfte geben,
d) alle zu vergleichenden Daten werden möglichst auf einen bestimmten Stichtag bezogen, die entsprechenden Zahlen sind aber nicht unbedingt für das gesamte Jahr repräsentativ (betroffen sind davon z.B. die Einwohnerzahlen und damit sämtliche berechneten Pro-Kopf-Werte),
e) bei jedem zu bewertenden Kriterium wird sich die Frage stellen, ob gemessene Auswirkungen auf die Reformen oder auf ganz andere Einflüsse zurückzuführen sind bzw. der Effekt überhaupt positiv zu bewerten ist oder nicht,
f) eine Reihe von Interdependenzen zwischen den Einflußfaktoren und deren Intensität kann nur vermutet, aber nicht nachgewiesen werden,
g) schließlich ist es gänzlich unklar, welche Entwicklungen der Untersuchungsraum ohne die reformbedingten Eingriffe genommen hätte.

Trotz der erwähnten Einschränkungen ergibt sich aus den Teilergebnissen ein Gesamtbild, das unter ständiger Beachtung der exemplarischen Konzeption der Untersuchung den Ansatz einer Bewertung ermöglicht.

2. TERRITORIAL- UND FUNKTIONALREFORM IN HESSEN

In Hessen existierten vor Beginn der Reform 2.642 Gemeinden, von denen alleine 1.835 weniger als 1.000 Einwohner hatten. Das Land war in 39 Landkreise und 9 kreisfreie Städte gegliedert. Nur 19 dieser Verwaltungseinheiten besaßen mehr als 100.000 Einwohner. Hinzu kam auf höherer Verwaltungsebene eine Unterteilung in 3 Regierungsbezirke (ENDRUWEIT 1982, 9).

Die von der damaligen hessischen Landesregierung ins Leben gerufene Sachverständigenkommission für Verwaltungsreform und Verwaltungsvereinfachung in Hessen stellte 1968 fest: "Wichtigster Ansatzpunkt für die Gebietsreform ist die unzureichende Verwaltungskraft kleiner Gemeinden und Kreise" (SACHVERSTÄNDIGENKOMMISSION für Verwaltungsreform und Verwaltungsvereinfachung in Hessen 1968, 9).

Neben den Zielvorstellungen "Stärkung der Verwaltungkraft" und "Verbesserung der räumlichen Ordnung" lassen sich für die hessische Gebietsreform folgende weitere Absichten zusammenfassen:
"- Verbesserung der Demokratiequalität,
- Verbesserung der Infrastruktur- und Wirtschaftsförderungskapazität,
- Rationalisierung der kommunalen Verwaltung, wobei Rationalisierung nicht mit der landläufigen Vorstellung von Einsparung zu verwechseln ist,
- Verringerung des Verwaltungsaufwandes in staatlichen (Aufsichts-)Behörden und Schaffung von Voraussetzungen für eine funktionale Neuordnung im gesamtstaatlichen Gefüge durch die Verbesserung der kommunalen Struktur" (HINKEL 1977, 21).

Der Zuständigkeitsneuregelung wies man so spezifische und komplexe Zielstrukturen zu wie "die Verwaltungsleistung ohne eine Ausweitung des Verwaltungsapparates zu verbessern; den Verwaltungsapparat ohne eine Verminderung der Verwaltungsleistung einzuschränken; die Verbesserung der Verwaltungsleistung und die Einschränkung des Verwaltungsapparates sinnvoll miteinander zu verbinden" (ENDRUWEIT 1982, 11).

Die Aufgaben der Gebiets- und Verwaltungsreform waren also eindeutig auf die Verbesserung der Verwaltungsstruktur und -leistung ausgerichtet, die als Grundvoraussetzung für Bürgernähe, qualifizierte Planung sowie optimale Einsetzung der zur Verfügung stehenden finanziellen Mittel angesehen wurden. Mit der Erreichung der Zielvorstellungen hoffte man, den entscheidenden Schlüssel zur Beseitigung räumlicher Ungleichgewichte gefunden zu haben.

Wie in den übrigen Flächenländern der Bundesrepublik Deutschland sah man auch in Hessen in der Maßstabsvergrößerung der Verwaltungseinheiten das geeignete Instrumentarium zur Verwirklichung der Zielvorstellungen; die Funktionalreform sollte durch die Übertragung zahlreicher Zuständigkeiten von den Kreis- auf die Gemeindeverwaltungen ihren entsprechenden Beitrag leisten.

Die Neugliederung der hessischen Gemeinden und Kreise wurde mit der Regierungserklärung des damaligen Ministerpräsidenten Dr. Zinn im Januar 1967 eingeleitet. Ab Februar 1972, dem Beginn der Durchführungsphase, wurden von der Landesregierung Gesetzentwürfe für die Neugliederung der Gemeinden und Landkreise sowie der kreisfreien Städte eingebracht. Im Rahmen von Anhörungsverfahren holte man Stellungnahmen betroffener Gebietskörperschaften ein, die sich auf die Namensgebung und den gebietlichen Zuschnitt bezogen. Mit der parlamentarischen Verabschiedung der Neugliederungsgesetze wurde die Durchführungsphase Mitte 1974 im wesentlichen zum Abschluß gebracht (HINKEL 1977, 34).

Im Zuge der Reformen konnte die Zahl der Gemeinden schrittweise von 2.642 auf 423 reduziert werden. Alle Gemeinden besitzen nun mindestens 1.000 Einwohner, die Hälfte sogar mehr als 7.500. Die ehemaligen Landkreise faßte man zu 20 neuen Kreiseinheiten zusammen; die Zahl der kreisfreien Städte sank von 9 auf 6. Ein Regierungsbezirk wurde aufgelöst und auf die verbleibenden zwei Bezirke aufgeteilt (ENDRUWEIT 1982, 9).

Die Funktionalreform fand nach Abschluß der territorialen Veränderungen in einigen Rechtsvorschriften Niederschlag. Zu nennen sind hier vor allem das Gesetz zur Änderung kommunalrechtlicher Vorschriften vom 15.05.1974 (siehe GVBL I, 1974, S. 241 ff.) sowie die Verordnung zur Übertragung von Aufgaben auf Gemeinden mit 7.500 und mehr Einwohnern vom 24.10.1974 (siehe GVBL I, 1974, S. 551).

3. UNTERSUCHUNGSRAUM UND -ZEITRAUM

Wichtig für die Wahl der Stadt Usingen als Untersuchungsraum waren u.a. folgende Aspekte:

a) Am Beispiel Usingen lassen sich sowohl Auswirkungen der territorialen Gemeinde- und Kreisneugliederungen als auch der Funktionalreform überprüfen.

b) Mit der Fusion des Obertaunuskreises und des Kreises Usingen zum Hochtaunuskreis fand die Zusammenlegung zweier vollkommen unterschiedlich strukturierter Gebiete statt. Der 153 qkm umfassende, mit mehr als 137.000 Einwohnern überwiegend städtisch geprägte Obertaunuskreis zählte zu den finanzstärksten Kreisen Hessens. Dagegen gehörte der in der ländlichen Hintertaunusregion gelegene Kreis Usingen mit einer Fläche von 288 qkm und einer Bevölkerungzahl von nur etwas mehr als 32.000 zu den finanzschwächsten Einheiten dieser Verwaltungsebene (vgl. HESSISCHES STATISTISCHES LANDESAMT, Die Staats- und Gemeindefinanzen im Rechnungsjahr 1970; Hessische Gemeindestatistik 1970).

Die folgende kurze Darstellung der Struktur der Stadt soll der Orientierung dienen und eine grobe Übersicht vermitteln.

Usingen hatte am 31.12.1983 10.991 Einwohner. Der Anteil der ausländischen Bevölkerung an der Gesamteinwohnerzahl betrug mit 713 Personen annähernd 15,5 %. 7.581 Einwohner bzw. 69,0 % der Bevölkerung zählten zu den Personen im erwerbsfähigen Alter. Am 30.06.1983 gehörten 2.240 Einwohner, also rund 20,5 % der Bevölkerung, zu den sozialversicherungspflichtig beschäftigten Arbeitnehmern (vgl. HESSISCHES STATISTISCHES LANDESAMT, Hessische Gemeindestatistik. Ausgewählte Strukturdaten aus Bevölkerung und Wirtschaft 1983).

Nach Wirtschaftsabteilungen arbeiteten 1980 in Usingen 35 % der Beschäftigten im Verarbeitenden Gewerbe, 22 % bei Gebietskörperschaften, 15 % im Privaten Dienstleistungsbereich und 9 % im Einzelhandel. Alle anderen Wirtschaftsabteilungen konnten insgesamt nur 19 % der Beschäftigten auf sich vereinen. Es wird zu prüfen sein, inwieweit die ehemalige Kreisstadtfunktion für den auffallend hohen prozentualen Anteil der Beschäftigten bei Gebietskörperschaften verantwortlich zeichnet (vgl. AURICH u.a. 1983, 6 ff.).

Nach der Funktionszuweisung des Regionalen Raumordnungsplanes nimmt Usingen den Rang eines Mittelzentrums ein.

Die Untersuchung befaßt sich mit Entwicklungen verschiedener Bereiche seit Abschluß der territorialen Neuordnung im Jahre 1972 bis einschließlich 1984. Um Situation und Entwicklung der Bereiche auch vor Inkrafttreten der Reformmaßnahmen darstellen zu können, wurde ein zusätzlicher Untersuchungszeitraum von 4 Jahren vor der Neuordnung für ausreichend erachtet. Somit ergibt sich ein Gesamtuntersuchungszeitraum von 17 Jahren, die Zeitspanne von 1968 bis 1984 umfassend.

4. FINANZIELLE AUSWIRKUNGEN DER REFORMEN
(1. Untersuchungskriterium)

Die Herbeiführung eines internen Finanzausgleiches zwischen finanzstarken und finanzschwachen Verwaltungseinheiten kann als eine der vorrangigsten Zielsetzungen der Territorialreformen aller Bundesländer bezeichnet werden. Auch die in der Diskussion um die hessischen Reformen vielbeschworene "Stärkung der Verwaltungskraft" beinhaltet die Hoffnung auf einen Finanzausgleich und damit verbundenen Folgewirkungen wie Abbau der räumlichen Disparitäten und Verbesserung der Chancengleichheit aller Bürger.

Aus den genannten Gründen sollten nicht strukturgleiche Räume, sondern möglichst jeweils funktionell ergänzende Gebiete, z.B. gewerblich ausgerichtete Regionen und die ihnen zugeordneten ländlichen Räume, zu Gebietseinheiten zusammengefaßt werden (vgl. HINKEL 1977, 94). Die Rechtsvorgänger der Gesamtstadt Usingen und des Hochtaunuskreises erfüllen diese Bedingung in geradezu exemplarischer Weise. Im folgenden wird zu klären sein, inwieweit die finanziellen Zielsetzungen der hessischen Reformen im Bereich des Untersuchungsraumes erreicht werden konnten.

Da die von den Verwaltungen zur Verfügung gestellten Haushaltszahlen in der Regel nur bis in das Jahr 1972, also dem Jahr der Neugliederung, zurückreichen, mußten zudem Veröffentlichungen des Hessischen Statistischen Landesamtes herangezogen werden. Durch diese Datenquelle konnten noch nicht alle Lücken geschlossen werden, vor allem hinsichtlich der Zahlen der kleineren Gemeinden blieben viele Fragen offen. Das Archiv des "Usinger Anzeigers" gestattete es, einige Zahlenreihen zu ergänzen, da grundsätzlich über die Verabschiedung der

Haushaltspläne berichtet wurde. Leider bewirken so unterschiedliche Quellen Unsicherheiten hinsichtlich der definitionsmäßigen Übereinstimmung der zusammengestellten Einzeldaten. Dieser nicht zu unterschätzende Risikofaktor muß aber in Kauf genommen werden, da Vergleiche ansonsten von vornherein nicht möglich wären.

Alle ermittelten Daten wurden um die jährlichen Preissteigerungsraten des Bruttosozialproduktes bereinigt und zu Tabellen geordnet. Aufgrund der Tabellen konnten Pro-Kopf-Werte ausgerechnet und Diagramme gezeichnet werden, die die Entwicklungen optisch veranschaulichen sollen.

Zur Interpretation der Daten des Untersuchungsraumes werden nach Möglichkeit die jeweiligen Pro-Kopf-Durchschnittswerte aller kreisangehörigen hessischen Gemeinden bzw. aller hessischen Landkreise der Jahre 1971, 1973 und 1984 herangezogen, die ebenfalls um die entsprechenden Preissteigerungsraten des Bruttosozialproduktes bereinigt wurden.

4.1. Auswirkungen der Reformen auf die Gemeindehaushalte (vgl. Abb. 1)

Bei einem Vergleich der Pro-Kopf-Ausgaben der Rechtsvorgänger werden die Diskrepanzen zwischen den finanziellen Möglichkeiten der Stadt Usingen und der übrigen Gemeinden deutlich. Die Gesamtausgaben, die die Stadt jeweils für einen Einwohner aufweist, betragen in etwa das Doppelte der Werte, die für die späteren Fusionspartner festgestellt werden können. Extreme Pro-Kopf-Wert-Unterschiede bestehen sowohl im Bereich der Verwaltungs- als auch der Vermögensausgaben. Hinsichtlich der Verwaltungsausgaben machen sich die hohen Kosten der Kernstadt für ihre hauptamtliche Verwaltung bemerkbar. Die Vermögensausgaben aller Rechtsvorgänger steigen im Jahr vor der Fusion enorm an; für die Kernstadt ist die höhere prozentuale Steigerungsrate zum Vorjahr ausgewiesen.

Bei der Betrachtung der Ausgabenentwicklung der Rechtsvorgänger insgesamt und der neugegliederten Gemeinde zeigt sich ein erstaunliches Bild. Von 1968 bis zum Fusionsjahr 1972 nehmen die Pro-Kopf-Ausgaben extrem zu, sinken allerdings in den ersten "post-fusionären" Jahren stark ab und erreichen 1975 wieder in ungefähr das Ausgabenniveau des Jahres 1969. Bis 1984 sind dann erneut, mit Ausnahme der Jahre 1978 und 1983, Ausgabensteigerungen zu verzeichnen. Besonders bemerkenswert ist die unterschiedliche Entwicklung der Verwaltungs- und Vermögensbereiche. Insgesamt gesehen ist für die Verwaltungsausgaben ein recht

Abb. 1: Entwicklung der Gemeindehaushalte

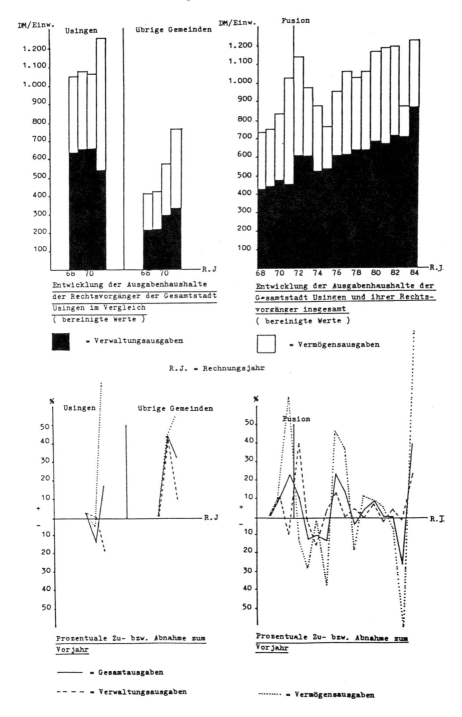

kontinuierlicher Aufwärtstrend festzustellen; die markante Steigerungsrate des Jahres 1972 muß mit Veränderungen im Personalbereich in Verbindung stehen. Sicher können nicht alle aus den Diagrammen erkennbaren Entwicklungen der Verwaltungsausgaben eindeutig und ausschließlich auf die Reformen zurückgeführt werden; immerhin ist nachweisbar, daß die Verwaltungsausgaben im Untersuchungsraum durch die reformerischen Maßnahmen nicht unter das Niveau der "präfusionären" Zeit gesenkt oder wenigstens auf dem gleichen Stand gehalten werden konnten. Im Gegensatz zu den Verwaltungsausgaben sinken die Vermögensausgaben nach der Fusion so stark ab, daß 1975 nicht einmal der Pro-Kopf-Ausgabenwert erreicht wird, der für die Rechtsvorgänger insgesamt im Jahr 1968 ausgewiesen ist. In den folgenden Jahren steigen die Pro-Kopf-Werte zwar wieder deutlich an, 1984 liegt der Vermögensausgabenwert aber auch nur auf dem Niveau des Jahres 1969, während sich die Verwaltungsausgaben im Zeitraum von 1969 bis 1984 annähernd verdoppelt haben! Die prozentualen Zu- bzw. Abnahmeraten zum Vorjahr zeigen im Vermögensausgabenbereich eine vollkommen uneinheitliche Entwicklung.

Die Haushalte der Gesamtstadt Usingen werden durch die Verwaltungsausgaben stärker belastet als die Haushalte der Rechtsvorgänger insgesamt. Expertengespräche ergaben, daß eine paritätische Verteilung der Investitionsmittel auf die Kernstadt und die umliegenden Gemeindeteile bis heute noch nicht möglich ist, da in den früher selbständigen Ortschaften ein großer Nachholbedarf an infrastrukturellen Grundeinrichtungen, vor allem im Bereich der Kanalisation besteht und somit enorme finanzielle Mittel von vornherein diesbezüglich zweckgebunden sind. Berücksichtigt man diese Tatsache und vergleicht man zusätzlich die Pro-Kopf-Ausgaben der Kernstadt Usingen vor der Fusion mit den entsprechenden Werten der neugegliederten Gemeinde, dann wird deutlich, daß der Kernstadtbereich durch den Zusammenschluß offensichtlich prägnante finanzielle Einbußen hinnehmen mußte, während die früher selbständigen Ortschaften zwar nicht mehr eigenmächtig über investive Vorhaben entscheiden können, dafür aber im positiven Sinne an einem internen Finanzausgleich partizipieren, allerdings kann diese Behauptung angesichts der Entwicklungen im Verwaltungsausgabenbereich nur mit Einschränkungen aufrechterhalten werden.

Für die kreisangehörigen hessischen Gemeinden ergeben sich folgende Ausgabendurchschnittswerte:

Gesamtausgaben:
1970 = DM   681 / Einwohner
1973 = DM   738 / Einwohner
1984 = DM 1.588 / Einwohner

Verwaltungsausgaben:
1970 = DM   205 / Einwohner
1973 = DM   245 / Einwohner
1984 = DM   772 / Einwohner

Vermögensausgaben:
1970 = DM   476 / Einwohner
1973 = DM   493 / Einwohner
1984 = DM   816 / Einwohner

Vergleicht man die Daten des Untersuchungsraumes mit den vorliegenden hessischen Werten, so zeigen sich deutliche Unterschiede. Die Rechtsvorgänger der Großgemeinde Usingen weisen mit DM 831 / Einwohner 1970 einen wesentlich höheren Ausgabenwert auf als die kreisangehörigen hessischen Gemeinden im Durchschnitt. Auch 1973 sind mit DM 984 / Einwohner für die fusionierte Großgemeinde markant höhere Pro-Kopf-Ausgaben festzustellen. Im Jahr 1984 ändert sich die Relation völlig: der Untersuchungraum sinkt mit DM 1.216 / Einwohner weit unter den vergleichbaren hessischen Durchschnitt. Stellt man nun die Werte der Verwaltungsausgaben gegenüber, so ergeben sich für 1970 und 1973 ähnliche Verhältnisse. 1984 ist jedoch eine bemerkenswerte Abweichung zu beobachten: für die Gesamtstadt Usingen sind mit DM 869 / Einwohner immer noch deutlich höhere Pro-Kopf-Verwaltungausgaben nachgewiesen als für die kreisangehörigen hessischen Gemeinden. Bezüglich der Vermögensausgaben liegen die Werte des Untersuchungsraumes permanent unter dem hessischen Niveau, die Differenz zeigt im Jahr 1984 ein extremes Ausmaß.

Es ist also festzustellen, daß die Gesamtgemeinde Usingen im Jahr nach der Fusion im Verwaltungsbereich höhere, im Vermögensbereich niedrigere Pro-Kopf-Ausgaben tätigte als die kreisangehörigen hessischen Gemeinden im Durchschnitt. Die Daten des Jahres 1984 zeigen den Untersuchungsraum in einer noch weitaus ungünstigeren Position: die Verwaltungsausgaben der Stadt liegen immer noch wesentlich über, die Vermögensausgaben aber ganz extrem unter den vergleichbaren hessischen Werten.

Die finanzielle Situation Usingens hat also nicht allein aufgrund des technokratischen Aktes der Fusion, sondern durch spätere Ein- bzw. Auswirkungen eine andere Entwicklung genommen als dies bei den kreisangehörigen hessischen Gemeinden, die ja ebenfalls mehr oder weniger stark von Neugliederungsmaßnahmen betroffen sind, im allgemeinen der Fall war.

4.2. Auswirkungen der Reformen auf die Kreishaushalte (vgl. Abb. 2)

Bei einem Vergleich der Ausgabenhaushalte der Rechtsvorgänger des Hochtaunuskreises wird erkennbar, daß der Obertaunuskreis zwar sowohl bei den Verwaltungs- als auch bei den Vermögensausgaben die höheren Pro-Kopf-Werte aufzuweisen hat, die Differenzen zum Kreis Usingen aber bei weitem nicht so deutlich ausfallen, wie dies aufgrund der strukturellen Ungleichheit vermutet werden könnte. Es muß aber auch betont werden, daß durch die enormen Unterschiede zwischen den absoluten Werten der beiden Kreise, dem Obertaunuskreis jeweils mehr "Manövrierfähigkeit" zuzuschreiben ist. Die Vermögensausgaben beider Rechtsvorgänger steigen im Jahr vor der Fusion drastisch an.

Stellt man die Ausgabenwerte des Hochtaunuskreises und seiner Rechtsvorgänger insgesamt zu einer Datenreihe zusammen, so werden markante Einschnitte zum Zeitpunkt der Fusion deutlich. Die Pro-Kopf-Werte der Verwaltungsausgaben wachsen von 1972 bis 1976 in einem extremen Ausmaß an, sinken danach wieder und stabilisieren sich schließlich auf einem Niveau, das ungefähr dem Stand der Verwaltungsausgaben des Jahres 1973 entspricht; damit bleiben sie aber immer noch markant über den Werten der Rechtsvorgänger insgesamt. Auch die Vermögensausgaben steigen nach der Fusion deutlich; allerdings ist diese Entwicklung wesentlich uneinheitlicher. Für die hessischen Kreishaushalte können folgende Durchschnittsausgaben berechnet werden:

Gesamtausgaben:
1970 = DM 332 / Einwohner
1973 = DM 387 / Einwohner
1984 = DM 499 / Einwohner

Abb. 2: Entwicklung der Kreishaushalte

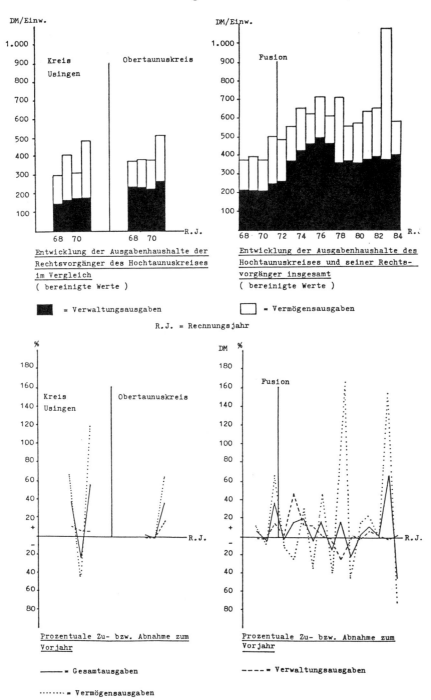

Verwaltungsausgaben:
1970 = DM 160 / Einwohner
1973 = DM 197 / Einwohner
1984 = DM 387 / Einwohner

Vermögensausgaben:
1970 = DM 172 / Einwohner
1973 = DM 190 / Einwohner
1984 = DM 112 / Einwohner

Stellt man die Daten des Hochtaunuskreises und seiner Rechtsvorgänger insgesamt den hessischen Mittelwerten gegenüber, so zeigen sich bemerkenswerte Abweichungen. Zu allen Vergleichszeitpunkten sind für den Untersuchungsraum die höheren Verwaltungsausgaben pro Einwohner feststellbar. Im Jahr 1973 ist ein eklatanter Differenzbetrag zu verzeichnen. Die Werte der Jahre 1973 und 1984 sind im Rahmen des Untersuchungsraumes nur geringfügig different, auf der Landesebene ist allerdings im gleichen Zeitraum eine enorme Steigerung zu beobachten.

Im Gegensatz zu den Verwaltungsausgaben liegen die Werte des Hochtaunuskreises bzw. seiner Rechtsvorgänger im Bereich der Vermögensausgaben sowohl 1970 als auch 1973 unter dem hessischen Niveau. Die Unterschiede sind deutlich, erreichen aber kein extremes Ausmaß. Im Jahr 1984 ändert sich die Relation völlig: der Untersuchungsraum weist nun markant höhere Pro-Kopf-Werte auf. Die gesamte Entwicklung der Vermögensausgaben des Hochtaunuskreises verläuft sehr uneinheitlich, so daß die Werte der Vergleichszeitpunkte 1973 und 1984 grundsätzlich nicht als Eckdaten angesehen werden dürfen. Da eine vollständige Datenreihe der Landesebene nicht vorliegt, sollten Aussagen bezüglich ihrer Entwicklung nur mit Vorbehalten getroffen werden.

Die Verwaltungs- und Vermögensausgabenwerte des Hochtaunuskreises sind im Durchschnitt wesentlich höher als die seiner Rechtsvorgänger. Wie bereits bei den Gemeindehaushalten festzustellen war, ist auch im Fall der Kreishaushalte der Fusionstermin als deutlicher Entwicklungseinschnitt erkennbar. Der Hochtaunuskreis scheint das kurz vor der Fusion einsetzende "marodierende" (KÖHLER 1981) Ausgabenverhalten der Rechtsvorgänger im "post-fusionären" Zeitraum fortzusetzen. Bemerkenswert ist auch, daß die Pro-Kopf-Verwal

Tab. 1:

Auflistung der positiven Auswirkungen | **Auflistung der negativen Auswirkungen**

Gemeindehaushalte:

Auflistung der positiven Auswirkungen	Auflistung der negativen Auswirkungen
	Marodierendes Ausgabenverhalten der Gemeinden vor der Fusion. Folge: hohe Schuldenlasten, die von der Rechtsnachfolgerin übernommen werden mußten
	Steigerung der Verwaltungsausgaben. Folge: Einbußen bei den zur Verfügung stehenden investiven Mitteln
Es kommt zu einem internen Finanzausgleich der kleinen Stadtteile. Folge: Minderung der Entwicklungsdisparitäten zwischen der Kernstadt und den eingemeindeten Ortschaften, die Versorgungsgleichstellung wird gefördert.	Die zur Verfügung stehenden investiven Mittel müssen in hohem Maße für den infrastrukturellen Ausbau der kleinen Stadtteile eingesetzt werden. Folge: die für die Kernstadt vorgesehenen Investitionsplanungen müssen zurückgestellt werden
	Aufgrund weiterer Schuldenaufnahmen ist keine Haushaltskonsolidierung der Gesamtstadt erkennbar.
	Im Bereich der Schlüsselzuweisungen sind keinerlei Einsparungen zu verzeichnen.
	Die Kreisumlagen steigen extrem an. Anmerkung: die negativen Ergebnisse sind nicht allein auf die rein rechnerische Addition der fusionierten Haushalte zurückzuführen, vielmehr scheint die Gesamtstadt aufgrund veränderter und vermehrter Aufgaben Belastungen ausgesetzt zu sein, die nachweislich mit dem Fusionstermin in Verbindung gebracht werden können. Abgesehen von den reformerischen Auswirkungen, dürfte aber auch die nach wie vor bestehende Strukturschwäche des Untersuchungsraumes ihren Teil zu den genannten Ergebnissen beigetragen haben.

Kreishaushalte:

Auflistung der positiven Auswirkungen	Auflistung der negativen Auswirkungen
Größere "Manövrierfähigkeit" im Bereich der Investitionen durch, in absoluten Zahlen gesehen, höhere Haushaltssummen.	Die annähernd identischen Pro-Kopf-Ausgaben der Rechtsvorgänger des Hochtaunuskreises, ermöglicht durch hohe Landeszuschüsse für den Kreis Usingen, und die paritätische Verteilung der Investitionsmittel des Hochtaunuskreises, relativieren den internen Finanzausgleich der Kreisebene.
Vermehrte Ausschüttung investiver Mittel.	Die Entscheidungen über die Verwendung investiver Mittel fällt nun unter Berücksichtigung des Stimmrechtes zahlreicher einwohnerstarker Vordertaunusgemeinden.
→ Es sind auch nach der Fusion hohe Schuldenaufnahmen zu verzeichnen.	
	Marodierendes Ausgabenverhalten der Rechtsvorgänger, Folge: hohe Schuldenlasten, die von dem Hochtaunuskreis übernommen werden mußten
	Die Verwaltungsausgaben steigen deutlich an.
	Es können keine Einsparungen im Bereich der Schlüsselzuweisungen und sonstigen Landeszuschüsse festgestellt werden.

tungsausgaben des Hochtaunuskreises ebenso wie die der Gemeinde Usingen jeweils über dem entsprechenden Landesniveau liegen und die Bereitstellung von investiven Mitteln durch die Höhe der Verwaltungsausgaben beeinträchtigt wird. Wie von Verwaltungsexperten zu erfahren war, existieren für das strukturschwache Gebiet des ehemaligen Kreises Usingen keine gesonderten Unterstützungs- bzw. Ausbauprogramme des Hochtaunuskreises, so daß die insgesamt zur Verfügung stehenden Investitionsmittel in einem, der jeweiligen Einwohnerzahl entsprechenden, annähernd paritätischen Verhältnis zur Verteilung gelangen.

In der Gegenüberstellung (vgl. Tab. 1) der positiv bzw. negativ zu bewertenden finanziellen Auswirkungen der Reformen sind auch die Ergebnisse der Untersuchungen zur Entwicklung von Schuldenstand, Schlüsselzuweisungen, Steuereinnahmen und Kreisumlagen der Gemeindehaushalte sowie Schuldenstand und Zuweisung von Landeszuschüssen im Bereich der Kreishaushalte enthalten. Leider kann im Rahmen dieser Kurzfassung der Untersuchung keine ausführliche Erläuterung zu diesen Einzelpunkten erfolgen.

5. VERÄNDERUNGEN DER VERWALTUNGSKRAFT
(2. Untersuchungskriterium)

Gemäß der in bezug auf die gebietlichen Neugliederungen und funktionalreformerischen Maßnahmen formulierten Zielsetzungen erhoffte man sich durch Rationalisierungen der kommunalen Verwaltungen eine allgemeine Stärkung der Verwaltungskraft. Man ging davon aus, daß unbedingt eine Reduzierung der ehrenamtlich besetzten Stellen erfolgen müsse, die Verwaltungsleistung aber ohne eine Ausweitung des professionellen Verwaltungsapparates zu verbessern sei.

Die nachfolgende Untersuchung bleibt auf die Gemeindeebene beschränkt, obwohl die Verwaltungskraft der Kreisverwaltung sicherlich in bezug auf Zusammenarbeit, Betreuung und Planung für die Stadt Usingen von Wichtigkeit ist. Es wird aber angenommen, daß die Einflußnahme der Kreisverwaltung nicht den Wirkungsgrad erreicht, der eine Analyse im Rahmen des Kriterienkataloges rechtfertigt.

5.1. Zuständigkeitsneuregelungen

Vor der Territorialreform war die Stadtverwaltung Usingen für den Aufgabenbereich einer 3.000 bis 5.000 Einwohner zählenden kreisangehörigen hessischen Gemeinde zuständig. Aufgrund der Eingemeindungen überschritt die Stadt am 01.01.1972 erstmals die 5.000 Einwohner-Marke, was zu einer Erweiterung der Zuständigkeiten der Kommunalverwaltung führte. Diese Aufgabenvermehrung beschränkte sich allerdings, abgesehen vom Personalausweiswesen, auf arbeits- und publikumsextensive Tätigkeiten.

Im Verlauf der Funktionalreform fand eine Verlagerung der Weisungsaufgaben auf jeweils niedrigere Einwohnergrößenklassen statt. Durch die Verordnung zur Übertragung von Aufgaben auf Gemeinden mit 7.500 und mehr Einwohnern wurden der Kommunalverwaltung Usingen am 01.01.1975 eine Reihe weiterer Verpflichtungen auferlegt. Aber auch diese Aufgaben brachten, den Sozialbereich ausgenommen, keine intensiven Arbeitsbelastungen mit sich.

Die Tabelle 2 zeigt eine Zusammenstellung sämtlicher den Untersuchungsraum betreffenden verwaltungsfunktionalen Veränderungen auf Gemeindeebene. Alle Angaben wurden den entsprechenden Gesetzestexten entnommen. Von besonderer Wichtigkeit ist die Tatsache, daß das Arbeitspensum für die in den Tabellen aufgeführten Zuständigkeiten bereits vor der offiziellen Übertragung weitgehend von den Mitarbeitern der Kommunalverwaltung geleistet wurde, lediglich Genehmigungen und Unterschriften erfolgten bei der zuständigen Kreisbehörde, die im "prä-fusionären" Zeitpunkt ebenfalls in Usingen ansässig war.

Bei näherer Betrachtung wird also deutlich, daß die Zuständigkeitsneuregelungen zwar zur Kürzung des Instanzenweges beitrugen und das verwaltungshierarchische Gewicht der Gemeindeverwaltung verstärkten, eine tatsächliche Verlagerung der Arbeitsleistung aber nicht stattfand.

5.2. Entwicklung von Personalstand und -dichte (vgl. Abb. 3)

Die Daten für diesen Untersuchungsabschnitt wurden zum Teil periodischen Veröffentlichungen des Hessischen Statistischen Landesamtes entnommen, der Personalstand der Jahre 1970-1971 mußte mittels Experten-Befragung rekonstruiert werden. Für die Zeit von 1968-1969 war eine zuverlässige Datenerfassung nicht mehr möglich.

Tab. 2: Aufgaben für Gemeinden mit 5.000 und mehr Einwohnern (Stand 01.01.1972) mit Wirkung zum 01.01.1975 auf Gemeinden mit 3.000 und mehr Einwohnern übertragen.

Aufgaben	Fundstellen
Erteilung von Lotteriekonzessionen	Reichsgesetzbl. I S. 283, 1937
Ausstellung von Personalausweisen	GVBl S. 147, 1952
Erteilung von Feuerwerkskonzessionen	GVBl I S. 555, 1970
Erteilung von Fischereischeinen	GVBl I S. 598, 1970
Lärmbekämpfung	GVBl I S. 744, 1970

Aufgaben für Gemeinden mit 7.500 und mehr Einwohnern (Stand 01.01.1975) bis zum 31.12.1974 Aufgaben für Gemeinden mit 10.000 und mehr Einwohnern

Aufgaben	Fundstellen
Erteilung von Sozialhilfe	GVB. I S. 241, 1974
Aufsicht über die Einhaltung a) des Feiertagsgesetzes b) des Versammlungsgesetzes	GVBl I S. 242, 1974 GVBl I S. 242, 1974
Erteilung von Sammlungserlaubnissen	GVBl I S. 242, 1974
Jagdaufsicht	GVBl I S. 242, 1974
Verfolgung und Ahndung von Ordnungswidrigkeiten a) nach dem Wehrpflichtgesetz b) nach dem Schornsteinfegergesetz c) nach dem Gaststättengesetz d) nach dem Gesetz über die Berufsausübung im Einzelhandel	GVBl I S. 551, 1974 GVBl I S. 551, 1974 GVBl I S. 551, 1974 GVBl I S. 552, 1974
Personenstandswesen	GVBl I S. 552, 1974
Erteilung von a) Gewerbekonzessionen b) Bauverboten	GVBl I S. 552, 1974 GVBl I S. 553, 1974
Aufsicht über die Einhaltung a) des Ladenschlußgesetzes b) des Personenbeförderungsgesetzes	GVBl I S. 554, 1974 GVBl I S. 554, 1974
Erteilung von a) Einzelhandelserlaubnissen b) Gaststättenkonzessionen	GVBl I S. 554, 1974 GVBl I S. 554, 1974
Aufsicht über die Einhaltung des Gesetzes gegen den unlauteren Wettbewerb	GVBl I S. 554, 1974
Erteilung von Grundsteuervergünstigungen	GVBl I S. 555, 1974

Abb. 3: Personalentwicklung der Gemeindeverwaltungen

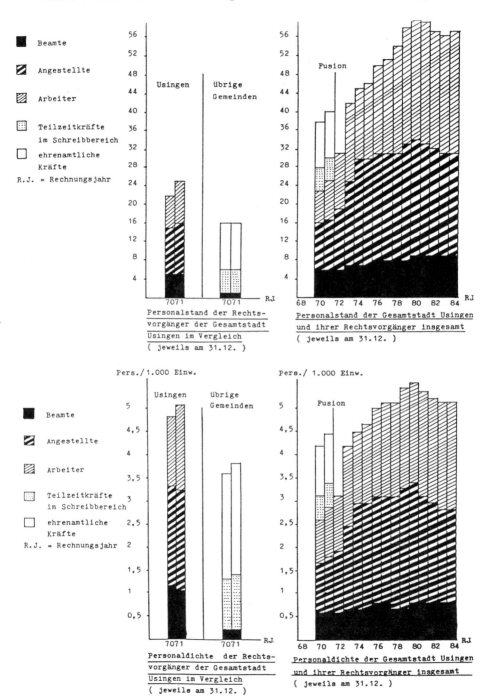

Bei einem Vergleich des Personalstandes und der Personaldichte der Rechtsvorgänger der Gesamtstadt zeigt sich, daß die Kernstadt bereits vor der Fusion über eine beachtliche Zahl von Beamten, Angestellten und Arbeitern verfügte, während die später eingemeindeten Ortschaften, mit Ausnahme eines Beamten, lediglich Teilzeitkräfte und ehrenamtliches Personal aufweisen konnten. Nach der Fusion wurden im gesamten Untersuchungsraum weder ehrenamtliche Kräfte noch Teilzeitangestellte beschäftigt, d.h. daß es tatsächlich zu einer "Profes- sionalisierung" der Verwaltung gekommen ist. Bemerkenswert ist die Feststellung, daß für die Jahre 1972 bis 1974 in Relation zum hauptamtlichen Personalstamm der Rechtsvorgänger insgesamt, enorme Personalvermehrungen im Angestellten- und Arbeiterbereich nachgewiesen sind. Im Verlauf der folgenden Jahre können keine weiteren extremen Veränderungen beobachtet werden.

Aufgrund der zeitlichen Verbindung zum Fusionstermin und dem damit in Zusammenhang stehenden Abbau der Ehrenamtlichkeit kann die Personalerweiterung der Jahre 1972 bis 1974 wohl eindeutig als gebietsreformursächlich bezeichnet werden.

Über weitere Veränderungen der Verwaltungskraft sind nur Vermutungen möglich. Es ist anzunehmen, daß durch den reformbedingten Bevölkerungszuwachs das innovative Verhalten der Verwaltung eher gestärkt wurde. Des weiteren scheinen Formalisierungsgrad und Anonymisierung der Administration zugenommen zu haben, wodurch ein Verlust an Bürgernähe eingetreten sein dürfte.

Insgesamt gesehen konnten nur wenige Zielvorstellungen der Reformplaner verwirklicht werden, im Gegenteil, die Territorialreform zeigt negative Auswirkungen auf die Verwaltungskraft, die im Widerspruch zu den ursprünglichen Intentionen stehen. Die Folgen der Funktionalreform sind zwar durchaus positiv zu beurteilen, dürfen aber in ihrem Wirkungsgrad nicht überbewertet werden.

Auf weitere Kriterien, die im Verlauf der Untersuchung mehr oder weniger ausführlich berücksichtigt wurden, kann im Rahmen dieser Zusammenfassung nur noch fragmentarisch, in Form von kurzen Ergebnisberichten eingegangen werden.

6. DIREKTE AUSWIRKUNG DER REFORMEN AUF DEN BÜRGER (3. Untersuchungskriterium)

Gemäß den Zielsetzungen der Reformplaner sollten durch die Reformen sowohl "Bürgernähe" als auch "Demokratiequalität" gesteigert werden. In diesem Abschnitt kommen zwei Aspekte zur Erörterung, die eine direkte Relation zwischen Reformauswirkungen und den Bewohnern des Untersuchungsraumes aufweisen: es handelt sich um die Entfernungen zu den Verwaltungssitzen und die Partizipationsmöglichkeiten der Bevölkerung an Verwaltungsentscheidungen.

6.1. Entfernungen zu den Verwaltungssitzen

Eine Auflistung der Wegstrecken zwischen den einzelnen Gemeindeteilen der Gesamtstadt und den relevanten Verwaltungssitzen in der Kernstadt (Gemeindeverwaltung) und in Bad Homburg (Landratsamt des Hochtaunuskreises) ergab, daß keine unzumutbaren Wegstrecken zu den Verwaltungssitzen entstanden sind. Die jeweils weitesten Entfernungen wurden zwischen dem Stadtteil Kransberg und der Kernstadt mit 7 km sowie zwischen dem Stadtteil Merzhausen bzw. Wernborn und dem Kreissitz mit 21 km gemessen. Weiterhin muß berücksichtigt werden, daß die bürgerzugewandten Verwaltungsformalitäten zunehmend auf schriftlichem oder telefonischem Weg erledigt werden, inzwischen ein hoher Motorisierungsgrad der Bevölkerung erreicht ist und die Verwaltungssitze für viele Bewohner des Untersuchungsraumes gleichzeitig Arbeits- und/oder Einkaufsort darstellen (WAGNER 1970, 183). Trotzdem soll eine allzu positive Sichtweise der Problematik vermieden werden, denn für ältere Bürger können Entfernungszunahmen zu den Verwaltungssitzen schwerwiegende Belastungen mit sich bringen.

6.2. Partizipationsmöglichkeiten der Bevölkerung an Verwaltungsentscheidungen

Bei der Planung der territorialen Neugliederung wurde deutlich, daß als Folgewirkung der administrativen Zusammenschlüsse zahlreiche Mandate der Gemeindevertretungen/Stadtverordnetenversammlungen wegfallen würden und somit die Gefahr einer Einschränkung der Partizipationsmöglichkeiten der Bevölkerung an Verwaltungsentscheidungen bestand. Um einer Minderung der Demokratiequalität vorzubeugen, erhöhte der Gesetzgeber die Anzahl der Mandatsträger jeder Einwohnergrößenklasse. Da eine adäquate Erhöhung der Mandatszahlen zu unverhältnismäßigen Erweiterungen der entsprechenden Verwaltungsorgane geführt hätte, griff der Gesetzgeber mit der Einführung von Ortsbeiräten zu einer anderen Kompensationsmöglichkeit. Das Mitglied eines Ortsbeirates ist als Mandatsträger ohne Stimmrecht bei der Beschlußfassung zu definieren.

Im Untersuchungsraum waren vor der Neugliederung 60 Personen im Rahmen der Stadtverordnetenversammlung und Gemeindevertretungen an Entscheidungen beteiligt. Seit Abschluß der Reformmaßnahmen ist diese Zahl auf 37 gesunken, allerdings üben nun zusätzlich 31 Ortsbeiräte beratende Funktionen aus, so daß die Anzahl der an der Selbstverwaltung mitwirkenden Mandatsträger auf insgesamt 68 gestiegen ist. Auch wenn ein Ortsbeirat keine direkte Einwirkungsmöglichkeit auf Beschlußfassungen besitzt, so kann er doch als Ansprechpartner für die Einwohner der kleineren Stadtteile agieren und somit einen Teil der Funktionen ausüben, die früher die ehrenamtlichen Bürgermeister innehatten.

7. AUSWIRKUNGEN DES KREISSITZVERLUSTES
(4. Untersuchungskriterium)

Zwei wichtige Zielsetzungen der reformerischen Maßnahmen sind in der Verbesserung der räumlichen Ordnung sowie der Stärkung der Infrastruktur- und Wirtschaftsförderungskapazität zu sehen. Ergänzend zu den Untersuchungen der finanziellen Auswirkungen der Reformen muß berücksichtigt werden, inwieweit der Verlust der Kreisstadtfunktion Auswirkungen zeigt und welche Bedeutung den ehemals im Untersuchungsraum ansässigen bzw. bis heute dort stationierten Gebietskörperschaften zukommt.

Gemäß Expertenangaben wurden folgende publikumsintensive Abteilungen des Landratsamtes Usingen aufrechterhalten un zu Außenstellen des Landratsamtes Bad Homburg umfunktioniert: das Katasteramt, die KFZ-Stelle, das Sozial- und das Veterinäramt. Durch die Einrichtung dieser Außenstellen konnten 12 Angestellte und ein Arbeiter weiterhin in Usingen tätig sein, dagegen wurden mit Wirkung zum 01.08.1972 insgesamt 16 Beamte, 38 Angestellte und 17 Arbeiter in die Verwaltung des neugebildeten Hochtaunuskreises nach Bad Homburg versetzt. Die Stadt Usingen verlor also in direkter Auswirkung der Kreisfusion 71 Arbeitsplätze.

Neben den bereits aufgeführten Außenstellen des Landratsamtes des Hochtaunuskreises besitzt die Stadt eine ganze Reihe weiterer Einrichtungen in Kreis-, Landes- oder Bundesträgerschaft. Berücksichtigt man, daß wohl ein großer Teil der Gebietskörperschaften aufgrund der damaligen Kreisstadtfunktion in Usingen ansässig wurde, so dürfte außer Frage stehen, welchen Beitrag der Kreissitz für die Entwicklung der Stadt geleistet hat. Hätte man nach der administrativen Neugliederung konsequent alle entsprechenden Einrichtungen in Kreis-, Landes- oder Bundesträgerschaft aus der Stadt abgezogen, zumindest verkleinert, so wäre dies sicher mit schwerwiegenden Folgen für die wirtschaftliche Situation der Stadt verbunden gewesen; immerhin waren 1980 22 % aller Beschäftigten bei Gebietskörperschaften tätig (Hessen 1980 = 14 %).

8. STRUKTURELLE ENTWICKLUNG DER STADT SEIT DER NEUGLIEDERUNG
(5. Untersuchungskriterium)

In Fortführung der Erläuterungen zum Kreissitzverlust soll nun die strukturelle Entwicklung der Stadt bezüglich positiver bzw. negativer reformerischer Beeinflussungen überprüft werden. Leider stehen für den "post-fusionären" Zeitpunkt nur vereinzelt aussagekräftige Strukturdaten zur Verfügung.

Usingen hat von 1970 bis 1981 einen Einwohnerzuwachs von 27 % zu verzeichnen, der im wesentlichen durch eine positive Wanderungsbewegung hervorgerufen wird. Im gleichen Zeitraum ist die Zahl der Beschäftigten um 16 % gestiegen. Mit seiner Gesamtentwicklung liegt Usingen damit weit über dem hessischen Durchschnitt und deutlich über den Werten der Nachbargemeinde Neu-Anspach. Verschiebungen in Einzelbereichen der Wirtschaft haben keinen negativen Einfluß auf die Zentralität der Stadt ausgeübt, allerdings reicht die insgesamt günstige Entwicklung nicht aus, um den Beschäftigtensatz von 30 Beschäftigten pro Einwohner zu halten. Die Einwohnerzunahme verläuft also schneller als die Beschäftigtenzunahme und deutet damit auf die Entwicklung Usingens zu einer "Wohnstadt" hin, diese Tendenz ist allerdings bei der Nachbargemeinde Neu-Anspach noch wesentlich ausgeprägter (vgl. AURICH u.a. 1983).

Es ergeben sich keinerlei Anhaltspunkte über negative Auswirkungen der Reformen in der Korrelation Kreissitzverlust und strukturelle Entwicklung der Stadt. Es ist andererseits aber auch fraglich, ob durch die Reformen die Infrastruktur- und Wirtschaftsförderungskapazität im Untersuchungsraum gestärkt werden konnte, wie dies im Rahmen der Zielsetzung der Reformen angestrebt wurde. Die bereits im 1. Untersuchungskriterium festgestellten negativen Entwicklungen der

Finanzen der fusionierten Administrationen und die positiv zu bewertenden strukturellen Tendenzen der Stadt weisen darauf hin, daß zwischen diesen beiden Faktoren nur geringe kausale Verknüpfungen bestehen, die zudem durch andere, wesentlich intensivere Einflüsse, überlagert werden.

9. AUSWIRKUNGEN DER REFORMEN AUF DIE STADT- UND LANDESPLANUNG
(6. Untersuchungskriterium)

Die "Verbesserung der räumlichen Ordnung" war neben der "Stärkung der Verwaltungskraft" die Hauptzielsetzung der hessischen Reformen. Man hoffte, daß bei administrativen Fusionen gewerblich ausgerichteter Regionen und der ihnen zuzuordnenden ländlichen Räume, planerische Entwicklungsimpulse für die strukturschwachen Gebiete freigesetzt würden.

9.1. Auswirkungen auf der Gemeindeebene

Im Rahmen der reformerischen Maßnahmen wurde die Flächennutzungsplanung des engeren Untermaingebietes auf den neugegründeten Umlandverband Frankfurt übertragen, durch den eine übersichtliche und geordnete Raumplanung gefördert wird; dem Bauamt der Stadt Usingen stehen damit allerdings nur noch relativ geringe planerische Einflußmöglichkeiten zur Verfügung.

Die Siedlungsentwicklung und die topographischen Gegebenheiten des Untersuchungsraumes fanden bei der territorialen Neugliederung kaum die Berücksichtigung, die der Stadt- und Landesplanung günstige Voraussetzungen bieten könnte. Sprach man im "prä-fusionären" Zeitraum immer wieder von dem "Kirchturmshorizont", der überwunden werden müsse, so ist es im Fall der Gesamtstadt Usingen nicht einmal gelungen, den "Kirchturmshorizont" verwaltungstechnisch zusammenzufassen. Für die Stadtteile der Gesamtstadt Usingen besteht keine Möglichkeit des Zusammenwachsens, des weiteren bildet die Kernstadt nicht den geographischen Mittelpunkt der Gemeinde. Die Siedlungsgebiete der Kernstadt selbst und die der Stadtteile Merzhausen, Wilhelmsdorf, Wernborn und Kransberg liegen zudem nahe an den Grenzen zu fremden Gemeindegebieten. Sollte das Bauerwartungsland der Stadt Usingen in Zukunft besiedelt werden, wäre ein Zusammenwachsen der Stadt mit dem Verdichtungsgebiet Neu-Anspach nahezu vollzogen.

9.2. Auswirkungen auf der Kreisebene

Wie bereits festgestellt werden konnte, existieren keine speziellen Förderungsprogramme des Hochtaunuskreises für das strukturschwache Gebiet des ehemaligen Kreises Usingen, das zudem auch keine indirekten finanziellen Vorteile aus der Kreisfusion ziehen konnte. Bemerkenswert ist die Tatsache, daß der Altkreis Usingen vom Land Hessen als besonders strukturschwach anerkannt wurde und entsprechende Landeszuschüsse sowie spezielle Entwicklungsbeihilfen erhielt. Durch den Zusammenschluß des gewerblich orientierten Obertaunuskreises und des ländlich geprägten Kreises Usingen findet diese Einschätzung der hinteren Taunusregion auf der Landesebene keine Berücksichtigung mehr. Relevant für alle kreisbezogenen Förderungsmaßnahmen, dazu gehören vor allem die wirtschaftlichen Hilfsprogramme, ist allein die finanzielle Gesamtsituation des jeweiligen Kreises. Der Hochtaunuskreis mit seiner stark entwickelten Vordertaunusregion wird somit auch insgesamt als strukturstark bewertet. An dieser Stelle soll ausdrücklich betont werden, daß der sich nordwestlich an das Gebiet anschließende Kreis Limburg-Weilburg, der aus den zwei strukturschwachen Kreisen Limburg und Oberlahn gebildet wurde, auch nach der Gebietsreform zu den gesondert ausgewiesenen, förderungsbedürftigen hessischen Regionen gehört.

10. SCHLUSSBETRACHTUNG

Die Darstellungen der positiven und negativen Auswirkungen der Reformen verdeutlichen, daß die Zielsetzung der Reformplaner im Fall der Gesamtstadt Usingen nur in wenigen Teilbereichen verwirklicht werden konnten und die negativen Folgen der Neugliederung überwiegen. Allerdings dürfen die am Beispiel der Gesamtstadt Usingen festgestellten Reformauswirkungen nicht willkürlich auf andere Regionen übertragen bzw. verallgemeinert werden.

Problematisch ist die Beurteilung reformerischer Einflüsse im Bereich der strukturellen Entwicklung der Stadt. Die für Usingen beobachteten Wachstumsraten sollten nicht darüber hinwegtäuschen, daß es schließlich nicht bekannt ist, wie sich die Stadt unter Aufrechterhaltung der "prä-fusionären" Situation entwickelt hätte. Die negativen fusionsbedingten Auswirkungen, vor allem im Bereich der Verwaltungsfinanzen und der Stadt- und Landesplanung, verstärken die Befürchtung, daß entwicklungshemmende Korrelationen entstanden sind, die von anderen, maßgeblicheren Faktoren überlagert werden. Zudem muß berücksichtigt werden, daß ein Zeitraum von 13 Jahren nicht ausreicht, um die negativen Aspekte der Neugliederungen voll und ganz zur Wirkung kommen zu lassen. Problematische Entwicklungen, die erst in einigen Jahren oder Jahrzehnten hervortreten, werden dann aber wohl kaum noch mit den reformerischen Maßnahmen des Jahres 1972 in Verbindung gesetzt werden.

In der Schwierigkeit, kausale Verknüpfungen zwischen administrativen Veränderungen und wesentlich später einsetzenden strukturellen Entwicklungen herzustellen, ist, neben den bereits zur Zeit feststellbaren negativen Reformauswirkungen, die eigentliche Problematik der Neugliederungen zu sehen.

11. LITERATUR

AURICH, R., BRÜSCHKE, W. u. V. KLIEMT 1983: Stadtentwicklungskonzept Usingen. - Wiesbaden: HLT Gesellschaft für Forschung Planung Entwicklung mbH.

ENDRUWEIT, G. 1982: Verwaltungswissenschaftliche und regionalplanerische Aspekte der Kommunalreform: Eine Fallstudie zur kommunalen Territorial- und Funktionalreform im Saarland. - Hannover: Vincentz (Veröffentlichungen der Akademie für Raumforschung und Landesplanung; 56).

HINKEL, K. R. 1977: Die Gebietsreform in Hessen. In: Hessen. Gemeinden und Landkreise nach der Gebietsreform. Eine Dokumentation, hrsg. vom Hessischen Minister des Innern. - Melsungen: Bernecker.

KÖHLER, Chr. K. I. 1981: Ablauf der Territorialreform und ihre Auswirkungen auf Politik und Verwaltung am Beispiel des Schwalm-Eder-Kreises. - Frankfurt/M.: R. G. Fischer.

RAMB, H. u. F. FOERSTEMANN 1981: Die Gemeindeorgane in Hessen. Systematische Darstellung der Rechte und Pflichten der gemeindlichen Organe und ihrer Mitglieder. - Köln, Berlin, Hannover, Kiel, Mainz, München: Deutscher Gemeindeverlag (Kommunale Schriften für Hessen; 49).

SACHVERSTÄNDIGENKOMMISSION FÜR VERWALTUNGSREFORM UND VERWALTUNGSVEREINFACHUNG IN HESSEN 1986: Zur Stärkung der Verwaltungskraft der Gemeinden. - Wiesbaden.

WAGENER, F. 1969: Neubau der Verwaltung. Gliederung der öffentlichen Aufgaben und ihrer Träger nach Effektivität und Integrationswert. - Berlin: Duncker & Humbolt (Schriftenreihe der Hochschule Speyer; 41).

WRAGE, V. 1975: Erfolg der Territorialreform. Berlin: Duncker & Humbolt (Schriftenreihe der Hochschule Speyer; 56).

ANNEROSE MORELL

AUSSAGEWERT DER REICHSBODENSCHÄTZUNG ZUR BODENEROSION IM LÖSSGEBIET VON WALSDORF (IDSTEINER SENKE)

AUS: FRANKFURT UND DAS RHEIN-MAIN-GEBIET. GEOGRAPHISCHE BEITRÄGE AUS ANLASS DES 75-JÄHRIGEN BESTEHENS DER J.W. GOETHE-UNIVERSITÄT FRANKFURT AM MAIN (1914-1989) HERAUSGEGEBEN VON KLAUS WOLF UND FRANZ SCHYMIK = RHEIN-MAINISCHE FORSCHUNGEN HEFT 107
FRANKFURT AM MAIN 1990

Der vorliegende Beitrag ist eine Zusammenfassung einer Diplomarbeit, die 1988 bei Herrn Prof. Dr. Dr. h. c. A. Semmel am Institut für Physische Geographie der J. W. Goethe-Universität Frankfurt am Main abgeschlossen wurde.

Dipl.-Geogr. Annerose Morell
Frankfurter Straße 14
6360 Friedberg 1

1. EINLEITUNG

Im Rahmen meiner Diplomarbeit sollte die Gültigkeit der Daten der Reichsbodenschätzung bezüglich der Bodenerosion in einem landwirtschaftlich genutzten Gebiet im westlichen Hintertaunus untersucht werden.

Die Reichsbodenschätzung beinhaltet eine großmaßstäbige Bodenkartierung der landwirtschaftlichen Flächen in der Bundesrepublik Deutschland. Ihre Ergebnisse sind für viele Gebiete die einzigen bodenkundlichen Unterlagen. In den letzten Jahren sind mehrere Arbeiten erschienen, die sich mit den Ergebnissen der Reichsbodenschätzung beschäftigen. So zum Beispiel FLEISCHMANN et al. (1979), WEGENER (1981) oder OELKERS (1972), SCHWERTMANN et al. (1981), SCHMIDT u. WITTMANN (1984) und DIEZ (1985) (vgl. auch MÜLLER-HAUDE 1988).

Das Gesetz über die Schätzung des Kulturbodens trat 1934 in Kraft. Es beinhaltete die Aufnahme der Ertragsfähigkeit und der Beschaffenheit des Bodens, die als Grundlage für die Festlegung der Grundsteuer diente. Es besitzt heute noch immer Gültigkeit und wird bei Neu- bzw. Nachschätzungen weiter verwendet.

Die damalige bodenkundliche Ansprache der landwirtschaftlichen Flächen entspricht nicht mehr der heute üblichen Terminologie (AG BODENKUNDE 1982), so daß es notwendig war, sich in Denkweise und Nomenklatur der Reichsbodenschätzung einzuarbeiten und sie in die heute angewandte Bodenansprache zu übersetzen. Um einen Vergleich zwischen der Reichsbodenschätzung und gegenwärtigen, aktuellen bodenkundlichen Verhältnissen zu ermöglichen, wurde das ausgewählte Arbeitsgebiet bodenkundlich aufgenommen und ebenso wie die Ergebnisse der Reichsbodenschätzung auf vorhandenen Bodenabtrag überprüft.

Ein abschließender Vergleich der Daten der Reichsbodenschätzung und der aktuellen Kartierung sollte zeigen, ob die Ergebnisse Aussagen zur Bodenerosion damals, heute und zwischenzeitlich zulassen oder ob ein Vergleich nicht möglich ist.

2. ARBEITSMETHODE

Grundlage war eine bodenkundliche Kartierung des Untersuchungsgebietes mittels Pürckhauer-Bohrer. Das Gebiet wurde je nach Relief in max. 50 m-Abständen abgebohrt.

Bodenansprache und Berechnung des Erosionsgrades erfolgten nach Kartieranleitung (AG BODENKUNDE 1982), die Einteilung der kolluvialen Bedeckung wurde den Angaben der alten Kartieranleitung (AG BODENKUNDE 1971) entnommen.

Für die Berechnung des Erosionsgrades wurde ein kolluvial überdecktes, nicht erodiertes Vergleichsprofil der Bodeneinheit 6 herangezogen. Eine Schichtgrenze zwischen Al- und Bt-Horizont konnte im Gelände nicht erkannt werden, so daß die Profile als einschichtig angesprochen wurden.

Die Bodenschätzungsergebnisse wurden dem Feldschätzungsbuch und den Schätzungskarten entnommen und in die heute aktuelle bodenkundliche Terminologie übersetzt, wobei der Übersetzungsschlüssel von FLEISCHMANN et al. (1979) und auch ARENS (1960) wertvolle Hinweise gaben.

Des weiteren wurden nachfolgende bodenphysikalische und chemische Untersuchungen durchgeführt:
pH-Wert, organ. Substanz, Humusgehalt, Carbonatgehalt, Korngrößenanalyse einschließlich der Feinsandfraktion und der abschlämmbaren Teilchen (< 0,01 mm), die für die Bestimmung der Bodenart nach der Reichsbodenschätzung (ROTHKEGEL 1950) notwendig war.

3. DAS ARBEITSGEBIET

Das Arbeitsgebiet liegt in der Idsteiner Senke, einem Teilgebiet des Goldenen Grundes, der den westlichen vom östlichen Hintertaunus trennt. Ausführlich haben sich mit der Entstehung der Idsteiner Senke KUBELLA (1950), ANDRES (1967), ANDRES et al. (1974), STENGEL-RUTKOWSKI (1970, 1976), BIRKENHAUER (1971), MÜLLER (1973) und ZAKOSEK (1976) befaßt.

Die Lage des Untersuchungsgebietes wurde so gewählt, daß durch Höhenlage und Reliefposition von einer Lößbedeckung, die bis in ca. 300 m ü. NN (ZAKOSEK 1976, 55) vorzufinden ist, ausgegangen werden konnte. Das Gebiet

Karte 1: Ausschnitt aus der TK 25, Blatt 5715 Idstein

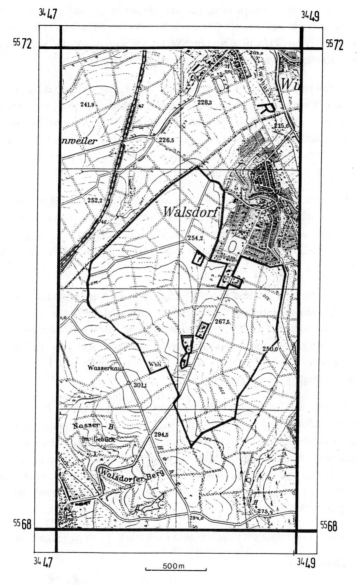

Kartengrundlage: Topographische Karte 1:25 000, Blatt 5715 Idstein

Mit Genehmigung des Hessischen Landesvermessungsamtes vervielfältigt -
Vervielfältigungsnummer 90-1-311.

liegt am Fuße eine Höhenrückens, der den Goldenen Grund in 2 Teilsenken trennt und erstreckt sich von der Gemeinde Walsdorf im NE (234,5 m ü. NN) bis fast zur Wasserkaut (297,1 m ü. NN) im SW. Im NW wird es von der Kreisgrenze, im E vom Knallbachtal begrenzt und umfaßt ca. 2 km^2 (Kt. 1).

Das Landschaftsbild wird durch große und viele kleine Dellen gegliedert, die sehr oft alte Wege zwischen Walsdorf, Wörsdorf, Idstein und Würges nachzeichnen (MORELL 1988, 61). Zum Teil sind sie heute vollkommen mit Kolluvium verfüllt und an der Oberfläche nicht mehr zu erkennen. Sie sind Zeugen eines alten Siedlungsraumes, ebenso wie die tief eingeschnittenen Hohlwege, wo anstehende, zersetzte Tonschiefer an die Oberfläche treten.

Der Untergrund des Arbeitsgebietes wird von verwitterten und gebleichten, devonischen Tonschiefern gebildet, die auch als Faulfels bezeichnet werden. Das sich im Hangenden anschließende vertonte Material fehlt meistens, so daß der Tonschiefer von pleistozänem Löß, Lößlehm und lößlehmhaltigem Solifluktionsschutt überdeckt ist.

Die Lößbedeckung ist nicht an allen Stellen des Untersuchungsgebietes gleich mächtig. Auf beiden Seiten der Landesstraße L 3026 sind Schuttdecken mit Lößlehm und kalkhaltigem Löß vergesellschaftet, wobei die Lößbedeckung wahrscheinlich geringer war als in anderen Teilen des Arbeitsgebietes. Östlich anschließend treten kalkhaltige Löße auf, die durch eine zunehmende Hangneigung bessere Akkumulationsbedingungen (Leelage) gefunden haben.

Die Genese der Dellen des Arbeitsgebietes ist unterschiedlich. Ein Teil der Dellen sind Kulturdellen im Sinne von LINKE (1963), die sich durch anthropogen bedingte Ursachen (Wege) bildeten. Sie können aber auch durch Abspülung von Ackerflächen entstanden sein (SEMMEL 1961, 138 f.). Andere gehen auf pleistozäne Vorformen mit muldenförmigem Querschnitt zurück. Sehr häufig treten Mischformen auf, die primär periglazialen Ursprungs waren und durch die Beackerung überprägt wurden.

Die Abb. 1 a - c zeigen die verschiedenen Dellenformen des Arbeitsgebietes.

3.1. Bodenbildung

Neben der Lößsedimentation fand in der Endphase des Pleistozäns Solifluktion (SEMMEL 1985, 9) und damit verbunden die Ausbildung von Schuttdecken statt,

Abb. 1a: Der Bt-Horizont ist erodiert, der Bt$_2$-/Bv-Horizont zieht unter der Delle durch, die Delle ist mit Kolluvium gefüllt

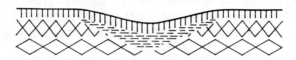

Abb. 1b: Der Bt-Horizont ist an den Flanken erodiert, dort erscheint der kalkhaltige Löß, die Delle ist mit Kolluvium gefüllt

Abb. 1c: Der Bz-Horizont ist an den Flanken noch vorhanden, die Delle ist mit Kolluvium gefüllt

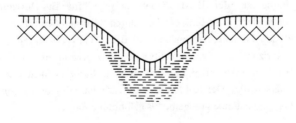

in denen sich die Böden entwickelten. Hier sei auf Arbeiten zur Schuttdeckengliederung und zur Bodenbildung von SEMMEL (1964; 1966; 1968), KÜMMERLE u. SEMMEL (1969), BARGON et al. (1971), SABEL (1982) und FRIED (1984) verwiesen, die sich ausführlich mit dieser Thematik auseinandergesetzt haben.

Der verwitterte, devonische Tonschiefer bildet den Untergrund des Untersuchungsgebietes. Er wird von einem lößlehmhaltigen Solifluktionsschutt überlagert, an den sich im Hangenden ein ebenfalls solifluidal verlagerter Lößlehm anschließt. In günstigen Reliefpositionen konnte sich zwischen beiden Schuttdecken kalkhaltiger Löß erhalten, der wahrscheinlich noch in situ vorliegt. Der umgelagerte Lößlehm wird von kalkhaltigem Löß bedeckt, der keine solifluidalen Merkmale aufweist und zum Teil mehr als 200 cm mächtig ist (Abb. 2).

Aufgrund der unterschiedlichen Mächtigkeit der Lößbedeckung und der Ausbildung von lößlehmhaltigen Solifluktionsschutten (Mittelschutt) kann, je nach Standort, kalkhaltiger Löß und/oder Mittelschutt(e) fehlen, so daß der Löß direkt den verwitterten Tonschiefer überdeckt. Je nach Reliefposition liegen Löß, umgelagerter Lößlehm oder lößlehmhaltiger Solifluktionsschutt an der Oberfläche, wodurch sich nebeneinander sehr unterschiedliche Böden ausbilden (FRIED 1984, 68).

Der Klimaxboden des Arbeitsgebietes ist die Parabraunerde, die Entwicklungstiefen von 100 - 250 cm Tiefe aufweist, was typisch für die Randlagen der Mittelgebirge ist. Die größere Entkalkungstiefe des Lößes ist auf eine größere Durchfeuchtung zurückzuführen. Neben Al- und Bt-Horizont entstand unter dem Tonanreicherungshorizont (utL) ein 2. Bt-Horizont, der jedoch tonärmer (t'L) und eine hellere Farbe als der Bt_1-Horizont aufweist. Im Bt_2-Horizont sind horizontale Tonbänder ausgebildet, die durch Korngrößendifferenzierung entstanden und der Lamellenfleckenzone LIEBEROTH's (1959) entsprechen. Unter dem Bt_2-Horizont kann sich ein hellbrauner Bv-Horizont (uL) und/oder ein kalkfreier Cv-Horizont anschließen, der sich weder in Farbe noch in Textur vom Rohlöß (l'U) unterscheidet. Der Rohlöß ist stark carbonathaltig bis carbonatreich (9 - 14 % $CaCO_3$) und hat eine graugelbe bis gelbbraune Farbe.

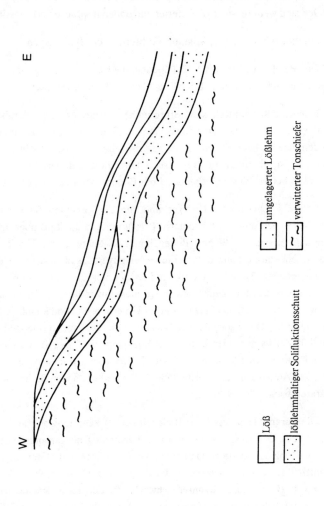

Abb. 2: Schematisierte Darstellung der Ausgangsgesteine der Bodenbildung im Arbeitsgebiet

3.2. Die Böden des Arbeitsgebietes

Kalkhaltiger Löß, Lößlehm und lößlehmhaltiger Solifluktionsschutt bilden das Ausgangsgestein der Bodenbildung. Degradations- und Akkumulationsformen der Böden sind weitere wichtige Kriterien für Bodenansprache und Klassifikation.

Die Bodenkarte (Kt. 2) zeigt die Verbreitung der Bodentypen.

Die Parabraunerde aus Löß (Bodeneinheit 6) weist die geringsten Erosionsmerkmale auf und ist zum Teil bis zu 20 cm kolluvial überdeckt.

Flächenmäßig am weitesten verbreitet ist die stark erodierte Parabraunerde aus Löß, vereinzelt aus Lößlehm (Bodeneinheit 7), die bis zu 35 cm mit abgetragenem Bodenmaterial bedeckt sein kann, wenn Al- und Teile des Bt-Horizontes erodiert sind. Sie ist mit Kolluvium aus verlagertem Lößlehmmaterial über stark bis sehr stark erodierter Parabraunerde aus Löß (Bodeneinheit 20) vergesellschaftet.

Ist die Lößbedeckung geringer und von der gesamten Bodenbildung erfaßt, entwickelt sich eine stark erodierte Parabraunerde aus Löß über umgelagertem, schwach grusigem Lößlehm (Bodeneinheit 8). Schreitet die Erosion weiter fort, treten sehr stark erodierte Parabraunerden aus Löß, stellenweise kolluvial bedeckt (Bodeneinheit 13) und sehr stark erodierte Parabraunerden aus Löß über umgelagertem, schwach grusigem Lößlehm (Bodeneinheit 14) auf. Bodeneinheit 13 tritt vorwiegend an Dellenanfängen und an Unterhängen, Bodeneinheit 14 an Geländekanten auf. Diese sogenannten "Ackerbraunerden" sind das letzte Degradationsstadium der Parabraunerde (hier von Bodeneinheit 7 bzw. 8), wo noch ein Bv-Horizont vorhanden ist. Ist auch dieser Horizont vom Bodenabtrag erfaßt worden, tritt das Ausgangsgestein an die Oberfläche und ein neuer Bodentyp entsteht, die Pararendzina.

Die Pararendzina aus Löß (Bodeneinheit 2) kann teilweise auch kolluvial bedeckt sein. Das Ausgangsgestein ist carbonathaltig bis carbonatreich. Die größte Verbreitung besitzt sie an Dellenflanken, - anfängen und Unterhängen. Die Pararendzina aus älterem, schwach kalkhaltigem Löß (Bodeneinheit 3) unterscheidet sich von Bodeneinheit 2 durch schwache Pseudogleymerkmale des Lößes, die wahrscheinlich auf einen würmzeitlichen Naßboden hinweisen. Die Pararendzina aus umgelagertem, grusigem bis schwach grusigem kalkhaltigem Löß (Bodeneinheit 4) tritt an Dellenflanken auf, ebenso wie Bodeneinheit 5, eine Pararend-

Karte 2:

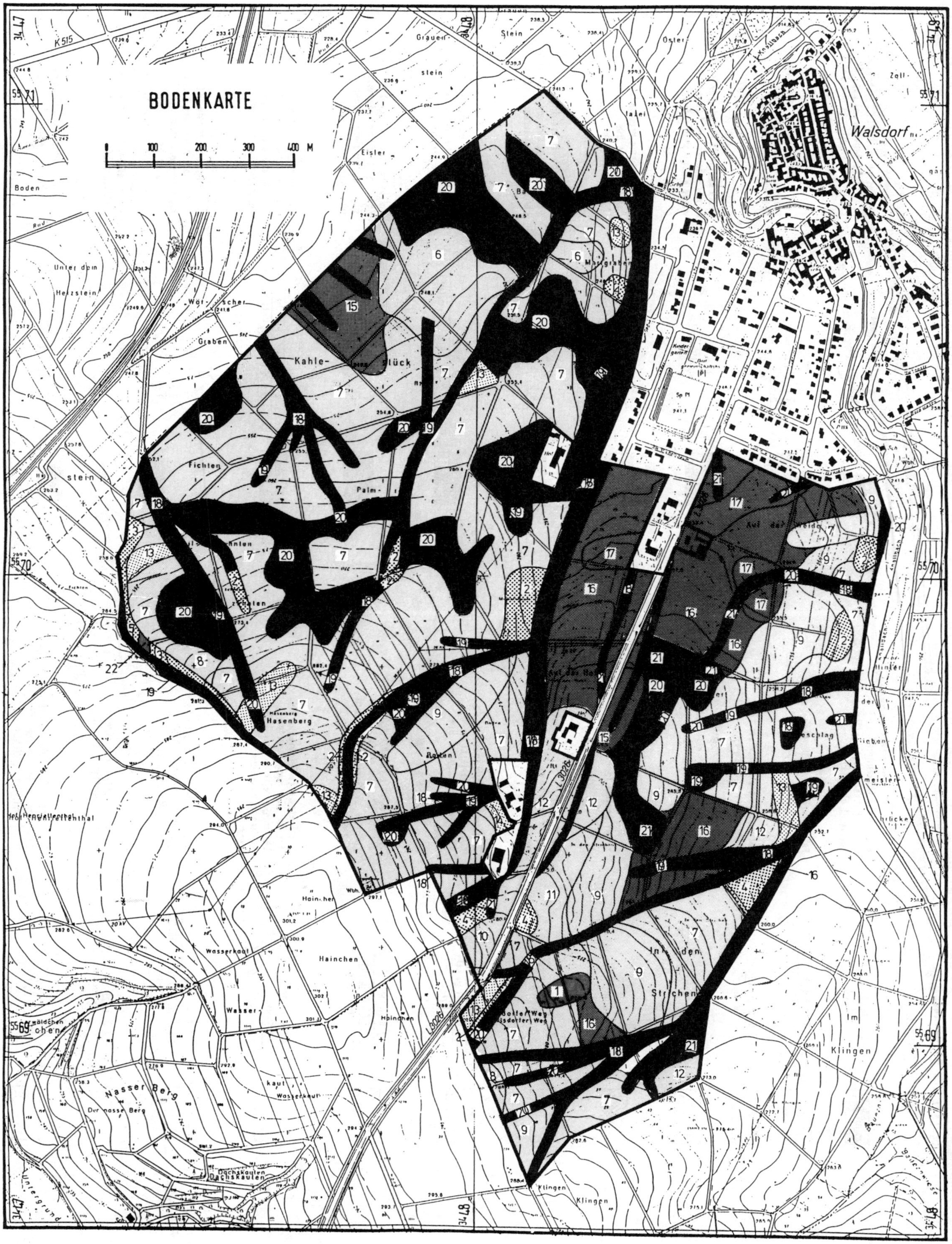
BODENKARTE
0 100 200 300 400 M
Walsdorf
Kahle-
Stück
Fichten
Palm-
Hasenberg
Hainchen
Wasserkaut
Nasser Berg
Dachskaulen
Klingen
Im Klingen
In den Strichen
Boden
Grauen-
stein
Eisler
K 515
L 3026

LEGENDE ZUR BODENKARTE

#	Profil	Beschreibung
1	$\dfrac{-2,5\ uL,\ h',\ gr-gr'}{utL,\ gr}$	Ranker aus lößlehmhaltigem Solifluktionsschutt, teilweise kolluvial überdeckt
2	$\dfrac{-2,5\ uL-\bar{u}L,\ h',\ c}{lU,\ \bar{c}}$	Pararendzina aus Löß, stellenweise kolluvial überdeckt
3	$\dfrac{-2,5\ uL,\ h',\ c'}{lU-uL,\ c'}$	Pararendzina aus älterem Löß, schwach pseudovergleyt
4	$\dfrac{-2,5\ uL-uL,\ h',\ c,\ gr'}{lU-uL,\ c-\bar{c},\ gr-gr'}$	Pararendzina aus umgelagertem Löß, stellenweise kolluvial überdeckt
5	$\dfrac{-2,5\ uL,\ h',\ c}{tL,\ gr}$	Pararendzina aus Löß über verwittertem Tonschiefer
6	$\dfrac{-2,5\ uL,\ h'}{uL-t'L-utL}$	Gering bis sehr gering erodierte Parabraunerde aus Löß, stellenweise kolluvial überdeckt
7	$\dfrac{-2,5\ uL,\ h'}{\dfrac{-8,0/9,0\ t'L-utL}{lU,(\bar{c})}}$	Stark erodierte Parabraunerde aus Löß, vereinzelt Lößlehm, stellenweise kolluvial überdeckt
8	$\dfrac{-2,5\ uL,\ h'}{\dfrac{-7,5/9,0\ t'L-utL}{uL-t'L,\ gr'}}$	Stark erodierte Parabraunerde aus Löß über umgelagertem Lößlehm, stellenweise kolluvial überdeckt
9	$\dfrac{-2,5\ uL,\ h'}{\dfrac{-6,5\ utL}{uL-t'L,\ gr-gr'}}$	Stark erodierte Parabraunerde aus Löß über umgelagertem Lößlehm, vereinzelt über Löß, stellenweise kolluvial überdeckt
10	$\dfrac{-2,5\ uL,\ h',\ gr'}{\dfrac{-8,5/9,0\ uL-t'L-utL,\ gr-gr'}{lU,\ c-c'}}$	Stark erodierte Parabraunerde aus umgelagertem Löß über kalkhaltigem Löß
11	$\dfrac{-2,5\ uL,\ h',\ gr'}{lU-uL-utL,\ gr'}$	Stark erodierte Parabraunerde aus umgelagertem Lößlehm
12	$\dfrac{-2,5\ uL,\ h',\ gr'}{\dfrac{-6,5\ utL,\ gr'}{utL,\ gr}}$	Stark erodierte Parabraunerde aus umgelagertem Lößlehm über lößlehmhaltigem Solifluktionsschutt
13	$\dfrac{-2,5\ uL,\ h'}{\dfrac{-6,5\ uL-\bar{u}L}{lU,\ \bar{c}}}$	Sehr stark erodierte Parabraunerde (Ackerbraunerde) aus Löß, stellenweise kolluvial überdeckt
14	$\dfrac{-2,5\ uL,\ h'}{\dfrac{-4,5\ uL}{uL,\ gr}}$	Sehr stark erodierte Parabraunerde (Ackerbraunerde) aus Löß, über umgelagertem Lößlehm
15	$\dfrac{-2,5\ uL,\ h'}{uL-t'L-utL}$	Stark erodierte Pseudogley-Parabraunerde aus Löß, stellenweise kolluvial überdeckt
16	$\dfrac{-2,5\ uL,\ h',\ gr'}{\dfrac{-7,0\ t'L-utL,\ gr-gr'}{uL-t'L,\ gr-gr'}}$	Stark erodierte Pseudogley-Parabraunerde aus umgelagertem Lößlehm
17	$\dfrac{-2,5\ uL,\ h',\ gr'}{\dfrac{-9,0\ t'L,\ gr-gr'}{uL,\ gr'}}$	Stark erodierte Pseudogley-Parabraunerde aus umgelagertem Lößlehm über älterem umgelagertem Lößlehm
18	$\dfrac{-2,5\ uL,\ h',(c')}{lU-uL,\ h'',\ c-\bar{c},(gr')}$	Kolluvium aus verlagertem Löß- und Lößlehmmaterial vereinzelt pseudovergleyt
19	$\dfrac{-2,5\ uL,\ h',(c')}{\dfrac{-5,0/9,0\ lU-uL,\ h'',\ c-\bar{c},(gr')}{lU,\ c-\bar{c}}}$	Kolluvium aus verlagertem Löß- und Lößlehmmaterial über Löß, vereinzelt über umgelagertem Lößlehm
20	$\dfrac{-2,5\ uL,\ h'}{\dfrac{-4,5/8,5\ uL,\ h''}{\dfrac{-7,0/9,0\ lU-uL-utL}{lU,\ \bar{c}}}}$	Kolluvium aus verlagertem Lößlehmmaterial über stark bis sehr stark erodierter Parabraunerde aus Löß
21	$\dfrac{-2,5\ uL,\ h',\ gr'}{\dfrac{-7,0\ uL,\ h'',\ gr'}{\dfrac{-9,0\ t'L,\ gr'}{utL,\ gr}}}$	Kolluvium aus umgelagertem Lößlehmmaterial über stark bis sehr stark erodierter Parabraunerde aus umgelagertem Lößlehm, vereinzelt pseudovergleyt über stellenweise lößlehmhaltigem Solifluktionsschutt
22	$\dfrac{-2,5\ uL,\ h',\ gr'}{uL-t'L,\ gr}$	Auftragsboden aus Lößlehm- und Schiefermaterial

zina aus Löß über seifig, gelbem, verwittertem Tonschiefer, dem in Untergrund anstehenden Gestein.

In kleinen Muldenlagen hat sich eine stark erodierte Pseudogley-Parabraunerde aus Löß (Bodeneinheit 15) entwickelt, die teilweise kolluvial bedeckt ist. Beidseitig der Straße tritt der umgelagerte, schwach grusige Lößlehm nahe an die Oberfläche. Hier bildete sich eine stark erodierte Parabraunerde aus Löß über umgelagertem, grusigem bis schwach grusigem Lößlehm, vereinzelt über Löß (Bodeneinheit 9) aus, die stellenweise mit Kolluvium überdeckt ist. Unter dem umgelagerten Lößlehm kann in muldenförmigen Lagen kalkhaltiger Löß vorkommen (SEMMEL 1968; FRIED 1984, 41).

Die stark erodierte Parabraunerde aus umgelagertem, grusigem Lößlehm über kalkhaltigem Löß (Bodeneinheit 10) unterscheidet sich von Bodeneinheit 9 (stark erodierte Parabraunerde aus Löß über umgelagertem Lößlehm, vereinzelt über Löß) durch das Fehlen des Lösses über dem umgelagerten, grusigen Lößlehm. Die Bodeneinheiten 11 (stark erodierte Parabraunerde aus umgelagertem Lößlehm), 16 und 17 unterscheiden sich von 9 und 10 durch das Fehlen und des im Untergrund tiefer als zwei Meter liegenden kalkhaltigen Lösses. Die Bodeneinheiten 16 und 17 weisen zusätzlich Pseudogleymerkmale auf (stark erodierte Pseudogley-Parabraunerde aus umgelagertem, grusigem bis schwach grusigem Lößlehm über z.T älterem, umgelagertem, schwach grusigem Lößlehm).

Bodeneinheit 12, eine stark erodierte Parabraunerde aus umgelagertem, grusigem Lößlehm über lößlehmhaltigem Solifluktionsschutt, zeigt einen Mittelschutt, der sich in Grusgehalt und Farbe vom Hangenden Schutt unterscheidet. Tritt er durch Erosion des umgelagerten, grusigen Lößlehms an die Oberfläche, bildet sich ein Ranker (Bodeneinheit 1) aus.

Auf großen Hangflächen und in Dellentiefenlinien hat sich erodiertes Bodenmaterial abgelagert. Das Kolluvium aus verlagertem Löß- und Lößlehmmaterial (Bodeneinheit 18) kommt fast ausschließlich in Dellen vor, wobei in den Tiefenlinien Pseudogleymerkmale auftreten können. Das Kolluvium aus verlagertem Löß- und Lößlehmmaterial über Löß, vereinzelt über umgelagertem Lößlehm (Bodeneinheit 19) zeigt, daß das gesamte Bodenprofil bereits erodiert ist und das Ausgangsgestein unter der Oberfläche ansteht. Die kolluviale Bedeckung ist nicht so mächtig wie in Bodeneinheit 18. Bodeneinheit 20, Kolluvium aus verlagertem Lößlehmmaterial über stark bis sehr stark erodierter Parabraunerde aus Löß, kommt vorwiegend am Anfang von Dellen und weitverbreitet auf den Hängen vor. Sie ist mit Bodeneinheit 7 vergesellschaftet und unterscheidet sich nur durch die mächtigere kolluviale Bedeckung des Bodens. Das Kolluvium aus umgelagertem, grusigem Lößlehmmaterial über stark bis sehr stark erodierter Parabraunerde aus umgelagertem, grusigem Lößlehm (Bodeneinheit 21) tritt hauptsächlich im Hangbereich auf. Bodeneinheit 21 ist ein anthropogener Bodenauftrag aus Lößlehm- und Schiefermaterial.

3.3. Bodenerosion

Bodenerosion ist immer mit Transport und Ablagerung verbunden (SCHMIDT 1979, 9). Der Abtrag kann durch Wasser, Wind und/oder die Schwerkraft ausgelöst werden, wobei der Abtrag linear (Erosion) oder flächenhaft (Denudation) wirken kann. Durch anthropogene Eingriffe kann Abtragung ausgelöst oder beschleunigt werden. Hier sei auf weitere Arbeiten von BARGON (1962), RICHTER (1965; 1973; 1978), SCHMIDT (1979), BREBURDA (1983) und HARRACH (1982) verwiesen.

Die Böden der Idsteiner Senke besitzen nach RICHTER (1965) eine durchschnittliche Anfälligkeit gegenüber der Bodenerosion. Er zitiert ein Gutachten zur Flurbereinigung in Walsdorf und Würges, wo sich die tonig-sandigen Bereiche ausbreiten und die Lößüberdeckung über dem Schieferverwitterungsmaterial einer starken Abtragung unterliegt. Aufgrund der Ackernutzung muß der Naturraum als stark abspülungsbedroht angesehen werden (RICHTER 1965, 443).

Im Untersuchungsgebiet kommen Bodenabtrag und -akkumulation dicht nebeneinander vor. Der größere Teil der Parabraunerden ist bis zum Bt-Horizont erodiert und dokumentiert den hohen Bodenabtrag. Sie nehmen eine größere Fläche ein, wie die nicht bzw. schwach erodierten Bodenprofile (vgl. SEMMEL 1966, 44). Das enorme Ausmaß der flächenmäßig auftretenden Profilverkürzungen erklärt in Verbindung mit der jahrhundertelangen Beackerung die flächenhafte Akkumulation des Bodenmaterials (MACHANN u. SEMMEL 1970). Sie tritt vorwiegend im Löß auf. Diejenigen Flächen, die mit Kolluvium bedeckt sind, sind momentan vor einem weiteren Bodenabtrag geschützt. Wird das Kolluvium wieder erodiert, können diese Bereiche erneut dem Bodenabtrag unterliegen. Große Erosions-, Akkumulations- und Zwischenablagerungszonen sind auf Lößböden weit verbreitet. Eine Regeneration der Böden unter Beackerung ist ausgeschlossen.

4. BODENSCHÄTZUNG

Das Gesetz über die Schätzung des Kulturbodens (Bodenschätzungsgesetz) von 1934 sollte die Grundsteuererhebung und Beleihung von landwirtschaftlich genutzem Land verbessern.

Die Böden wurden nach Bodenart, Zustandsstufe und Entstehungsart gekennzeichnet. Ausführlich berichten ROTHKEGEL (1950) und ARENS (1960) über die Reichsbodenschätzung.

Die Vorstellung über die Bodenbildung (Zustandsstufen) ging von unverwittertem Gestein aus, das durch Zersetzung und Verwitterung Lockermaterial hervorbrachte aus dem sich der Boden entwickelte. Man unterscheidet 7 Entwicklungs- und 6 Alterungsstufen, vom Ranker (Zustandsstufe 6, 7) über die Schwarzerde (Zustandsstufe 1) zum Podsol (Zustandsstufe 6, 7). Gleiche Zustandsstufe bedeutet gleiche oder ähnliche Ertragsfähigkeit.

Auf eine Einteilung der Böden nach Bodentypen wurde bewußt verzichtet, weil die Bodentypenlehre noch nicht ausgereift und die Bodenart in der Landwirtschaft von je her ein typisches Einteilungskriterium war. Die Bodenart spiegelt die Bodenbeschaffenheit und die Fruchtbarkeit des Standortes wider. Sandige Böden wurden als leichter, schluffige, feinsandige und tonige Böden als schwerer bezeichnet.

Die Entstehungsart gibt das Ausgangsgestein an. Es werden Diluvial- (D), Alluvial- (Al), Löß- (Lö) und Verwitterungsböden (V) unterschieden, wobei der Zusatz "g" = grob den Stein- bzw. Grusgehalt angibt.

Die in den Schätzungskarten dargestellten Klassenzeichen beinhalten Bodenart, Zustandsstufe, Ausgangsgestein und eine Zahlenkombination (Boden- und Ackerzahl), die sich aus dem Ackerschätzungsrahmen zusammensetzt und die Ertragsfähigkeit des Bodens widerspiegelt. Zu jedem Klassenzeichen liegt eine Profilbeschreibung des Bohrloches vor, die im Feldschätzungsbuch vermerkt wurde und das bodenartliche Gesamtgepräge des Standortes aufzeigt. Die Lage des Bohrloches (= Grabloch) wurde in die Schätzungskarte eingetragen.

4.1. Böden der Reichsbodenschätzung

Die Bodenschätzungskarte (Kt. 3) zeigt die verschiedenen Zustandsstufen und Entstehungsarten.

Alle Flächen und Profilbeschreibungen mit dem Klassenzeichen L 3 Lö weisen innerhalb eines Meters kalkhaltigen Löß auf. Die Bodenbildung schwankt zwischen 35 und 95 cm, wobei die Bodenart fs-mi L (feinsandig bis milder Lehm) einem Bv- oder Cv-Horizont entspricht. Vereinzelt lag über dem fs-mi L ein fs-kr L (feinsandig bis kräftiger Lehm). Unter dem fs-mi L trat ca L/ca Lö (kalkhaltiger Lehm/kalkhaltiger Löß) auf.

Beispiel:

Klassenzeichen	Schätzungsabschnitt	Gewann
L 3 Lö 75/74	VI, 12	Hasenberg
h' mi L 2		Ap - 20 cm lU, h'
fs-mi L 5		BvCv - 70 cm uL
ca L		C > 70 cm c

Der anstehende Löß weist bei den am besten bewerteten Böden bereits 1935 (Schätzungsjahr) auf den hohen Bodenabtrag hin.

Die größte Fläche in der Schätzungskarte nimmt das Klassenzeichen L 4 Lö ein. Zustandsstufe 4 bedeutet Bodenverschlechterung durch Entkalkung, Versauerung und Bleichung. Nur wenige Profilbeschreibungen zeigen kalkhaltigen Löß im Untergrund, was einem geringeren Bodenabtrag gegenüber den Böden mit dem Klassenzeichen L 3 Lö entspricht.

Im Süden des Arbeitsgebietes ist der kalkhaltige Löß in der Profilbeschreibung des Klassenzeichens L 4 Lö 73/73 beschrieben. Er deutet den Übergang zur Zustandsstufe 3 an:

Beispiel:

Klassenzeichen	Schätzungsabschnitt	Gewann
L 4 Lö 73/73	IV, 39	Walsdorfer Weg
h'fs L 2		Ap - 20 cm lU, h'
fs L 4		M - 60 cm lU
fs-mi 3		II Bv - 90 cm uL
ka hell Lö		II C > 90 cm c

Karte 3: BODENSCHÄTZUNGSKARTE

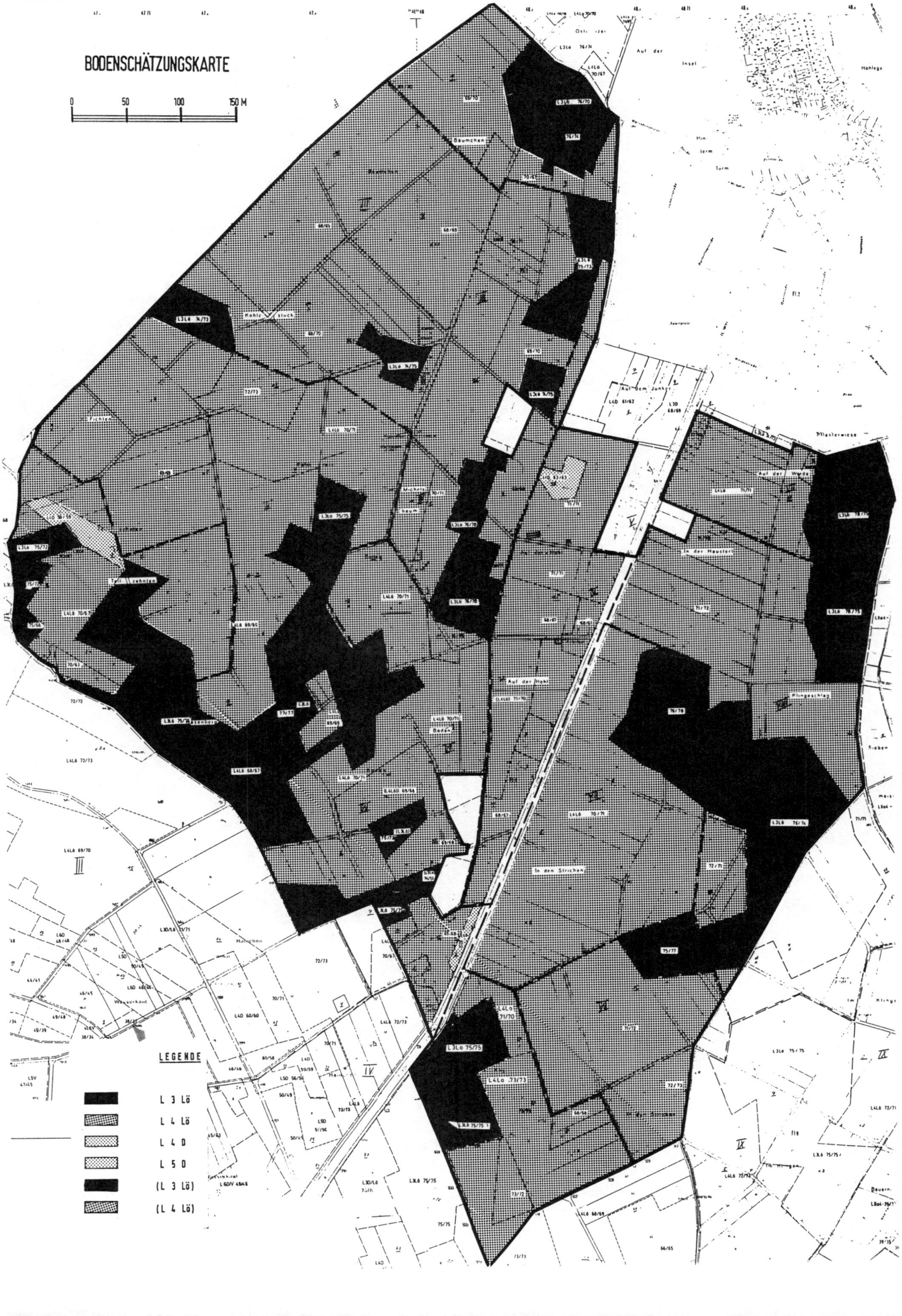

LEGENDE
L 3 Lö
L 4 Lö
L 4 D
L 5 D
(L 3 Lö)
(L 4 Lö)

In dieser Profilbeschreibung wurde ein toniger Horizont nicht beschrieben, was, eine Parabraunerdebildung vorausgesetzt, verstärkten Bodenabtrag dokumentiert. Deswegen wurde hier der fs L (feinsandiger Lehm) mit Kolluvium übersetzt, obwohl die Bezeichnung h' fehlt.

Profile mit der Bodenzahl 72 (L 4 Lö) weisen unter dem Ap-Horizont zumeist einen sehr schwach humosen Horizont (h") (Kolluvium) über einem fs-kr L auf. Nur ein Profil zeigt einen fs-mi L über einem fs-kr L. In allen Profilen ist der fs-mi L abgetragen und der fs-kr L liegt unter dem Ap-Horizont.

Beispiel: Klassenzeichen Schätzungsabschnitt   Gewann

L 4 Lö 72/73   II, 12   Palmreis/Kahlestück
h' fs-mi L 2   Ap   - 20 cm uL h'
h"fs-mi L 4   M   - 60 cm uL h"
fs-kr L   II Bt> 60 cm utL-t'L

Klassenflächen mit der Bodenzahl 71 zeigen oft einen humosen bis schwach humosen (h-h') Horizont unter dem Ap-Horizont, wobei die Lage der Grablöcher zumeist in Dellen angelegt wurde. Ihre Aussagefähigkeit ist für die gesamte Klassenfläche gering.

Beispiel: Klassenzeichen Schätzungsabschnitt   Gewann

L 4 Lö 71/72   VIII, 3   In der Haustert
h' mi L   2,5   Ap   - 25 cm lU, h'
h"fs-mi L 2   M   - 45 cm uL, h"
r' fs L   II Cv> 45 cm lU

Klassenflächen mit den Bodenzahlen 70/.. - 68/.. haben unter dem Ap-Horizont meistens einen 3 - 4 dm mächtigen fs-mi L oder fs mi L. Darunter schließt sich ein fs-kr L, oder ein r'fs-kr L (schwach roher, feinsandig bis kräftiger Lehm) an, der auf Pseudogleymerkmale hinweisen kann. Ist der fs-mi L abgetragen und folgt unter dem fs-kr L ein r'hell fs L bzw. r'fs L (schwach roher, heller feinsandiger Lehm bzw. schwach roher, feinsandiger Lehm) an, kann dieser Horizont als entkalkter Löß (Cv) angesprochen werden. Je nach Standort wird "r'" mit Pseudovergleyung oder überleitender Horizont zum Ausgangsgestein übersetzt.

Fast alle Profile mit dem Klassenzeichen L 4 Lö 70/.. weisen einen fs-mi L unter dem Ap-Horizont auf. Übersetzt man diesen Horizont mit Al-Horizont, dann ist die Parabraunerde nicht oder nur gering erodiert. Ist es aber verlagertes Al-Material, ohne daß es in der Profilaufnahme vermerkt wurde, muß von einem kolluvial bedeckten, erodierten Profil ausgegangen werden. Dadurch kann zum Erosionsgrad und zur flächenhaften kolluvialen Bedeckung in Teilbereichen des Untersuchungsgebietes keine konkrete Aussage gemacht werden.

Beispiel: Klassenzeichen Schätzungsabschnitt   Gewann

L 4 Lö 68/69	III 10, 12	Bäumchen
h'fs mi L 2		Ap - 20 cm uL, h'
fs kr L 3		Bt - 50 cm utL-t'L
r'fs kr L		SdBt > 50 cm utL-t'L

Dieses Profil zeigt eine deutliche Bodenerosion an, der fs mi L ist vollständig abgetragen.

Das Untersuchungsgebiet weist nur wenige Flächen mit den Klassenzeichen L 4 D und L 5 D auf. Die Gefügebeschreibungen der Profile weichen nicht wesentlich von denen des Klassenzeichens L 4 Lö ab. Grus- bzw. Steingehalt oder Farbe waren wahrscheinlich bei der Profilaufnahme ausschlaggebend, wurden jedoch im Schätzungsbuch nicht dokumentiert.

4.2 Bodenerosion und Bodenschätzung

Der Erosionsgrad der Böden ist unterschiedlich. Alle Flächen mit dem Klassenzeichen L 3 Lö zeichnen sich durch kalkhaltigen Löß innerhalb eines Meters aus, der starken Bodenabtrag anzeigt. Nach damaliger Vorstellung war der Boden noch im Aufbau begriffen und hatte seinen optimalen Zustand noch nicht erreicht. So ist es paradox, daß die Böden, die am besten bewertet wurden, den größten Bodenabtrag aufweisen.

Die Flächen mit den Klassenzeichen L 4 Lö, L 4 D und L 5 D zeigen geringeren Bodenabtrag. Hier ist unter dem Ap-Horizont (h'mi L) ein fs mi L über einem fs-kr L oder einem r'kr L vorhanden. Darunter schließt sich meistens ein r'fs L oder r hell fs L an, der einem Bv- bzw. Cv-Horizont entspricht. Der großflächig vorkommende fs-mi L unter dem Ap-Horizont läßt vermuten, daß es sich um Al-Material (geringer bis kein Bodenabtrag), um Kolluvium (sehr starker Bodenabtrag) oder um Kolluvium über Al-Material (starker Bodenabtrag, kolluvial überdeckt) handeln kann. Eindeutig liegt Erosion vor, wo der fs-mi L nicht mehr vorhanden ist. Die Profilbeschreibungen der Bodenschätzung deuten an, daß sie nur bedingt angewendet und zum Teil nur mit Schwierigkeiten übersetzt werden können und nicht mehr den aktuellen Stand der Bodenprofile wiedergeben, wenn seit der 1. Schätzung keine Nach- bzw. Neuschätzungen durchgeführt wurden.

Die Profile des Schätzungsbuches geben einen Überblick über die Böden des jeweiligen Untersuchungsgebietes, wenn die Terminologie der Bodenschätzung beherrscht wird und übersetzt werden kann. Für differenziertere Fragestellungen sind ihre Angaben zu ungenau.

5. BODENKARTIERUNG - BODENSCHÄTZUNG IM VERGLEICH

Ein Teil der Grablöcher der Bodenschätzung (vorwiegend bei L 3 Lö) wurden an Dellenflanken oder in Dellen angelegt, die einen größeren Bodenabtrag bzw. -auftrag vortäuschen als er auf der gesamten Klassenfläche vorhanden war.

Im Vergleich der Klassenflächen mit dem Klassenzeichen L 3 Lö mit der bodenkundlichen Aufnahme wird deutlich, daß sie im Bereich der Pararendzinen, der sehr stark erodierten Parabraunerden und der Kolluvien liegen. Die Größe dieser Flächen ist wesentlich kleiner als in der Schätzungskarte dargestellt. Für die Pararendzinen (Bodeneinheit 2, 3, 4) kann von einem weiteren Bodenabtrag von 10 cm - 35 cm z.T. bis 45 cm ausgegangen werden. Teilweise ist eine kolluviale Bedeckung von 10 cm - 15 cm nach vorausgegangenem Bodenabtrag vorhanden. Ähnliches gilt für Bodeneinheit 13, wo seit der 1. Schätzung weitere 20 cm - 30 cm abgetragen wurden und das Kolluvium bis zu 25 cm zugenommen hat. Die Bodeneinheiten 18 und 19 weisen eine Zunahme des Kolluviums von 15 cm - 50 cm bzw. 5 cm - 15 cm auf. Für Bodeneinheit 19 konnte ein Bodenabtrag von bis zu 60 cm ermittelt werden.

Die Bodeneinheiten 6, 7 und 20 decken den größten Teil der Fläche mit dem Klassenzeichen L 4 Lö ab. Für die Bodeneinheiten 6 und 7 kann keine konkrete Aussage über den Bodenabtrag bzw. der kolluvialen Bedeckung gemacht werden, da die einzelnen Profile der Bodenschätzung doch sehr stark variieren. Bodenerosion ist in Teilbereichen vorhanden.

Bodeneinheit 20 weist in den Dellen eine Zunahme von 20 cm - 40 cm Bodenmaterial, an den Hängen von 10 cm - 20 cm auf. Steilere Hangbereiche zeigen eine Abnahme der kolluvialen Bedeckung von 5 cm - 30 cm. Die Bodeneinheiten 18 und 21 sind seit der Bodenschätzung mit 10 cm - 15 cm Kolluvium bedeckt worden.

Die Bodeneinheiten 15 - 17 ließen sich nicht vergleichen, da die Profilbeschreibungen des Feldschätzungsbuches sehr stark von der jetzigen Bodenaufnahme abwichen.

Für die Bodeneinheiten 9 und 16 konnte eine Profilverkürzung von 15 cm - 20 cm ermittelt werden, weil der unter dem Ap-Horizont liegende fs-mi L heute nicht mehr vorhanden ist.

6. ZUSAMMENFASSUNG

Die jahrhundertelange Beackerung der Böden in diesem Teilbereich des Goldenen Grundes hat zur Profilverkürzung der Böden geführt, wodurch stellenweise das Ausgangsgestein (Löß) an die Oberfläche tritt. Einhergehend mit dem flächenhaften und linearen Bodenabtrag ist die Akkumulation von Bodenmaterial, die in manchen Bereichen Mächtigkeiten von bis zu 60 cm erreicht hat.

Übersetzung und Auswertung der Bodenschätzungsunterlagen waren aufgrund der oberflächlichen und ungenauen Angaben nicht immer möglich. Oft entsprach die Größe der Klassenfläche nicht den realen Verhältnissen, so daß die Klassenflächen einen höheren/geringeren Bodenabtrag oder eine geringere/höhere kolluviale Bedeckung vorgaben.

Die sehr stark erodierten Profile konnten zweifelsfrei mit den Böden der aktuellen Kartierung verglichen werden, wobei der anstehende kalkhaltige Löß als Bezugsgröße für den Bodenabtrag diente. Profilbeschreibungen, bei denen der fs-kr L unter dem Ap-Horizont auftrat, zeigten Bodenabtrag an. Lag unter dem Ap-Horizont ein fs-mi L oder fs mi L, konnte keine Aussage über Profilverkürzung bzw. kolluviale Bedeckung gemacht werden, da dieser Horizont in seinen Mächtigkeitsangaben zu sehr schwankte.

Die Ergebnisse der Reichsbodenschätzung lassen Aussagen zur Bodenerosion zu, die jedoch mit Hilfe einer aktuellen Bodenaufnahme überprüft werden sollen, da ihre Angaben teilweise ungenau sind und die realen Bodenverhältnisse nicht wiedergeben.

Im Vergleich der beiden Bodenkartierungen konnte ein weiterer Fortgang des Bodenabtrages und der kolluvialen Bedeckung festgestellt werden, was die Aussagen von RICHTER (1965, 443) bestätigt.

Landwirtschaftlich genutzte Böden unterliegen einer steten Veränderung durch Denudation, Erosion und Akkumulation, die nur durch eine neue bodenkundliche Aufnahme erfaßt werden kann.

7. LITERATUR

AG BODENKUNDE 1971: Kartieranleitung. Anleitung zur Herstellung der Bodenkarte 1:25.000. - 169 S., 4 Abb., 30 Tab. 1 Taf.; Hannover.

AG BODENKUNDE 1982: Bodenkundliche Kartieranleitung. - 3. Aufl., 331 S., 19 Abb., 98 Tab., 1 Beil.; Hannover.

ANDRES, W. 1967: Morphologische Untersuchungen im Limburger Becken und in der Idsteiner Senke. - Rhein-Main. Forsch., 61: 88 S., 23 Abb., 2 Tab., 1 Kt., 15 Bild.; Frankfurt.

ANDRES, W., BIBUS, E. u. A. SEMMEL 1974: Tertiäre Formenelemente in der Idsteiner Senke und im Eppsteiner Horst. - Z. Geomorph. N.F., 18: 339-349; 4 Abb.; Berlin, Stuttgart.

ARENS, H. 1960: Die Bodenkarte auf der Grundlage der Bodenschätzung, ihre Herstellung und ihre Verwendungsmöglichkeiten. - Fortschr. Geol. Rheinl. Westf., 8: 164 S., 30 Abb., 17 Tab., 5 Taf.; Krefeld.

BARGON, E. 1962: Bodenerosion, ihr Auftreten, ihre Erkennung und Darstellung. - Geol. Jb., 79: 479-492, 1 Abb., 1 Tab.; Hannover.

BARGON, E., FICKEL, W., PLASS, W., REICHMANN, H., SEMMEL, A. u. H. ZAKOSEK 1971: Zur Genese und Nomenklatur braunerde- und parabraunerdeähnlicher Böden in Hessen. - Notizbl. Hess. L.-Amt Bodenforsch., 99: 361-372; Wiesbaden.

BIRKENHAUER, J. 1971: Verharren und Änderung der Hauptabdachung am Rheindurchbruch bei Bingen und im Gebiet der Idsteiner Querfurche, Westdeutschland. - Z. Geomorph. N.F. Suppl. Bd., 12: 73-106, 3 Fig.; Berlin, Stuttgart.

BREBURDA, J. 1983: Bodenerosion, Bodenerhaltung. - 128 S.; Frankfurt/M.

DIEZ, Th. 1985: Grundlagen und Entwurf einer Erosionsgefährdungskarte von Bayern. - Mitt. dt. bodenkundl. Ges., 43/II: 833-849; Göttingen.

FICKEL, W. 1970: Erläuterungen zur Bodenkarte von Hessen 1:25000 Bl. 5715 Idstein. - 108 S.; Wiesbaden.

FLEISCHMANN, R., HACKER, E. u. K.-H. OELKERS 1979: Vorschlag zu einem Übersetzungsschlüssel für die automatische bodenkundliche Auswertung der Bodenschätzung. - Geol. Jb., F 6: 28 S.; Hannover.

FRIED, G. 1984: Gestein, Relief, Boden im Buntsandstein-Odenwald. - Franfurter Geowiss. Arb., D 4: 201 S., 57 Abb., 11 Tab.; Frankfurt/M.

HARRACH, T. 1982: Ertragsfähigkeit erodierter Böden. - Arb. DLG, 174: 84-91, 1 Abb.; Frankfurt/M.

KUBELLA, K. 1950: Zum tektonischen Werdegang des südlichen Taunus. - Abh. Hess. L.-Amt Bodenforsch., 3: 81 S., 14 Abb., 2 Taf.; Wiesbaden.

KÜMMERLE, E. u. A. SEMMEL 1969: Erläuterungen zur Geologischen Karte von Hessen 1:25000, Bl. 5916 Hochheim a. Main. - 3. Aufl., 209 S., 19 Abb., 17 Tab., 2 Taf., 1 Beibl.; Wiesbaden.

LIEBEROTH, I. 1959: Beobachtungen im nordsächsischen Lößgebiet. - Z. Pflanzenernähr., Düng., Bodenkde., 86 (2): 141-155; Weinheim.

LINKE, M. 1963: Ein Beitrag zur Klärung des Kleinreliefs unserer Kulturlandschaft. - Wege d. Forsch. 430: 278-300, 8 Abb., 1 Kt.; Darmstadt.

MACHANN, R. u. A. SEMMEL 1970: Historische Bodenerosion auf Wüstungsfluren deutscher Mittelgebirge. - Geogr. Z., 58: 250-260; Heidelberg.

MORELL, A. 1988: Aussagewert der Reichsbodenschätzung zur Bodenerosion im Lößgebiet von Walsdorf (Idsteiner Senke). 140 S.; unveröff. Dipl.-Arbeit im Fb Geographie d. Univ. Frankfurt/M.

MÜLLER, K.H. 1973: Zur Morphologie des zentralen Hintertaunus und des Limburger Beckens. Ein Beitrag zur tertiären Formengenese. - Marburger Geogr. Schr., 58: 122 S., 41 Abb.; Marburg.

MÜLLER-HAUDE, P. 1988: Auswertemöglichkeiten der Reichsbodenschätzung hinsichtlich der Bodenerosion im Gebiet Idstein (Taunus). 129 S., unveröff. Dipl.-Arbeit im Fb Geographie d. Univ. Frankfurt/M.

OELKERS, K.-H. 1972: Die Bodenkarte 1:5000 auf der Grundlage der Bodenschätzung, ein Vergleich ihrer Aussage zu den modernen Bodenkarten. - Kali-Briefe, Fachgeb. 7 (3): 1-7; Hannover.

RICHTER, G. 1965: Bodenerosion - Schäden und gefährdete Gebiete in der Bundesrepublik Deutschland. - Forsch. dt. Landeskde., 152: 592 S., 102 Abb., 71 Tab., 60 Bild.; Bad Godesberg.

RICHTER, G. 1973: Schutz vor Bodenerosion - ein wichtiger Bestandteil des Umweltschutzes. - Geogr. Rundsch., 25: 377-386, 4 Abb., 1 Tab.; Braunschweig.

RICHTER, G. 1978: Bodenerosion - Bodenschutz. - Natur und Umweltschutz in der Bundesrepublik Deutschland: 98-111, 5 Abb., 3 Tab.; Hamburg, Berlin.

ROTHKEGEL, W. 1950: Geschichtliche Entwicklung der Bodenbonitierung und Wesen und Bedeutung der deutschen Bodenschätzung. - 147 S., 3 Abb., 1 Farbtaf.; Stuttgart.

SABEL, K.-J. 1982: Ursachen und Auswirkungen bodengeographischer Grenzen in der Wetterau (Hessen). - Frankfurter Geowiss. Arb., D 3: 116 S., 19 Abb., 8 Tab., 6 Prof.; Frankfurt/M.

SCHMIDT, F. u. O. WITTMANN 1984: Einstufung der potentiellen Erosionsgefährdung mit Hilfe der ABAG auf Grundlage der Bodenschätzung. - Mitt. dt. bodenkdl. Ges., 39: 133-138, 5 Abb.; Göttingen.

SCHMIDT, R.-G. 1979: Probleme der Erfassung und Quantifizierung von Ausmaß und Prozessen der aktuellen Bodenerosion (Abspülung) auf Ackerflächen. - Physiogeographica, 1: 240 S., 36 Abb., davon 1 Kt., 16 Tab.; Basel.

SCHWERTMANN, U. et al 1981: Die Vorausschätzung des Bodenabtrages durch Wasser in Bayern. - 126 S.

SEMMEL, A. 1961: Beobachtungen zur Genese von Dellen und Kerbtälchen im Löß. - Rhein-Main. Forsch., 50: 135-140; Frankfurt/M.

SEMMEL, A. 1964: Junge Schuttdecken in hessischen Mittelgebirgen. - Notizbl. hess. L.-Amt Bodenforsch., 92: 275-285, 3 Abb., 1 Tab.; Wiesbaden.

SEMMEL, A. 1966: Erläuterungen zur Bodenkarte von Hessen 1:25000, Bl. 5224 Eiterfeld. - 89 S., 23 Abb., 49 Prof.; Wiesbaden.

SEMMEL, A. 1968: Studien über den Verlauf jungpleistozäner Formung in Hessen. - Habil. Schr., Frankfurter Geogr. H., 45: 133 S., 35 Abb.; Frankfurt/M.

SEMMEL, A. 1985: Periglazialmorphologie. - Erträge d. Forsch., 231: 116 S., 58 Abb.; Darmstadt.

STENGEL-RUTKOWSKI, W. 1970: Bruch- und Dehnungstektonik im östlichen Rheinischen Schiefergebirge als Auswirkung des Oberrheingrabens. - Z. dt. geol. Ges., 121: 129-141, 3 Abb.; Hannover.

STENGEL-RUTKOWSKI, W. 1976: Idsteiner Senke und Limburger Becken im Licht neuer Bohrergebnisse und Aufschlüsse (Rheinisches Schiefergebirge). - Geol. Jb. Hess., 104: 183-224, 2 Tab.; Wiesbaden.

WEGENER, H.R. 1981: Die K-Werte (Erodierbarkeit) einiger Böden Bayerns - Ermittlung, Anwendung. - Mitt. dt. bodenkdl. Ges., 30: 279-296, 5 Abb., 7 Tab.; Göttingen.

ZAKOSEK, H. 1976: Ein Quartärprofil aus der ehemaligen Ziegelei Camberg. - Geol. Jb. Hess., 104: 53-56, 1 Abb., 1 Tab.; Wiesbaden.

PETER MÜLLER-HAUDE

INTERPRETATION DER BODENSCHÄTZUNGSERGEBNISSE HINSICHTLICH DER BODENEROSION AM BEISPIEL EINES SCHIEFERGEBIETES BEI IDSTEIN (TAUNUS)

AUS: FRANKFURT UND DAS RHEIN-MAIN-GEBIET. GEOGRAPHISCHE BEITRÄGE AUS ANLASS DES 75-JÄHRIGEN BESTEHENS DER J.W. GOETHE-UNIVERSITÄT FRANKFURT AM MAIN (1914-1989) HERAUSGEGEBEN VON KLAUS WOLF UND FRANZ SCHYMIK
= RHEIN-MAINISCHE FORSCHUNGEN HEFT 107
FRANKFURT AM MAIN 1990

Der vorliegende Beitrag ist ein Auszug aus einer Diplomarbeit, die 1988 bei Herrn Prof. Dr. Dr. h.c. A. Semmel am Institut für Physische Geographie der J. W. Goethe-Universität Frankfurt am Main abgeschlossen wurde.

Dipl.-Geogr. Peter Müller-Haude
Institut für physische Geographie
der J.W. Goethe-Universität Frankfurt am Main
Senckenberganlage 36
6000 Frankfurt am Main 1

1. EINLEITUNG

Sich mit der etwas verstaubt anmutenden Reichsbodenschätzung zu befassen hatte den Hintergrund, daß gerade in jüngerer Zeit wieder verstärkt auf das Datenmaterial der Bodenschätzung zurückgegriffen wird. Beispielsweise wurden Schlüssel erstellt, nach denen der K-Faktor für die Universelle Bodenabtrags-Gleichung (UBAG) aus dem Klassenzeichen der Bodenschätzung abgeleitet werden kann (VOGL u. BECHER 1985; SCHMID 1985; AUERWALD 1986; SCHWERTMANN et al. 1987). Ebenso soll der tolerierbare Bodenabtrag dem Klassenzeichen entnommen werden können (AUERWALD 1987). Auch die Möglichkeiten des EDV-Einsatzes veranlaßten, die enorme Datenmenge der Bodenschätzung mittels automatisierter Schlüssel in die aktuelle bodenkundliche Nomenklatur zu überführen (FLEISCHMANN et al. 1979; BENNE et al. 1983). Schließlich stellen die Bodenschätzungsdaten die umfassendste bodenkundliche Kartierung dar. Der Bohrabstand betrug maximal 50 m und die gesamte landwirtschaftlich genutzte Fläche der Bundesrepublik Deutschland wurde erfaßt. Damit sind die Bodenschätzungsdaten nicht nur die großmaßstäbigsten bodenkundlichen Unterlagen, sondern für viele Gebiete auch die einzigen.

Vor allem zwei Aspekte machen die "Übersetzung" der Bodenschätzungsdaten jedoch problematisch:
1. die veränderte Zielsetzung. Die Paragraphen 1 und 2 des Bodenschätzungsgesetzes legen fest, daß bei der Kartierung Bodenbeschaffenheit und Ertragsfähigkeit festgestellt werden sollen, "für eine planvolle Gestaltung der Bodennutzung und der Verbesserung der Beleihungsunterlagen" (zitiert nach ROTHKEGEL 1950, 75). Es ging also vorwiegend um die Bewertung der Bodenqualität, die dann in der Bodenzahl zum Ausdruck kam.
2. Seit den 30er Jahren haben sich die Vorstellungen von Bodenentwicklung grundlegend geändert. Seinerzeit wurden den Böden Zustandsstufen zugeordnet, die als Stadien in einem Alterungsprozeß gedeutet werden konnten. Dementsprechend entwickelt sich ein "unreifer" Boden mit dünner Verwitterungsdecke zum "vollreifen" Boden mit optimaler Ertragsfähigkeit. Danach beginnt der Boden zu "altern". Im Endstadium spricht man von einem "erschöpften" Boden (z.B. Podsol mit Ortsteinbildung) (vgl. ROTHKEGEL 1950, 84). Diese Vorstellung impliziert, daß sich die Böden in situ durch Verwitterung aus dem anstehenden Gestein bilden. Heute betrachtet man jedoch Braunerden und Parabraunerden nicht mehr als Durchgangs-Zustandsstufen einer Entwicklungsreihe, sondern als Klimax-Böden,

die sich bei gleichbleibendem Klima nicht weiter verändern (vgl. z.B. SEMMEL 1983, 69).

Gewichtiger, d.h. ökologisch bedeutsamer ist die Tatsache, daß sich in weiten Bereichen Mitteleuropas die Böden eben nicht unmittelbar aus dem anstehenden Gestein gebildet haben, sondern daß periglaziale Solifluktionsschuttdecken das Ausgangsmaterial der Bodenbildung waren. In diesen ist, neben dem Material des Anstehenden, bzw. hangaufwärts Anstehenden, Lößlehm beigemengt, woraus meist eine deutliche Bodenverbesserung resultiert.

Vor diesem Hintergrund stellte sich also die Frage, inwieweit die Schätzungsergebnisse auch heute noch bodenkundliche Auswertemöglichkeiten bieten, speziell hinsichtlich aktueller ökologischer Fragestellungen, wie z.B. der Bodenerosion. Zur Klärung der Fragen wurde eine sehr großmaßstäbige Kartierung (Bohrabstand 30-50 m) im Schiefergebirge südlich von Idstein im Taunus vorgenommen und die Ergebnisse mit denen der Bodenschätzung verglichen.

Darstellungen der bodenkundlichen Systematik der Bodenschätzung finden sich z.B. bei SEMMEL (1983) und SCHEFFER u. SCHACHTSCHABEL (1989), ausführlich bei ROTHKEGEL (1950) und ARENS (1960). Zur Gliederung und Verbreitung der periglazialen Schuttdecken seien FRIED (1984) und SEMMEL (1985a) empfohlen. Beide Themenbereiche werden in der Diplom-Arbeit ausführlich dargestellt (MÜLLER-HAUDE 1988).

2. DAS ARBEITSGEBIET

Das kartierte Gebiet liegt südlich von Idstein im Taunus, im unmittelbaren Anschluß an die Ortschaft. Naturräumlich gehört es zur Idsteiner Senke, kleinräumiger betrachtet zum Idsteiner Grund, denn im Süden gabelt sich die Idsteiner Senke in den westlicheren Idsteiner Grund und den östlicheren Escher Grund. Dazwischen liegt ein Horst, der Idsteiner Wald (vgl. Abb. 1).

Das Relief innerhalb der Senke ist flachgewellt, was auf eine starke Auskleidung mit Löß zurückzuführen ist. Die Lößmächtigkeit ist im - am tiefsten gelegenen - nördlichen Teil der Senke am größten und nimmt mit steigender Höhe nach Süden hin ab, so daß immer häufiger der Schiefer zutage tritt. Das etwa 1,6 qkm große Untersuchungsgebiet im Idsteiner Grund ist Teil eines flachen Rückens, der sich hinter der Ortschaft erhebt und nach S bis zur Hauptwasserscheide auf 369 m

Abb. 1: Das Arbeitsgebiet

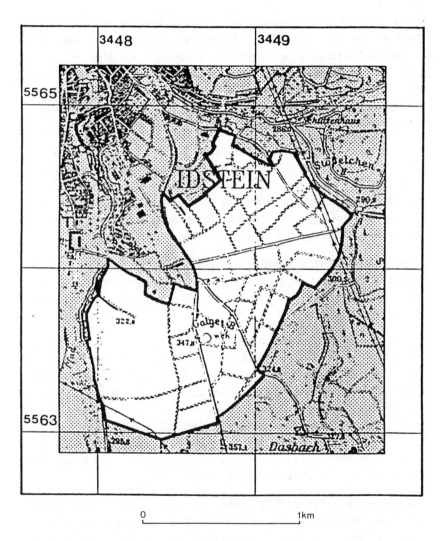

Kartengrundlage:
Topographische Karte 1 : 25 000, Blatt 5717 Idstein
Mit Genehmigung des Hessischen Landesvermessungsamtes vervielfältigt -
Vervielfältigungsnummer 90-1-311.

ü. NN ansteigt. Der Rücken wird im W vom Wörsbach und im E vom Wolfsbach begrenzt und unterliegt überwiegend der Beackerung.

Die größte Erhebung inmitten des Arbeitsgebietes ist der Galgenberg (348,6 m). Von dieser Höhe bis zum 320 m-Niveau ist der Rücken relativ eben ausgebildet. Die Hangneigungen liegen zwischen 2 und 3 Grad, sofern sich keine Dellen eingetieft haben. Die anschließenden Hänge sind mit Neigungen bis zu 15 Grad wesentlich steiler. Nur im NE des Gebietes werden die Unterhänge, die NE-exponiert sind, unterhalb 290 m wieder deutlich flacher. Der niedrigste Punkt in dem Gebiet liegt bei 275 m.

Einige große Dellen, die bis zur Abflachung hinaufreichen, untergliedern die Hänge. Mit zunehmender Hanglänge gesellen sich immer mehr kleinere Dellen hinzu, die teilweise morphologisch kaum in Erscheinung treten, da sie durch die Pflugtätigkeit weitgehend eingeebnet sind. Bei den steileren Flurstücken hat das jahrhundertelange Pflügen zur Ausbildung von Böschungen geführt, die bis zu 2 m hoch sind, so daß man stellenweise bereits von Ackerterrassen sprechen kann.

Das gesamte Gebiet wird landwirtschaftlich, meist ackerbaulich, genutzt, nur in den unteren Abschnitten der größeren Dellen gibt es Wiesennutzung. Somit liegen die Schätzungsergebnisse flächendeckend vor. Für die eigene Kartierung wurden über 600 Bohrungen getätigt.

Den geologischen Untergrund bildet der unterdevonische Hunsrückschiefer, der hier äußerst steil gestellt ist. Der frische Schiefer ist von heller grünlich-grauer Färbung. Er wird jedoch meist von Schieferpaketen überlagert, die deutliche Merkmale einer chemischen und physikalischen Zersetzung aufweisen. Teilweise ist der Schiefer kräftig rot-orange bis gelb-orange verfärbt und völlig mürbe. Anderenorts ist die Verwitterung noch weiter fortgeschritten. Die Gesteinsstruktur ist kaum noch zu erkennen und das Substrat ist hellgrau bis weiß gebleicht. Diese intensiven, weit verbreiteten Verwitterungserscheinungen haben dem Material in der Landwirtschaft den Beinamen "Faulfels" eingebracht.

Ein erster Erklärungsversuch für solcherart verwitterten Schiefer weist auf das Tertiär, wo unter mehr oder weniger tropischen Klimabedingungen eine intensive chemische Verwitterung stattfand. Dieser Erklärungsansatz wird gestützt durch die Tatsache, daß die Verebnungen in dem Gebiet als Rumpfflächenreste kartiert wurden. Nach ANDRES (1967, Kartenbeilage) handelt es sich hierbei um das obere pliozäne Talbodenniveau (TP2) mit einer Höhenlage von 340-350 m. MÜLLER (1973, 45) beschreibt ebenfalls einen oberen pliozänen Verebnungsrest (oPT), kartiert in dem Arbeitsgebiet aber weiterhin zwei Restflächen eines unteren pliozänen Talbodenniveaus (uPT), die sich in einem Vertikalabstand von 20-40 m unterhalb der oPT befinden.

Die gleichen Verwitterungsmerkmale können jedoch durch hydrothermale Wässer hervorgerufen werden, die in den Gesteinsklüften zirkulieren. Auf eine Verwechslung dieser Erscheinungen bzw. die Überlagerung mit paläopedogenetischen Bildungen weist schon die bodenkundliche Kartieranleitung hin (AG BODENKUNDE 1982, 227). Gerade für den Bereich der Idsteiner Senke und insbesondere der näheren Umgebung der Stadt Idstein wird das Vorkommen hydrothermalen Zersatzes beschrieben und seine große Verbreitung für wahrscheinlich gehalten.

STENGEL-RUTKOWSKI (1976, 204) beschreibt gangartige Verwitterungszonen, "die als Vertonungsfronten schräg bis saiger den paläozoischen Sockel durchsetzen und in einer gewissen Symmetriebeziehung zum tektonischen Bau des variscischen Untergrundes stehen". Ähnliches berichtet SEMMEL (1985b, 153), der beim Bau der Umgehungsstraße nördlich von Idstein feststellte, "daß wiederholt Schieferpartien wahrscheinlich durch jungen Vulkanismus kontaktmetamorph und hydrothermal zersetzt worden sind". Dabei veweist er auf BENDER (1969), der bei der nahen Ortschaft Bermbach ein Tuffvorkommen beschreibt, das im Pleistozän aus einer über 100 m langen Spalte herausgeschleudert wurde. Der Schiefer der näheren Umgebung ist kontaktmetamorph verfärbt.

Für das Arbeitsgebiet ließ sich nicht klären, inwieweit der Zersatz Relikt tertiärer Bodenbildung oder die Folge hydrothermaler Wässer ist. Er ist flächenhaft verbreitet und in den Basisschutt eingearbeitet, er unterlag also pleistozänen Umlagerungsprozessen. Auch die Tatsache, daß die extreme Weißverwitterung vor allem entlang der vorhandenen Dellensysteme zu finden ist, belegt nicht ihre hydrothermale Genese, da ja auch die tertiäre Tiefenverwitterung an vorhandenen Kluftsystemen vorauseilt sein kann.

Als für die Landwirtschaft bedeutsam bleiben zwei Einflüsse auf die rezente Bodenbildung festzuhalten: Das sehr tonige Substrat verursacht auf ebenen Standorten sehr leicht Staunässe, andererseits ist bei starker Erosion der lockere Zersatz immer noch besser zu bearbeiten als der frische Schiefer (vgl. SEMMEL 1985b, 154).

3. DIE BÖDEN

Ansprache und Aufnahme der Böden erfolgte gemäß der bodenkundlichen Kartieranleitung (AG BODENKUNDE 1982), unter besonderer Berücksichtigung der Schuttdecken, die jeweils als eigene Schicht angesprochen wurden (vgl. BARGON et al. 1971).

Vor allem zwei Faktoren bestimmen die Differenzierung der verschiedenen Bodentypen in dem Gebiet: 1. Verbreitung und Ausprägung (Textur) der verschiedenen Schuttdecken als Ausgangsmaterial der Bodenbildung, und 2. die - anthropogen ausgelöste - Erosion, die die entsprechenden Degradationsstadien, aber auch Akkumulationsformen hervorbrachte (vgl. Abb. 2).

Als stärkstes Degradationsstadium wurde ein Ranker kartiert, bei dem der Ap direkt auf dem verwitterten Schiefer liegt (Kartiereinheit 1).

Ebenfalls als Ranker angesprochen wurden Profile, bei denen sich unter dem Ap ein Basisschutt befand, der durch seinen hohen Tongehalt (über 29 %) und vergleichsweise geringen Grusgehalt auffiel (Kartiereinheit 2). Obwohl diese Merkmale als Relikt tropischer Verwitterung gedeutet werden können, wurde der Horizont nicht als fossiler Plastosolrest (fBj) kartiert, da zum einen die Genese nicht eindeutig geklärt werden konnte, und zum anderen die Fließerdemerkmale die der Bodenbildung überwogen.

Dort, wo sich bei gleicher Schichtfolge im Basisschutt deutlich eine Pseudovergleyung abzeichnete, wurden die Böden der Kartiereinheit 12 zugeordnet.

Wo der Deckschutt noch erhalten ist - ausschließlich in sehr ebenen Lagen auf dem Rücken -, wurde der Boden als Braunerde angesprochen (Kartiereinheit 3). Hierbei handelte es sich um eine mehrschichtige Braunerde, da unter dem Deckschutt ein Mittelschutt vorhanden war, der ebenfalls die Merkmale einer Verbraunung und Verlehmung zeigte. Da er jedoch keine nennenswert erhöhten Tongehalte gegenüber dem Deckschutt aufwies, mußten die Böden als mehrschichtige Braunerden und nicht als Parabraunerden aufgenommen werden.

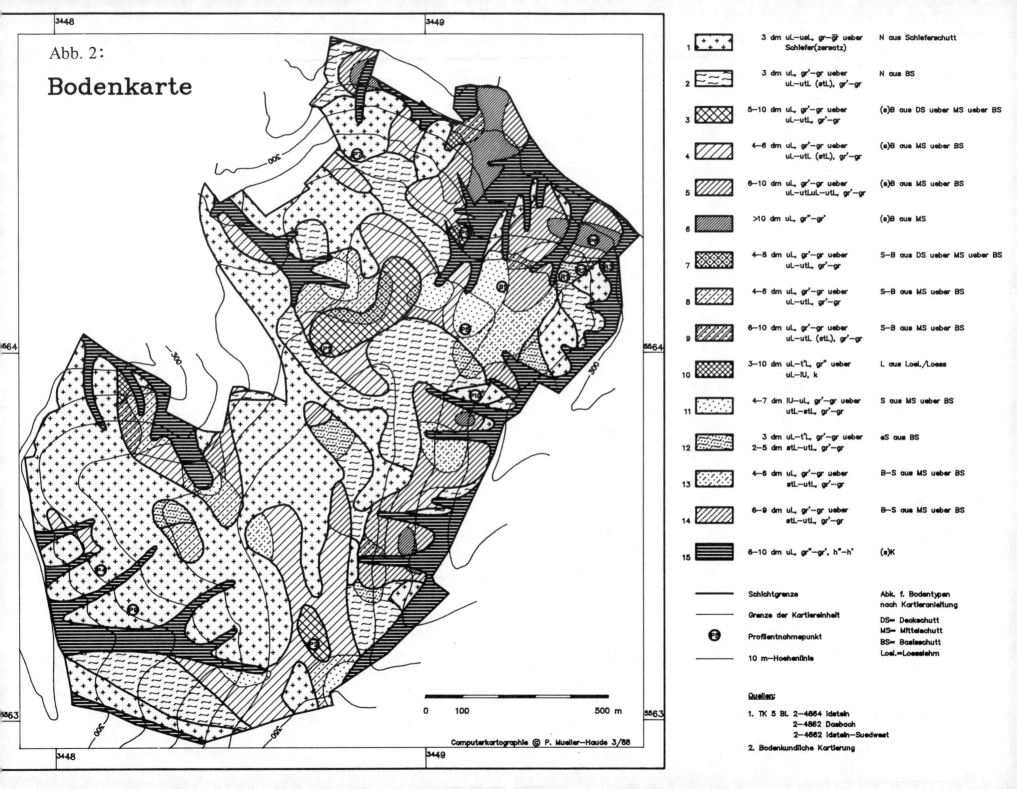
Abb. 2: Bodenkarte

Abb. 3: Profil 7

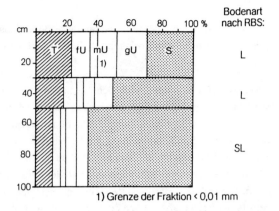

Abb. 4: Profil R2

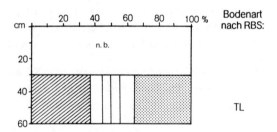

Abb. 5: Profil 2

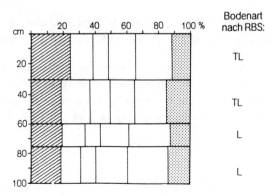

Im Einzugsbereich von Dellen waren diese Böden relativ stark pseudovergleyt, so daß sie als eigene Kartiereinheit (Nr. 7, Pseudogley-Braunerden) ausgeschieden wurden.

Relativ weit verbreitet sind Böden, bei denen der Pflughorizont direkt auf dem Mittelschutt liegt. Hier ist der Deckschutt bereits völlig erodiert, bzw. die Reste davon sind in den Ap eingearbeitet. Diese Böden wurden ebenfalls als Braunerden kartiert. Zur Differenzierung in die Kartiereinheiten 4, 5 und 6 führte hierbei die unterschiedliche Mächtigkeit des Mittelschuttes, wobei sich die unterschiedlichen Mächtigkeiten sehr gut mit bestimmten Reliefpositionen in Verbindung bringen ließen. Die größten Mächtigkeiten wurden im Unterhangbereich in E- und NE-Exposition erreicht, also im Lee der vorherrschenden Westwinde.

Sehr vereinzelt fanden sich sogar echte Parabraunerden aus Löß bzw. Lößlehm, die im Unterboden noch kalkhaltig waren. Daß es auch hier zu Umlagerungsprozessen gekommen war, belegte der Schiefergrus, der in dem Bodenmaterial enthalten war. Morphologisch beschränkte sich das Vorkommen solcher Parabraunerden ausschließlich auf die Verfüllung älterer Dellen (Kartiereinheit 10).

Die Kartiereinheiten 8 und 9 entsprechen in Schichtfolge und Mächtigkeit den Einheiten 4 und 5. Der Unterschied besteht in der stärkeren Pseudovergleyung, sie werden als Pseudogley-Braunerden ausgewiesen.

Einheit 11 ist ein reiner Pseudogley aus Mittelschutt über tonigem Basisschutt. Sein Vorkommen ist ausschließlich auf Oberhangbereiche beschränkt, von denen aus sich Dellen hangabwärts ziehen. Damit wird sehr gut der Zusammenhang zwischen abfließendem Stauwasser und Tiefenerosion belegt.

Braunerde-Pseudogleye sind die Kartiereinheiten 13 und 14, die in Schichtfolge und -mächtigkeiten wiederum den Einheiten 4 und 5 entsprechen.

Das Gegenstück zu den erodierten Profilen stellen die Kolluvien (Kartiereinheit 15) dar. Ihr Vorkommen beschränkt sich vor allem auf die Tiefenlinien der Dellen und extreme Unterhanglagen. Vereinzelt finden sich Kolluvien auch an den Wegrändern und Böschungen, wo sie im Laufe der Zeit zusammengepflügt worden sind.

4. VERGLEICH DER BODENKARTE MIT DER SCHÄTZUNGSKARTE

Ein Vergleich der Schätzungsergebnisse mit denen der eigenen Kartierung kann auf zweierlei Weise vorgenommen werden. Zunächst kann man die Flächen gleicher Klassenzeichen auf den Schätzungskarten mit den auskartierten Bodentypen der Bodenkarte vergleichen.

Tiefschürfender ist jedoch der Vergleich der Profilbeschreibungen mit denen im Feldschätzungsbuch, die ja die Grundlage für die Festlegung der Klassenzeichen sind.

Um den optischen Vergleich der beiden Karten zu erleichtern, sind von mir auf der Schätzungskarte den verschiedenen Klassenzeichen Schraffuren zugeordnet worden. Diese beziehen sich auf die Hauptfaktoren Bodenart und Zustandsstufe. Sie sind umso dichter, je besser die Bodenart, bzw. die Zustandsstufe ist, so daß besser bewertete Flächen dunkler, schlechter bewertete Flächen heller erscheinen.

Die vorherrschenden Bodenarten in den Klassenzeichen sind Lehm (L) und sandiger Lehm (sL) (Anmerkung: die Bodenarten der Schätzung decken sich nicht mit denen der Kartieranleitung, sie werden ausschließlich anhand des Prozentsatzes abschlämmbarer Teilchen <0,01 mm im Feinboden bestimmt!). Sie bedecken jeweils etwa zur Hälfte das kartierte Gebiet, wobei der sandige Lehm überwiegend in W- und NW-exponierten Bereichen vorkommt, der Lehm hingegen die E- und NE-exponierten Hänge bedeckt. Die bessere Bodenart Lehm deckt damit recht genau die Flächen ab, in denen Mittelschutt vorhanden ist. Der sandige Lehm hingegen kommt dort vor, wo überwiegend Ranker kartiert sind, der Ap also direkt dem Anstehenden oder dem Basisschutt aufliegt. Es sind Bereiche, in denen der Deckschutt erodiert ist und ein Mittelschutt aufgrund der Exposition nicht oder nur geringmächtig vorhanden ist. Vereinzelt, vor allem an den Unterhängen, wird der sandige Lehm von stark lehmigem Sand (SL) abgelöst. Ein Blick auf das Isohypsenbild zeigt, daß es sich hierbei um besonders steile Hangabschnitte oder um Dellenflanken handelt. Beides sind besonders erosionsanfällige Lagen. Es sind Bereiche, die bei der Kartierung einen besonders hohen Skelettanteil aufweisen. Hier hat also der Steingehalt bewirkt, daß die Bodenart im Klassenzeichen leichter ist als die tatsächliche Feinbodenart (vgl. TASCHENMACHER 1954, 218).

Die Zustandsstufe richtet sich nach der Gründigkeit des Bodens, sofern das Profil nicht "Alterungserscheinungen" wie Podsolidierung oder Pseudovergleyung erkennen läßt. Am verbreitetsten ist die Zustandsstufe 5. Sie bedeckt über 80 % des Gebietes und kommt in Verbindung mit Lehm genauso vor, wie in Verbindung mit sandigem Lehm. Die weite Verbreitung der Stufe 5 läßt sich nur schwer interpretieren, da sie sowohl auf Flächen anzutreffen ist, die als Ranker kartiert sind, als auch dort, wo noch Mittelschutt in einiger Mächtigkeit vorhanden ist. Dies mag mit der Wertschätzung des Bodens zusammenhängen. Im Ackerschätzungsrahmen entspricht der Wertzahlunterschied zwischen zwei Zustandsstufen ungefähr dem Unterschied zwischen zwei Bodenarten. Möglicherweise wäre der Wertzahlenunterschied zu groß ausgefallen, wenn die Flächen mit Mittelschutt außer der besseren Bodenart auch noch eine bessere Zustandsstufe erhalten hätten. Ein Beispiel für das geologische Material Vg:

sL 5 Vg erhält Bodenzahlen von 44-36

L 5 Vg erhält Bodenzahlen von 55-41

L 4 Vg erhielte 60-51

und läge damit um durchschnittlich 15 höher als sL 5 Vg. Die gleichzeitige Berücksichtigung von besserer Bodenart und günstigerer Zustandsstufe hätte also eine Differenz bei den Wertzahlen hervorgerufen, die womöglich weit über den Ertragsunterschieden gelegen hätte.

Dort, wo sich der Steingehalt in einer schlechteren Bodenart niedergeschlagen hat, zeigt auch die Zustandsstufe besonders geringmächtige Böden an. Die Stufen 6 und 7 betreffen besonders stark erodierte Unterhangbereiche und Dellenflanken.

Die beste Zustandsstufe in dem Gebiet ist 4. Sie kommt nur in Kombination mit der Bodenart Lehm vor und ist auf Bereiche mit besonders mächtigem, steinarmem Feinboden beschränkt. Dabei kann es sich gleichermaßen um Mittelschutte, gänzlich steinfreie Lößlehme oder auch Kolluvien handeln. Morphologisch betrifft es ausschließlich Dellenfüllungen und NE-exponierte Hänge. Auch hier lassen sich Dellen in der Anordnung der Klassenflächen erkennen (E-exponierter Hang des Rückens). Dabei wird zugleich ersichtlich, daß am einheitlich mit L 5 bewerteten Hang im Bereich der Dellen bessere (L 4) mit schlechteren (sL 5) Klassenzeichen engräumig wechseln, ohne jedoch irgendeine Dellensymmetrie abzubilden. Aus der Bodenkarte wird ersichtlich, daß hier reliefgebunden starke Wechsel vorliegen: Das Dellentiefste ist mit Kolluvium verfüllt, die Flanken tragen

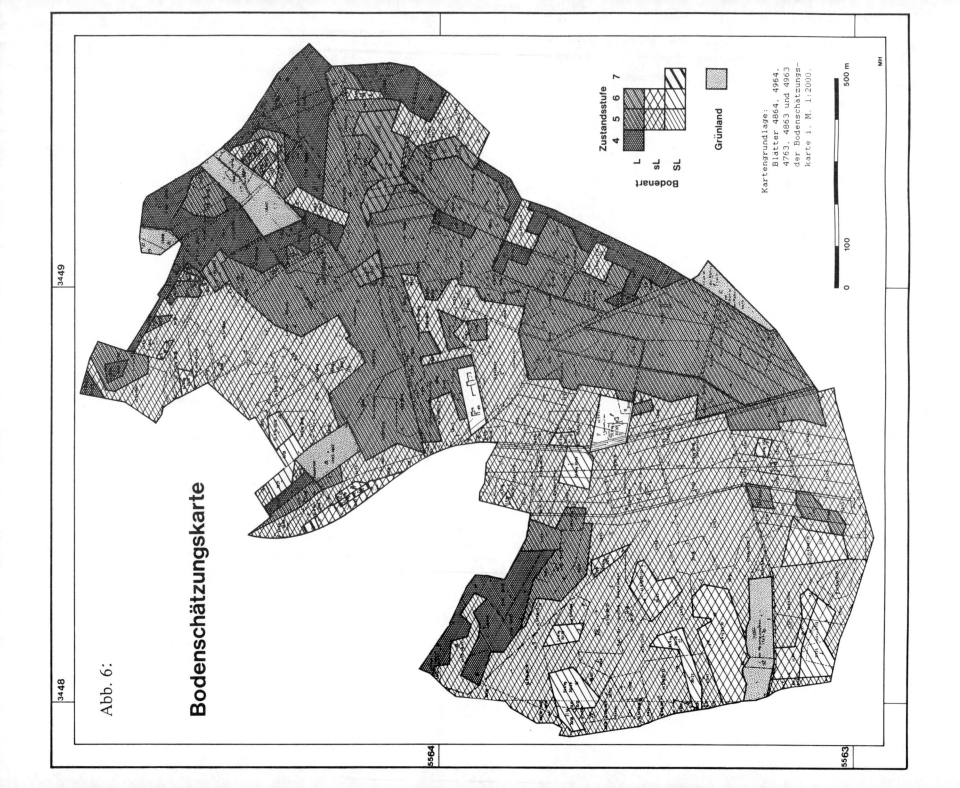

Abb. 6: **Bodenschätzungskarte**

Mittelschutt oder sind bis auf den Basisschutt oder das Anstehende erodiert. Das geradlinige Ausziehen der Begrenzungslinien der Klassenflächen in Anlehnung an Wege und Ackerraine wirkt sich hier fatal aus. Anscheinend ist ein an der Dellenflanke erbohrter Ranker bei der Festlegung seiner Verbreitung bis ins Dellentiefste gezogen worden, hangaufwärts hingegen passierte das Gegenteil, das Kolluvium der Delle verteilt sich über den gesamten Flankenbereich. Dennoch belegen gerade diese Unterschiede in den Klassenzeichen die starke Bodenerosion.

Eine Ausnahme aus der "Regel" gute Bodenart - gute Zustandsstufe, schlechte Bodenart - schlechte Zustandsstufe sind die Lehmböden der Stufe 6. Die so ausgewiesenen Flächen decken sich sehr gut mit denen der größten Pseudovergleyung. Es handelt sich keineswegs um besonders geringmächtige Profile. In diesem Fall hat die "Alterung" des Bodens zur Abwertung geführt.

Insgesamt zeigt sich, daß den Klassenzeichen der Schätzungskarte recht gut Bodentypen zugeordnet werden können. Unter Kenntnis der Geologie und besonders der Verbreitung der Schuttdecken lassen sich auch sehr weitreichende Aussagen über das Ausmaß der Erosion ableiten. An die Grenzen der Interpretierbarkeit stößt man, wo bei der Ermittlung der einzelnen Parameter von dem vorgegebenen Schema abgewichen wurde (leichtere Bodenart bei hohem Steingehalt; gleiche Zustandsstufe trotz unterschiedlicher Mächtigkeit), um die Ertragsfähigkeit besser ausdrücken zu können.

5. PROFILVERGLEICHE

Im folgenden werden zwei Profilvergleiche anhand typischer Profile angestellt. Es handelt sich um die Profile 7 (Ranker) und 2 (Braunerde), deren Laborergebnisse in den Abbildungen 3 und 5 dargestellt sind. Bei dem oberen Vergleich wurde bei der Bodenschätzung ein 1,5 dm mächtiger Ap notiert, der grusig, schwach steinig und schwach humos war, als Bodenart war feinsandiger Lehm vermerkt worden. Darunter folgte ein 1-2 dm mächtiger Horizont, der die gleiche Bodenart hatte, aber sonst grusig, stark steinig und roh war. Dann folgte der stark verwitterte Tonschiefer. Aus dieser Beschreibung kann man folgern, daß es sich auch damals schon um einen Ranker handelte, da in dem mittleren Horizont die Bezeichnung "roh" verwendet wird. Ein Begriff, der für "rohes", wenig verwittertes Substrat steht, gelegentlich allerdings auch für Staunässehorizonte verwendet wird, was hier jedoch aufgrund des Steingehalts auszuschließen ist. Weiterhin fällt auf,

Abb. 7: Provilvergleiche

Klassenbeschrieb	Tagesabschnitt	Bohrloch-Nr.		Nummer der Profilbeschreibung (1)		Bodenart nach RBS (2)
gL5Vg39/38	XXXI	30		Profil 7		
gru st' h' fsL		1,5	3 dm	Ap	usL, gr, h, dgrbn	L
gru st r fsL		1-2	2 dm	Cv1	sL, gr, bnli hgrgn	L
verw T Schi				(II)Cv2	ls, gr, hgrgn	SL
L5V54/53	XVIII	21		Profil 2		
h' fsL		1,5 dm	3 dm	Ap	uL, gr', h', dgrbn	TL
r', fsL		8	3	Bv	uL, gr'', hgbbn	TL
verw talk T Schi			1,5	IIBv1	uL, gr', hbn	L
			2,5+	IIIBv2	uL, gr', grbn	L

(1): Die dazugehörige Profilbeschreibungen sind bei den Kartiereinheiten (P4 - Profil 4)

(2): Bodenart nach den Laboruntersuchungen des Feinbodens, gemäß der Fraktionierung der Bodenschätzung

daß die angegebene Bodenart fsL nicht mit der Bodenart im Klassenzeichen übereinstimmt und auch nicht der im Labor ermittelten Feinbodenart (rechte Spalte) entspricht. Hier hat der Steingehalt in der Bodenart seine Berücksichtigung gefunden.

Der horizontale Vergleich solch kurzer Profile wird durch die zwischenzeitliche Tieferlegung des Ap erschwert. Betrug die durchschnittliche Pflugtiefe zur Zeit der Schätzung nur 1-2 dm, so wird heute im ganzen Arbeitsgebiet 3 dm tief eingepflügt. Gerade im voranstehenden Beispiel bedeutet dies, daß ein ganzer Horizont aus dem Klassenbeschrieb nicht mehr vorhanden ist, da er nun in den Pflughorizont mit einbezogen ist.

Bei dem zweiten Vergleich handelt es sich um eine mehrschichtige Braunerde, bei der sich unter dem Deckschutt noch zwei Mittelschutte befinden, die sich in Farbe und Grusgehalt voneinander unterscheiden. Solche feinen Unterschiede wurden bei der Bodenschätzung nicht gemacht. Dort werden alle Schichten zusammengefaßt zu 8 dm schwach rohem, feinsandigem Lehm, unter dem der stark verwitterte, talkige Tonschiefer (= Basisschutt) ansteht. Die im Klassenzeichen angegebene Bodenart Lehm entspricht in etwa der tatsächlichen, auch wenn die im Labor ermittelte Bodenart einen schweren Lehm (TL) ergab. Der Anteil der abschlämmbaren Teilchen <0,01 mm lag nur knapp über 45 %.

Aber auch bei diesem Vergleich differieren die Mächtigkeitsangaben, das Vergleichsprofil ist mächtiger als das bei der Schätzung aufgenommene. Dies ist wohl kaum auf einen zwischenzeitlichen Auftrag von Bodenmaterial zurückzuführen (Reliefposition!), sondern viel wahrscheinlicher ist, daß eben nicht an genau der gleichen Stelle gebohrt wurde, wie zur Zeit der Schätzung.

Das Auffinden der einstigen Bohrpunkte ist ohnehin nicht ganz leicht, da diese auf den Schätzungskarten nicht eingemessen, sondern nur ungefähr eingetragen wurden und auch sonst keine Angaben über ihre Lage vorhanden sind. Gerade bei großen Äckern in unebenem Gelände erschwert dies den Vergleich von Bohrprofilen sehr, da die Bodenverhältnisse recht engräumig wechseln können.

Dennoch habe ich den Versuch unternommen, anhand vergleichbarer Bohrprofile einen zwischenzeitlichen Abtrag zu errechnen. Anreiz hierfür war die Tatsache, daß die Bodenschätzung in dem Arbeitsgebiet 1937 stattfand, nunmehr also gut 50 Jahre zurückliegt. Es bestand Aussicht, anhand der Profilbeschreibungen den Bodenabtrag für einen bestimmten Zeitraum (50 Jahre) ermitteln zu können. Hierfür wurden 130 Profilbeschreibungen verglichen. Davon blieben jedoch nur 49 Profile übrig, die für die Fragestellung verwertbar waren. Bei den anderen Profilen waren entweder die Mächtigkeitsangaben im Klassenbeschrieb unzureichend (Ranker) oder im Profil fehlten deutliche Horizont- oder Schichtgrenzen, die als Richtwert hätten dienen können (z.B. 8 dm fsL). Herausgefallen sind allerdings auch Profile, bei denen einfach keine Vergleichbarkeit herzustellen war. Dies betraf vor allem Gelände mit engräumig wechselnden Bodenverhältnissen (Dellen). Bei den verbleibenden 49 Profilen wurde Profil für Profil der Auf- bzw. Abtrag errechnet, die Summe der Aufträge von der Summe der Abträge subtrahiert und der verbleibende Rest durch die Zahl der verbliebenen Profile geteilt. So ergab sich ein durchschnittlicher Abtrag von 3,265 cm. Dieser Betrag kann allerdings nicht repräsentativ für das ganze Arbeitsgebiet sein, da das Kriterium der Vergleichbarkeit große Teile des Gebietes aus der Rechnung herausfallen läßt. Besonders betroffen sind Gebiete mit bereits vorhandener starker Erosion: Fast der gesamte Westteil des Rückens ist betroffen, wo die zu kurzen Profile der Ranker keine Vergleichbarkeit zulassen, sowie die Einzugsbereiche kleinerer Dellen, in denen stark wechselnde Bodenverhältnisse vorliegen. Eine weitere Unsicherheit liegt bei den Profilen, die einen zwischenzeitlichen Auftrag zu verzeichnen scheinen. Hierfür kann die Ursache das natürliche Auskeilen von Schichten sein. Ebenso ist es möglich, daß tatsächlich eine Akkumulation stattgefunden hat, die - in den Ap eingearbeitet - nicht nachzuweisen ist.

Die vorstehende Rechnung zeigt die Grenzen der Interpretationsmöglichkeiten: Nur ein geringer Teil der Bodenprofile läßt sich in den Mächtigkeitsangaben mit neueren Bohrungen vergleichen. Damit wird eine flächenbezogene Aussage hinfällig. Selbst bei Teilflächen stellt sich die Frage, wie diese abzugrenzen sind. Die Grenzen der Bodenschätzung sind hierfür sicherlich keine gute Vorgabe.

6. ZUSAMMENFASSUNG

Die bodenkundliche Interpretation der Ergebnisse der Reichsbodenschätzung war recht gut möglich, nachdem die Morphogenese des betrachteten Gebietes in der Idsteiner Senke erarbeitet worden war. Unter Kenntnis der Geologie, der Morphogenese im Tertiär (Rumpfflächen, Zersatz) und im Pleistozän (Sedimentation von Löß, Schuttdecken) lassen sich den Klassenzeichen der Bodenschätzung recht sicher Bodentypen zuordnen. In den Schätzungskarten sind sehr genau auch kleinräumige Bodenwechsel erfaßt. Ungenau sind sie jedoch hinsichtlich ihrer räumlichen Verbreitung, da die Anordnung der Ackergrenzen nur selten der Topographie Rechnung trägt.

Den Karten können vielfältige Hinweise auf vorhandene, z.T. starke Erosion entnommen werden. So sind große Unterschiede in den Klassenzeichen benachbarter Flächen im Bereich von Dellen (topographische Karte) deutliche Hinweise auf starke Erosion. Ebenso darf das Zusammentreffen von schlechter Zustandsstufe und sandiger Bodenart in dem Schiefergebiet als eindeutiger Beleg starker Erosion gewertet werden.

Diese Aussagen können durch den Vergleich eigener Profilbeschreibungen mit denen im Feldschätzungsbuch gestützt werden. Aber der Interpretation sind Grenzen gesetzt. Vor allem die Erhöhung der Pflugtiefe von 1-2 dm auf 3 dm erschwert den Vergleich. Dies gilt besonders in bezug auf die Bodenerosion, da eine Profilverkürzung oft nicht mehr nachzuweisen ist. Gleiches gilt für die Akkumulation von Bodenmaterial, die - in den Ap eingearbeitet - nicht belegt werden kann.

Für eine Reihe von Profilen wurde für den Zeitraum von 50 Jahren ein durchschnittlicher Abtrag errechnet. Hierbei wurde jedoch die Grenze der Interpretationsfähigkeit der Schätzungsergebnisse erreicht. Da nur noch eine Auswahl von Profilen vergleichbar war, kann ein solcher Wert nicht den durchschnittlichen Abtrag des gesamten Gebietes repräsentieren.

7. LITERATUR

ANDRES, W. 1967: Morphologische Untersuchungen im Limburger Becken und der Idsteiner Senke. - Rhein-Mainische Forsch., 61: 88 S.; Frankfurt/M.

AG BODENKUNDE 1982: Bodenkundliche Kartieranleitung. - 3. Aufl.: 331 S.; Hannover.

ARENS, H. 1960: Die Bodenkarte 1:5000 auf der Grundlage der Bodenschätzung, ihre Herstellung und ihre Verwendungsmöglichkeiten. - Fortschr. Geol. Rheinland u. Westfalen, 8: 164 S.; Krefeld.

AUERSWALD, K. 1986: Einstufung der Bodenerodibilität (K-Faktor) nach dem Klassenbeschrieb der Reichsbodenschätzung für Südbayern. - Z. Kulturtechn. Flurbereinigung, 27: 433-351; Berlin.

AUERSWALD, K. 1987: Die Bestimmung der Bodengründigkeit aus dem Klassenbeschrieb der Reichsbodenschätzung zum Festlegen von tolerierbaren Abträgen (T-Wert). - J. Agronomy & Crop Science, 158: 132-139; Berlin.

BARGON, E. FICKEL, W., PLASS, W. REICHMANN, H. SEMMEL, A. u. H. ZAKOSEK 1971: Zur Genese und Nomenklatur braunerde- und parabraunerdeähnlicher Böden in Hessen.- Notizbl. hess. L. - Amt für Bodenforsch., 99: 361-372; Wiesbaden.

BENDER, H. 1969: Über ein Tuffvorkommen bei Bermbach. - Jb. nassauischen Ver. Naturkde., 100: 14-21; Wiesbaden.

BENNE, I., LAUKART, W., OELKERS, K.-H. u. U. SCHIMPF 1983: Realisierung der DV-gestützten Herstellung bodenkundlicher Karten unter besonderer Berücksichtigung der Bodenschätzung. - Geol. Jb., A 70: 103-108; Hannover.

FICKEL, W. 1970: Erläuterungen zur Bodenkarte von Hessen 1: 25000, Bl. 5715 Idstein. - 108 S.; Wiesbaden.

FLEISCHMANN, R., HACKER, E. u. K.-H. OELKERS 1979: Vorschlag zu einem Übersetzungsschlüssel für die automatische bodenkundliche Auswertung der Bodenschätzung. - Geol. Jb., F 6: 29 S; Hannover.

FRIED, G. 1984: Gestein, Relief und Boden im Buntsandstein-Odenwald. - Frankfurter geowiss. Arb., D 4: 201 S.; Frankfurt/M.

MÜLLER, K.-H. 1973: Zur Morphologie des zentralen Hintertaunus und des Limburger Beckens - ein Beitrag zur tertiären Formengenese. - Marburger geogr. Schr., 58: 112 S.; Marburg.

MÜLLER-HAUDE, P. 1988: Auswertungsmöglichkeiten der Reichsbodenschätzung hinsichtlich der Bodenerosion im Gebiet von Idstein (Taunus). - 129 S., unveröffentl. Dipl. Arb.; Frankfurt/M.

ROTHKEGEL, W. 1950: Geschichtliche Entwicklung der Bodenbonitierung und Wesen und Bedeutung der deutschen Bodenschätzung. - 148 S.; Stuttgart (Ulmer).

SCHEFFER, F. u. P. SCHACHTSCHABEL 1989: Lehrbuch der Bodenkunde. - 12.Auf., 491 S.; Stuttgart (Enke).

SCHMID, G. 1985: Bodenerosion im Blickfeld der Flurbereinigung. - Bayer. landwirtsch. Jb., 62: 259-292; München.

SCHWERTMANN, U., VOGL, W. u. M. KAINZ 1987: Bodenerosion durch Wasser - Vorhersage des Abtrags und Bewertung von Gegenmaßnahmen. - 64 S.; Stuttgart (Ulmer).

SEMMEL, A. 1983: Grundzüge der Bodengeographie. - 2. Aufl., 123 S.; Stuttgart (Teubner).

SEMMEL, A. 1985a: Periglazialmorphologie. - Erträge d. Forsch., 231: 116 S.; Darmstadt (Wiss. Buchges.).

SEMMEL, A. 1985b: Relief und Boden in der Bundesrepublik Deutschland. - Ber. dt. Landeskde., 59(1): 145-161; Trier.

STENGEL-RUTKOWSKI, W. 1976: Idsteiner Senke und Limburger Becken im Licht neuer Bohrergebnisse und Aufschlüsse (Rheinisches Schiefergebirge), . Geol. Jb. Hessen, 104: 183-224; Wiesbaden.

TASCHENMACHER, W. 1954: Bodenschätzungskarten 1:5000 aus den Ergebnissen der Bodenschätzung. -Z. Pflanzenernährung, Düngung, Bodenkde., 110: 215-228; Weinheim.

VOGL, W. u. H. BECHER 1985: Schätzung der Erodibilität des Bodens (K-Faktor) aus der Körnungsansprache nach der Reichsbodenschätzung. - Z. Kulturtechn. u. Flurbereinigung, 26: 179-183; Berlin.

MANFRED RENTH

BODENKUNDLICHE KARTIERUNG 1:25000 UNTER BESONDERER BERÜCKSICHTIGUNG GEOMORPHOLOGISCHER HILFEN IM SÜDLICHEN RHEINISCHEN SCHIEFERGEBIRGE

AUS: FRANKFURT UND DAS RHEIN-MAIN-GEBIET. GEOGRAPHISCHE BEITRÄGE AUS ANLASS DES 75-JÄHRIGEN BESTEHENS DER J.W. GOETHE-UNIVERSITÄT FRANKFURT AM MAIN (1914-1989) HERAUSGEGEBEN VON KLAUS WOLF UND FRANZ SCHYMIK
= RHEIN-MAINISCHE FORSCHUNGEN HEFT 107
FRANKFURT AM MAIN 1990

Der vorliegende Beitrag ist eine Zusammenfassung einer Diplomarbeit, die 1988 bei Herrn Prof. Dr. Dr. h. c. A. Semmel am Institut für Physische Geographie der J.W. Goethe-Universität Frankfurt am Main abgeschlossen wurde.

Dipl.-Geogr. Manfred Renth
Am Mainweg 27
6094 Bischofsheim

1. EINLEITUNG

Im Sommer und Herbst 1986 wurden im Rahmen einer Diplom-Arbeit bodenkundliche Kartierungen im Maßstab 1:25000 im Binger Wald (Südost-Hunsrück) und im Kammerforst (Rheingau-Taunus) durchgeführt. Zielsetzung war es, an einem Teilausschnitt der bereits vorhandenen Bodenkarte Bl. 5913 Presberg die kartierten Böden zu überprüfen und mit Hilfe der Geomorphologie auf bodenkundliches "Neuland" zu übertragen. Dabei zeigte sich sehr schnell, daß eine Übertragung wegen zahlreicher Mängel der Bodenkarte Presberg nicht praktizierbar war. Diese lagen vor allem in der geringen Differenzierung der Bodeneinheiten und der bodentypologischen Ansprache, so daß es z.B. zu gravierenden Fehldeutungen über den Erosionsgrad der Böden kam. Stattdessen wurden zuerst die Beziehungen zwischen Böden, Gestein und Relief auf bodenkundlichem "Neuland" im Binger Wald dargestellt, um anschließend mit der angewandten Methode die bodenkundlichen Verhältnisse auf Bl. Presberg besser charakterisieren zu können.

Besonderer Wert wurde darauf gelegt, eine Methode zu entwickeln, die eine schnellere und billigere flächendeckende Bodenkartierung ermöglicht. Dies geschah durch die verstärkte Heranziehung geomorphologischer Kriterien, d.h. durch die besondere Beachtung der tertiären und pleistozänen Reliefgenese, da nur durch ihre Kenntnis die heutige Bodenverbreitung und die sich daraus ergebenden differenzierenden Eigenschaften der Böden verstanden werden kann.

Entscheidend für die Bodenbildung in beiden Untersuchungsgebieten wie in allen Mittelgebirgen Mitteleuropas außerhalb der engeren Täler sind dabei die flächenhaft auftretenden quartären Solifluktionsschuttdecken, da sie das Ausgangsgestein der Bodenbildung stellen (vgl. z.B. SEMMEL 1964; 1966; 1968; SABEL 1989). Verschiedene Schuttdeckenkombinationen hatten die Bildung von ganz bestimmten Bodentypen zur Folge. Daraus lassen sich gewisse Gesetzmäßigkeiten ableiten und für die Zwecke der Bodenkartierung heranziehen (vgl. FRIED 1984, 35).

2. LAGE UND NATURRÄUMLICHER ÜBERBLICK

Die Untersuchungsgebiete liegen am Süd-Rand des Rheinischen Schiefergebirges im Bereich der Blätter 5912 Kaub, 6012 Stromberg und 5913 Presberg der TK 25 (vgl. Abb. 1). Das im Binger Wald gelegene Hauptuntersuchungsgebiet hat eine Größe von ca. 19 qkm, während das Untersuchungsgebiet Kammerforst

Abb. 1: Lage der Untersuchungsgebiete

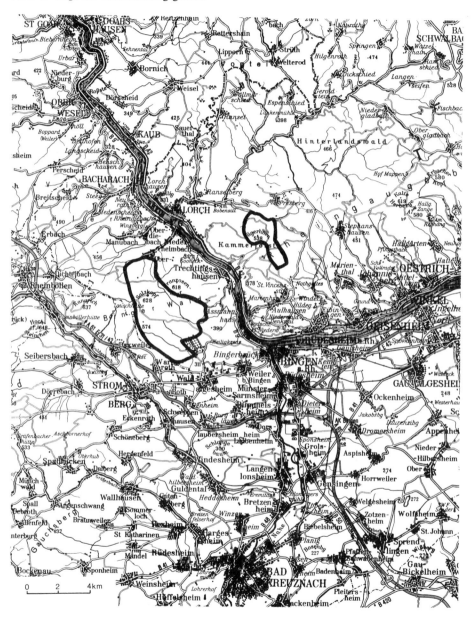

Kartengrundlage:
Topographische Übersichtskarte 1:200 000, Blatt CC 6310 Frankfurt am Main - West.
Mit Genehmigung des Institutes für Angewandte Geodäsie, Frankfurt am Main Nr. 26/90 vom 02.10.1990.

nur eine Größe von ca. 6 qkm aufweist. Beide Untersuchungsgebiete sind in Struktur und Genese vergleichbar.

Der Binger Wald bildet sowohl morphologisch als auch geologisch die nordöstliche Fortsetzung des Soonwaldes, der sich als geschlossener, fast 40 km langer und über 600 m hoher Quarzit-Härtlingszug, im Südwest-Nordost Streichen des Rheinischen Schiefergebirges erstreckt.

Unterteilt wird der Soonwald durch die Durchbruchstäler des Gulden- und des Summerbachs, die den Soonwald quer zum Streichen durchziehen und diesen damit in den Lützelsoon im Westen, den Großen Soon in der Mitte und den Binger Wald im Osten teilen.

Im Großen Soon gliedert sich der Quarzit-Härtlingszug in drei etwa parallel zueinander verlaufende Höhenzüge, wobei die beiden nördlichen Höhenzüge im Binger Wald zusammenlaufen. Dabei ist der nördliche Quarzitzug durchgehend zu verfolgen, während der mittlere nur noch untergeordnete Kuppen bildet. Der südliche Höhenzug ist dagegen tief abgesunken und zieht in das Untere Naheland hinaus.

Der Binger Wald ist durch eine hohe Reliefenergie gekennzeichnet, die sich besonders nach Norden und Osten durch einen Steilabfall zum Rhein-Hunsrück und zum Oberen Mittelrheintal bemerkbar macht.

Die nordöstliche Fortsetzung des Binger Waldes bildet der rechtsrheinisch gelegene Hohe Taunus mit dem Untersuchungsgebiet Kammerforst. Der Hohe Taunus baut sich aus zwei mächtigen Quarzitrücken auf und unterteilt sich naturräumlich auf Bl. Presberg in den Niederwaldtaunus im Westen und den Rheingau-Taunus im Osten. Geteilt wird er durch die Stephanshausener Pforte, die kaum 100 m eingetieft, aber 3 km breit in den Taunuskamm eingesenkt ist. Weiche Hunsrückschiefer buchten hier vom nördlichen Hintertaunus in den Quarzit des Taunuskamms (vgl. MÜLLER-MINY/BÜRGENER 1971, 48).

Das zweite Untersuchungsgebiet liegt im Niederwaldtaunus im Bereich Kammerforst, mit dem Jägerhorn (538 m ü. NN) als höchster Erhebung. Im Norden ist der Kammerforst, ähnlich wie der Nord-Abfall des Binger Waldes, durch eine hohe Reliefenergie gekennzeichnet. Von 538 m ü. NN am Jägerhorn kommt es auf einer Entfernung von nur 1,5 km zu einem Steilabfall bis auf 162 m ü. NN im Grolochbachtal. Das Grolochbachtal bildet dabei den Übergang zum westlichen

Hintertaunus, der überwiegend aus unterdevonischen Hunsrückschiefern aufgebaut wird und dessen Oberfläche einen zwischen 300 bis 500 m hochgelegenen Rumpfflächenrest darstellt.

Die mittlere Jahrestemperatur liegt in beiden Untersuchungsgebieten bei 6 - 8°C, der mittlere Jahresniederschlag bei bis zu 800mm (vgl. Klimaatlas von Hessen 1949/50; DEUTSCHER WETTERDIENST 1981). Beide Untersuchungsgebiete sind, bedingt durch die Höhenlage, durch die Morphographie und wegen der skeletthaltigen Böden, die eine andere Nutzung als die forstwirtschaftliche weitgehend ausschließen, fast vollständig bewaldet.

Die potentielle natürliche Vegetation von Soonwald und Taunus besteht aus Laubwäldern. Dabei reichen die klimabedingten Wuchszonen von der Unteren Buchen-Mischwald-Zone (kollin ca. 8 - 9°C) bis zur Unteren Buchen-Zone (montan 6 - 7°C). Vorherrschende Baumarten der heutigen Forstgesellschaften sind Fichte, Buche und Eiche, untergeordnet Lärche und Douglasie. An trockenen Standorten dominieren örtlich Kiefern, an vernäßten Standorten Erlen, Eschen und vereinzelt Birken.

3. GEOLOGIE

Die geologische Entwicklung und Struktur hat eine entscheidende Bedeutung für die Reliefentwicklung beider Untersuchungsgebiete. Nicht nur durch die Tektonik werden die reliefbildenden Prozesse gesteuert, sondern auch durch das Gestein selbst, da sich z.B. die unterschiedliche morphologische Härte mehr oder weniger stark auf die Reliefentwicklung auswirkt.

Beide Untersuchungsgebiete werden petrographisch zum größten Teil aus den Gesteinen des Unterdevons aufgebaut. Während des Unterdevons lagerten sich auf den Gesteinen des Vordevons aufeinanderfolgend überwiegend tonige Beckensedimente (Gedinne-Stufe), eine sandig litorale Fazies (Siegen-Stufe) und durch eine erneute Vertiefung des Beckens, feinsandig-tonige Sedimente (Obere Siegen-Stufe) ab.

Die untersten Schichten des Devons und damit die ältesten bestehen in beiden Untersuchungsgebieten aus Bunten Schiefern (Gedinne-Stufe). Ihre Verbreitung beschränkt sich auf den Bereich östlich des Jägerhauses (Morgenbachtal) im Untersuchungsgebiet Binger Wald. Überlagert werden die Bunten Schiefer von

Hermeskeil-Schichten im Übergangsbereich Obergedinne/basale Siegen-Stufe (vgl. EHRENBERG et al 1968, 27; MEYER 1975, 97). Weite Verbreitung haben die Hermeskeil-Schichten zwischen Jägerhorn und Waldburghöhe im Untersuchungsgebiet Kammerforst.

Beide Untersuchungsgebiete werden zum Großteil aus Unterem Taunusquarzit (Siegen-Stufe) aufgebaut. Bedingt durch seine morphologische Härte baut der Untere Taunusquarzit sowohl den Höhenzug im Binger Wald als auch im Kammerforst auf. Nördlich der Höhenrücken steht in beiden Untersuchungsgebieten Oberer Taunusquarzit als Übergangsglied zu den Hunsrückschiefern (Ulmen-Stufe) an.

Gesteine des Jungpaläozoikums (Karbon - Perm) und des Mesozoikums fehlen im Bereich der Untersuchungsgebiete, was belegt, daß Taunus und Hunsrück während dieser Zeiträume keine Sedimentationsgebiete waren. Erst im Tertiär kam es zur Ablagerung küstennaher Sedimente des Mainzer Beckens am Südrand des Binger Waldes im Bereich Entenpfuhl/Jägerhaus. Es sind Sande, Kiese und Konglomerate der mitteloligozänen Schleichsandstufe, die die ehemalige Strandlinie (bis ca. 340m ü. NN) des Tertiärmeeres belegen.

4. RELIEFENTWICKLUNG

Nur durch die Kenntnis der Entwicklungsgeschichte einer Landschaft ist es möglich, die vielfältigen Wechselbeziehungen innerhalb des Geopotentials zu beurteilen. Von besonderer Bedeutung für die Bodenbildung und -verbreitung ist die tertiäre und quartäre Reliefentwicklung. Um diese besser verstehen zu können, soll zunächst kurz die Reliefgenese und ihre Auswirkungen auf die Böden in den Untersuchungsgebieten dargestellt werden.

4.1. Die tertiäre Reliefentwicklung

Während des Tertiärs entstanden unter tropisch-subtropischen Bedingungen mehrgliedrige Flächensysteme, die mit Beginn des Tertiärs bis wahrscheinlich in das Pliozän hinein gebildet werden konnten. Schon früh erkannte man in der geomorphologischen Forschung den grundsätzlichen Stockwerkbau des Rheinischen Schiefergebirges. Es wurde in Rumpfflächen, Trogflächen, tertiäre und pleistozäne Terrassen untergliedert, wobei die Flächen genetisch als endrumpfähnliche

Flächen gedeutet wurden (vgl. z.B. STICKEL 1927). Später setzte sich dagegen die klimamorphologische Forschungsrichtung durch. Sie geht davon aus, daß die Rumpfflächen als Reliktformen eines wechselfeucht tropischen Tertiärklimas anzusehen sind. Es bleibt aber nach wie vor umstritten, zu welchen Zeiten im Tertiär eine "typisch tropische Reliefentwicklung" möglich war (vgl. zusammenfassend z.B. HÜSER 1972; SEMMEL 1984).

Im Rheinischen Schiefergebirge kommen vielfach intensiv und tiefgründig zersetzte Gesteine als Relikte einer tertiären Oberflächenverwitterung vor. Es handelt sich dabei um Relikte tertiärer Böden, "die in den verschiedensten Gesteinen ausgebildet und heute je nach Reliefposition, tektonischer Lage und ursprünglicher Ausbildung in unterschiedlichem Maße, meist jedoch als stark gekappte Profile, erhalten sind" (WERNER 1977, 90, vgl. auch KUTSCHER 1954).

In beiden Untersuchungsgebieten konnten auf Schiefer keine tertiären Bodenrelikte festgestellt werden. Sie sind vermutlich durch die pleistozäne Reliefformung und -überformung beseitigt worden. Lediglich im Quarzitbereich konnten sich Reste tertiärer Bodenbildungen und verwitterter Gesteinszersatz erhalten. Im Kammerforst handelt es sich um tiefgründig zersetzten gelblich-rötlichen Sandstein und Quarzit. Sein Vorkommen beschränkt sich auf zwei Bereiche nördlich der Zimmersköpfe sowie nordwestlich der Waldburghöhe (vgl. EHRENBERG et al. 1968, 80).

Im Binger Wald konnten sich dagegen in Abhängigkeit vom Relief Relikte tertiärer Bodenbildungen erhalten, die aber vielfach durch pleistozänen Solifluktionsschutt überlagert bzw. in diesen eingearbeitet worden sind. Tertiäre Bodenrelikte finden sich im Waldalgesheimer Wald im Bereich Rossel - Jakobskopf. Hier konnten sich in Mulden und auf der "480 m Verebnung" Reste eines tonig-sandigen Rotlatosols erhalten, der mehr oder weniger stark in den periglazialen Solifluktionsschutt eingearbeitet worden ist. Nordwestlich des Höhenpunktes 362,6, im FR Jägerhaus, wurde ab 40cm unter Flur ein plastischer, ockerbraun-grau marmorierter lehmiger Ton bis toniger Lehm erbohrt, der vermutlich aus einer Schieferlage im Quarzit hervorgegangen ist. Es handelt sich dabei um einen fossilen Plastosol, der zu starker Pseudovergleyung führt.

4.2. Die quartäre Reliefentwicklung

Von besonderer Bedeutung für die Reliefgestalt sind die im Quartär, besonders im Pleistozän entstandenen Reliefelemente. Sie bestimmen - im Gegensatz zu den tertiären Formenrelikten, die flächenmäßig zurücktreten, aber häufig noch die Großformen des Reliefs vorgeben - im wesentlichen die heutige Reliefgestalt, da das präquartäre Relief von der pleistozänen Reliefformung überprägt wurde.

Entscheidend hierfür war eine grundlegende Änderung der klimatischen Bedingungen, die dazu führte, daß das tropisch-subtropische Klima des Tertiärs zum Quartär hin langsam abkühlte. Dabei ist das Quartärklima durch einen mehrfachen Wechsel von warmen und sehr kalten Zeiten gekennzeichnet (vgl. BÜDEL 1981).

Morphodynamisch zeichnet sich das Pleistozän in den Mittelgebirgen Mitteleuropas vor allem durch eine intensive fluviale Formung aus. Dies äußert sich durch tief eingeschnittene, teilweise terrassierte Täler sowie durch weit ausgedehnte Terrassenniveaus. Bei den tief eingeschnittenen Nebentälern des Mittelrheintales fehlen häufig die ehemals vorhandenen Terrassen. Die Terrassen wurden i.d.R. durch Wiedereintiefung der Bäche zerstört oder durch intensive Hangabtragung beseitigt. Dies trifft wohl auch für die im Bereich der Untersuchungsgebiete liegenden Täler zu. Lediglich an der Nordabdachung des Binger Waldes wurden auf der Geologischen Karte Bl. 5912 Kaub mehrere hangabwärts ziehende Schotteraufschüttungen kartiert (vgl. LEPPLA 1904, 28).

Weitere typische Formen der pleistozänen Reliefentwicklung sind Dellen und Dellentäler, die häufig durch eine typisch periglaziale Asymmetrie gekennzeichnet sind (vgl. z.B. SEMMEL 1985).

Besondere Bedeutung für die pleistozäne Reliefentwicklung kommt neben den bisher genannten Formen den flächenhaft wirkenden Denudationsprozessen zu, die in den Kaltzeiten des Pleistozäns zu flächenhafter Abspülung und Solifluktion führten und dadurch große Formungsleistungen vollbrachten. Durch diese Prozesse entstanden an den Hängen der Mittelgebirge Solifluktionsschuttdecken, die das eigentliche und vom Ausgangsgestein häufig sehr verschiedene Ausgangssubstrat der Bodenbildung stellen.

Die Verteilung der quartären Solifluktionsschuttdecken wird im wesentlichen vom Relief bestimmt, da es durch unterschiedliche Höhenlage sowie expositionsbedingt zu mikroklimatischen Differenzierungen z.b. in der Niederschlagsverteilung, der Sonneneinstrahlungsdauer und der Windaustrocknung kommt. In Leelagen konnte durch vorherrschende Westwinde Löß/Lößlehm sedimentiert werden. Durch Akkumulation von Löß/Lößlehm und durch solifluidale und aquatische Prozesse kam es in den Kaltzeiten des Pleistozäns zur Entstehung der oberflächennahen Solifluktionsschuttdecken (vgl. FRIED 1984, 35).

In den sechziger Jahren konnte SEMMEL (vgl. 1964; 1966; 1968) in Hessen drei periglaziale Deckschichten über dem Anstehenden Gestein nachweisen, die er als "Deck-, Mittel- und Basisschutt" (DS, MS, BS) bezeichnete. Die verschiedenen Kombinationsmöglichkeiten der Schuttdecken sind direkt von Gestein und Relief ableitbar. Verschiedene Schuttdeckenkombinationen hatten die Bildung von ganz bestimmten Bodentypen zur Folge. Deshalb erscheint es auch möglich, die flächenhafte Verteilung der Böden im Raum über die Genese der quartären Schuttdecken nachzuvollziehen.

Im Holozän kam es zu keiner nennenswerten flächenhaften Morphodynamik mehr. Allgemein kann das Holozän als morphodynamische Stabilitätszeit bezeichnet werden, in der es keine flächenhafte Denudation in den Gebieten mit Waldbedeckung gab. Hierfür spricht die bis heute gleichbleibend gute Erhaltung des jungtundrenzeitlichen Deckschuttes in den Mittelgebirgen, in dem sich als Klimaxböden Braunerden und Parabraunerden entwickelt haben. Ausnahmen bilden die anthropogen genutzten Bereiche und Steilhänge mit über 30° Hangneigung.

5. ARBEITSMETHODE

Die Bodenkartierung in der Bundesrepublik Deutschland ist noch weit von der Erreichung des Zieles einer flächendeckenden großmaßstäbigen Bodenaufnahme entfernt. Dies ist umso bedauerlicher, wenn man bedenkt, daß in den letzten Jahren ein großer Bedarf an verwertbaren Planungsunterlagen für den Umgang mit unserer gefährdeten Umwelt entstanden ist. Außerdem sind von Bund und Ländern z.T. umfangreiche Konzeptionen zum Bodenschutz entwickelt worden, die aber nur vernünftig umgesetzt werden können, wenn in nächster Zeit dem Mangel an guten Bodenkarten als Grundlage des Bodenschutzes abgeholfen wird.

Wegen des hohen Kosten- und Zeitaufwandes sowie der Personalknappheit läßt sich mit der herkömmlichen Methodik keine Beschleunigung der Kartierung herbeiführen. Das planmäßige Abbohren in einem Netz von 1m Bohrungen erfordert z.B. für ein Meßtischblatt 10000 bis 15000 Bohrungen (vgl. SEMMEL 1986, 73; WERNER 1977, 60). Eine Kartenproduktionssteigerung kann deshalb nur über die Verbesserung der Erhebungstechnik und der verstärkten Verwendung von Vorinformationen erreicht werden (vgl. JAKOB, LAMP U. SCHROEDER 1981).

Im folgenden soll kurz die vom Autor angewandte Arbeitsmethodik am Beispiel des Untersuchungsgebietes Binger Wald beschrieben werden, da sie m.E. zu einer Beschleunigung der flächendeckenden Bodenkartierung führt, ohne daß größere Qualitätseinbußen entstehen. Vorbereitung und Durchführung der eigentlichen Geländearbeit untergliedern sich dabei in mehrere Arbeitsschritte.

Zur Vorbereitung der Bodenkartierung wurden in einer Vorbereitungsphase die wichtigsten verfügbaren Unterlagen über den betreffenden Untersuchungsraum gesichtet und ausgewertet (vgl. LÜDERS U. OELKERS 1981). Wichtigster Punkt hierbei war die Auswertung und Interpretation der für die Untersuchungsgebiete vorhandenen Karten. Dies gilt sowohl für die topographischen Karten als auch, falls vorhanden, für thematische Karten. Es sei noch angemerkt, daß Luftbilder nicht zur Auswertung herangezogen wurden, da beide Untersuchungsgebiete vollständig mit Wald bedeckt sind, und es somit schwierig gewesen wäre, das Relief zu erfassen. Zur Verbesserung der Erhebungstechnik bei Kartierungen auf landwirtschaftlich genutzten Flächen erscheint es jedoch unerläßlich, eine Luftbildinterpretation vorzunehmen. Durch eine Luftbildinterpretation besteht die Möglichkeit, das Relief sowohl von seiner Morphographie als auch seiner Morphogenese stärker zu berücksichtigen (vgl. z.B. AHLSDORF U. MUTERT 1983; JAKOB, LAMP U. SCHROEDER 1981).

Da für weite Bereiche keine geeigneten thematischen Karten (z.B. Geologische Karte, Bodenkarte, Geomorphologische Karte) zur Verfügung standen, mußte auf die Erstellung eigener thematischer Karten zurückgegriffen werden. Hierbei sei vor allem die Hangneigungsstufenkarte genannt, da durch sie die Morphographie des Untersuchungsgebietes besonders gut erfaßt werden konnte und es dadurch leichter war, Reliefbereiche auszugliedern. Für die Geländearbeit sowie die spätere Erstellung der Bodenkarte hatte die Hangneigungsstufenkarte eine besondere Bedeutung, weil es möglich war, eine vorläufige und grobe Gliederung der quartären Solifluktionsschuttdecken und deren Verteilung im Raum vorzunehmen und somit auch schon erste Aussagen über die Bodenverteilung in Abhängigkeit vom Relief zu machen.

Zum Abschluß der Vorbereitungsphase wurden einzelne Reliefbereiche festgelegt (vgl. Abb.2), wobei die Abgrenzung überwiegend nach der Morphographie, Morphogenese und der Geologie des jeweiligen Untersuchungsgebietes vorgenommen wurde. Jetzt war es möglich, den Verlauf von drei größeren Profillinien nach dem Catena-Prinzip festzulegen. Die Profillinien sollten alle wichtigen Reliefbereiche, geologische Einheiten, tertiären Flächenreste sowie die im Pleistozän unterschiedlich überformten Bereiche erfassen (vgl. z.b. HAASE 1961; MÜLLER 1983).

Die Bodenkartierung wurde auf Grundlage der von der AG BODENKUNDE (1982) herausgegebenen bodenkundlichen Kartieranleitung durchgeführt, wobei die Gliederung der Solifluktionsschuttdecken nach SEMMEL (1964; 1966; 1968) vorgenommen wurde (vgl. SABEL 1989).

Die Geländearbeit begann mit einer Übersichtsbegehung. Im Anschluß daran wurden die für das Untersuchungsgebiet festgelegten Hauptprofillinien im Abstand von 100m, in Abhängigkeit vom Relief auch in kürzeren Abständen, abgebohrt. Dabei zeigte sich sehr schnell, wie sich die Schuttdecken- und damit die Bodenverteilung in Abhängigkeit vom Relief ändert. Durch das Catena-Prinzip konnten alle wichtigen Bodentypen des betreffenden Untersuchungsraumes erfaßt werden. Für die Erstellung einer flächendeckenden, differenzierten Bodenkarte war es allerdings zu diesem Zeitpunkt noch zu früh. Hierfür war es notwendig, noch mehrere kleinere Profillinien zu legen, Wegaufschlüsse aufzunehmen und in bestimmten charakteristischen Reliefpositionen Bohrungen vorzunehmen.

Bei der weiteren Geländearbeit kam es vor allem darauf an, die einzelnen Bodentypen in Abhängigkeit vom Relief weiter zu differenzieren. So wurden z.B. Parabraunerden weiter nach dem Stein- bzw. Feinerdegehalt des Mittelschutts oder dem Grad der Pseudovergleyung untergliedert.

Um eine größtmögliche Genauigkeit der Bodenkarte zu erreichen, wurde das Gelände erneut abgegangen. Hierbei wurden die Grenzen unter morphologischen Gesichtspunkten, insbesondere unter Berücksichtigung des Mikroreliefs überprüft. Dies ließ sich ohne größere Schwierigkeiten durchführen, da das Relief durch die quartären Solifluktionsschuttdecken im wesentlichen die Bodenverbreitung diffe

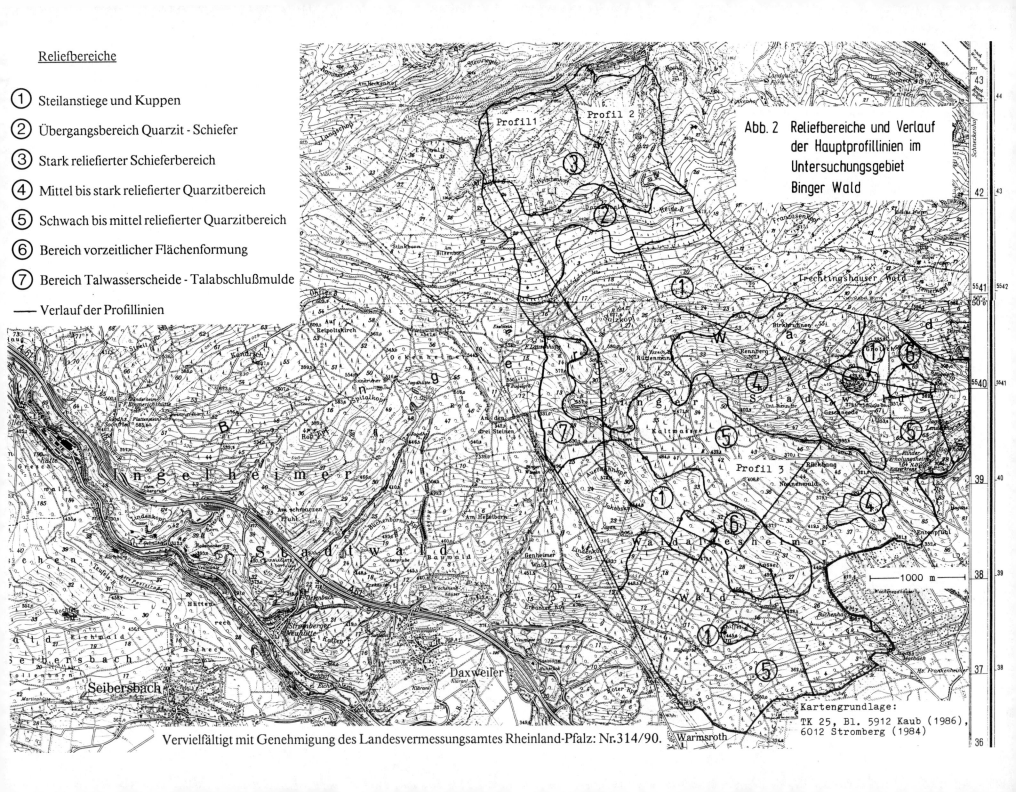
Abb. 2 Reliefbereiche und Verlauf der Hauptprofillinien im Untersuchungsgebiet Binger Wald

renziert und somit auch deren Grenzen. Bei der Überprüfung der Bodeneinheitsgrenzen wurden z.b. noch Quellaustritte und Quarzitrippen zusätzlich aufgenommen, die bisher noch nicht berücksichtigt werden konnten. Wegen der oftmals vorhandenen Ungenauigkeit der topographischen Kartengrundlage, sollte die Überprüfung der Bodeneinheitsgrenzen auf alle Fälle im Gelände durchgeführt werden.

Als problematisch erwies sich die Kartierung von Bereichen, die starker anthropogener Überformung unterlagen. Nur durch ein flächendeckendes, rasterförmiges Abbohren ließen sich genaue Aussagen zur Bodenerosion in diesen Gebieten machen. Aus diesem Grund sind die von anthropogener Bodenerosion betroffenen Bereiche jeweils nur mit einer weitgefaßten Bodeneinheit ausgewiesen worden. Allerdings lassen sich diese Gebiete aufgrund des Mikroreliefs (Hohlwege, Ackerraine etc.) weitgehend ein- und abgrenzen.

Um die Genauigkeit der für das Untersuchungsgebiet Binger Wald erstellten Bodenkarte statistisch zu überprüfen, wurde ein rasterförmiges Bohrnetz über das Untersuchungsgebiet gelegt. Die Überprüfung ergab, daß 65,79% den im Untersuchungsgebiet kartierten Bodeneinheiten entsprachen und 15,79% als falsch eingestuft werden mußten. 18,42% konnten als "annähernd richtig" bezeichnet werden, da es nur geringfügige Abweichungen gab.

Mit der beschriebenen Arbeitsmethodik konnte auch eine wesentliche Verbesserung der Bodenkarte Bl.5913 Presberg erzielt werden. Im Untersuchungsgebiet Kammerforst sind auf der Bodenkarte 9 Bodeneinheiten ausgewiesen, gegenüber 23 die bei der eigenen Kartierung ausgewiesen werden konnten. Neben der geringen Differenzierung der Bodeneinheiten ließ vor allem die bodentypologische Ansprache Zweifel an der Genauigkeit der Bodenkarte aufkommen. Dadurch kam es auch z.T. zu gravierenden Fehldeutungen über den Erosionsgrad der Böden.

6. BODEN UND RELIEF

Ein Vergleich der für die beiden Untersuchungsgebiete erstellten Bodenkarten zeigt sehr schnell, daß eine weitestgehende Übereinstimmung festzustellen ist. Dies beruht auf der vergleichbaren Struktur und Genese von Binger Wald und Kammerforst. Es sei an dieser Stelle noch angemerkt, daß aus technischen Gründen hier nur Karten aus dem Untersuchungsgebiet Binger Wald dargestellt werden können.

Der oberflächennahe Untergrund besteht in den höheren Lagen weitverbreitet aus Deckschutt über Basisschutt. Die Zusammensetzung der periglazialen Schuttdecken wird dabei hauptsächlich vom geologischen Untergrund und von äolisch herantransportiertem Löß/Lößlehm und Laacher Bimstuff (LBT) bestimmt. Untergeordnet bestimmen auch noch Reste tertiärer Bodenbildungen die Zusammensetzung der Schuttdecken. In Abhängigkeit vom Relief und der sich daraus ergebenden unterschiedlichen Zusammensetzung der Schuttdecken differenzieren sie die Bodenverteilung.

In den Hochlagen beider Untersuchungsgebiete (vgl. Abb.2; Reliefbereich 1) dominieren Braunerden aus Deckschutt über Basisschutt. Der im Deckschutt entwickelte Bv-Horizont ist häufig durch einen erhöhten Fe-Anteil intensiver braun gefärbt. In relativ geschützten Lee-Lagen, z.b. südlich des Salzkopfes im Binger Wald (vgl. Bodeneinheit (BE) 9 in Abb. 3), läßt sich z.T. eine Zweiteilung des Deckschuttes beobachten. Dies führt dazu, daß bei mächtigerem Deckschutt, ab ca. 40 cm unter Flur, sich der Lößlehm sowie der Steingehalt erhöhen und der Deckschutt in ein helleres Braun übergeht. Eine bodengenetisch eindeutige Zuordnung erscheint nicht möglich, so daß hier von einer Braunerde, örtl. Parabraunerde-Braunerde gesprochen werden muß (vgl. AG BODENKUNDE 1982; BARGON et al. 1971; PLASS 1966).

Mit den Braunerden sind in den höchsten Lagen vielfach Podsol-Braunerden und Podsole vergesellschaftet. Zur Podsolidierung kommt es unter den gegebenen Klimaverhältnissen auf durchlässig sandigem Ausgangsmaterial durch hohe Niederschläge und dem verstärkten forstwirtschaftlichen Anbau von Nadelholz mit seiner nährstoffarmen und schwer zersetzbaren Streu. Entscheidend für die Podsolierung ist aber die unterschiedliche petrographische Zusammensetzung der Schuttdecken in Abhängigkeit vom Relief.

Podsol-Braunerden und Braunerden (vgl. BE 3) finden sich überwiegend in exponierten Lagen, in denen sich die petrographische Zusammensetzung der Schuttdecken ändert, d.h. der Lößanteil im Deckschutt zurückgeht. Dies sind meistens extreme Luvpositionen, aber auch weniger exponierte Reliefbereiche im Lee der Quarzitkämme, wie z.B. einzelne Quarzrücken oder -rippen.

Im Kammbereich und an kleineren Quarzitrippen keilen die Schuttdecken vielfach aus, so daß nur noch Quarzitschutt vorhanden ist und sich flachgründige Ran

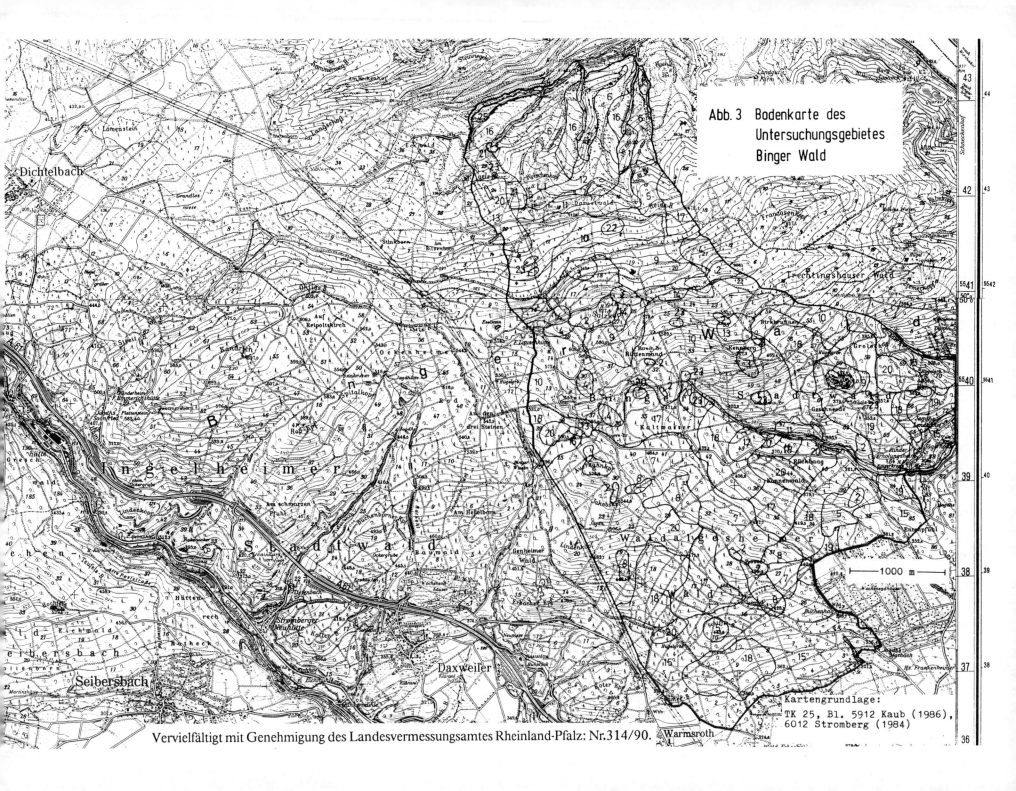

Abb. 3 Bodenkarte des Untersuchungsgebietes Binger Wald

Legende

Nr.	Profil	Beschreibung
1	hpts. Skelettboden	Ranker, örtl. Syrosem, aus Schieferschutt mit geringer Lößlehmbeimengung über anstehendem Schiefer
2	hpts. Skelettboden	Ranker, stellenweise Podsol-Ranker, z.T. Syrosem, aus blockreichem Quarzitschutt mit geringer Lößlehmbeimengung über anstehendem Quarzit
3	3-5 dm uS-l'S-sL, x-$\bar{x}$, gr / lS-S, $\bar{x}$-$\bar{\bar{x}}$	Podsol, örtl. Podsol-Braunerde, aus DS über BS (Quarzit), z.T. aus holozänem Rosselmaterial
4	3-5 dm l'S-slU, x-$\bar{x}$, gr / lS-S, $\bar{x}$	Podsol-Braunerde, örtl. podsolige Braunerde, aus DS über BS (Quarzit), stellenweise aus DS über anstehendem Quarzit
5	0-5 dm slU-$\bar{l}$U, x / lS-S, $\bar{x}$-$\bar{\bar{x}}$	Braunerde, stellenweise erodiert, örtl. Ranker, aus DS über BS (Quarzit), z.T. aus DS über anstehendem Quarzit
6	0-5 dm lU-$\bar{l}$U, x'-x / tU, x-$\bar{x}$	Braunerde, z.T. erodiert, örtl. Ranker, aus DS über BS (Schiefer), stellenweise aus DS über anstehendem Schiefer
7	3-5 dm slU-$\bar{l}$U, x'-x / lS-S, $\bar{x}$	Braunerde, stellenweise podsolig, aus DS über BS (Quarzit, -zersatz)
8	3-5 dm slU-$\bar{l}$U, x'-x / lS-tS, $\bar{x}$-$\bar{\bar{x}}$	Braunerde, örtl. schwach podsoliert, aus DS über BS (Quarzit,-zersatz), z.T. mit hohem Rotlatosolanteil im BS
9	4-8 dm slU-$\bar{l}$U-uL, x-$\bar{x}$ / lS-S, $\bar{x}$-$\bar{\bar{x}}$	Braunerde, örtl. Parabraunerde-Braunerde, z.T. podsoliert, aus DS (MS?) über BS (Quarzit)
10	3-5 dm slU-$\bar{l}$U, x-$\bar{x}$ / lS-S (tU), $\bar{x}$	Braunerde, z.T. schwach podsoliert, aus DS über BS (Quarzit, vereinzelt Schiefer)
11	3-6 dm slU-$\bar{l}$U, x-$\bar{x}$ / tU-lS, $\bar{x}$-$\bar{\bar{x}}$	Braunerde aus DS über BS (Quarzit, Schiefer)
12	3-5 dm lU-$\bar{l}$U, x ($\bar{x}$) / tU, $\bar{x}$-$\bar{\bar{x}}$	Braunerde aus DS über BS (Schiefer), örtl. aus DS über anstehendem Schiefer
13	3-5 dm slU-$\bar{l}$U, x'-x / lS-tU, $\bar{x}$, $\overline{gr}$	Braunerde, stellenweise pseudovergleyt, aus DS über BS (Quarzit, z.T. Schiefer), vereinzelt aus DS über Fe-Mg-Verhärtungskruste (BS?)
14	4-7 dm l'fS-slU, x-$\bar{x}$ / l'S-S, $\bar{x}$-$\bar{\bar{x}}$, gr	Lockerbraunerde, örtl. Lockerbraunerde-Braunerde aus DS über BS (Quarzit)
15	0-5 dm slU-$\bar{l}$U, x'-x / uL-utL, x'-x ($\bar{x}$)	Parabraunerde, örtl. pseudovergleyt, z.T. schwach bis mittel, vereinzelt stark erodiert, stellenweise kolluvial überdeckt, aus DS über MS (Quarzit, -zersatz)
16	0-5 dm slU-$\bar{l}$U, x' / uL-utL, x'-x ($\bar{x}$)	Parabraunerde, z.T. pseudovergleyt, stellenweise schwach bis stark, örtl. total erodiert oder kolluvial überdeckt, aus DS über MS (Schiefer, vereinzelt Quarzit)
17	3-5 dm slU-$\bar{l}$U, x'-x / 3-5 dm usL-utL, tS, $\bar{x}$ / lS-S, $\bar{x}$-$\bar{\bar{x}}$	Parabraunerde, stellenweise schwach podsoliert, aus DS über MS über BS (Quarzit, -zersatz)
18	3-5 dm slU-lU, x'-x / uL-utL, tS, x ($\bar{x}$)	Parabraunerde, örtl. pseudovergleyt, aus DS über MS (Quarzit, -zersatz)
19	3-5 dm slU-$\bar{l}$U, x' / 3-5 dm uL-utL, x' / utL, x'	Parabraunerde, z.T. pseudovergleyt, vereinzelt schwach erodiert, aus DS über MS, örtl. über weiterem MS (Quarzit)
20	3-5 dm slU-$\bar{l}$U, x' / uL-utL, tS (lT), x'-x	Pseudogley-Parabraunerde, stellenweise Parabraunerde-Pseudogley bis Pseudogley, örtl. schwach erodiert, aus DS über MS (Quarzit, -zersatz), vereinzelt aus DS über fossilem Braunplastosol
21	3-5 dm slU-$\bar{l}$U, x' / uL-utL, x'-x	Pseudogley, örtl. Parabraunerde-Pseudogley, z.T. erodiert, aus DS über MS (Schiefer, vereinzelt Quarzit)
22	3-5 dm slU-$\bar{l}$S, x / tU-sT, $\bar{x}$, $\overline{gr}$	Pseudogley aus DS über BS (?) (Quarzit, Schiefer)
23	3-5 dm slU-$\bar{l}$U, x' / lS-S, $\bar{x}$, $\overline{gr}$/uL-utL, x'-x	Quellengley, z.T anmoorig, aus DS über BS, stellenweise aus DS über MS (Quarzit, vereinzelt Schiefer)
24	6-10 dm slU-sL-tL	Brauner Auenboden, örtl. Auengley, aus Hochflutsedimenten
25	4-10 dm lU-uL-tU, x'-x	Kolluvium, örtl. pseudovergleyt, vorwiegend aus Schuttdeckenmaterial

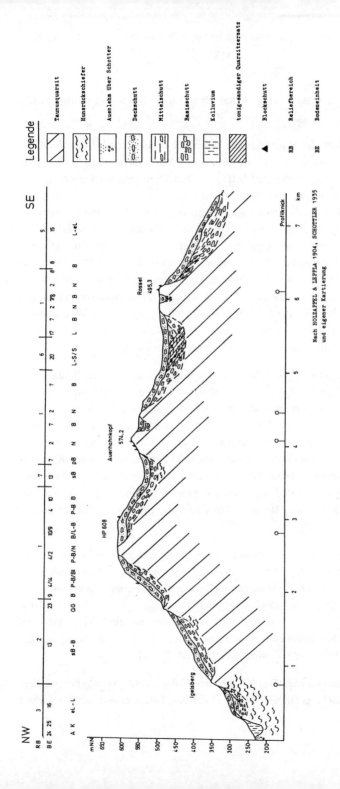

Abb. 4 Gestein, Relief, Oberflächennaher Untergrund und Boden entlang des Profils 1 (Binger Wald)

ker (vgl. BE 2) entwickelt haben. Oberhalb 500 m ü.NN sind die Ranker häufig podsolidiert.

Direkt unterhalb der Quarzitkämme haben sich im Lee örtlich Lockerbraunerden (vgl. BE 14) entwickelt. Sie sind durch einen hohen Gehalt an äolisch herantransportiertem Laacher Bimstuff (LBT) im Deckschutt gekennzeichnet. An den Standorten, an denen reichlich LBT im Deckschutt vorkommt, bestimmt er dessen Eigenschaften. Lockerbraunerden sind extrem sauer und nährstoffarm, allerdings mit günstigen physikalischen Eigenschaften. Die Verbreitung der Lockerbraunerden beschränkt sich in Abhängigkeit vom Relief auf die Oberhänge der Quarzitkämme beider Untersuchungsgebiete. Im Kammerforst kommt die Lockerbraunerde nur in einem Streifen südwestlich des Jägerhorns vor. Dagegen zieht sie sich im Binger Wald in zwei kurzen Streifen in Lee-Lagen direkt unterhalb des Hauptkamms entlang. Westlich des Salzkopfes konnte in Luv-Lagen durch Westwindstau LBT in größeren Mengen sedimentiert und in den Deckschutt eingearbeitet werden, so daß sich eine Lockerbraunerde-Braunerde entwickelt hat.

In den Kulminationslagen südlich des Hauptkamms finden sich im Binger Wald örtlich noch Relikte von Paläoböden (Rotlatosole), die in die periglazialen Schuttdecken eingearbeitet worden sind. Rotlatosolrelikte konnten sich in Abhängigkeit vom Relief hauptsächlich in Hangmulden, wie z.B. südlich und östlich des Rossels, im Basisschutt erhalten. Dadurch kommt es häufig zu einer rotbraunen Färbung des im Deckschutt entwickelten Bv-Horizontes. Im Untersuchungsgebiet Kammerforst konnten dagegen keine Paläobodenrelikte festgestellt werden. Allerdings kommt nördlich der Zimmersköpfe sowie südlich der Eisernen Hand z.T. tiefgründig zersetzter Quarzit und Hermeskeilsandstein vor, der von Deckschutt überlagert wird.

Nördlich der Hauptkämme beider Untersuchungsgebiete schließt sich in Mittelhanglage, im Übergangsbereich Quarzit - Schiefer, der Reliefbereich 2 mit wechselnd auftretenden Hangmulden und -rücken an. Der oberflächennahe Untergrund besteht i.d.R. aus Deckschutt über Basisschutt in dem sich Braunerden (vgl. Be 10, 11) entwickelt haben. Dort, wo Schiefer ansteht oder in größeren Mengen in die Schuttdecken eingearbeitet wurde, und die Hangneigung weniger stark ist, ist die Braunerde oft pseudovergleyt (vgl. BE 13).

In Hangmulden bis ca. 500 m ü.NN konnte Löß/Lößlehm sedimentiert werden. Im Lee des Heidebergs (Binger Wald) hat sich eine Parabraunerde aus Deckschutt über stark steinhaltigem Mittelschutt entwickelt (vgl. BE 17), wodurch die ökologische Wertigkeit des Standortes gegenüber einer Braunerde aus Deckschutt über Basisschutt kaum verbessert wird. Im Bereich Steig - Groloch des Untersuchungsgebietes Kammerforst ist die Parabraunerde z.T. durch anthropogene Nutzung erodiert.

An Quarzitstufen kommt es häufig zu Quellaustritten, wie z.B. in einer Hangmulde nordwestlich des Salzkopfes (Binger Wald). Die Quellaustritte führen zu starker Vernässung, so daß sich Quellengleye (vgl. BE 23) gebildet haben.

Der Reliefbereich 3 ist in beiden Untersuchungsgebieten jeweils durch eine hohe Reliefenergie gekennzeichnet. Wegen der tiefliegenden Erosionsbasis von Heimbach (Binger Wald) und Grolochbach (Kammerforst) haben sich deren Seitenbäche tief in den morphologisch weichen Schiefer eingeschnitten und so zur starken Gliederung beigetragen. Die Verteilung der Schuttdecken ist in Abhängigkeit von dem stark gegliederten Relief sehr differenziert. Weite Verbreitung haben in exponierter Lage Braunerden aus Deckschutt über Basisschutt und/oder Anstehendem. In geschützten Lagen sowie an Unterhängen konnte äolisch Löß/Lößlehm sedimentiert werden, so daß Parabraunerden aus Deckschutt über Mittelschutt entstanden. An den westexponierten Steilhängen der Täler dominieren Ranker und Syroseme, da sich durch die hohe Reliefenergie an den Hängen keine Schuttdecken halten oder ursprünglich gar nicht vorhanden waren.

Die morphogenetische Bodenkartierung der stark reliefierten Schieferbereiche ist z.T. mit großen Schwierigkeiten verbunden. Dies gilt besonders für den im Binger Wald nördlich des Hauptkamms gelegenen Oberheimbacher Wald. Wegen der hohen Reliefenergie und durch die ehemals intensive anthropogene Nutzung sind die periglazialen Schuttdecken vielfach vollständig erodiert. Natürliche Formungsprozesse sind hier durch rein anthropogene oder zumindest quasinatürliche Formungsprozesse ersetzt worden. Oberhalb 350 m ü.NN sind die Böden i.d.R. nur schwach erodiert, während sie unterhalb 350 m ü.NN zum großteil stark oder sogar vollständig bis zum Ranker erodiert sind. Aus diesem Grund mußten Braunerden und Parabraunerden jeweils zu einer Bodeneinheit zusammengefaßt werden, wo eine einheitliche Genese des Bodentyps zu erwarten war, auch wenn das Bodenprofil zwischenzeitlich vollständig erodiert ist. D.h., eine Bodeneinheit kann alle Erosionsstadien umfassen (vgl. BE 6, 16). Eine Anwendung der Bodenkarte ist in diesen Bereichen, z.B. für forstwirtschaftliche Zwecke, nur mit gewissen Einschränkungen möglich (vgl. ROESCHMANN 1972, 79).

Der als mittel bis stark reliefierte Quarzitbereich ausgewiesene Reliefbereich 4 kommt nur im Binger Wald vor. Er erstreckt sich südlich des Hauptkamms, im Bereich Birkbrunnen - Rennberg bis zum oberen Morgenbach. Der oberflächennahe Untergrund besteht großflächig aus Deckschutt über Basisschutt, indem sich eine Braunerde aus Deckschutt über Basisschutt entwickelt hat. Dies deckt sich mit der relativ einheitlichen Morphographie des Reliefs. Lediglich dort, wo es zu Differenzierungen im Relief kommt, ändert sich auch die Zusammensetzung der Solifluktionsschuttdecken und damit die Bodenverteilung.

Am Rennberg zieht sich in exponierter Lage ein Streifen holozänen Rosselmaterials hangabwärts, das vermutlich auf subrezente und rezente Bodenbewegung zurückgeht. Das Rosselmaterial besteht aus grobem sandigen Quarzitschutt, so daß günstige Voraussetzungen zur Podsolidierung gegeben sind. Bedingt durch die exponierte Lage und das ungünstige Sand-Schluff-Verhältnis, konnte sich ein Podsol (vgl. BE 3) entwickeln. Dagegen läßt sich dort, wo die quartären Schuttdecken verbreitet sind, fast nirgendwo eine nennenswerte Podsolidierung feststellen. Unterhalb des Rennbergs kommt es in einer schwach ausgeprägten Mulde zu einem Quellaustritt, an dem sich ein Quellengley gebildet hat.

In einer Hangmulde zwischen Birkbrunnen und Schägleberg konnte in kalt-ariden Phasen des Pleistozäns Löß/Lößlehm sedimentiert werden, so daß sich eine Parabraunerde aus Deckschutt über Mittelschutt (vgl. BE 18) entwickelt hat. Der Mittelschutt ist i.d.R. mittel steinig, wobei der Skelettgehalt mit der Höhe zunimmt und der Lößlehmgehalt zurückgeht. Dadurch besteht in der ökologischen Wertigkeit zu den Braunerden kein allzu großer Unterschied. Bei abnehmender Hangneigung neigt die Parabraunerde stellenweise zur Pseudovergleyung.

In den tieferen Lagen südlich der Hauptkämme beider Untersuchungsgebiete (Reliefbereich 5) ändert sich in Abhängigkeit von Relief und Gestein großflächig die Zusammensetzung der periglazialen Solifluktionsschuttdecken. Im Gegensatz zu den anderen Reliefbereichen konnte durch die relativ tiefe Lage im Lee der Hauptkämme und einiger untergeordneter Kuppen unterhalb 500 m ü.NN in kaltariden Phasen des Pleistozäns verstärkt Löß/Lößlehm sedimentiert werden, aus dem sich durch mehr oder weniger starke solifluidale Umlagerung und Einmischung Mittelschutt entwickelt hat. Der Mittelschutt weist je nach Höhenlage, Exposition, Hangneigung etc. verschieden hohe Skelettgehalte auf.

Am weitesten verbreitet sind in den tieferen Lagen Parabraunerden aus Deckschutt über Mittelschutt (vgl. BE 15, 17, 18, 19). Gegenüber den Braunerdestandorten bedeutet dies eine deutliche Verbesserung des Wasserspeichervermögens, des Nährstoffangebots und der Durchwurzelungstiefe. In einigen Bereichen von Binger Wald und Kammerforst werden diese Vorteile durch Bodenerosion wieder gemindert. Die Parabraunerden sind nach dem Grad der Pseudovergleyung, dem Skelett- bzw. Feinerdegehalt des Mittelschuttes und nach dem Erosionsgrad untergliedert worden.

Es zeigt sich, daß die Parabraunerde in ebeneren Hanglagen sowie in Hangmulden zu mehr oder weniger starker Pseudovergleyung neigt. Eine stärkere Pseudovergleyung läßt sich z.b. in einer Hangmulde westlich des Schiffelbergs oder an einem schwach geneigten Hangbereich im Nonnenwald (Binger Wald) beobachten.

Parabraunerden aus Deckschutt über stark steinhaltigem Mittelschutt (BE 17) konnten überall dort entstehen, wo zum einen die Bedingungen für mächtigere Lößlehmakkumulation nicht allzugut waren, also an exponierten Ober- und Mittelhängen, aber auch dort, wo bei solifluidaler Entstehung des Mittelschuttes viel Basisschuttmaterial in den äolisch sedimentierten Löß/Lößlehm eingearbeitet worden ist. Dies zeigt sich z.b. deutlich zwischen Rossel und Rückhaag, wo der stark steinhaltige Mittelschutt in einem breiten Strom hangabwärts zieht.

In geschützten Reliefpositionen, wie z.B. Hangmulden an Mittel- bis Unterhängen, nimmt dagegen der Feinerdeanteil zu und der Skelettgehalt des Mittelschuttes geht z.T. deutlich zurück. Während des Pleistozäns konnte in diesen Reliefpositionen mehr Löß/Lößlehm sedimentiert und durch solifluidale Umlagerungsprozesse in den Mittelschutt eingearbeitet werden (vgl. auch Reliefbereich 7). Hangabwärts eingeregelte Steine belegen diesen Prozess. Mächtige Lößakkumulationen finden sich besonders in günstigen Lee-Lagen an ost-südost exponierten Unterhängen. Vereinzelt wird der Deckschutt im Liegenden von zwei Mittelschutten unterlagert.

Im Binger Wald unterlagen zwei Reliefbereiche in 360 bzw. 480 m Höhe tertiärer Flächenformung (vgl. Reliefbereich 6). Auf den Verebnungen konnten sich durch geringe Denudation bzw. günstiger Akkumulationsbedingungen Relikte tertiärer Bodenbildungen erhalten. Die tertiären Bodenrelikte sind von periglazialem Solifluktionsschutt überlagert und in diesen mehr oder weniger stark eingearbeitet worden. Dabei handelt es sich auf der in 480 m Höhe gelegenen Verebnung um tertiären Quarzitzersatz (Rotlatosolmaterial) und auf der in 360 m Höhe gelegenen Verebnung um tertiäre Plastosolrelikte. Beide Verebnungen sind, bedingt durch die periglaziale Überformung mit periglazialen Solifluktionsschuttdecken sowie durch die geringe Hangneigung stark pseudovergleyt. Es ist aber davon auszugehen, daß der nichtplastische, tonig-sandige Quarzitzersatz nur wenig zu der starken Pseudovergleyung beiträgt, da er durch eine hohe Wasserdurchlässigkeit gekennzeichnet ist (vgl. AG BODENKUNDE 1982, 226). Im Gegensatz dazu führen die tertiären Plastosolrelikte zu starker Pseudovergleyung. Sie sind sehr tonhaltig, dichtgeschlämmt und z.T. in den überlagernden Mittelschutt eingearbeitet (vgl. BE 20).

7. ZUSAMMENFASSUNG

An zwei in Struktur und Genese vergleichbaren Untersuchungsgebieten im südlichen Rheinischen Schiefergebirge wurde unter geomorphologischen Aspekten eine Bodenkartierung im Maßstab 1:25000 durchgeführt. Besondere Beachtung fanden die Beziehungen zwischen Boden, Gestein und Relief, da sich durch ihre Kenntnis gewisse Gesetzmäßigkeiten ableiten und für die Zwecke der Bodenkartierung heranziehen lassen.

Die morphogenetische Bodenkartierung ermöglicht es gegenüber der herkömmlichen flächendeckenden Kartiermethodik, die Bodenkartierung zu vereinfachen und zu beschleunigen, ohne das größere Qualitätseinbußen entstehen. Unter verstärkter Heranziehung morphographischer und vor allem morphogenetischer Aspekte bei der Bodenkartierung ist zudem eine quantitative und qualitative Verbesserung möglich, wenn die gesetzmäßgie Verteilung der Solifluktionsschuttdecken und der darin entwickelten Bodentypen erkannt wird.

8. LITERATUR

AHLSDORF, B. u. E. MUTERT 1983: Bodenkartierung unter Einsatz von Reichsbodenschätzung und Luftbild an Beispielen aus Schleswig-Holstein. - Mitt. dt. bodenkundl. Ges., 38, S. 437-442, 6 Darst.; Göttingen

ARBEITSGEMEINSCHAFT BODENKUNDE 1982: Bodenkundliche Kartieranleitung. - 3. Aufl., 331 S., 19 Abb., 98 Tab., 1Beil.; Hannover.

BARGON, E., FICKEL, W., PLASS, W., REICHMANN, H., SEMMEL, A. u. H. ZAKOSEK 1971: Zur Genese und Nomenklatur braunerde- und parabraunerdeähnlicher Böden in Hessen. - Notizbl. hess. L-Amt Bodenforsch., 99, S. 361-372; Wiesbaden

BÜDEL, J. 1981: Klima-Geomorphologie. - 2. veränderte Aufl., 304 S., 82 Abb., 61 Fotos, 3 Taf.; Berlin-Stuttgart.

DEUTSCHER WETTERDIENST 1981: Das Klima von Hessen, Standortkarte im Rahmen der agrarstrukturellen Vorplanung. - 115 S., Tab., Ktn.; Wiesbaden.

EHRENBERG, K.H., KUPFAHL, H.G. u. E. KÜMMERLE 1968: Erl. geol. Kt. von Hessen 1:25000, Bl. 5913 Presberg. - 201 S., 9 Tab., 1 Beibl.; Wiesbaden.

FRIED, G. 1984: Gestein, Relief und Boden im Buntsandstein-Odenwald. - Frankf. geowiss. Arb., Serie D, Bd.4: 201 S., 57 Abb., 11 Tab.; Frankfurt/Main.

HAASE, G. 1961: Hanggestaltung und ökologische Differenzierung nach dem Catena-Prinzip. - Peterm. geogr. Mitt., 105/1, S. 1-8, 16 Fig.; Gotha.

HÜSER, K. 1972: Die tertiärmorphologische Erforschung des Rheinischen Schiefergebirges. - Karlsr. geogr. H., 5: 135 S.; Karlsruhe.

JAKOB, J., LAMP, J. u. D. SCHROEDER 1981: Möglichkeiten und Grenzen der Bodenfernerkundung in Norddeutschen Kulturlandschaften. - Mitt. dt. bodenkundl. Ges., 32, S. 731-744; Göttingen.

KNOCH, H. 1950: Klimaatlas von Hessen. - 20 S., 75 Ktn., 9 Diagr.; Bad Kissingen.

KUTSCHER, F. 1954: Die Verwitterungsrinde der voroligozänen Landoberfläche und tertiäre Ablagerungen im östlichen Hunsrück. - Notizbl. hess. L.-Amt Bodenforsch., 82, S. 202-212, 1 Abb.; Wiesbaden.

LEPPLA, A. 1904: Erl. geol. Kt. von Preußen und benachbarter Bundesstaaten. Bl. Caub. - Königl. Preuß. geol. L.-Anst. u. Bergakad.: 34 S.; Berlin.

LÜDERS, R. u. K.H. OELKERS 1981: Die Konzeptkarte im Arbeitsfluß der bodenkundlichen Landesaufnahme Niedersachsens. - Mitt. dt. bodenkundl. Ges., 32: S. 727-730; Göttingen.

MEYER, D.E. 1975: Geologischer Überblick über den südöstlichen Hunsrück und Beschreibung einer Exkursionsroute. - Decheniana, 128, S. 87-106, 1 Abb., 3 Tab.; Bonn.

MÜLLER, S. 1983: Geomorphologisch-pedologische Landschaftsgliederung als Hilfsmittel angewandter Boden- und Standortskartierungen. - Mitt. d. Ver. f. Forstl. Standortkde. u. Forstpflanzenzücht., 30: S. 14-20; Stuttgart.

MÜLLER-MINY, H. u. M: BÜRGENER 1971: Die naturräumlichen Einheiten auf Bl. 138 Koblenz. - 82 S., 1 Kt., 1 Luftb.; Bad Godesberg.

PLASS, W. 1966: Braunerden und Parabraunerden in Nordhessen. - Z. Pflanzenern., Düng., Bodenkde., 114, S. 12-26; Weinheim.

RENTH, M. 1987: Bodenkundliche Kartierung 1:25000 unter besonderer Berücksichtigung geomorphologischer Hilfen. - Unver. Dipl.-Arbeit am Inst. f. Phys. Geogr., Universität Frankfurt/M., 126 S., 18 Abb., 2 Tab.; Frankfurt/Main.

ROESCHMANN, G. 1972: Zur Problematik der Reinheit von Kartiereinheiten auf Bodenkarten aus der Sicht der systematischen bodenkundlichen Landesaufnahme. - Mitt. dt. bodenkdt. Ges., 16, S. 79-88, 2 Tab.; Göttingen

SABEL, K.J. 1989: Zur Renaissance der Gliederung periglazialer Deckschichten in der Deutschen Bodenkunde. - Frankf. geowiss. Arb., Serie D, 10, S. 9-16, 7 Tab.; Frankfurt/Main

SEMMEL, A. 1964: Junge Schuttdecken in hessischen Mittelgebirgen. - Notizbl. hess. L.-Amt Bodenforsch., 92, S. 275-285, 3 Abb., 1 Tab.; Wiesbaden.

SEMMEL, A. 1966: Erl. bodenkt. Hessen 1:25000, Bl. 5224 Eiterfeld: 89 S., 23 Tab., 49 Profilzeichn.; Wiesbaden.

SEMMEL, A. 1968: Studien über den Verlauf jungpleistozäner Formung in Hessen. - Frankf. Geogr. H., 45: 133 S., 35 Abb.; Frankfurt/Main.

SEMMEL, A. 1975: Schuttdecken im Buntsandstein-Odenwald. - Aufschluß, Sonderbd. 27, S. 321-329, 3 Abb.; Heidelberg.

SEMMEL, A. 1984: Geomorphologie der Bundesrepublik Deutschland. 4. Aufl.: 192 S., 57 Abb.; Wiesbaden.

SEMMEL, A. 1985: Periglazialmorphologie. - Ertr. Forsch., 231: 116 S., 58 Abb.; Darmstadt.

SEMMEL, A. 1986: Angewandte konventionelle Geomorphologie. Beispiele aus Mitteleuropa und Afrika. - Frankf. geowiss. Arb., Serie D, 6: 114 S., 57 Abb.; Frankfurt/Main.

STICKEL, R. 1927: Zur Morphologie der Hochflächen des linksrheinischen Schiefergebirges und angrenzender Gebiete. - Beitr. Lkde. Rheinl., 5: 104 S., 1 Kt.; Bonn.

WERNER, R. 1977: Geomorphologische Kartierung 1:25000, Bl. 5816 Königstein. - Rhein-Main. Forsch., 86: 164 S., 18 Abb., 1 Kt.; Frankfurt/Main.

RHEIN-MAINISCHE FORSCHUNGEN

Für die "Rhein-Mainische Forschung" des Instituts für Kulturgeographie, Stadt- und Regionalforschung und des Instituts für Physische Geographie der Johann Wolfgang Goethe-Universität Frankfurt am Main, herausgegeben von B. Freund, A. Krenzlin, A. Semmel und K. Wolf. Schriftleitung F. Schymik

Heft 1 - 39 und der Rhein-Mainische Atlas sind vergriffen.

1953	Heft 40. HERBERT JÄKEL: Ackerbürger und Ausmärker in Alsfeld (Oberhessen). Sozialgeographische Studie über die Entwicklung der Gemarkung einer Ackerbürgerstadt. 87 Seiten mit 12 Abbildungen. DM 4,50.
1954	Heft 41. WERNER ZIMMER: Darmstadt, Grenzen und Möglichkeiten einer Stadt. 107 Seiten mit 18 Abbildungen. DM 6,00.
1954	Heft 42. ARMIN GERSTENHAUER: Der nördliche Spessart. Ein Beitrag zur Frage kulturlandschaftlicher Gliederung. 75 Seiten mit 12 Karten und 6 Abbildungen. DM 4,50.
1956	Heft 43. JOSEF KALTENHÄUSER: Taunusrandstädte im Frankfurter Raum. 339 Seiten mit 57 Figuren, 6 Tabellen und 4 Karten. Vergriffen.
1956	Heft 44. KARL WEIGAND: Rüsselsheim und die Funktion der Stadt im Rhein-Main-Gebiet. 200 Seiten mit 12 Bildern und 21 Abbildungen, davon 6 Faltkarten. Geh. DM 9,50. Gebunden DM 12,00.
1958	Heft 45. HERBERT BÜSCHENFELD: Höchst - die Stadt der Farbwerke. 137 Seiten mit 15 Bildern und 38 Abbildungen. DM 9,50.
1959	Heft 46. EUGEN ERNST: Die Obstbaulandschaft des Vordertaunus und der südwestlichen Wetterau. 176 Seiten mit 29 Abbildungen und 43 Tabellen. DM 9,50.
1959	Heft 47. LUDWIG REUSCH: Sinngrund und Schondraland. 148 Seiten mit 21 Abbildungen. DM 7,50.
1959	Heft 48. WERNER FRICKE: Sozialfaktoren in der Agrarlandschaft des Limburger Beckens. 158 Seiten mit 12 Abbildungen und 16 Karten. Vergriffen.
1960	Heft 49. JOHANNES OBST: Kulturlandveränderungen im oberen Vogelsberg. Ackerschwund - Grünflächen - Auffichten. 108 Seiten mit 30 Abbildungen. Vergriffen.
1961	Heft 50. WOLFGANG KULS (Hrsg.): Geographische Schriften aus dem Rhein-Mainischen Raum. 140 Seiten. Vergriffen.
1962	Heft 51. WALTER SPERLING: Der nördliche vordere Odenwald, die Entwicklung seiner Agrarlandschaft unter dem Einfluß ökonomisch-sozialer Gegebenheiten. 210 Seiten mit 56 Abbildungen. DM 12,00.
1962	Heft 52. ELLEN SCHNEIDER: Die Stadt Offenbach am Main im Frankfurter Raum. Ein Beitrag zum Problem benachbarter Städte. 140 Seiten mit 17 Abbildungen. Vergriffen.

1963	Heft 53. WILHELM MATZAT: Flurgeographische Studien im Bauland und Hinteren Odenwald. 146 Seiten mit 9 Abbildungen und 9 Karten. DM 10,50.
1963	Heft 54. WERNER FRICKE (Hrsg.): Beiträge zur Siedlungsgeographie und zur rhein-mainischen Landeskunde. 158 Seiten mit 37 Abbildungen. Vergriffen.
1964	Heft 55. KLAUS WOLF: Die Konzentration von Versorgungsfunktionen in Frankfurt am Main. 159 Seiten mit 16 Abbildungen und 22 Tabellen. DM 7,50.
1965	Heft 56. SIEGFRIED GERLACH: Gewerbe und Wohnvorortfunktion als siedlungsprägende Faktoren im Frankfurter Raum. 134 Seiten mit 20 Abbildungen. DM 7,50.
1965	Heft 57. GÜNTER NAGEL: Beiträge zur Morphologie des Ronneburger Hügellandes. 74 Seiten mit 22 Abbildungen, 4 Bildern und 2 Karten. DM 4,50.
1966	Heft 58. JOACHIM KRAUSE: Die Kreisstädte am Rande des rhein-mainischen Verstädterungsgebietes. Gelnhausen, Büdingen, Friedberg, Usingen, Bad Schwalbach, Groß-Gerau und Dieburg. 282 Seiten mit 24 Abbildungen. Vergriffen.
1967	Heft 59. GÜNTER NAGEL: Der Rosenanbau in der Wetterau. 63 Seiten mit 12 Abbildungen und 1 Karte. DM 4,50.
1967	Heft 60. BRIGITTE SCHWENZER: Beiträge zur Morphologie des nordwestlichen Vorspessarts. 116 Seiten mit 30 Abbildungen, 24 Bildern und 2 Karten. DM 6,50.
1967	Heft 61. WOLFGANG ANDRES: Morphologische Untersuchungen im Limburger Becken und der Idsteiner Senke. 88 Seiten mit 23 Abbildungen, 15 Bildern, 2 Tabellen und 1 Karte. DM 5,50.
1967	Heft 62. KARL-HEINZ FILIPP: Studien zur Entwicklung der Flurformen im Kreis Kirchheimbolanden. 116 Seiten mit 10 Abbildungen und 7 Karten. DM 6,50.
1968	Heft 63. PETER KRAUSE: Vergleichende Studien zur Flurformenforschung im nordwestlichen Vogelsberg. 151 Seiten mit 25 Abbildungen und 14 Karten. DM 7,00.
1968	Heft 64. EKKERHARD MEFFERT: Die Innovation ausgewählter Sonderkulturen im rhein-mainischen Raum in ihrer Beziehung zur Agrar- und Sozialstruktur. 247 Seiten mit 72 Abbildungen, 25 Tabellen und 28 Karten. Vergriffen.
1968	Heft 65. HEINZ-DIETER MAY: Junge Industrialisierungstendenzen im Untermaingebiet unter besonderer Berücksichtigung der Betriebsverlagerungen aus Frankfurt am Main. 157 Seiten mit 20 Abbildungen und 22 Tabellen. Vergriffen.
1969	Heft 66. GÜNTER GLEBE: Das hessische Werrakalibergbaugebiet. Kulturgeographische Wandlungen an der hessisch-thüringischen Landesgrenze seit 1900. 184 Seiten mit 35 Abbildungen, 8 Karten und 47 Tabellen. Vergriffen.
1969	Heft 67. KLAUS WOLF: Stadtteil-Geschäftsstraßen. Ihre geographische Einordnung, dargestellt am Beispiel der Stadt Frankfurt am Main. 152 Seiten mit 25 Figuren und 26 Tabellen. Vergriffen.
1969	Heft 68. GERD WENZENS: Morphologie des Sontraer Beckens. 99 Seiten mit 20 Abbildungen, 6 Tabellen und 2 Karten. DM 5,50.

1969	Heft 69. HARTMUT GRIES: Winzer und Ackerbauern am oberen Mittelrhein. Ein agrargeographischer Beitrag zur Landeskunde der Mittel-Rheinlande. 323 Seiten mit 36 Abbildungen, 88 Tabellen. DM 13,00.
1970	Heft 70. GÜNTER NIEMZ: Gravenbruch - eine Wohnstadt im Rhein-Main-Verstädterungsgebiet. 59 Seiten mit 10 Abbildungen, 8 Tabellen und 7 Bildern. DM 4,50.
1971	Heft 71. WERNER FRICKE, ROSWITHA HANTSCHEL und GREGOR JACOBS: Untersuchungen zur Bevölkerungs- und Siedlungsentwicklung im Rhein-Main-Gebiet. 270 Seiten mit 36 Abbildungen, 15 Karten und 71 Tabellen. DM 13,80.
1971	Heft 72. KLAUS WOLF: Geschäftszentren. Nutzung und Intensität als Maß städtischer Größenordnung. Ein empirisch-methodischer Vergleich von 15 Städten der Bundesrepublik Deutschland. 250 Seiten mit 164 Abbildungen und 15 Tabellen. Vergriffen.
1971	Heft 73. MANFRED SCHRAMM: Das Industriegebiet Frankfurt am Main-Ost. Entwicklung und Strukturanalyse. 253 Seiten mit 33 Abbildungen, 62 Tabellen und 12 Bildern. DM 12,80.
1971	Heft 74. ERHARD BIBUS: Zur Morphologie des südöstlichen Taunus und seines Randgebietes. 279 Seiten mit 6 Bildern. DM 13,80.
1972	Heft 75. Das Freizeitverhalten der Bewohner von Frankfurt-Nordweststadt. Dokumentation einer studentischen Projektgruppe. 66 Seiten, Anhang. Vergriffen.
1974	Heft 76. OLAF SCHWARZ: Hydrogeographische Studien zum Abflußverhalten von Mittelgebirgsflüssen am Beispiel von Bieber und Salz (Hessen). 128 Seiten mit 16 Abbildungen, 5 Tabellen und 9 Karten. DM 9,80.
1974	Heft 77. FRIEDRICH ARNDT: Die elektronische Datenverarbeitung in ihrem Wert für die sozialgeographische Strukturanalyse. Dargestellt am Beispiel von Großauheim, einer Kleinstadt am Rande des rhein-mainischen Verstädterungsgebietes. 193 Seiten (Anhang) mit 68 Abbildungen und 74 Tabellen. DM 34,00.
1974	Heft 78. ARNO SEMMEL (Hrsg.): Das Eiszeitalter im Rhein-Main-Gebiet. Bericht über den Forschungsstand und Exkursionsführer anläßlich der 17. wissenschaftlichen Tagung der Deutschen Quartärvereinigung in Hofheim am Taunus am 20.9. bis 24.9.1974. 215 Seiten mit 21 Abbildungen und 5 Tabellen. Vergriffen.
1975	Heft 79. KARL-HEINZ SCHREIBER: Wanderungsursachen und idealtypische Verhaltensmuster mobiler Bevölkerungsgruppen. Untersucht in ausgewählten Gemeinden der kernstadtnahen Zone des Rhein-Main-Gebietes. 214 Seiten (Anhang) mit 13 Abbildungen und 74 Tabellen. DM 18,00.
1975	Heft 80. W. FRICKE und K. WOLF unter Mitwirkung von E. THARUN (Hrsg.): Neue Wege in der geographischen Erforschung städtischer und ländlicher Siedlungen. Festschrift für ANNELIESE KRENZLIN zu ihrem 70. Geburtstag. 280 Seiten. DM 24,00.
1975	Heft 81. ELKE THARUN: Die Planungsregion Untermain. Gemeindetypisierung und innere Gliederung einer Verstädterungsregion. 210 Seiten mit 3 Abbildungen, 16 Farbkarten , 21 Tabellen und 2 Korrelations-Matrizen. DM 26,00.

1976	Heft 82. KURT DIES (Hrsg.): Die Wetterau und ihre Randgebiete. Ausgewählte Abschnitte zur Geomorphologie, Paläoökologie und Archäologie. Forschungsstand und Exkursionsführer anläßlich der 18. wissenschaftlichen Tagung der HUGO-OBERMAIER-GESELLSCHAFT in Bad Homburg vom 21.4.76 bis 24.4.76. 256 Seiten. DM 20,00.
1976	Heft 83. MANFRED M. FISCHER: Eine theoretische und methodische Analyse mathematischer Stadtentwicklungsmodelle vom Lowry-Typ. Ein methodischer Beitrag zur Regionalforschung. 326 Seiten, 34 Tafeln, 12 Figuren und 4 Karten. DM 24,00.
1977	Heft 84. ULRICH MAMMEY: Richtung und Distanz als gruppenspezifische Parameter räumlicher Mobilität. Wanderungsbewegungen im nordwestlichen Umland von Frankfurt/M. und ihre graphische Analyse. 156 Seiten, 18 Karten, 137 Abbildungen und 4 Tabellen. DM 18,00.
1977	Heft 85. JÜRGEN GIESSÜBEL: Nutzungsbedingte Änderungen im Naturraum - dargestellt an Beispielen aus dem Rhein-Main-Gebiet und Nordhessen. 210 Seiten, 26 Abbildungen, 12 Tabellen und 16 Bilder. DM 20,00.
1977	Heft 86. ROLF WERNER: Geomorphologische Kartierung 1:25 000 - erläutert am Beispiel des Blattes 5816 Königstein im Taunus. 164 Seiten, 18 Abbildungen und 1 Karte als Beilage. DM 18,00.
1978	Heft 87. PETER GÖBEL: Vorschläge zur inhaltlichen und graphischen Gestaltung geomorphologischer Karten - erläutert am Beispiel der geomorphologischen Karte 1:25 000 Friedewald. 149 Seiten, 7 Tabellen und 1 Karte als Beilage. DM 18,00.
1978	Heft 88. INGRID GIESSÜBEL-WEISS: Die Erfassung und Darstellung des naturräumlichen Standortgefüges und seiner Nutzungseignung aufgrund vorhandener Kartierungen. 168 Seiten, 19 Tabellen, 6 Abbildungen sowie 1 Tabelle und 2 Karten als Beilage. DM 18,00.
1979	Heft 89. HANS-JOACHIM OTTO: Die Trennung von Wohn- und Arbeitsstätte als empirisches Problem und ihre Auswirkungen im raumordnungspolitischen Bereich - Eine empirisch-analytische Untersuchung der Pendlerbeziehungen im Land Hessen. 345 Seiten, 75 Tabellen und 8 Abbildungen. DM 26,00.
1979	Heft 90. PETER DE RIZ: Mobilität und Integrationsverhalten ausländischer Arbeitnehmer. Ein Beitrag zur Systemanalyse kleinräumiger Interaktionsprozesse und ihrer Determinanten - dargestellt am Beispiel der Stadt Mühlheim/M. 198 Seiten, 26 Tabellen, 19 Abbildungen und 4 Karten. DM 20,00.
1980	Heft 91. GÜNTER SEIDENSCHWANN: Zur pleistozänen Entwicklung des Main-Kinzig-Kahl-Gebietes. 197 Seiten, 18 Abbildungen, 2 Tabellen und 1 Karte als Beilage. DM 20,00.
1980	Heft 92. FRANZ SCHYMIK: Bevölkerungsgeographische Forschungsperspektiven und raumbezogene Informationsverarbeitung - Grundlagen kleinräumiger Struktur- und Prozeßanalysen-. 156 Seiten mit 14 Abbildungen. DM 18,00.
1981	Heft 93. KLAUS RUDI DIETZ: Zur Reliefentwicklung im Main-Tauber-Bereich. 241 Seiten, 11 Tabellen, 9 Abbildungen und 2 Karten als Beilage. DM 28,00.

1981   Heft 94. KURT GATHOF: Vergleich räumlich-sozialer Strukturen des Wohnens. Eine Untersuchung des Verhaltens von Bewohnern kleiner Städte im Einzugsbereich von Ballungsgebieten. Dargestellt am Beispiel von Wegberg (Ballungsraum Mönchengladbach) und Dietzenbach (Rhein-Main-Gebiet). 338 Seiten, 28 Tabellen, 14 Abbildungen und 14 thematische Karten. DM 26,00. ISBN 1-923184-00-X.

1981   Heft 95. PETER JURCZEK: Sozialräumliche Wandlungsprozesse in Verdichtungsräumen. Dargestellt am Beispiel "Wohnen" in Frankfurt am Main-Bergen-Enkheim. 188 Seiten, 38 Tabellen und 18 Abbildungen. DM 20,00. ISBN 3-923184-01-8.

1982   Heft 96. ELKE HAUSBERG: Der Kreis Groß-Gerau in seiner Eignung für die Freiraum-Erholung. Ansätze zur Ermittlung geeigneter Flächen. 280 Seiten, 70 Tabellen, 49 Abbildungen und 1 Karte als Beilage. DM 26,00. ISBN 3-923184-02-6.

1983   Heft 97. PETER ROTH: Suburbanisierung im Wohnbereich der Gemeinde Riedstadt, Groß-Gerau. Eine Analyse der allgemeinen Wandlungsprozesse und der Veränderung im Wohnbereich durch den Prozeß des sozialen Wandels. 312 Seiten, 69 Tabellen und 28 Abbildungen. DM 24,00. ISBN 3-923184-03-4.

1983   Heft 98. KLAUS WOLF, FRANZ SCHYMIK und PETER JURCZEK (Hrsg.): Der Verdichtungsraum in Regionalforschung und zukünftiger Raumordnung. Beispiel Rhein-Main-Gebiet. Referate einer Tagung am 14. Mai 1982, veranstaltet von der Gesellschaft für regionalwissenschaftliche Forschung Rhein-Main (REGIO-RHEIN-MAIN) e.V. 191 Seiten. DM 22,00. ISBN 3-923184-04-2.

1984   Heft 99. FRANZ SCHYMIK (Hrsg.): Beiträge zur Geographie des Rhein-Main-Gebiets. 221 Seiten. DM 24,00. ISBN 3-923184-05-0.

1985   Heft 100. BODO FREUND: Strukturwandel der Landwirtschaft unter städtischen Einflüssen. Dargestellt am hessischen Rhein-Main-Gebiet. 402 Seiten, 57 Tabellen, 24 Karten und 17 Abbildungen. DM 30,00. ISBN 3-923184-06-9.

1985   Heft 101. KLAUS WOLF, FRANZ SCHYMIK und PETER JURCZEK (Hrsg.): Öffentlichkeitsbezogene Institutionen und Raumentwicklung - Einwirkungsmöglichkeiten und Realisierung im Verdichtungsraum. Referate einer Tagung am 11. Mai 1984, veranstaltet von der Gesellschaft für regionalwissenschaftliche Forschung Rhein-Main (REGIO-RHEIN-MAIN) e.V. 128 Seiten. DM 16,00. ISBN 3-923184-07-7.

1985   Heft 102. ASTRID WIEMANN: Eine erholungsart- und aktivitätsspezifische Freiraumbewertung Südhessens. Beispiel für eine EDV-gestützte Landschaftsbewertung mittels mathematisch-logischer Nutzwertanalyse. 417 Seiten (mit Anhang), 41 Tabellen, 91 Abbildungen und 1 Karte. DM 32,00. ISBN 3-923184-08-5.

1986   Heft 103. KLAUS WOLF, FRANZ SCHYMIK und THOMAS BERGE (Hrsg.): Stadtentwicklung im Wandel technologischer und sozio-ökonomischer Rahmenbedingungen. Referate einer Tagung am 6. Juni 1986, veranstaltet von der Gesellschaft für regionalwissenschaftliche Forschung Rhein-Main (REGIO-RHEIN-MAIN) e.V. 126 Seiten. DM 16,00. ISBN 3-923184-09-3.

1987   Heft 104. WOLFGANG SCHWANZER: Suburbanisierung im Main-Kinzig-Kreis. Ein Beitrag zum Problem des Sozialraumwandels. 270 Seiten (mit Anhang), 35 Tabellen, 44 Abbildungen und 14 Tabellen im Anhang. DM 25,00. ISBN 3-923184-10-7.

1988	Heft 105. HEINRICH THIEMEYER: Bodenerosion und holozäne Dellenentwicklung in hessischen Lößgebieten. 174 Seiten, 5 Tabellen und 45 Abbildungen. DM 19,00. ISBN 3-923184-11-5.
1989	Heft 106. CLAUDIA MARIA SCHOLZ: City-Galerie Aschaffenburg - Einkaufszentrum Sankt Augustin. Ein Vergleich zweier integrierter Einkaufszentren. 334 Seiten, 59 Tabellen, 46 Abbildungen und 8 Karten. DM 28,00. ISBN 3-923184-12-3.